國家古籍整理出版專項經費資助項目

李贄全集續編

張建業 主編

坡仙集

史明文 整理 韓喬治 校訂

首都師範大學出版社

圖書在版編目(CIP)數據

李贄全集續編. 坡仙集/(明)李贄編著；史明文整理；張建業主編. —北京：首都師範大學出版社，2020. 12

ISBN 978-7-5656-6201-0

Ⅰ. ①李… Ⅱ. ①李…②史…③張… Ⅲ. ①李贄—1527—1602—文集②筆記—中國—明代—選集 Ⅳ. ①B248. 915—53②Z429. 48

中國版本圖書館 CIP 數據核字(2020)第 267360 號

李贄全集續編/張建業　主編

坡仙集

史明文 整理　韓喬治 校訂

項目統籌　楊林玉　　責任編輯　韓喬治　楊林玉

責任印製　李春雷　　封面設計　王征發

首都師範大學出版社出版發行

地　址　北京西三環北路 105 號

郵　編　100048

電　話　68418523(總編室)　68982468(發行部)

網　址　http://cnupn.cnu.edu.cn

印　刷　中煤(北京)印務有限公司

經　銷　全國新華書店

版　次　2020 年 12 月第 1 版

印　次　2020 年 12 月第 1 次印刷

開　本　710mm×1000mm　1/16

印　張　30.5

字　數　400 千

定　價　138.00 元

目録

銘……一六

偈……二八

坡仙集卷之二

坡仙集卷之四

表狀劄子

坡仙集卷之五

坡仙集卷之六

坡仙集卷之七……二三三

坡仙集卷之八

坡仙集卷之九

坡仙集卷之十……三一六

點校説明

《坡仙集》十六卷，蘇軾撰，李贄選輯。蘇軾，宋代著名文學家，著述豐富，流傳較廣，其詩文版本衆多，有各種選本、節本。《坡仙集》是明代蘇軾詩文選本中的一種，爲李贄所選並批注，在當時十分流行。李贄著述宏富，選批過大量文獻，影響很大。《坡仙集》十六卷，卷首有焦竑《刻〈坡仙集〉抄引》《卓吾先生复焦秣陵書》《校閲姓氏》《〈重刻〈坡仙集〉凡例》和《坡仙集總目》，卷一至卷十爲蘇軾詩文選集，選録李贄認爲是精華的詩、賦、頌、贊、碑、記、墓志銘、表狀、經説、奏議、策問等五百余篇；卷十一至卷十五爲别集，輯録了與蘇軾及其作品有關的書序、評論、軼聞趣事等四百七十二條；卷十六爲宋人王宗稷所編蘇軾年譜和節略的《宋史》蘇軾本傳。

李贄對《坡仙集》的選録頗爲自信，在給焦竑的書信中稱「弟于全刻抄出作四册，俱世人所未嘗取者。世人所取者，世人所知耳，亦長公俯就世人而作者也。至其真洪鍾大吕，大扣大鳴，小扣小應，俱繫彼精神髓骨所在。弟今盡數録出，閒時一披閲，平生心事，宛然如見，如對長公披襟面語，朝夕共遊也。」（《焚書》卷二）焦竑亦推崇備至，認爲李贄所選《坡仙集》是對蘇軾作品「詮擇什一，并爲點定，見者忻然傳誦，争先得之爲幸。」（《刻〈坡仙集〉抄引》）《重刻〈坡仙集〉凡例》説「惟是選則獨得其一生神髓所在，使世人不待讀長公之全集而能得長公之全人，如卓老與焦書所云，真非虛語也。間有節略處，政其落盡皮膚，顯一真實在。卓老自信其快心，即長公必以爲知己。」從中可以窺知時人對《坡仙集》的評價。李贄對蘇軾詩文的點評較爲簡略，形式多樣，有標題下書評語，有文旁批語，有文末批語，還有在句右用「•」「◦」符號對重要、精彩的語句進行標識。其評語不多，十分精煉，但皆是畫龍點睛之筆，「行間言外，能使長公复生，其一「◦」一「•」，皆自灑心血，開人眼孔。」（《重刻〈坡仙集〉凡例》）如其評語多用「趣」「甚趣」「妙」「至妙」「大是」「事奇」「可感」「亦通」等。評語也有語句稍長的，但不多，如卷七《擬對士》文末有批語「末段尚當推廣，理財未善之故，若如此所云，則神宗不服，安石亦不服，俱懇切迫直，最可誦可喜也。」《坡仙集》所選蘇軾作品及評語，體現了李贄的思想及其文學理論。

《坡仙集》刊行后，影響頗大，多次翻刻、重刻，版本較多，后來還出現了陳繼儒訂補的三十八卷本《訂補坡仙集鈔》。《中國古籍總目》著録有九種版本，其中明刊本有萬曆二十八年焦竑刊本、萬曆二十八年陳大來繼志齋刊本、萬厲二十七年程明善刻本等。本次整理以《宋集珍本叢刊》影印明刻本爲底本，參校明萬曆二十八年焦竑刻本，對《坡仙集》進行標點。在點校時，參考了傳成、穆儔標點的《蘇軾全集》（上海古籍出版社）、張志烈、馬德富、周裕鍇主編的《蘇軾全集校注》（河北人民出版社）等學者整理的蘇軾作品集。蘇軾詩文集版本較多，各版本文字有差異。爲了保存原貌，對《坡仙集》所收詩文與其他蘇軾作品集中相同詩文的异文不作校改。《坡仙集》中「年」与「季」、「序」与「叙」、「词」与「辞」等不分，亦不改。另，缺字用「□」，字跡不清用「■」。

史明文

二〇一四年九月於首都師範大學

刻《坡仙集》抄引

古今之文，至東坡先生，無餘能矣！引物連類，千轉萬變，而不可方物，即不可摹之狀與甚難顯之情，無不隨形立肖，躍然現前者，此千古一快也。獨其簡帙浩繁，部分叢雜，學者未覩其全，而妄以先入之言少之，故先生之文，學者未盡讀，即讀而弗知其味，猶弗讀也。卓吾先生乃詮擇什一，並爲點定，見者忻然傳誦，争先得之爲幸。大若李光弼一入汾陽之軍而旌旗壁壘無不改色，此又一快也。向余於中秘，見蘓集不減十餘種，欲手自排纘爲一編，未成而以罪廢。頃王太史宇泰，取見行全集與外集類次之以傳，而以書屬余，曰：「子其以卓翁本先付之梓人。」噫！學者讀此而有得，而益因以讀先生之全書，斯无負於兩先生耳。

時萬曆庚子夏瑯琊焦竑書

卓吾先生復焦秣陵書

蘇長公何如人！故其文章自然驚天動地。世人不知，祇以文章稱之，不知文章直彼餘事耳。世未有其人不能卓立而能文章垂不朽者。弟于全刻抄出作四册，俱世人所未嘗取者。世人所取者，世人所知耳，亦長公俯就世人而作者也。至其真洪鍾大吕，大扣大鳴，小扣小應，俱繫彼精神髓骨所在。弟今盡數録出，閒時一披閲，平生心事，宛然如見，如對長公披襟而語，朝夕共遊也。憾不得再寫一部，呈去請教耳。倘印出，令學生子置在案頭，初場、二場、三場畢具矣。

校閲姓氏

李流芳　長蘅
王宇春　季和
嚴調御　印持
鄒之嶧　孟陽
陳義適　林道
張遂辰　卿子
聞啟祥　子將
嚴武順　忍公
嚴　敕　無敕
徐　騰　以息
丁奇遇　夢佳
沈濬思　子羽
馮　悰　儼公
鍾人傑　瑞先

聞啟禎　子有
沈夢珠　洛生
楊人駒　識西
鄒質士　孝直
楊人騏　次弁

重刻《坡仙集》凡例

一，選長公集者多矣。或得其皮，或得其肉，或得其骨，皆足以發其光焰。惟是選則獨得其一生神髓所在，使世人不待讀長公之全集而能得長公之全人，如卓老與焦書所云，真非虚語也。間有節略處，政其落盡皮膚，顯一真實在。卓老自信其快心，即長公必以爲知己。應爲定本，廣作流通。

一，批點係卓老畫龍點睛處。行間言外，能使長公復生。其一「○」一「•」皆自灑心血，開人眼孔，即見卓老人品，亦即是卓老文章，如頰上三毛，缺一不可。原板初印者既絶少，而翻刻者又皆須眉墮落，顔面不開，殊失卓老真相。今此刻得底本於焦氏，細爲補正。已數傳失本，而頓還舊觀，雖依樣葫蘆，而味回橄欖，觀者當自知之。

一，是集翻刻既多殘缺，原本亦有淆訛，如《跋文與可論書》係一條而分爲二段，《舉王鞏劄子》脱「何名諂事」一句，《夢齋銘》失「依塵」二字，《灧澦堆賦》「揣」作「拂」，《王定國硯銘》「敵」作「敬」，似此者不一而足。至其點畫之差，更不可枚舉，兹悉從諸善本中一一搜正。人經數手，時經數月，校或有悮而再悮，板不惜刓而復刓，務使字安於句，義安於文，盡露當日精神，不失本來面目，批根掃葉，可謂無遺矣。爲二老而苦心供四海之同好。

坡仙集卷之一

詩

息壤詩并序

《淮南子》曰：鯀堙洪水，盜帝之息壤，帝使祝融殺之於羽淵。今荆州南門外有狀若屋宇陷入地中而猶見其脊者，旁有石，記云：不可犯。畚鍤所及，輒復如故。又頗以致雷雨，歲大旱，屢發有應。予感之，乃爲作詩。其詞曰：

帝息此壤，以藩幽臺。有神司之，隨取而培。帝勑下民，無敢或開。惟帝不言，以雷以雨。惟民知之，幸帝之恕。帝茫不知，誰敢以告。帝怒不常，下土是震。使民前知，是役於民。無是墳者，誰取誰干。惟其的之，是以射之。

顔樂亭并序

顔子之故居所謂陋巷者，有井存焉，而不在顔氏久矣。膠西太守孔君宗翰，始得其地，浚治其井，作亭於其上，命之曰：「顔樂」。昔夫子以簞食瓢飲賢顔子，而韓子乃以爲哲人之細事。何哉？蘇子曰：古之觀人也，必於其小焉觀之，其大者容有僞焉。人能碎千金之璧，不能無失聲於破釜；能搏猛虎，不能無變色於蠭蠆。孰知簞食瓢飲之爲哲人之大事乎？乃作《顔樂亭詩》以遺孔君：

天生烝民，爲之鼻口。美者可嚼，芬者可嗅。美必有惡，芬必有臭。我無天遊，六鑿交鬭。鶩而不反，跬步商受。偉哉先師，安此微陋。孟賁股慄，虎豹却走。眇然其身，中亦何有。我求至樂，千載無偶。執瓢從之，忽焉在後。

賦

灩澦堆賦 并序

世以瞿唐峽口灩澦堆爲天下之至險，凡覆舟者，皆歸咎於此石。以余觀之，蓋有功於斯人者。夫蜀江會百水而至於夔，瀰漫浩汗，橫放於大野，而峽之小大，曾不及其十一。苟先無以齟齬於其間，則江之遠來，奔騰迅快，盡鋭於瞿唐之口，則其險悍可畏，當不啻於今耳。因爲之賦，以待好事者，試觀而思之。

天下之至信者，唯水而已。江河之大與海之深，而可以意揣。唯其不自爲形，而因物以賦形，是故千變萬化，而有必然之理。掀騰勃怒，萬夫不敢前兮，宛然聽命，惟聖人之所使。予泊舟乎瞿唐之口，而觀乎灩澦之崔嵬，然後知其所以開峽而不去者，固有以也。蜀江遠來兮，浩漫漫之平沙。行千里而未嘗齟齬兮，其意驕逞而不可摧。忽峽口之逼窄兮，納萬頃於一盃。方其未知有峽也，而戰乎灩澦之下，喧豗震掉，盡力以與石鬬，勃乎若萬騎之西來。忽孤城之當道，鉤援臨衝，畢至於其下兮，城堅而不可取。矢盡劒折兮，迤邐循城而東去。於是滔滔汩汩，相與入峽，安行而不敢怒。嗟夫！物固有以安而生變兮，亦有以用危而求安。得吾說而推之兮，亦足以知物理之固然。

屈原廟賦

浮扁舟以適楚兮，遇屈原之遺宫。覽江上之重山兮，曰惟子之故鄉。伊昔放逐兮，渡江濤而南遷。去家千里兮，生無所歸，而死無以爲墳。悲夫！人固有一死兮，處死之爲難。徘徊江上欲去而未決兮，俯千仞之驚湍。賦《懷沙》以自傷兮，嗟子獨何以爲心。忽終章之慘烈兮，逝將去此而沉吟。吾豈不能高舉而遠遊兮，又豈不能退默而深居？獨嗷嗷其怨慕兮，恐君臣之愈疏。生既不能力争而强諫兮，死猶冀其感發而改行。苟宗國之顛覆兮，吾亦獨何愛於久生。託江神以告冤兮，馮夷教之以上訴。歷九關而見帝兮，帝亦悲傷而不能救。懷瑾佩蘭而無所歸兮，獨惸惸乎中浦。峽山高兮崔嵬，故居廢兮行人哀。子孫散兮安在，況復見兮高臺。自子之逝今千載兮，世愈狹而難存。賢者畏譏而改度兮，隨俗變化斲方以爲圓。黽勉於亂世而不能去兮，又或爲之臣佐。變丹青於玉瑩兮，彼乃謂子爲非智。惟高節之不可以企及兮，宜夫人之不吾與。違國去俗死而不顧兮，豈不足以免於後世？嗚呼！君子之道，豈必全兮？全身遠害，亦或然兮。嗟子區區，獨爲其難兮。雖不適中，要以爲賢兮。夫我何悲，子所安兮。

胡説

後杞菊賦并序

天隨生自言常食杞菊。及夏五月，枝葉老硬，氣味苦澀，猶食不已。因作賦以自廣。始余嘗疑之，以爲士不遇，窮約可也，至於饑餓嚼齧艸木，則過矣。余仕宦十有九季，家日益貧，衣食之奉，殆不如昔者。及移守膠西，意且一飽，而齋廚索然。日者❶與通守劉君廷式，循古城廢圃，求杞菊食之，捫腹而笑。然後知天隨之言，可信不謬。作《後杞菊賦》以自嘲，且解之云：

「吁嗟先生，誰使汝坐堂上稱太守？前賓客之造請，後椽屬之趨走。朝衙達午，夕坐過酉。曾盃酒之不設，攬艸木以誑口。對案顰蹙，舉箸噎嘔。昔陰將軍設麥飯與葱葉，井丹推去而不嚻。怪先生之眷眷，豈故山之無有？」先生忻然而笑曰：「人生一世，如屈伸肘。何者爲貧？何者爲富？何者爲美？何者爲陋？或糠覈而瓠肥，或粱肉而墨瘦。何侯方丈，庾郎三九。較豐約於夢寐，卒同歸於一朽。吾方以杞爲糧，以菊爲糗。春食苗，夏食葉，秋食花實而冬食根，庶幾乎西河、南陽之壽。」

可惜說道理去了

黠鼠賦

蘇子夜坐，有鼠方齧。拊牀而止之，既止，復作。使童子燭之，有橐中空，嘐嘐聱聱，聲在橐中。曰：「嘻！此鼠之見閉而不得去者也。」發而視之，寂無所有。舉燭而索，中有死鼠。童子驚曰：「是方齧也，而

❶ 「者」为衍文。

遽死耶？向爲何聲，豈其鬼耶？」覆而出之，墮地乃走。雖有敏者，莫措其手。蘇子嘆曰：「異哉！是鼠之黠也。閉于橐中，橐堅而不可穴也。故不齧而齧，以聲致人；不死而死，以形求脱也。吾聞有生莫智於人，擾龍、伐蛟，登龜、狩麟，役萬物而君之。卒見使於一鼠，墮此蟲之計中，驚脱兔於處女，烏在其爲智也？」坐而假寐，私念其故。若有告余者曰：「汝惟多學而識之，望道而未見也。不一于汝，而二于物，故一鼠之齧而爲之變也。人能碎千金之璧，不能無失聲於破釜；能搏猛虎，不能無變色於蜂蠆。此不一之患也。言出於汝，而忘之耶？」余俛而笑，仰而覺。使童子執筆，記余之作。

可惜説道理了

秋陽賦

越王之孫，有賢公子，宅於不土之里，而詠無言之詩。以告東坡居士曰：「吾心皎然，如秋陽之明；吾氣肅然，如秋陽之清；吾好善而欲成之，如秋陽之堅百穀；吾惡惡而欲刑之，如秋陽之隕羣木。夫是以樂而賦之。子以爲何如？」居士笑曰：「公子何自知秋陽哉？生於華屋之下，而長遊於朝廷之上，出擁大蓋，入侍幃幄，暑至於温，寒至於涼而已矣。何自知秋陽哉？若予者，乃真知之。方夏潦之淫也，雲蒸雨洩，雷電發越，江湖爲一，后土冒没，舟行城郭，魚龍入室。菌衣生於用器，蛙蚓行於几席，夜違濕而五遷，晝燎衣而三易。是猶未足病也。畊於三吴，有田一廛。禾已實而生耳，稻方秀而泥蟠。溝塍交通，牆壁穳穿，而垢落墜之塗，目泣濕薪之烟。釜甑其空，四鄰悄然。鸛鶴鳴於户庭，婦宵興而永歎。計無食其幾何，矧有衣於窮季。忽釜星之雜出，又燈花之雙懸。清風西來，鼓鐘其鏜。奴婢喜而告予，此雨止之祥也。蚤作而占之，則長庚澹其不芒矣。浴於暘谷，升於扶桑。曾未轉盼，而倒景飛於屋梁矣。方是時也，如醉而醒，如瘖而嗚。如痿而起行，如還故鄉初見父兄。公子亦有此樂乎？」公子曰：「善哉！吾雖不身履，而可以意知也。」居士曰：「日行於天，南北異宜。赫然而炎非其虐，穆然而温非其慈。且今之温者，昔之炎者也。云何以夏爲盾而以冬爲衰乎？吾儕小人，輕愠易喜。彼冬夏之畏愛，乃羣狙之三四。自今知之，可以無惑。

又説道理了

居不墐户，出不仰笠，暑不言病，以無忘秋陽之德。」公子拊掌，一笑而作。

赤壁賦

壬戌之秋，七月既望，蘇子與客泛舟，遊於赤壁之下。清風徐來，水波不興。舉酒屬客，誦明月之詩，歌窈窕之章。少焉，月出於東山之上，徘徊於斗牛之間。白露横江，水光接天。縱一葦之所如，凌萬頃之茫然。浩浩乎如馮虚御風，而不知其所止；飄飄乎如遺世獨立，羽化而登仙。於是飲酒樂甚，扣舷而歌之。歌曰：「桂棹兮蘭槳，擊空明兮泝流光。渺渺兮予懷，望美人兮天一方。」客有吹洞簫者，倚歌而和之。其聲嗚嗚然，如怨如慕，如泣如訴，餘音嫋嫋，不絶如縷。舞幽壑之潛蛟，泣孤舟之嫠婦。蘇子愀然，正襟危坐，而問客曰：「何爲其然也？」客曰：「『月明星稀，烏鵲南飛。』此非曹孟德之詩乎？西望夏口，東望武昌，山川相繆，鬱乎蒼蒼，此非孟德之困於周郎者乎？方其破荆州，下江陵，順流而東也，舳艫千里，旌旗蔽空，釃酒臨江，横槊賦詩，固一世之雄也，而今安在哉？况吾與子漁樵於江渚之上，侶魚蝦而友麋鹿，駕一葉之扁舟，舉匏尊以相屬。寄蜉蝣於天地，眇滄海之一粟。哀吾生之須臾，羨長江之無窮。挾飛仙以遨遊，抱明月而長終。知不可乎驟得，託遺響於悲風。」蘇子曰：「客亦知夫水與月乎？逝者如斯，而未嘗往也；盈虚者如彼，而卒莫消長也。蓋將自其變者而觀之，則天地曾不能以一瞬；自其不變者而觀之，則物與我皆無盡

正好發揮，可惜説道理了

俗氣甚。

也，而又何羡乎？ 且夫天地之間，物各有主。 苟非吾之所有，雖一毫而莫取。 惟江上之清風，與山間之明月，耳得之而爲聲，目遇之而成色，取之無禁，用之不竭，是造物者之無盡藏也，而吾與子之所共適。」客喜而笑，洗盞更酌。 肴核既盡，杯盤狼籍。 相與枕籍乎舟中，不知東方之既白。

後赤壁賦

是歲十月之望，步自雪堂，將歸于臨皋。 二客從予過黄泥之坂。 霜露既降，木葉盡脱，人影在地，仰見明月，顧而樂之，行歌相答。 已而歎曰：「有客無酒，有酒無肴。 月白風清，如此良夜何？」客曰：「今者薄暮，舉網得魚，巨口細鱗，狀似松江之鱸，顧安所得酒乎？」歸而謀諸婦。 婦曰：「我有斗酒，藏之久矣，以待子不時之須。」於是攜酒與魚，復遊於赤壁之下。 江流有聲，斷岸千尺。 山高月小，水落石出。 曾日月之幾何，而江山不可復識矣。 予乃攝衣而上，履巉巖，披蒙茸，踞虎豹，登虯龍；攀栖鶻之危巢，俯馮夷之幽宫。蓋二客不能從焉。 劃然長嘯，艸木震動。 山鳴谷應，風起水涌。 予亦悄然而悲，肅然而恐，凛乎其不可留也。 反而登舟，放乎中流，聽其所止而休焉。 時夜將半，四顧寂寥，適有孤鶴，横江東來，翅如車輪，玄裳縞衣，戛然長鳴，掠予舟而西也。 須臾客去，予亦就睡。 夢一道士，羽衣翩躚，過臨皋之下，揖予而言曰：「赤壁之遊樂乎？」問其姓名，俛而不答。「嗚呼噫嘻！ 我知之矣。 疇昔之夜，飛鳴而過我者，非子也耶？」道士顧笑，予亦驚悟。 開户視之，不見其處。

頌

桂酒頌并序

《禮》曰：「喪有疾，飲酒食肉，必有艸木之滋焉。薑桂之謂也。」古者非喪食不徹薑桂。《楚辭》曰：「奠桂酒兮椒漿。」是桂可以爲酒也。《本艸》：桂有小毒，而菌桂、牡桂皆無毒。大略皆主温中，利肝肺氣，殺三蟲，輕身堅骨，養神發色，使常如童子，療心腹冷疾，爲百藥先，無所畏。陶隱居云：《仙經》，服三桂，以蔥涕合雲母烝爲水。而孫思邈亦云：久服可行水上。此輕身之効也。吾謫居海上，法當數飲酒以禦瘴，而嶺南無酒禁。有隱者以桂酒方授吾，釀成而玉色，香味超然，非人間物也。東坡先生曰：「酒，天禄也。其成壞美惡，世以兆主人之吉凶，吾得此，豈非天哉！」故爲之頌，以遺後之有道而居夷者。其法，蓋刻石置之羅浮鐵橋之下，非忘世求道者莫至焉。其詞曰：

中原百國東南傾，流膏輪液歸南溟。祝融司方發其英，沐日浴月百實生。水娠黄金山空青，丹砂晨暾珠夜明。百卉甘辛角芳馨，旃檀沉水乃公卿。大夫芝蘭士薫蘅，桂君獨立冬鮮榮。無所懾畏時靡争，釀爲我醪淳而清。甘終不壞醉不酲，輔安五神伐三彭。肌膚渥丹身毛輕，泠然風飛罔水行。誰其傳者疑方平，教我常作醉中醒。

東坡羹頌并引

東坡羹，蓋東坡居士所煮菜羹也。不用魚肉五味，有自然之甘。其法以菘、若蔓菁、若蘆菔、若薺，皆揉洗數過，去辛苦汁。先以生油少許塗釜緣，及瓷盌下，菜湯中入生米爲糝，及少生薑，以油盌覆之，不得觸，觸則生油氣。至熟不除。其上置甑，炊飯如常法，盌不可遽覆，須生菜氣出盡乃覆之。羹每沸涌。遇油輒下，又爲盌所壓，故終不得上。不爾，羹上薄飯，則氣不得達，而飯不熟矣。飯熟羹亦爛，可食。若無菜，用瓜、茄，皆切破，不揉洗，入罨，熟赤豆与粳米，半为糝。餘如煮菜法。應純道人將適廬山，求其法以遺山中好事者。以頌問之：

甘苦常從極處回，鹹酸未必是鹽梅。問師此箇天真味，根上來麼塵上來？

豬肉頌

净洗鐺，少著水，柴頭罨煙焰不起。待他自熟莫催他，火候足時他自美。黄州好豬肉，價賤如泥土。貴者不肯喫，貧者不解煮，早辰起來打兩椀，飽得自家君莫管。

禪戲頌

已熟之肉，無復活理。投在東坡無礙羹釜中，有何不可？問天下禪和子，且道是肉是素，喫得是喫不得是？大奇大奇，一盌羹，勘破天下禪和子。

醉僧圖頌

人生得坐且穩坐，劫劫地走覓什麼。今年且癇東禪屎，明年去拽西林磨。

石恪畫維摩頌

趣甚

我觀衆工工一師，人持一藥療一病。風勞欲寒氣欲暖，肺肝胃腎更相克。挾方儲藥如丘山，卒無一藥堪施用。有大醫王拊掌笑，謝遣衆工病隨愈。問大醫王以何藥，還是衆工所用者。我觀三十二菩薩，各以意談不二門。而維摩詰默無語，三十二義一時墮。我觀此義亦不墮，維摩初不離是說。譬如油蠟作燈燭，不以火點終不明。透忽見默然無語處，三十二說皆光焰。佛子若讀維摩經，當作是念爲正念。我觀維摩方丈室，能受九百萬菩薩。三萬二千師子坐，皆悉容受不迫迮。又能分布一鉢飯，饜飽十方無量衆。斷取妙喜佛世界，如持鍼鋒一棗葉。云是菩薩不思議，住大解脱神通力。我觀石子一處士，麻鞋破帽露兩肘。能使筆端出維摩，神力又過維摩詰。

阿彌陀佛頌并敘

錢塘圓照律師，普勸道俗，皈❶命西方極樂世界，阿彌陀佛。眉山蘇軾敬捨亡母蜀郡太君程氏遺

❶「皈」，他本作「归」。

留簪珥，命工胡錫采畫佛像，以薦父母冥福。謹再拜稽首而獻頌曰：

佛以大圓覺，充滿河沙界。我以顛倒想，出没生死中。云何以一念，得往生淨土。我造無始業，本從一念生。既從一念生，還從一念滅。生滅滅盡處，則我與佛同。如投水海中，如風中鼓橐。雖有大聖智，亦不能分別。

魚枕冠頌　趣甚

瑩淨魚枕冠，細觀初何物。形氣偶相值，忽然而爲魚。不幸遭網罟，剖魚而得枕。方其得枕時，是枕非復魚。湯火就模範，巉然冠五岳。方其爲冠時，是冠非復枕。成壞無窮已，究竟亦非冠。假使未變壞，送與無髮人。簪導無所施，是名爲何物。我觀此幻身，已作露電觀。而況身外物，露電亦無有。佛子慈閔故，願受我此冠。若見冠非冠，即知我非我。

十八大阿羅漢頌引　事奇

蜀金水張氏，畫十八大阿羅漢。軾謫居儋耳，得之民間。海南荒陋，不類人世，此畫何自至哉！久逃空谷，如見師友，乃命過躬易其裝標，設燈塗香果以禮之。張氏以畫羅漢有名，唐末蓋世擅其藝，今成都僧敏行，其玄孫也。梵相奇古，學術淵博，蜀人皆曰：「此羅漢化生其家也。」軾外祖父程公，少時遊京師，還，遇蜀亂，絶糧不能歸，困卧旅舍。有僧十八人往見之，曰：「我，公之邑人也。」各以錢二百貸之，公以是得歸，竟不知僧所在。公曰：「此阿羅漢也。」歲設大供四。公季九十，凡設二百餘供。今軾雖不親覩其人，而困厄九死之餘，鳥言卉服之間，乃獲此奇勝，豈非希闊之遇也哉？乃各即其體像，而窮其思致，以爲之頌。

墓誌銘

朱亥墓誌　好甚

崔嵬高丘，其下爲誰？惟魏烈士，朱亥是依。時惟布衣，不震不驚。晉鄙在師，孔嚴不孤。進承其頤，視如豚豭。昔其在屠，誰養其威？鼓刀市人，誰者畏之？世之勇夫，殺人如蒿。及其所難，或失其刀。惟是貧賤，無以自豪。是謂真勇。士之布衣，其亦在養。有或不養，臨事而恐。惟是屠者，其養可取。

朝雲墓誌銘

東坡先生侍妾曰朝雲，字子霞，姓王氏，錢塘人。敏而好義，事先生二十有三秊，忠敬若一。紹聖三秊七月壬辰，卒于惠州，秊三十四。八月庚申，葬之豐湖之上栖禪山寺之東南。生子遯，未朞而夭。蓋常從比丘尼義沖於❶佛法，亦粗識大意。且死，誦《金剛經》四句偈以絶。銘曰：

浮屠是瞻，伽藍是依。如汝宿心，惟佛之歸。

❶「於」，他本作「學」。

王子立墓誌銘

子立諱適，趙郡臨城人也。始予爲徐州，子立爲州學生，知其賢而有文，喜怒不見，得喪若一，曰：「是有類子由者。」故以其子妻之。與其弟遹子敏，皆從予於吴興。學道日進，東南之士稱之。予得罪於吴興，親戚故人皆驚散，獨兩王子不去，送予出郊，曰：「死生禍福，天也，公其如天何。」返取余家，致之南都。而子立又從子由謫於高安、績溪，同其有無，賦詩絃歌，講道著書於席門茅屋之下者五季，未嘗有愠色。予與子由有六男子，皆以童子從子立遊，學文有師法，人人自重，不敢嬉宕，子立實使然。元祐四季冬，自京師將適濟南，未至，卒于奉高之傳舍，蓋十月二十五日也。享季三十三❶。銘曰：

知性以爲存，不壽非其怨也。知義以爲榮，不貴非其羡也。而未能忘於文，則猶有意於傳也。嗚呼！百世之後，其姓名與我皆隱顯也。

妙

好甚

陸道士墓誌銘

道士陸惟忠，字子厚，眉山人。家世爲黄冠師。子厚獨狷潔精苦，不容於其徒，去之遠遊。始見予黄州，出所作詩，論内外丹指略，蓋自以爲決不死者。然予嘗告之曰：「子神清而骨寒，其清可以仙，其寒亦足以死。」其後十五年，復來見予惠州，則得瘦疾，骨見衣表，然詩益工，論内外丹益精。曰：「吾真坐寒而死

❶ 「三十三」，他本作「三十五」。

矣。每從事於養生，輒有以敗之，類物有害吾生者。」予曰：「然。子若死，必復爲道士，以究此志。」予時適得美石如黑玉，曰：「當以是志子墓。」子厚笑曰：「幸甚。」久之，子厚去予之河源開元觀，客於縣令馮祖仁，而予亦謫海南。是歲五月十九日，竟以疾卒，季五十。祖仁葬之觀後，蓋紹聖四季也。銘曰：

嗚呼多藝此黄冠，詩碁醫卜内外丹。無求於世宜堅完，龜饑鶴瘦終難安。哀哉六巧坐一寒，祝子復來少宏寬，毋復清詩助痟酸。龍虎九❶成無或奸，往駕赤螭驂青鸞。

惠州官葬暴骨銘

有宋紹聖二季，官葬暴骨於是。是豈無主？仁人君子斯其主矣。東坡居士銘其藏曰：

人耶天耶？隨念而徂。有未能然，宅此枯顱。後有君子，無廢此心。陵谷變壞，復棺衾之。

亡妻王氏墓誌銘

治平二季五月丁亥，趙郡蘇軾之妻王氏，卒于京師。六月甲午，殯于京城之西。其明季六月壬午，葬于眉之東北彭山縣安鎮鄉可龍里，先君先夫人墓之西北八步。軾銘其墓曰：君諱弗，眉之青神人，鄉貢進士方之女。生十有六季，而歸于軾。有子邁。君之未嫁，事父母；既嫁，事吾先君、先夫人，皆以謹肅聞。其始，未嘗自言其知書也。見軾讀書，則終日不去，亦不知其能通也。其後軾有所忘，君輒能記之。問其他

❶「九」，他本作「尢」。

書，則皆略知之。由是始知其敏而静也。從軾官于鳳翔，軾有所爲於外，君未嘗不問知其詳。曰：「子去親遠，不可以不慎。」日以先君之所以戒軾者相語也。軾與客言於外，君立屏間聽之，退必反覆其言曰：「某人也，言輒持兩端，惟子意之所嚮，子何用與是人言。」有來求與軾親厚甚者，君曰：「恐不能久。」其與人鋭，其去人必速。」已而果然。將死之歲，其言多可聽，類有識者。其死也，蓋秊二十有七而已。始死，先君命軾曰：「婦從汝于艱難，不可忘也。他日汝必葬諸其姑之側。」未期秊而先君没，軾謹以遺令葬之。銘曰：

君得從先夫人于九原，余不能。嗚呼哀哉！余永無所依怙。君雖没，其有與爲婦何傷乎。嗚呼哀哉！

妙

乳母任氏墓誌銘

趙郡蘇軾子瞻之乳母任氏，名采蓮，眉之眉山人。父遂，母李氏。事先夫人三十有五秊，工巧勤儉，至老不衰。乳亡姊八娘與軾，養視軾之子邁、迨、過，皆有恩勞。從軾官于杭、密、徐、湖，謫于黄。元豐三秊八月壬寅，卒于黄之臨皋亭，享秊七十有二。十月壬午，葬于黄之東阜黄岡縣之北。銘曰：

生有以養之，不必其子也。死有以葬之，不必其里也。我祭其從與享之，其魂氣無不之也。

妙

保母楊氏墓誌銘

先夫人之妾楊氏，名金蟬，眉山人。秊三十，始隸蘇氏，頽然順善也。爲弟轍子由保母。秊六十八，熙寧十秊六月已丑，卒于徐州，屬纊不亂。子由官于宋，載其柩殯於開元寺。後八秊，軾自黄遷汝過宋，葬之于宋東南三里廣壽院之西，實元豐八秊二月壬午也。銘曰：

百季之後，陵谷易位，知其爲蘇子之保母，尚勿毁也。妙

銘

裙鞾銘并序

予在黄州時，夢神考召入小殿賜宴，乃令作《宫人裙銘》，又令作《御鞾銘》。

百疊漪漪風皺，六銖縰縰雲輕。獨立含風廣殿。微聞環珮來聲。

寒女之絲，銖積寸累。天步所臨，雲蒸雷起。

周文炳瓢硯銘

以汝爲硯，瞿肖而瓢質。以汝爲瓢，硯剖而腹實。飲西江之水，吾以汝礪齒。懸河之辯，其❶以爾借面。不即不離，孰曰非道人之應器！好

王定國硯銘二首

石出西山之西，北山之北。戎以發劍，予以試墨。劍止一夫敵，墨以爲萬世則。吾以是知天下之才，皆

❶「其」，他本作「吾」。

可以納諸聖賢之域。
月之從星，時則風雨。汪洋翰墨，將此是似。黑雲浮空，謾不見天。風起雲移，星月凛然。

文勛篆銘

世人篆字，隸體不除。如浙人語，終老帶吴。安國用筆，意在隸前。汲冢魯壁，周鼓泰山。

丹石硯銘并引

唐林夫❶遺予丹石硯，粲然如芙蕖之出水，殺墨而宜筆，盡硯之美。唐氏譜天下硯，而獨不知兹石之所出，予蓋知之。銘曰：

彤池紫淵，出日所浴。烝爲赤霓，以貫暘谷。是生斯珍，非石非玉。因材制用，璧水環復。耕予中洲，蓺我玄粟。投種則穫，不炊而熟。

王仲儀硯銘

汲、鄭蚤開，頗，牧晚用。諫艸風生，羽檄雷動。人亡器存，質小任重。施易何常，明哲所共。

---

❶「夫」，他本作「父」。

端石硯銘 二首并引

蘇堅伯固之子庠，字養直，少而好直❶，贈以端硯，且銘之曰：

我友三益，取溪之石。寒松爲煤，孤竹爲筆。蓬麻效紙，仰泉致滴。斬几信鉤，以全吾直。與墨爲入，玉靈之食。與水爲出，陰鑑之液。懿矣兹石，君子之側。匪以玩物，維以觀德。

龍尾石月硯銘

萋萋兮霧縠石，宛宛兮黑白月。其受水者哉生明，而運墨者旁死魄。忽玄雲之霮䨴，觀玉兔之沐浴。集幽光於毫端，散妙迹於簡册。照千古其如在，耿此月之不没。

邁硯銘

邁往德興，賷以一硯，以此銘之。

以此進道常若渴，以此求進常若驚，以此治財常思予，以此書獄常思生。

❶ 此句他本作「妙齡而有异才」。

卵硯銘

東坡硯，龍尾石。開鵠卵，見蒼璧。與居士，同出入。更嶮夷，無燥濕。今何者，獨先逸。從參寥，老空寂。

自然端硯銘

故人王頤，有自然端硯，硯之成，於片石上稍稍加磨治而已，銘曰：

其色馬肝，其聲磬，其文水中月，真寶石也。而其德則正，其形天合。其於人也略是，故可使而不可役也。

天石硯銘并序

某秊十二時，於所居紗縠行宅隙地中，與群兒鑿地爲戲。得異石，如魚，膚温瑩，作淺碧色。表裏皆細銀星，扣之鏗然。試以爲硯，甚發墨，無貯水處。先君曰：是天硯也。有硯之德，而不足於形耳。因以賜某，曰：「是文字之祥也。」某寶而用之，且爲銘曰：

一受其成，而不可更。或主於德，或全於形。均是二者，顧予安取。仰脣俯足，世固多有。

元豐二秊秋七月，予得罪下獄，家屬流離，書籍散亂。明秊至黄州，求硯不復得，以爲失之矣。七秊七月，舟行至當塗，發書笥，忽復見之。甚喜，以付迨、過。其匣雖不工，先君手刻其受硯處，而使工人就成之者，不可易也。

黼硯銘并引

龍尾黼硯，章聖皇帝所嘗御也。乾興升遐，以賜外戚劉氏，而永秊以遺其舅王齊愈，臣軾得之，以遺臣宗孟。且銘之曰：

黟、歙之珍，匪斯石也。黼形而縠理，金聲而玉色也。雲烝露湛，祥符之澤也。二臣更寶之，見者必作也。

文與可琴銘

攫之幽然，如水赴谷。醳之蕭然，如葉脱木。按之噫然，應指而長言者似君。置之枵然，遺形而不言者似僕。

遠遊庵銘并序

吴復古子野，吾不知其何人也。徒見其出入人間，若有求者，而不見其所求。不喜不憂，不剛不柔，不惰不脩，吾不知其何人也。昔司馬相如有言：「列仙之儒，居山澤間，形容甚臞。」乃取屈原《遠遊》作《大人賦》，其言宏妙，不遺而放。今子野行於四方十餘秊矣，而歸於南海之上，必將俯仰百世，奄忽萬里，有得於屈原之《遠遊》者，故以名其庵而銘之。曰：

悲哉世俗之迫隘也，願從子而遠遊。子歸不來，而吾不往，使罔象乎相求。問道於屈原，借車於相如，忽焉不自知歷九疑而過崇丘。宛兮相逢乎南海之上，踞龜殼而食蛤蜊者必子也。庶幾爲我一笑而少留乎？

徐州蓮華漏銘并序

故龍圖閣直學士、禮部侍郎燕公肅，以創物之智聞於天下，作蓮華漏，世服其精。凡公所臨，必爲之。今州郡往往而在，雖有巧者，莫敢損益。而徐州獨用瞽人衛朴所造，廢法而任意，有壺而無箭。自以無目而廢天下之視，使守者伺其滿，則決之而更注，人莫不笑之。國子博士傅君裼，公之外曾孫，得其法爲詳。其通守是邦也，實始改作，而請銘於軾。銘曰：

人之所信者，手足耳目也。目識多寡，手知重輕。然人未有以手量而目計者，必付之於度量與權衡，豈不自信而信物？蓋以爲無意無我，然後得萬物之情。故天地之寒暑，日月之晦明。昆侖旁薄於三十八萬七千里之外，而不能逃於三尺之箭、五斗之鉼。雖疾雷霾風，雨雪晝晦，而遲速有度，不加虧贏。使凡爲吏者，如鉼之受水不過其量，如水之浮箭不失其平。如箭之升降也，視時之上下，降不爲辱，升不爲榮，則民將靡然心服，而寄我以死生矣。

六一泉銘并序

歐陽文忠公將老，自謂六一居士。予昔通守錢塘，見公於汝陰而南。公曰：「西湖僧惠勤，甚文而長於詩。吾昔爲《山中樂》三章以贈之。子閒於民事，求人於湖山間而不可得，則往從勤乎？」予到官三日，訪勤於孤山之下，抵掌而論人物。曰：「公，天人也。人見其暫寓人間，而不知其乘雲馭風歷五嶽而跨滄海也。此邦之人以公不一來爲恨。公麾斥八極，何所不至？雖江山之勝，莫適爲主，而奇麗秀絶之氣常爲能文者用，故吾以謂西湖蓋公几案間一物耳。」勤語雖幻怪，而理有實然者。明季，公薨，予哭於勤舍。又十八季，予爲錢塘守，則勤亦化去久矣。訪其舊居，則弟子二仲在焉，畫公與勤之像，事之如生。舍下舊無泉，予未至數月，泉出講堂之後，孤山之趾，汪然溢流，甚白而甘。即其地，鑿巖架石爲室。二仲謂予：「師聞公來，出泉以相勞苦，公可無言乎？」乃取「勤舊語，推本其意，名之曰六一泉，且銘之曰：

■奇

泉之出也，去公數千里。後公之没，十有八季，而名之曰六一，不幾於誕乎？曰：君子之澤，豈獨五世而已？蓋得其人，則可至於百傳。嘗試與子登孤山而望吴越，歌山中之樂而飲此水，則公之遺風餘烈，亦或見於斯泉也。

妙

大覺鼎銘

樂全先生遺我鼎甗，我復以餉大覺老禪。在昔宋、魯，取之以兵。書曰郜鼎，以器從名。樂全、東坡，予之以義。書曰大覺之鼎，以名從器。挹山之泉，烹以其薪。爲苦爲甘，咨爾學人。

四達齋銘并引

高郵使君趙晦之，作齋東園，户牖四達，因以名之。眉山蘇軾過而爲之銘。曰：

有藏于中，必諜于外。惟慢與謹，皆盜之誨。孰如此間，空洞無物。户牖闔開，廓焉四達。擊去盜易，使無盜難。我無可攘，以守則完。趙侯無心，得法赤豁。四出其齋，以達民迷。

漢鼎銘并引

禹鑄九鼎，用器也，初不以爲寶，象物以飾之，亦非所以使民遠不若也。武王遷之洛邑，蓋已見笑於伯夷、叔齊矣。方周之盛也，鼎爲宗廟之觀美而已。及其衰也，爲周之患，有不可勝言者。匹夫無罪，懷璧其罪。周之衰也，與匹夫何異？嗟夫！孰知九鼎之爲周之角齒也哉？好自春秋時，楚莊王以問其輕重大小。而戰國之際，秦與齊、楚皆欲之，周人惴惴焉，視三虎之垂涎而睨己也。絶周之祀不足以致寇，裂周之地不足以肥國，然三國之君未嘗一日而忘周者，以寶在焉故也。三國争之，周人莫知所適與。得鼎者未必能存周，而不得者必碎之，此九鼎之所以亡也。周顯王之四十二季，宋太丘社亡，而鼎淪没於泗水，此周人毁鼎以緩禍，而假之神妖以爲之説也。好秦始皇、漢武帝乃始萬方以出鼎，此與兒童之見無異。善夫吾丘壽王之説也，曰：「汾陰之鼎，漢鼎也，非周鼎。」夫周有鼎，漢亦有鼎，此《易》所謂正位凝命者，豈三趾兩耳之謂哉！予故作《漢鼎銘》，以遺後世君子。其詞曰：

惟五帝三代及秦漢以來受命之君，靡不有兹鼎。鼎存而昌，鼎亡而亡。蓋鼎必先壞而國隨之，豈有易姓而猶傳者乎？不寶此鼎，而拳拳於彼鼎，孺子之智，婦人之仁。烏乎悲矣！

九成臺銘

韶陽太守狄咸新作九成臺，玉局散吏蘇軾爲之銘。曰：

自秦并天下，滅禮樂，韶之不作，蓋千二百一十有三季。其器存，其人亡，則韶既已隱矣，而況於人器兩亡而不傳。雖然，韶則亡矣，而有不亡者存。蓋常與日月寒暑晦明風雨竝行於天地之間。世無南郭子綦，則耳未嘗聞地籟也，而況得聞其天。使耳聞天籟，則凡有形有聲者，皆吾羽旄干戚管磬匏絃。嘗試與予登夫韶石之上，舜峰之下，望蒼梧之眇莽，九疑之聯緜。覽觀江山之吐呑，艸木之俯仰，鳥獸之鳴號，衆竅之呼吸，往來唱和，非有度數而均節自成者，非韶之大全乎！上方立極以安天下，人和而氣應，氣應而樂作，則夫所謂簫韶九成，來鳳鳥而舞百獸者，既已粲然畢陳於前矣。建中靖國元季正月一日。

菩薩泉銘 并敘

事奇

陶侃爲廣州刺史，有漁人每夕見神光海上，以白侃。侃使迹之，得金像。視其款識，阿育王所鑄文殊師利像也。初送武昌寒溪寺。及侃遷荆州，欲以像行，人力不能動。益以牛車三十乘，乃能至船。船復没，遂以還寺。其後，惠遠法師迎像歸廬山，了無艱礙。山中世以二僧守之。會昌中，詔毁天下寺，二僧藏像錦繡谷。比釋教復興，求像不可得。而谷中至今有光景，往往發見，如峩眉、五臺所見。蓋遠師文集載處士張文逸之文，及山中父老所傳如此。今寒溪少西數百步，别爲西山寺，有泉出於嵌竇間，色白而甘，號菩薩泉，人莫知其本末。建昌李常謂余：「豈昔像之所在乎？」且屬余爲銘。

銘曰：

像在廬阜，宵光屬天。旦朝視之，寥寥空山。誰謂寒溪，尚有斯泉。盍往鑒之，文殊了然。

卓錫泉銘 并敘

六祖初住曹溪，卓錫泉涌，清涼滑甘，贍足大衆，逮今數百季矣。或時小竭，則衆汲于山下。今長老辯公住山四歲，泉日涌溢，聞知嗟異。爲作銘。曰：

祖師無心，心外無學。有來扣者，雲涌泉落。問何從來？初無所從。若有從處，來則有窮。初住南華，集衆須水。水性融會，豈有無埋。引錫指名，寒泉自冽。衆渴得飲，如我説法。云何至今，有溢有枯。泉無溢枯，蓋其人乎。辯來四季，泉水洋洋。烹煮濯溉，飲及牛羊。手不病汲，肩不病負。匏勺瓦盂，莫知其故。我不求水，水則許我。訊於祖師，其亦可哉。

參寥泉銘并敍　事奇

予謫居黃，參寥子不遠數千里從予於東城，留朞季。嘗與同遊武昌之西山，夢相與賦詩，有「寒食清明都過了，石泉槐火一時新」之句，語甚美，而不知其所謂。其後七季，予出守錢塘，參寥子在焉。明季，卜智果精舍居之。又明季，新居成，而予以寒食去郡，實來告行。舍下舊有泉，出石間，是月又鑿石得泉，加冽。參寥子擷新茶，鑽火煮泉而瀹之，笑曰：「是見于夢九季，衞公之爲靈也久矣。」坐人皆悵然太息，有知命無求之意。乃名之參寥泉，爲之銘。曰：

在天雨露，在地江湖。皆我四大，滋相所濡。偉哉參寥，彈指八極。退守斯泉，一謙四益。予晚聞道，夢幻是身。真即是夢，夢即是真。石泉槐火，九季而信。夫求何伸，實弊汝神。

大別方丈銘　好

閉目而視，目之所見，冥冥蒙蒙。掩耳而聽，耳之所聞，隱隱隆隆。耳目雖廢，見聞不斷，以搖其中。孰能開目而未嘗視，如鑑寫容？孰能傾耳而未嘗聽，如穴受風？不視而見，不聽而聞，根在塵空。湛然虛明，遍照十方，地獄天宫。蹈冒水火，出入金石，無往不通。我觀大别，三門之外，大江方東。東西萬里，千溪百谷，爲江所同。我觀大别，方丈之内，一燈常紅。門閉不開，光出于隙，瞱如長虹。問何爲然，笑而不答，寄之盲聾。但見厖然，秀眉月面，純漆點瞳。我作銘詩，相其木魚，與其鼓鍾。

淡軒銘

以船撑船船不行，以鼓打鼓鼓不鳴。子欲察味而辨色，何不坐於淡軒之上，出淡語以問淡叟，則味自味而色自形。吾然後知淡叟之不淡，蓋將盡口眼之變，而起無窮之争。其自謂叢林之一害，豈虚名也哉。

廣州東莞縣資福寺舍利塔銘并敘

事奇

自有生人以來，人之所爲見於世者，何可勝道？其鼓舞天下，經緯萬世，有偉於造物者矣。考其所從生，實出於一念。巍乎大哉！是念也，物復有烈於此者乎？是以古之真人，以心爲法，自一身至一世界，自一世界至百千萬億世界，於屈信臂頃，作百千萬億變，如佛所言，皆真實語，無可疑者。至于持身厲行，練精養志，或乘風而仙，或解形而去，使枯槁之餘，化爲金玉，時出光景，以作佛事者，則多有矣。其見伏去來，皆有時會，非偶然者。予在惠州，或示予以古舍利，狀若覆盂，圓徑五寸，高三寸，重一斤一兩，外密而中踈，其理如芭蕉，舍利生其中無數，五色具，意必真人大士之遺體。蓋腦之在顱中，顱亡而腦存者。予曰：「是當以施僧，與衆共之，藏私家非是。」其人難之。適有東莞資福長老祖堂來惠州，見而請之，曰：「吾方建五百羅漢閣，壯麗甲於南海，舍利當栖我閣上。」則以犀帶易之。有自京師至者，得古玉璧，試取以薦舍利，若合符契。堂喜，遂并璧持去，曰：「吾當以金銀琉璃爲窣堵波，置閣上。」銘曰：

真人大士何所脩，心精妙明含九洲。此身性海一浮漚，委蛻如遺不自收。戒光定力相烝休，結爲寶珠散若旒。流行四方獨此留，帶犀微矣何足酬。壁來萬里端相投，我非予堂堂非求。其作佛事知誰由，瑞光一起三千秋，永照南海通羅浮。

夢齋銘并敘

至人無夢。或曰：「高宗、武王、孔子皆夢，佛亦夢。夢不異覺，覺不異夢，夢即是覺，覺即是夢，此其所以爲無夢也歟？」衛玠問夢於樂廣，廣對以想曰：「形神不接而夢，此豈想哉？」對曰：「因也。」或問因之説，東坡居士曰：「世人之心，依塵而有，未嘗獨立也。塵之生滅，無一念住。夢覺之間，塵塵相授。數傳之後，失其本矣。則以爲形神不接，豈非因乎？人有牧羊而寢者，因羊而念馬，因馬而念車，因車而念蓋，遂夢曲蓋鼓吹，身爲王公。夫牧羊之與王公，亦遠矣，想之所因，豈足怪乎？居士始與芝相識於夢中，旦以所夢求而得之，今二十四季矣，而五見之。每見輒相視而笑，不知是處之爲何方，今日之爲何日，我爾之爲何人也。」題其所寓室曰夢齋，而子由爲之銘。曰：

法身充滿，處處皆一。幻身虚妄，所至非實。我觀世人，生非實中。以寤爲正，以寐爲夢。忽寐所遇，執寤所遭。積執成堅，如丘山高。若見法身，寤寐皆非。知其皆非，寤寐無虧。遨遊四方，齋則不遷。南北東西，法身本然。

蘇程庵銘并引

趣甚

程公庵，南華長老辯公爲吾表弟程德孺作也。吾南遷過之，更其名曰蘇程，且銘之曰：

辯作庵，寶林南。程取之，不爲貪。蘇後到，住者三。蘇既住，程則去。一彈指，三世具。如我説，無是處。百千燈，同一光。一塵中，兩道場。齊説法，不相妨。本無通，安有礙。程不去，蘇亦在。各徧滿，無雜壞。

偈

送壽聖聰長老偈并敘

趣

佛説作、止、任、滅，是謂四病。如我所説，亦是諸佛四竗法門。我今亦作、亦止、亦任、亦滅。滅則無作，作則無止，止則無任，任則無滅。是四法門更相掃除，火出木盡，灰飛煙滅。如佛所説，不作不止，不任不滅。是則滅病，否即任病。如我所説，亦作、亦止、亦任、亦滅。是則作病，否即止病。我與佛説，既同是法，亦同是病。昔維摩詰，默然無語，以對文殊。而舍利弗，亦復默然，以對天女。此二人者，有何差别？我以是知，苟非其人，道不虚行。時長老聰師，自筠來黄，復歸於筠。東坡居士爲説偈言：

透

珍重壽聖師，聽我送行偈。願閔諸有情，不斷一切法。人言眼睛上，一物不可住。我謂如虚空，何物住不得？我亦非然我，而不然彼義。然則兩皆然，否則無然者。

朱壽昌梁武懺贊偈并敘

我觀世間，諸得道者，多因苦惱。苦惱之極，無所告訴，則呼父母。父母不聞，仰而呼天。天不能救，則當歸命，於佛世尊。佛以大悲，方便開示。令知諸苦，以愛爲本。得愛則喜，犯愛則怒，失愛則悲，傷愛則懼。而此愛根，何所從生？展轉觀察，愛盡苦滅，得安樂處。諸佛亦言，愛别離苦。父母離别，其苦無量。於離别中，生離最苦。有大長者，曰朱壽昌。生及七歲，而母捨去。長大懷思，涕泣追求。刺血寫經，禮佛懺悔。四十餘季，乃見其母。念報佛恩，欲度衆苦。觀諸教門，切近周至。莫如梁武，所説懺悔。文既繁重，旨亦淵祕。一切衆生，有不能了。乃以韻語，諧諸音律。使一切人，歌詠贊嘆，獲福無量。時有居士，蜀人蘇軾。見聞隨喜，而説偈曰：

長者失母，常自念言：母本生我，我生母去。有我無母，不如無我。誓以此身，出生入死。母若不見，我亦隨盡。在衆人中，猶如狂人，終日皇皇，四十餘季，乃見其母。我初不記，母之長短，大小肥瘠，云何一見，便知是母。母子天性，自然冥契，如磁石鍼，不謀而合。我未見母，不求何獲，既見母已，即無所求。諸佛子等，歌詠懺文。既懺罪已，當求佛道，如我所説，作求母觀。

地獄變相偈

我聞吴道子，初作酆都變。都人畏罪業，兩月罷屠宰。此畫無實相，筆墨假合成。譬如説食飽。何從生怖汗。乃知法界性，一切惟心造。若人了此言，地獄自破碎。

贊

磨衲贊并敘

長老佛印大師了元遊京師，天子聞其名，以高麗所貢磨衲賜之。客有見而嘆曰：「嗚呼善哉！未曾有也。嘗試與子攝其齋衹，循其鉤絡，舉而振之，則東盡嵎夷，西及昧谷，南放交趾，北屬幽都，紛然在吾鍼孔綫蹊之中矣。」於是蜀人蘇軾，聞而贊之曰：

匣而藏之，見衲而不見師。衣而不匣，見師而不見衲。惟師與衲，是一是兩？眇而視之，蟣蝨龍象。

小篆般若心經贊

艸隸用世今千載，少而習之手所安。如若於言無揀擇，終日應對惟所問。忽然使作大小篆，如正行走值牆壁。縱復學之能粗通，操筆欲下仰尋索。譬如鸚鵡學人語，所習則能否則默。心存形聲與點畫，何暇復求字外意。世人初不離世間，而欲學出世間法。舉足動念皆塵垢，而以俄頃作禪律。禪律若可以作得，所不作處安得禪。善哉李子小篆字，其間無篆亦無隸。心忘其手手忘筆，筆自落紙非我使。正使忽忽不少暇，倏忽千百初無難。稽首《般若多心經》，請觀何處非《般若》。

金山長老寶覺師真贊

望之儼然，即之也温。是惟寶覺，大十之像。因是識師，是則非師，因師識道，道亦如是。

資福白長老真贊

是是是。是資福，白老子。身如空，我如爾。無一事，長歡喜。東坡有，老居士。見此真，欲擬議，未開口，落第二。有一語，略相似。門如市，心如水。

浄因浄照臻老真贊

浄故能照，爲照故浄。亦如是身，孰知其正。四大是假，此反爲真。從古聖賢，所莫能分。視彼如此，凡賊皆子。喜甲怒乙，雖子猶賊。人方自我，物固相物。是故東坡，即此爲實。

静安縣君許氏繡觀音贊

太嶽之裔，邑于静安。學道求心，妙湛自觀。觀觀世音，凛不違顔。三季之後，心法自圓。開思脩王，如日現前。心識其容，口莫能言。發于六用，以所能傳。自手達鍼，自鍼達線。爲鍼幾何，巧歷莫算。鍼若是佛，佛當千萬。若其非佛，此相曷緣？孰融此二，爲不二門？拜手敬贊，東坡老人。

繡佛贊 趣

凡作佛事，各以所有。富者以財，壯者以力，巧者以技，辯者以言。若無所有，各以其心。見聞隨喜，禮拜贊歎。曾未及彼，一鍼之勞。而其獲報，等無有二。若復緣此，得度成佛。則此繡者，乃是導師。

興國寺浴室院六祖畫贊并敘 趣

予嘉祐初舉進士，館於興國浴室老僧德香之院。浴室之南有古屋，東西壁畫六祖像。其東，刻木爲樓閣堂宇以障之，不見其全；而西壁三師，皆神宇靖深，中空外夷，意非知是道者不能爲此。書其上曰：蜀僧令宗筆。予初不聞宗名，而家有僞蜀待詔丘文播筆，畫相似，殆不可辨。曰：「宗豈師播者耶？」已而問諸蜀父老。曰：「文播，漢州人，弟曰文曉，而令宗其異父弟，或曰其表弟也。」皆善畫山水人物竹石，其品在黄筌、句龍爽之間。而文播之子仁慶，尤長於花實羽毛，蜀人趙昌所師者。予去三十一季，而中書舍人彭君器資亦館於是。予往見之，則院中人無復識予者。獨主僧惠汶，蓋當時堂上侍者，然亦老矣。導予觀令宗畫，則三祖依然尚在蔭翳間。予與器資相顧太息。汶曰：「嘻！去是也何有。」乃徙置所謂樓閣堂宇者，北向而出之，六師相親，如言如笑，如以法相授。都人聞之，觀者日衆，汶乃作欄楯以護之。而器資請予爲贊之曰：

少林傫壁，不以爲礙。彌天同輩，不以爲泰。稽首六師，昔晦今明。不去不來，何損何增。俯仰屈信，三十一季。我雖日化，其孰能遷之。

師子屏風贊并敘

趣

潤州甘露寺有唐李衛公所留陸探微畫師子板。余自錢塘移守膠西，過而觀焉。使工人摹之，置蓋公堂中，且贊之曰：

圓其目，仰其鼻，奮髯吐舌威見齒。舞其足，前其耳，左顧右躑喜見尾。雖猛而和蓋其戲，嚴嚴高堂護燕几。啼呼顛沛走百鬼，嗟乎妙哉古陸子。

馬祖龐公真贊

妙趣

南嶽坐下一馬，四蹄踏殺天下。馬後復一老龐，一口吸盡西江。天下是老師脚，西江即渠儂口。不知誰踏誰殺，何緣自吸自受。

辯才大師真贊

予頃拳嘗聞妙法於辯才老師，今見其畫像，乃以所聞者贊之：

即之浮雲無窮，去之明月皆同。欲知明月所在，在汝唾霧之中。

無趣

應夢觀音贊

稽首觀音，宴坐寶石。忽忽夢中，應我空寂。觀音不來，我亦不往。水在盆中，月在天上。

海月辯公真贊并引

錢塘佛者之盛，蓋甲天下。道德才智之士，與妄庸巧僞之人，雜處其間，號爲難齊。故於僧職正副之外，別補都僧正一員。簿帳案牒奔走將迎之勞，專責正副以下，而都師領略其要，實以行解表衆而已。然亦通號爲僧官。故高舉遠引山棲絶俗之士，不屑爲之。惟清通端雅，外涉世而中遺物者，乃任其事。予通守錢塘時，海月大師惠辯者，實在此位。神宇澄穆，不見慍喜，而緇素悦服，予固喜從之遊。時東南多事，吏治少暇，而予方季壯氣盛，不安厥官。每往見師，清坐相對，時聞一言，則百憂冰解，形神俱泰。因悟莊周所言東郭順子之爲人，人貌而天，虚緣而葆真，清而容物，物無道，正容以悟之，使人之意也消，蓋師之謂也歟？一日，師卧疾，使人請予入山。適有所未暇，旬餘乃往，則師之化四日矣。遺言須予至乃闔棺，趺坐如生，頂尚温也。予在黄州，夢至西湖上，有大殿榜曰彌勒下生，而故人辯才、海月之流，皆行道其間。師没後二十一季，予謫居惠州，天竺浄惠師屬參寥子以書遺予曰：「檀越許與海月作真贊，久不償此願，何也？」予矍然而起，爲説贊曰：

人皆趨世，出世者誰？人皆遺世，世誰爲之？爰有大士，處此兩間。非濁非清，非律非禪。惟是海月，都師之式。庶復見之，衆縛自脱。我夢西湖，天宫化城。見兩天竺，宛如平生。雲披月滿，遺像在此。誰其贊之？惟東坡子。

二疎圖贊　趣

惟天爲健，而不予時。沉潛剛克，以爕和之。於赫漢高，以智力王。凛然君臣，師友道喪。孝宣中興，以法馭人。殺蓋、韓、楊，蓋三良臣。先生憐之，振袂脱屣。使知區區，不足驕士。此意莫陳，千載于今。我觀畫圖，涕下沾襟。

孔北海贊并敘　可感

文舉以英偉冠世之資，師表海内，意所予奪，天下從之，此人中龍也。而曹操陰賊險狠，特鬼蜮之雄者耳。其勢決不兩立，非公誅操，則操害公，此理之常。而前史乃謂公負其高氣，志在靖難，而才疎意廣，訖無成功，此蓋當時奴婢小人論公之語。公之無成，天也。使天未欲亡漢，公誅操如殺孤兔，何足道哉！世之稱人豪者，才氣各有高卑，然皆以臨難不懼，談笑就死爲雄。操以病亡，子孫滿前而咿嚶涕泣，留連妾婦，分香賣履，區處衣物，平生姦僞，死見真性。世以成敗論人物，故操得在英雄之列，而公見謂才疎意廣，豈不悲哉！操平生畏劉備，而備以公知天下有己爲喜，天若祚漢，公使備，備誅操無難也。予讀公所作《楊四公贊》，歎曰：方操害公，復有魯國一男子慨然爭之，公庶幾不死。乃作《孔北海贊》。曰：

晉有羯奴，盜賊之靡。欺孤如操，又羯所耻。我書《春秋》，與齊豹齒。文舉在天，雖亡不死。我宗若人，尚友千祀。視公如龍，視操如鬼。

王定國真贊　好

温然而澤者，道人之腴也。凜然而清者，詩人之癯也。雍容委虵者，貴介之公子。而短小精悍者，遊俠之徒也。人何足以知之，此皆其膚也。若人者，泰不驕，困不撓，而老不枯也。

秦少遊真贊　好

以君爲將仕也，其服野，其行方。以君爲將隱也，其詞文，其神昌。置而不求君不即，即而求之君不藏。以爲將仕將隱者，皆不知君者也，蓋將挈所有而乘所遇，以遊於世，而卒反於其鄉者乎？

參寥子真贊　甚趣

東坡居士曰：維參寥子，身寒而道富。辯於文而訥於口。外尫柔而中健武。與人無競，而好刺譏朋友之過。枯形灰心，而喜爲感時玩物不能忘情之語。此予所謂參寥子有不可曉者五也。

文與可畫墨竹屏風贊　可感

與可之文，其德之糟粕。與可之詩，其文之毫末。詩不能盡，溢而爲書。變而爲畫，皆詩之餘。其詩與文，好者益寡。有好其德如好其畫者乎？悲夫！

戒壇院文與可畫墨竹贊　趣

風梢雨籜，上傲冰雹。霜根雪節，下貫金鐵。誰爲此君，與可姓文。惟其有之，是以好之。

石室先生畫竹贊并敘　趣甚

與可，文翁之後也，蜀人猶以石室名其家。而與可自謂笑笑先生，蓋可謂與道皆逝，不留於物者也。顧嘗好畫竹，客有贊之者曰：

先生閒居，獨笑不已。問安所笑，笑我非爾。物之相物，我爾一也。先生又笑，笑所笑者。笑笑之餘，以竹發妙。竹亦得風，天然而笑。

文與可飛白贊

嗚呼哀哉！與可豈其多好？好奇也歟！抑其不試，故藝也。始予見其詩與文，又得見其行草篆隸也，以爲止此矣。既没一朞，而復見其飛白。美哉多乎，其盡萬物之態也。霏霏乎其若輕雲之蔽月，飜飜乎其若長風之卷旆也。猗猗乎其若遊絲之縈柳絮，裊裊乎其若流水之舞荇帶也。離離乎其遠而相屬，縮縮乎其近而不隘也。其工至於如此，而余乃今知之。則余之知與可者固無幾，而其所不知者蓋不可勝計也。嗚呼哀哉！

郭忠恕畫贊并敘　趣

右張夢得所藏郭忠恕畫山水屋木一幅。忠恕字恕先，以字行，洛陽人。少善屬文及史書小學，通九經。七歲舉童子。漢湘陰公辟從事，與記室董裔争事，謝去。周祖召爲《周易》博士。國初，與監察御史符昭文争忿朝堂，貶乾州司户，秩滿，遂不仕。放曠岐、雍、陝、洛間，逢人無貴賤，口稱猫。遇佳山水，輒留旬日。或絶粒不食，盛暑暴日中無汗，大寒鑿冰而浴。尤善畫，妙於山水屋木。有求者，必怒而去。意欲畫，即自爲之。郭從義鎮岐下，延止山亭，設絹素粉墨於坐。經數月，忽乘醉就圖之一角，作遠山數峰而已，郭氏亦寶之。岐有富人子，喜畫，日給淳酒，待之甚厚。久乃以情言，且致匹素。恕先爲畫小童持線車放風鳶，引線數丈滿之。富家子大怒，遂絶。時與役夫小民入市肆飲食，曰：「吾所與遊，皆子類也。」（真語）太宗聞其名，召赴闕，館于内侍省押班竇神興舍。恕先長髯而美，忽盡去之。神興驚問其故。曰：「聊以效顰。」神興大怒。除國子監主簿，出，館于太學，益縱酒肆言時政，頗有謗讟。語聞，決杖配流登州。至齊州臨清，謂部送吏曰：「我逝矣。」因掊地爲穴，度可容面，俯窺焉而卒，藁葬道左。後數月，故人欲改葬，但衣衾存焉，蓋尸解也。贊曰：

長松攙天，蒼壁插水。憑欄飛觀，縹緲誰子。空蒙寂歷，煙雨滅没。恕先在焉，呼之或出。（趣）

石菖蒲贊并敘（好）

《本艸》：菖蒲，味辛温無毒，開心，補五臟，通九竅，明耳目。久服輕身不忘，延季益心智，高志不老。注云：生石磧上概節者，良。生下濕地大根者，乃是昌陽，不可服。韓退之《進學解》云：「訾醫師以昌陽引季，欲進其稀苓。」不知退之即以昌陽爲菖蒲耶，抑謂其似是而非不可以引季也？凡艸木之生石上者，必須微土以附其根，如石韋、石斛之類。雖不待土，然去其本處，輒槁死。惟石菖蒲并石取之，濯去泥土，漬以清水，置盆中，可數十季不枯。雖不甚茂，而節葉堅瘦，根須連絡，蒼然於几案間，久而益可喜也。其輕身延季之功，既非昌陽之所能及。至於忍寒苦，安澹泊，與清泉白石爲伍，不待泥土而生者，亦豈昌陽之所能髣髴哉？余游慈湖山中，得數本，以石盆養之，置舟中，間以文石、石英，璀璨芬郁，意甚愛焉。顧恐陸行不能致也，乃以遺九江道士胡洞微，使善視之。余復過此，將問其安否。

贊曰：

清且泚，惟石與水。託於一器，養非其地。瘠而不死，夫孰知其理。不如此，何以補五藏而堅髮齒。

偃松屏贊并引

予爲中山守，始食北嶽松膏，爲天下冠。其木理堅密，瘠而不瘁，信植物之英烈也。謫居羅浮山下，地暖多松，而不識霜雪，如高才勝人生綺紈家，與孤臣孽子有間矣。士踐憂患，安知非福。幼子過從我南來，畫寒松偃蓋爲護首小屏。爲之贊曰：

燕南趙北，大茂之麓。天僵雪峰，地裂冰谷。凜然孤清，不能無生。生此偉奇，北方之精。蒼皮玉骨，磽磽齾齾。方春不知，沍寒秀發。孺子介剛，從我炎荒。霜中之英，以先我瘴。

夢作司馬相如求畫贊并序

夜夢嚴君平、司馬相如、楊子雲合席而坐，子雲曰：「長卿久欲求公作畫贊。」予辭以罪戾之餘，久廢筆硯。子雲懇祈，不獲已爲之。既成，子雲戲予曰：「三賦果足以重趙乎？」予曰：「三賦足以重趙，則子之《太玄》果足以重趙乎？」爲之一咲而散。

長卿有意，慕藺之勇。言還故鄉，閭里是聳。景星鳳凰，以見爲寵。煌煌三賦，可使趙重。 趣

坡仙集卷之一終

坡仙集卷之二

傳

方山子傳

方山子，光、黄間隱人也。少時慕朱家、郭解爲人，閭里之俠皆宗之。稍壯，折節讀書，欲以此馳騁當世，然終不遇。晚乃遯於光、黄間曰岐亭，庵居蔬食，不與世相聞。棄車馬，毁冠服，徒步往來山中，人莫識也。見其所著帽，方屋而高，曰：「此豈古方山冠之遺像乎？」因謂之方山子。余謫居于黄，過岐亭，適見焉。曰：嗚呼！此吾故人陳慥季常也，何爲而在此？方山子亦矍然，問余所以至此者。余告之故，俯而不答，仰而笑。呼余宿其家，環堵蕭然，而妻子奴婢皆有自得之意。余既聳然異之。獨念方山子少時，使酒好劍，用財如糞土。前十有九年，余在岐山，見方山子從兩騎，挾二矢，遊西山。鵲起于前，使騎逐而射之，不獲。方山子怒馬獨出，一發得之。因與余馬上論用兵及古今成敗，自謂一時豪士。今幾日耳，精悍之色猶見於眉間，而豈山中之人哉！然方山子世有勳閥，當得官，使從事於其間，今已顯聞。而其家在洛陽，園宅壯麗與公侯等。河北有田，歲得帛千疋，亦足以富樂，皆棄不取，獨來窮山中，此豈無得而然哉。余聞光、黄間多異人，往往陽狂垢汙，不可得而見。方山子儻見之與？

率子廉傳 事奇

率子廉，衡山農夫也。愚朴不遜，衆謂之率牛。曉隸南嶽觀爲道士。觀西南七里有紫虚閣，故魏夫人壇也。道士以荒寂，莫肯居者，惟子廉樂之，端默而已。人莫見其所爲。然頗嗜酒，往往醉卧山林間，雖大風雨至不知，虎狼過其前，亦莫害也。故禮部侍郎王公祐出守長沙，奉詔禱南嶽，訪魏夫人壇。子廉方醉不能起，直視公曰：「村道士愛酒，不能常得，得輒徑醉，官人恕之。」公察其異，載與俱歸。居月餘，落漠無所言，復送還山，曰：「尊師韜光内映，老夫所不測也，當以詩奉贈。」既而忘之。一日晝寢，夢子廉來索詩，乃作二絶句，書板置閣上。衆道士驚曰：「率牛何以得此？」太平興國五年六月十七日，忽使謂觀中人曰：「吾將有所適，閣不可無人，當速遣繼我者。」衆道上自得王公詩，稍異之矣，及是驚曰：「天暑如此，率牛安往？」狼狽往視，則死矣。衆始大異之，曰：「率牛乃知死日耶？」葬之嶽下。未幾有南臺寺僧守澄自京師還，見子廉南薰門外，神氣清逸。守澄問何故出山？笑曰：「閑遊耳。」寄書與山中人，澄歸，乃知其死。驗其書，則死日也。發其塚，杖屨而已。東坡居士曰：「士中有所挾，雖小技，不輕出也，況至人乎！至人固不可得，識至人者，豈易得哉！王公非得道，不能知率牛之異也。」居士嘗作《三槐堂記》，意謂公非獨慶流其子孫，庶幾身得道者。及見率子廉事，益信其然。公詩不見全篇，書以遺其曾孫鞏，使求之家集而補之，或刻石置紫虚閣上。

僧圓澤傳

事奇

洛師惠林寺，故光禄卿李憕居第。禄山陷東都，憕以居守死之。子源，少時以貴遊子，豪侈善歌，聞於時。及憕死，悲憤自誓，不仕不娶不食肉，居寺中五十餘季。寺有僧圓澤，富而知音，源與之游，甚密，促膝交語竟日，人莫能測。一日，相約游蜀青城峩眉山。源欲自荆州泝峽，澤欲取長安斜谷路。源不可，曰：「吾已絶世事，豈可復道京師哉！」澤默然久之，曰：「行止固不由人。」遂自荆州路，舟次南浦，見婦人錦襠負甖而汲者，澤望而泣曰：「吾不欲由此者，爲是也。」源驚問之。澤曰：「婦人姓王氏，吾當爲之子。孕三歲矣，吾不來，故不得乳。今既見，無可逃者。公當以符呪助我速生。三日浴兒時，願公臨我，以笑爲信。後十三季中秋月夜，杭州天竺寺外，當與公相見。」源悲悔而爲具沐浴易服。至暮，澤亡而婦乳。三日，往視之，兒見源果笑。具以語王氏，出家財，葬澤山下。源遂不果行，反寺中。問其徒，則既有治命矣。後十二年自洛適吴，赴其約。至約所，聞葛洪川畔有牧童扣牛角而歌之曰：「三生石上舊精魂，賞月吟風不要論。慙愧情人遠相訪，此身雖異性長存。」呼問：「澤公健否？」答曰：「李公真信士！然俗緣未盡，慎勿相近。惟勤修不墮，乃復相見。」又歌曰：「身前身後事茫茫，欲話因緣恐斷腸。吴越山川尋已遍，卻回烟棹上瞿塘。」遂去，不知所之。後二季，李德裕奏源忠臣子，篤孝，拜諫議大夫。不就，竟死寺中，季八十。

萬石君羅文傳

羅文，歙人也。其上世常隱龍尾山，未嘗出爲世用。自秦棄詩書，不用儒學，漢興，蕭何輩又以刀筆吏取將相，天下靡然效之，争以刀筆進，雖有奇産，不暇推擇也。以故羅氏未有顯人。及文，資質温潤，縝密可喜，隱居自晦，有終焉之意。里人石工獵龍尾山，因窟入，見文塊然居其間，熟視之，笑曰：「此所謂邦之彦也，豈得自棄於巖穴耶？」乃相從定交，磨礱成就之，使從諸生學，因得與士大夫游，見者咸愛重焉。武帝方向學，喜文翰，得毛穎之後毛純爲中書舍人。純一日奏曰：「臣幸得收録以備任使，然以臣之愚，不能獨大用。今臣同事，皆小器頑滑，不足以置左右，願得召臣友人羅文以相助。」詔使隨計吏入貢。蒙召見文德殿，上望見，異焉。因玩弄之曰：「卿久居荒十，得被漏泉之澤，涵濡浸漬久矣，不自枯槁也。」上復叩擊之，其音鏗鏗可聽。上喜曰：「古所謂玉質而金聲者，子真是也。」使待詔中書。久之，拜舍人。是時墨卿、楮先生皆以能文得幸，而四人同心，相得歡甚，時人以爲文苑四貴。每有詔命典策，皆四人謀之。其大約雖出於上意，必使文潤色之，然後琢磨以墨卿，謀畫以毛純，成，以受楮先生，使行之四方遠夷，無不達焉。上嘗嘆曰：「是四人者，皆國寶也。」然重厚堅貞，行無瑕玷，自二十石至百石吏，皆無如文者。命尚方以金作室，以蜀文錦爲薦褥賜之。其後于闐進美玉，上使以玉作小屏風賜之。並賜高麗所獻銅瓶爲飲器，親愛日厚，如純輩不敢望也。上得羣才用之，遂内更制度，修律曆，講郊祀，治刑獄，外征伐四夷，詔書符檄禮文之事，皆文等預焉。上思其功，制詔丞相御史曰：「蓋聞議法者常失於太深，論功者常失於太薄，有功而賞不及，雖唐虞不能以相勸。中書舍人羅文，久無書藉，助成文治，厥功茂焉。其以歙之祁門三百户封文，號萬石君，世世勿絶。」文爲人有廉隅，不可犯，然搏擊非其任，喜與老成知書者游。常曰：「吾與兒輩處，每慮有玷缺之患。」其自愛如此。以是小人多輕疾之。或讒於上曰：「文性貪墨，無潔白稱。」上曰：「吾用文掌書翰，取其便事耳。雖貪墨，吾固知，不如是，亦何以見異才。」自是左右不敢復言。文體有寒疾，每冬月侍書，輒面冰不可運筆，上時賜之酒，然後能書。元狩中，詔舉賢良方正。淮南王安舉端紫，以對策高第，待詔翰林，超拜尚書僕射，與文並用事。紫雖乏文采，而令色尤可喜，以故常在左右，文浸不用。上幸甘泉，祠河東，巡朔方，紫常扈從，而文留守長安禁中。上還，見文塵垢面目，頗憐之。文因進曰：「陛下用人，誠如汲黯之言，後來者居上耳。」上曰：「吾非不念爾，以爾季老，不能無少圓缺故也。」左右聞之，以爲上意不悦，因不復顧省。又乞骸骨伏地，上詔使駙馬都尉金日磾翼起之。日磾胡人，初不知書，素惡文所爲，因是擠之殿下，顛仆而卒。上憫之，令宦者瘞於南山下。子堅嗣。堅資性温潤，文采縝密，不減文，而器局差小，起家爲文林郎，侍書東宫。昭帝立，以舊恩見寵。帝春秋益壯，喜寬大博厚者，顧堅器小，斥不用。堅亦以落落難合於世，自視與瓦礫同。昭帝崩，大將軍霍光以帝平生玩好器用、後宫美人，置之平陵。堅自以有舊恩，乞守陵，拜陵寢郎。後死葬平陵。自文生時，宗族分散四方，高才奇特者，王公貴人以金帛聘取爲從事舍人，其下亦與巫醫書算之人游，皆有益於其業，或因以致富焉。贊曰：

羅氏之先無所見，豈左氏所稱羅國哉？考其國邑，在江漢之間，爲楚所滅，子孫疑有散居黟、歙間者。嗚呼！國既破亡，而後世猶以知書見用，至今不絶，人豈可以無學術哉！

碑

表忠觀碑

熙寧十季十月戊子，資政殿大學士、右諫議大夫、知杭州軍州事臣抃言：「故吴越國王錢氏墳廟，及其父祖妃夫人子孫之墳，在錢塘者二十有六，在臨安者十有一，皆蕪廢不治，父老過者皆流涕。謹按：故武肅王鏐，始以鄉兵破走黄巢，名聞江淮。復以八都兵討劉漢宏，并越州，以奉董昌，而自居於杭。及昌以越叛，則誅昌而幷越，盡有浙東西之地。傳其子文穆王元瓘。至其孫忠顯王仁佐，遂破李景兵，取福州。而仁佐之弟忠懿王俶，又大出兵攻景，以迎周世宗之師。其後卒以國入覲。三世四王，與五代相終始。天下大亂，豪傑蜂起，方是時，以數州之地盜名字者，不可勝數。既覆其族，延及於無辜之民，罔有孑遺。而吳越地方千里，帶甲十萬，鑄山煮海，象犀珠玉之富，甲於天下，然終不失臣節，貢獻相望於道。是以其民至於老死不識兵革，四時嬉遊，歌鼓之聲相聞，至于今不廢，其有德於斯民甚厚。皇宋受命，四方僭亂以次削平。而蜀、江南負其嶮遠，兵至城下，力屈勢窮，然後束手。而河東劉氏，百戰守死以抗王師，積骸爲城，釃血爲池，竭天下之力僅乃克之。獨吳越不待告命，封府庫，籍郡縣，請吏于朝。視去其國，如去傳舍，其有功於朝廷甚大。昔竇融以河西歸漢，光武詔右扶風修理其父祖墳塋，祠以大牢。今錢氏功德，殆過於融，而未及百秊，墳廟不治，行道傷嗟，甚非所以勸奬忠臣、慰荅民心之義也。臣願以龍山廢佛寺曰妙因院者爲觀，使錢氏之孫爲道士曰自然者居之。凡墳廟之在錢塘者以付自然，其在臨安者以付其縣之浄土寺僧曰道微，歲各度其徒一人，使世掌之。籍其地之所入，以時修其祠宇，封殖其草木，有不治者，縣令丞察之，甚者易其人，庶幾永終不墜，以稱朝廷待錢氏之意。臣抃昧死以聞。」制曰：「可。其妙因院改賜名曰表忠觀。」銘曰：

天目之山，苕水出焉。龍飛鳳舞，萃于臨安。篤生異人，絶類離羣。奮挺大呼，從者如雲。仰天誓江，日月晦蒙。强弩射潮，江海爲東。殺宏誅昌，奄有吳越。金券玉册，虎符龍節。大城其居，包落山川。左江右湖，控引島蠻。歲時歸休，以燕父老。曄如神人，玉帶毬馬。四十一秊，寅畏小心。厥篚相望，大貝南金。王朝昏亂，罔堪託國。三王相承，以待有德。既獲所歸，弗謀弗咨。先王之志，我維行之。天胙忠孝，世有爵邑。允文允武，子孫千億。帝謂守臣，治其祠墳。母俾樵牧，愧其後昆。龍山之陽，巋焉新宮。匪私于錢，唯以勸忠。非忠無君，非孝無親。凡百有位，視此刻文。

宸奎閣碑

皇祐中，有詔廬山僧懷璉住京師十方浄因禪院，召對化成殿，問佛法大意，奏對稱旨，賜號大覺禪師。是時北方之爲佛者，皆留於名相，囿於因果，以故士之聰明超軼者皆鄙其言，詆爲蠻夷下俚之説。璉獨指其妙與孔、老合者，其言文而真，其行峻而通，故一時士大夫喜從之游，遇休沐日，璉未盥漱，而户外之屨滿矣。仁宗皇帝以天縱之能，不由師傳，自然得道，與璉問答，親書頌詩以賜之，凡十有七篇。至和中，上書乞歸老山中。上曰：「山即如如體也。將安歸乎？」不許。治平中，再乞，堅甚，英宗皇帝留之，不可，賜詔許自便。璉既渡江，少留于金山、西湖，遂歸老于四明之阿育王山廣利寺。四明之人相與出力，建大閣，藏所賜頌詩，榜之曰宸奎。時京師始建寶文閣，詔取其副本藏焉。且命歲度僧一人。璉歸山二十有三秊，秊八十有三。臣留守杭州，其徒使來告曰：「宸奎閣未有銘，君逮事昭陵，而與吾師游最舊，其可以辭？」臣謹按：古之人君號知佛者，必曰漢明、梁武，其徒蓋常以藉口，而繪其像于壁者。漢明以察爲明，而梁武以弱爲仁。皆緣名失實，去佛遠甚。恭惟仁宗皇帝在位四十二秊，未嘗廣度僧尼，崇侈寺廟。干戈斧質，未嘗有所私貸。而升遐之日，天下歸仁焉。此所謂得佛心法者，古今一人而已。璉雖以出世法度人，而持律嚴甚。上嘗賜以龍腦鉢盂，璉對使者焚之，曰：「吾法以壞色衣，以瓦鐵食，此鉢非法。」使者歸奏，上嘉歎久之。銘曰：

巍巍仁皇，體合自然。神耀得道，非有師傳。維道人璉，逍遥自在。禪律並行，不相留礙。於穆頌詩，我既其文。惟佛與佛，乃識其真。咨爾東南，山君海王。時節來朝，以謹其藏。

昭靈侯廟碑　事奇

昭靈侯南陽張公諱路斯，隋之初，家潁上縣百社村。季十六，中明經第。唐景龍中，爲宣城令，以才能稱。夫人石氏生九子。自宣城罷歸，常釣于焦氏臺之陰。一日，顧見釣處有官室樓殿，遂入居之。自是夜出旦歸，輒體寒而濕。夫人驚問之。公曰：「我龍也。蓼人鄭祥遠者亦龍也，與我争此居，明日當戰，使九子助我。領有絳綃者我也，青綃者鄭也。」明日，九子以弓矢射青綃者中之，怒而去，公亦逐之，所過爲谿谷，以達于淮。而青綃者投于合肥之西山以死，爲龍穴山，九子皆化爲龍，而石氏葬關洲。公之兄爲馬步使者，子孫散居潁上，其墓皆存焉。事見于唐布衣趙耕之文，而傳于淮潁間父老之口，載于歐陽文忠公之《集古録》云。自景龍以來，潁人世祠之于焦氏臺。乾寧中，刺史王敬蕘始大其廟。有宋乾德中，蔡州大旱，其刺史司超聞公之靈，築祠于蔡。既雨，翰林學士承旨陶穀爲記其事。蓋淮南至于蔡、許、陳、汝，皆奔走奉祠。景德中，諫議大夫張秉奉詔益新潁上祠宇。而熙寧中司封郎中張徽奏乞爵號，詔封公昭靈侯、石氏柔應夫人。廟有穴五，往往見變異，出雲雨，或投器穴中，則見于池。而近歲有得蜕骨于池者，金聲玉質，輕重不常，今藏廟中。元祐六季秋，旱甚，郡守龍圖閣學士、左朝奉郎蘇軾，迎致其骨于西湖之行祠，與吏民禱焉，其應如響，乃益治其廟，作碑而銘之。銘曰：

維古至人，泠然乘風。變化往來，不私其躬。道本於仁，仁故能勇。有殺有生，以仁爲終。相彼幻身，何適不通。地行爲人，天飛爲龍。惠于有生，我則從之。淮潁之間，篤生張公。跨歷隋唐，顯于有宋。上帝寵之，先帝封之。昭于一方，萬靈宗之。哀我潁民，處瘠而窮。地傾東南，潦水所鍾。忽焉歸壑，千里一空。公居其間，拯溺弔凶。救藥疾癘，驅攘螟蟲。開闔抑揚，孰知其功。坎坎擊鼓，巫師老農，斗酒隻雞，四簋其饛。度公之居，貝闕珠宮。揆公之食，瓊醴玉饔。何以稱之，我愧于中。公之所饗，惟誠與恭。誠在愛民，無傷農工。恭不在外，洗濯厥胸。以此事神，神聽則聰。敢有不然，上帝恫之。

伏波將軍廟碑

漢有兩伏波，皆有功德於嶺南之民。前伏波，邳離路侯也；後伏波，新息馬侯也。南越自三代不能有，秦雖稍通置吏，旋復爲夷。邳離始伐滅其國，開九郡，然至東漢，二女子側、貳反嶺南，震動六十餘城。世祖初平天下，民勞厭兵，方閉玉關，謝西域，況南荒何足以辱王師，非新息苦戰，則九郡左衽至今矣。由此論之，兩伏波廟食于嶺南者，均也。古今之傳，莫能定于一。自徐聞渡海，適朱崖，南望連山，若有若無，杳杳一髮耳。艤舟將濟，眩栗喪魄。海上有伏波祠，元豐中詔封忠顯王，凡濟海者必卜焉，曰：「某日可濟乎？」必吉而後敢濟。使人信之如度量衡石，必不吾欺者。嗚呼！非盛德其孰能然！自漢以來，朱崖、儋耳，或置或否。楊雄有言：「朱崖之棄，捐之之力也，否則介鱗易我衣裳。」此言施於當時可也。自漢末至五代，中原避亂之人，多家於此。今衣冠禮樂，蓋斑斑然矣，其可復言棄乎！四州之人，以徐聞爲咽喉。南北之濟者，以伏波爲指南，事神其敢不恭。軾以罪謫儋耳三年，今乃獲還海北，往返皆順風，念無以答神貺者，乃碑而銘之。銘曰：

至險莫測海與風，至幽不仁此魚龍。至信可恃漢兩公，寄命一葉萬仞中。自此而南洗汝胸，撫循民夷必清通。自此而北端汝躬，屈信窮達常正忠。生爲人英没愈雄，神雖無言意我同。

廣州資福寺羅漢閣碑

衆生以愛，故入生死。由於愛境，有逆有順。而生喜怒，造種種業。展轉六趣，至千萬劫。本所從來，唯有一愛，更無餘病。佛大醫王，對病爲藥。唯有一捨，更無餘藥，常以此藥，而治此病。如水救火，應手當滅。云何衆生，不滅此病。是導師過，非衆生咎。何以故？衆生所愛，無過身體。父母有疾，割肉刺血，初無難色。若復鄰人，從其求乞，一爪一髮，終不可得。有二導師，其一清淨，不入諸相，能知衆生，生死之本，能使衆生，了然見知。不生不死，出輪迴處。是處安樂，堪永依怙，無異父母。支體可捨，而況財物。其一導師，以有爲心，行有爲法。縱不求利，即自求名。譬如鄰人，求乞爪髮，終不可得，而況肌肉。以此觀之，愛吝不捨，是導師過。設如有人，無故取米。投坑穽中，見者皆恨。若以此米，施諸鳥雀，見者皆喜。鳥雀無知，受我此施，何異坑穽。而人自然，有喜有愠。如使導師，有心有爲，則此施者，與棄何異。以此觀之，愛吝不捨，非衆生咎。四方之民，皆以勤苦，而得衣食，所得毫末，其苦無量。獨此南粤，嶺海之民，貿遷重寶，坐獲富樂。得之也易，享之也愧。是故其人，以愧故捨。海道幽險，死生之間，曾不容髮。而況飄墮，羅刹鬼國，呼號神天，佛菩薩僧，以脱須臾。當此之時，身非己有，而況財物，實同糞土。是故其人，以懼故捨。愧懼二法，助發善心，是故粤人，輕施樂捨，甲於四方。東莞古邑，資福禪寺，有老比丘，祖堂其名，未嘗戒也。而律自嚴，未嘗求也，而人自施。人之施堂，如物在衡，損益銖黍，了然覺知。堂之受施，如水涵影，雖千萬過，無一留者。堂以是故，創作五百，大阿羅漢，嚴淨寶閣，涌地千柱，浮空三成，壯麗之極，實冠南粤。東坡居士，見聞隨喜，而説偈言：

五百大士棲此城，南珠大貝皆東傾。衆心回春柏再榮，鐵林東來閣乃成。寶骨未到先通靈，赤蛇白壁珠夜明。三十襲吉誰敢争，層簷飛空俯日星。海波不摇颶無聲，天風徐來韻流鈴。一洗瘴霧冰雪清，人無南北壽且寧。

記

虔州崇慶院新經藏記

如來得阿耨多羅三藐三菩提，曰「以無所得故而得。」舍利弗得阿羅漢道，亦曰「以無所得故而得。」如來與舍利弗若是同乎？曰：何獨舍利弗，至于百工賤技，承蜩意鉤，履狶畫墁，未有不同者。論道之大小，雖至于大菩薩，其視如來，猶若天淵然，及其以無所得故而得，則承蜩意鉤，履狶畫墁，未有不與如來同者也。以吾之所知，推至其所不知，嬰兒生而導之言，稍長而教之書，口必至于忘聲而後能言，手必至于忘筆而後能書，此吾之所知也。口不能忘聲，則語言難於屬文；手不能忘筆，則字畫難於刻琱。及其相忘之至也，則形容心術，酬酢萬物之變，忽然而不自知也。自不能者而觀之，其神智妙達，不既超然與如來同乎！故《金剛經》曰：一切賢聖，皆以無爲法，而有差别。以是爲技，則技疑神，以是爲道，則道疑聖。古之人與人皆學，而獨至於是，其必有道矣。吾非學佛者，不知其所自入，獨聞之孔子曰：「《詩》三百，一言以蔽之，曰思無邪。」夫有思皆邪也，善惡同而無思，則土木也，云何能使有思而無邪，無思而非土木乎！烏乎！吾老矣，安得數季之暇，託於佛僧之宇，盡發其書，以無所思心會如來意，庶幾於無所得故而得者。謫居惠州，終歲無事，宜若得行其志。而州之僧舍無所謂經藏者，獨榜其所居室曰思無邪齋，而銘之致其志焉。始吾南遷，過虔州，與通守奉議郎俞君括游。一日訪廉泉，入崇慶院觀寶輪藏。君曰：「是於江南壯麗爲第一，其費二千餘萬，前長老曇秀始作之，幾於成而寂。今長老惟湜嗣成之。奔走二老之間，勸導經營，銖積寸累十有六季而成者，僧知錫也。子能愍此三士之勞，爲一言記之乎？」吾蓋心許之。俞君博學能文，敏於從政，而恬於進取。數與吾書，欲棄官相從學道。自虔罷歸，道病，卒於廬陵。虔之士民，有巷哭者。吾亦爲出涕，故作此文以遺湜、錫，并論孔子思無邪之意，與吾有志無書之歎，使刻于石，且與俞君結未來之因乎？

南華長老題名記

學者以成佛爲難乎？累土畫沙，童子戲也，皆足以成佛。以爲易乎？受記得道，如菩薩大弟子，皆不任問疾。是義安在？方其迷亂顛倒，流浪苦海之中，一念正真，萬法皆具。及其勤苦功用，爲山九仞之後，毫釐差失，千劫不復。嗚呼！道固如是也，豈獨佛乎！子思子曰：「夫婦之不肖，可以能行焉，及其至也，雖聖人亦有所不能焉。」孟子則以爲聖人之道，始於不爲穿窬，而穿窬之惡，成於言不言。人未有欲爲穿窬者，雖穿窬亦不欲也。自其不欲爲之心而求之，則穿窬足以爲聖人。可以言而不言，不可以言而言，雖賢人君子有不能免也。因其不能免之過而遂之，則賢人君子有時而爲盜。是二法者，相反而相爲用。儒與釋皆然。南華長老明公，其始蓋學於子思、孟子者，其後棄家爲浮屠氏。不知者以爲逃儒歸佛，不知其猶儒也。南華自六祖大鑒示滅，其傳法得眼者，散而之四方。故南華爲律寺。至吾宋天僖三季，始有詔以智度禪師普遂住持，至今明公，蓋十一世矣。明公告東坡居士曰：「宰官行世間法，沙門行出世間法，世間即出世間，等無有二。今宰官傳授，皆有題名壁記，而沙門獨無有。矧吾道場，實補佛祖處，其可不嚴其傳？子爲我記之。」居士曰諾，乃爲論儒釋不謀而同者以爲記。

清風閣記

文慧大師應符，居成都玉谿上，爲閣曰清風。以書來求文爲記，五返而益勤。余不能已，戲爲浮屠語以問之。曰：符，而所謂身者，汝之所寄也。而所謂閣者，汝之所以寄所寄也。身與閣，汝不得有，而名烏乎施？名將無所施，而安用記乎？雖然，吾爲汝放心遺形而强言之，汝亦放心遺形而强聽之。木生於山，水流於淵，山與淵且不得有，而人以爲己有，不亦惑歟？天地之相磨，虚空與有物之相推，而風於是焉生。執之而不可得也，逐之而不可及也，汝爲居室而以名之，吾又爲汝記之，不亦大惑歟？雖然，世之所謂己有而不惑者，其與是奚辨？若是而可以爲有邪？則雖汝之有是風可也，雖爲居室而以名之，吾又爲汝記之可也，非惑也。風起於蒼茫之間，彷徨乎山澤，激越乎城郭道路，虚徐演漾，以汎汝之軒牕闌楯幔帷而不去也。汝隱几而觀之，其亦有得乎？力生於所激，而不自爲力，故不勞。形生於所遇，而不自爲形，故不窮。嘗試以是觀之。

此後欠婉轉　正在此處着力乃妙

喜雨亭記

亦通

亭以「雨」名，志喜也。古者有喜，則以名物，示不忘也。周公得禾，以名其書；漢武得鼎，以名其年；叔孫勝狄，以名其子。其喜之大小不齊，其示不忘一也。余至扶風之明年，始治官舍，爲亭於堂之北，而鑿池其南，引流種樹，以爲休息之所。是歲之春，雨麥於岐山之陽，其占爲「有年」。既而彌月不雨，民方以爲憂。越三月，乙卯乃雨，甲子又雨，民以爲未足；丁卯大雨，三日乃止。官吏相與慶於庭，商賈相與歌於市，農夫相與抃於野，憂者以樂，病者以愈，而吾亭適成。於是舉酒於亭上，以屬客而告之曰：「五日不雨，可乎？」曰：「五日不雨，則無麥。」「十日不雨，可乎？」曰：「十日不雨，則無禾。」「無麥無禾，歲且薦饑，獄訟繁興，而盜賊滋熾，則吾與二三子雖欲優游以樂於此亭，其可得耶？今天不遺斯民，始旱而賜之以雨，使吾與二三子得相與優游而樂於此亭者，皆雨之賜也。其又可忘耶！」既以名亭，又從而歌之，曰：使天而雨珠，寒者不得以爲襦；使天而雨玉，饑者不得以爲粟。一雨三日，緊誰之力？民曰太守，太守不有；歸之天子，天子曰不然；歸之造物，造物不自以爲功；歸之太空，太空冥冥。不可得而名，吾以名吾亭。

凌虛臺記

大難爲太守矣，一篇罵太守文字耳。亦好！

國於南山之下，宜若起居飲食與山接也。四方之山，莫高於終南。而都邑之麗山者，莫近於扶風。以至近求最高，其勢必得。而太守之居，未嘗知有山焉。雖非事之所以損益，而物理有不當然者，此凌虛之所爲築也。方其未築也，太守陳公杖屨逍遥於其下。見山之出於林木之上者，纍纍如人之旅行於牆外而見其髻也，曰：「是必有異。」（大欺人）使工鑿其前爲方池，以其土築臺，高出於屋之簷而止。然後人之至於其上者，怳然不知臺之高，而以爲山之踊躍奮迅而出也。公曰：「是宜名凌虛。」以告其從事蘇軾，而求文以爲記。軾復於公曰：「物之廢興成毁，不可得而知也。昔者荒草野田，霜露之所蒙翳，狐虺之所竄伏，方是時，豈知有凌虛臺耶？廢興成毁，相尋於無窮，則臺之復爲荒艸野田，皆不可知也。嘗試與公登臺而望，其東則秦穆之祈年、橐泉也，其南則漢武之長楊、五柞，而其北則隋之仁壽、唐之九成也。計其一時之盛，宏傑詭麗，堅固而不可動者，豈特百倍於臺而已哉！然而數世之後，欲求其髣髴，而破瓦頹垣無復存者，既已化爲禾黍荆棘丘墟隴畝矣，而況於此臺歟？ 夫臺猶不足恃以長久，而況於人事之得喪，忽往而忽來者歟？ 而或者欲以夸世而自足，則過矣。 蓋世有足恃者，而不在乎臺之存亡也。」既已言於公，退而爲之記。

亦可感

四菩薩閣記

趣

始吾先君於物無所好，燕居如齋，言笑有時。 顧嘗嗜畫，弟子門人無以悦之，則争致其所嗜，庶幾一解其顔。 故雖爲布衣，而致畫與公卿等。 長安有故藏經龕，唐明皇帝所建，其門四達，八版皆吴道子畫，陽爲菩薩，陰爲天王，凡十有六軀。 廣明之亂，爲賊所焚。 有僧忘其名，於兵火中拔其四版以逃，既重不可負，又迫於賊，恐不能俱全，遂竅其兩版以受荷，西奔於岐，而寄死於烏牙之僧舍，版留於是百八十季矣。 客有以錢十萬得之以示軾者，軾歸其直，而取之以獻諸先君。 先君之所嗜，百有餘品，一旦以是四版爲甲。 治平四季，先君没于京師。 軾自汴入淮，泝于江，載是四版以歸。 既免喪，所嘗與往來浮屠人惟簡，誦其師之言，教軾爲先君捨施必所甚愛與所不忍捨者。 軾用其説，思先君之所甚愛、軾之所不忍捨者，莫若是版，故遂以與之。 且告之曰：「此明皇帝之所不能守，而焚於賊者也，而況於余乎！ 余視天下之蓄此者多矣，有能及三世者乎？ 其始求之若不及，既得，唯恐失之，而其子孫不以易衣食者鮮矣。 余惟自度不能長守此也，是以與子，子將何以守之？」簡曰：「吾以身守之，吾眼可霍，吾足可斮，吾畫不可奪。 若是，足以守之歟？」軾曰：「未也。 足以終子之世而已。」簡曰：「又盟於佛，而以鬼守之。 凡取是者與凡以是予人者，其罪如律。 若是，足以守之歟？」軾曰：「未也。 世有無佛而蔑鬼者。」「然則何以守之？」曰：「軾之以是予子者，凡以爲先君捨也。 天下豈有無父之人歟，其誰忍取之。 妙 若其聞是而不悛，不惟一觀而已，將必取之然後爲快，則其人之賢愚，與廣明之焚此者一也。（妙）全其子孫多矣，而況能久有此乎！（趣）且夫不可取者存乎子，取不取者存乎人。子勉之矣，爲子之不可取者而已，又何知焉。」既以予簡，簡以錢百萬度爲大閣以藏之，且畫先君像其上。軾助錢二十之一，期以明季冬閣成。

墨君堂記

凡人相與號呼者，貴之則曰「公」，賢之則曰「君」，自其下則爾、汝之。雖公卿之貴，天下貌畏而心不服，則進而君、公，退而爾、汝者多矣。獨王子猷謂竹君，天下從而君之無異辭。今與可又能以墨象君之形容，作堂以居君，而屬余爲文，以頌君德，則與可之於君，信厚矣。與可之爲人也，端靜而文，明哲而忠，士之脩潔博習，朝夕磨治洗濯，以求交於與可者，非一人也。（此段甚好）而獨厚君如此。君又疎簡抗勁，無聲色臭味，可以娛悦人之耳目鼻口，則與可之厚君也，其必有以賢君矣。世之能寒燠人者，其氣焰亦未至若雪霜風雨之切於肌膚也，而士鮮不以爲欣戚喪其所守。自植物而言之，四時之變亦大矣，而君獨不顧。雖微與可，天下其孰不賢之。然與可獨能得君之深，而知君之所以賢。雍容談笑，揮灑奮迅而盡君之德。稚壯枯老之容，披折偃仰之勢。風雪凌厲以觀其操，崖石犖确以致其節。得志，遂茂而不驕；不得志，瘁瘠而不辱。羣居不倚，獨立不懼。與可之於君，可謂得其情而盡其性矣。余雖不足以知君，願從與可，求君之昆弟子孫族屬朋友之象，而藏於吾室，以爲君之別館云。

墨妙亭記

熙寧四季十一月，高郵孫莘老自廣德移守吴興。其明季二月，作墨妙亭於府第之北，逍遥堂之東，取凡境内自漢以來古文遺刻以實之。吴興自東晉爲善地，號爲山水清遠。其民足於魚稻蒲蓮之利，寡求而不争，賓客非特有事於其地者，不至焉。故凡守都者，率以風流嘯咏投壺飲酒爲事。自莘老之至，而歲適大水，上田皆不登，湖人大饑，將相率亡去。莘老大振廩勸分，躬自撫循勞來，出於至誠。富有餘者，皆争出穀以佐官，所活至不可勝計。當是時，朝廷方更化立法，使者旁午，以爲莘老當日夜治文書，赴期會，不能復雍容自得如故事。而莘老益喜賓客，賦詩飲酒爲樂，又以其餘暇，罔羅遺逸，得前人賦詠數百篇，爲《吴興新集》，其刻畫尚存而僵仆斷缺於荒陂野艸之間者，又皆集於此亭。是歲十二月，余以事至湖，周覽歎息，而莘老求文爲記。或以謂余，凡有物必歸於盡，而恃形以爲固者，尤不可長，雖金石之堅，俄而變壞，至於功名文章，其傳世垂後，猶爲差久，今乃以此託於彼，是久存者反求助於速壞。此既昔人之惑，而莘老又將深簷大屋以錮留之，推是意也，其無乃幾於不知命也夫。余以爲知命者必盡人事，然後理足而無憾。物之有成必有壞，譬如人之有生必有死，而國之有興必有亡也。雖知其然，而君子之養身也，凡可以久生而緩死者無不用；其治國也，凡可以存存而救亡者無不爲，至於不可奈何而後已，此之謂知命。是亭之作否，無足争者，而其理則不可以不辨。故具載其説，而列其名物於左云。

墨寶堂記

前半截甚爲蒙莊所苦

世人之所共嗜者，美飲食、華衣服、好聲色而已。有人焉，自以爲高而笑之，彈琴奕碁，蓄古法書圖畫，客至出而夸觀之，自以爲至矣。則又有笑之者曰：古之人所以自表見於後世者，以有言語文章也，是惡足好？而豪傑之士，又相與笑之。以爲士當以功名聞於世，若乃施之空言，而不見於行事，此不得已者之所爲也。而其所謂功名者，自知效一官，等而上之，至於伊、呂、稷、契之所營，劉、項、湯、武之所爭，極矣。而或者猶未免乎笑，曰：是區區者曾何足言，而許由辭之以爲難，孔丘知之以爲博。由此言之，世之相笑，豈有既乎？士方志於其所欲得，雖小物，有棄軀忘親而馳之者。故有好書而不得其法，則拊心嘔血幾死而僅存，至於（好）剖冢斫棺而求之。是豈有聲色臭味足以移人哉。方其樂之也，雖其口不能自言，而況他人乎！人特以己之不好，笑人之好，則過矣。

毗陵人張君希元，家世好書，所蓄古今人遺跡至多，盡刻諸石，築室而藏之，屬余爲記。余蜀人也，蜀之諺曰：「學書者紙費，學醫者人費。」此言雖小，可以喻大。世有好功名者，以其未試之學，而驟出之於政，其費人豈特醫者（好）之比乎？今張君以兼人之能，而位不稱其才，優遊終歲，無所役其心智，則以書自娛。然以餘觀之，君豈久閑者，蓄極而通，必將大發之於政。君知政之費人也甚於醫，則願以餘之所言者爲鑒。

仁宗皇帝御飛白記

問世之治亂，必觀其人；問人之賢不肖，必以世考之。《孟子》曰：「誦其詩，讀其書，不知其人，可乎？」是以論其世也。合抱之木，不生於步仞之丘；千金之子，不出於三家之市。臣嘗逮事仁宗皇帝，其愚不足以測知聖德之所至，獨私竊覽觀四十餘年之間，左右前後之人，其大者固已光明雋偉，深厚雄傑，不可窺較。而其小者，猶能敦朴愷悌，靖恭持重，號稱長者。當是之時，天人和同，上下驩心。才智不用，而道德有餘，功業難名而福禄無窮。升遐以來，十有二秊，若臣若子，罔有内外，下至深山窮谷、老婦稚子，外薄四海裔夷君長，見當時之人，聞當時之事，未有不流涕稽首者也。此豈獨上之澤歟？凡在廷者，與有力焉。太子少傅安簡王公，諱舉正，臣不及見其人矣，而識其爲人。其流風遺俗，可得而稱者，以世考之也。熙寧六秊冬，以事至姑蘇，其子誨，出慶曆中所賜公端敏字二、飛白筆一，以示臣，且謂臣記之，將刻石而傳諸世。臣官在太常，職在太史，於法得書。而以爲抱烏號之弓，不若藏此筆；寶曲阜之履，不若傳此書。考追蠡以論音聲，不若推點畫以究觀其所用之意。存昌歜以追嗜好，不若因褒貶以想見其所與之人。或藏於名山，或流於四方，凡見此者，皆當聳然而作，如望旄頭之塵，而聽屬車之音，相與勉爲忠厚而恥爲浮薄，或由此也夫。

大悲閣記

羊豕以爲羞，五味以爲和，秫稻以爲酒，麴蘖以作之，天下之所同也。其材同，其水火之齊均，其寒煖燥濕之候一也，而二人爲之，則美惡不齊。豈其所以美者，不可以數取歟？然古之爲方者，未嘗遺數也，能者即數以得妙，不能者循數以得其略。其出一也，有能有不能，而精粗見焉。人見其二也，則求精於數外，而弃迹以逐妙，曰：我知酒食之所以美也。而略其分齊，捨其度數，以爲不在是也，而一以意造，則其不爲人之所嘔弃者寡矣。今吾學者之病亦然。天文、地理、音樂、律歷、宫廟、服器、冠昏、喪紀之法，《春秋》之所去取，禮之所可，刑之所禁，歷代之所以廢興，與其人之賢不肖，此學者之所宜盡力也。曰：是皆不足學，學其不可傳於書而載於口者。子夏曰：「日知其所亡，月無忘其所能，可謂好學也已。」古之學者，其所亡與其所能，皆可以一二數而日月見也。如今世之學，其所亡者果何物，而所能者果何事歟？孔子曰：「吾嘗終日不食，終夜不寢，以思，無益，不如學也。」由是觀之，廢學而徒思者，孔子之所禁，而今世之所上也。豈惟吾學者，至於爲佛者亦然。齋戒持律，講誦其書，而崇飾塔廟，此佛之所以日夜教人者也。而其徒或者以爲齋戒持律不如無心，講誦其書不如無言，崇飾塔廟不如無爲。其中無心，其口無言，其身無爲，則飽食而嬉而已，是爲大以欺佛者也。杭州鹽官安國寺僧居則，自九歲出家，十秊而得惡疾，且死，自誓於佛，願持律終身，且造千手眼觀世音像，而誦其名千萬遍。病已而力不給，則縮衣節口三十餘秊，銖積寸累，以迄于成。其高九仞，爲大屋四重以居之。而求文以爲記。余嘗以斯言告東南之士矣，蓋僅有從者。獨喜則之勤苦從事於有爲，篤志守節，老而不衰，異夫爲大以欺佛者，故爲記之，且以風吾黨之士云。

雩泉記　好

常山在東武郡治之南二十里，不甚高大，而下臨城中，如在山下，雉堞樓觀，髣髴可數。自城中望之，如在城上，起居寢食，無往而不見山者。其神食於斯民，固宜也。東武濱海多風，而溝瀆不留，故率常苦旱。禱於兹山，未嘗不應。民以其可信而恃，蓋有常德者，故謂之常山。熙寧八季春夏旱，軾再禱焉，皆應如響。乃新其廟。廟門之西南十五步，有泉汪洋折旋如車輪，清涼滑甘，冬夏若一，餘流溢去，達於山下。兹山之所以能常其德，出雲爲雨，以信於斯民者，意其在此。而號稱不立，除治不嚴，農民易之。乃琢石爲井，其深七尺，廣三之二。作亭於其上，而名之曰雩泉。古者誦吁嗟而求雨曰雩。今民吁嗟其所不獲，而呻吟其所疾痛亦多矣。吏有能聞而哀之，答其所求，如常山雩泉之可信而恃者乎！軾以是愧於神，乃作《吁嗟》之詩，以遺東武之民，使歌以祀神而勉吏云。

吁嗟常山，東武之望，匪石巖巖，惟德之常。吁嗟雩泉，維山之激，維水作聰，我民所噫。我歌雲漢，于泉之側，誰其尸之？涌溢赴節。堂堂在位，有號不聞，我愧于中，何以類神。神尸其昧，我職其著，各率爾職，神不汝棄。酌山之泉，言採其蔬，跪以薦神，神其吐之。

鳳鳴驛記

始余丙申歲舉進士，過扶風，求舍于館人。既入，不可居而出，次于逆旅。其後六年，爲府從事。至數日，謁客於館，視客之所居與其凡所資用，如官府，如廟觀，如數世富人之宅，四方之至者如歸其家，皆樂而忘去。將去，既駕，雖馬亦顧其皁而嘶。余召館吏而問焉。吏曰：「今太守宋公之所新也。自辛丑八月而公始至，既至逾月而興功，五十有五日而成。用夫三萬六千，木以根計，竹以竿計，瓦、甓、坯❶、釘各以枚計，稻以石計者二十一萬四千七百二十有八，而民未始有知者。」余聞而心善之。其明年，縣令胡允文具石請書其事。余以爲有足書者，乃書曰：古之君子，不擇居而安，安則樂，樂則喜從事，使人而皆喜從事，則天下何足治歟。後之君子，常有所不屑，苟有所不屑，則躁，否則惰。躁則妄，惰則廢，既妄且廢，則天下之所以不治者，常出於此而不足怪。今夫宋公，計其所歷而累其勤，使無齟齬於世，則今且何爲矣，而猶爲此官哉。然而未嘗有不屑之心。其治扶風也，視其卼䠑者而安植之，求其蒙茸者而疏理之，非特傳舍而已，事復有小於傳舍者，公未嘗不盡心也。嘗食芻豢者難於食菜，嘗衣錦者難於衣布，嘗爲其大者不屑爲其小，此天下之通患也。《詩》曰：「豈弟君子，民之父母。」所貴乎豈弟者，豈非以其不擇居而安，安而樂，樂而喜從事歟？夫修傳舍，誠無足書者，以傳舍之修，而見公之不擇居而安，安而樂，樂而喜從事者，則是真足書也。

蓋公堂記

始吾居鄉，有病寒而欬者，問諸醫，醫以爲蠱，不治且殺人。取其百金而治之，飲以蠱藥，攻伐其腎腸，燒灼其體膚，禁切其飲食之美者。朞月而百疾作，內熱惡寒，而欬不已，纍然真蠱者也。又求於醫，醫以爲熱，授之以寒藥，旦朝吐之，莫夜下之，於是始不能食。懼而反之，則鍾乳、烏喙雜然並進，而瘭疽癰疥眩瞀之狀無所不至。三易醫而疾愈甚。里老父教之曰：「是醫之辠，藥之過也。子何疾之有！人之生也，以氣爲主，食爲輔。今子終日藥不釋口，臭味亂於外，而百毒戰於內，勞其主，隔其輔，是以病也。子退而休之，

❶「坯」，底本作「坏」，誤，據他本改。

謝醫卻藥而進所嗜，氣完而食美矣，則夫藥之良者，可以一飲而效。」從之，朞月而病良已。昔之爲國者亦然。吾觀夫秦自孝公以來，至于始皇，立法更制，以鐫磨鍛鍊其民，可謂極矣。蕭何、曹參親見其斲喪之禍，而收其民於百戰之餘，知其厭苦憔悴無聊，而不可與有爲也。是以一切與之休息，而天下安。始參爲齊相，召長老諸先生問所以安集百姓，而齊故諸儒以百數，言人人殊，參未知所定。聞膠西有蓋公，善治黄老言，使人請之。蓋公爲言治道貴清静而民自定，推此類具言之，參於是避正堂以舍蓋公，用其言而齊大治。其後以其所以治齊者治天下，天下至今稱賢焉。吾爲膠西守，知公之爲邦人也。求其墳墓、子孫而不可得，慨然懷之。師其言，想見其爲人，庶幾復見如公者。治新寢於黄堂之北，易其弊陋，達其蔽塞，重門洞開，盡城之南北，相望如引繩，名之曰蓋公堂。時從賓客僚吏遊息其間，而不敢居，以待如公者焉。夫曹參爲漢宗臣，而蓋公爲之師，可謂盛矣。而史不記其所終，豈非古之至人得道而不死者歟？膠西東並海，南放于九仙，北屬之牢山，其中多隱君子，可聞而不可見，可見而不可致，安知蓋公不往來其間乎？吾何足以見之！

趣

李氏山房藏書記

象犀珠玉怪珍之物，有悦於人之耳目，而不適於用。金石艸木絲麻五穀六材，有適於用，而用之則弊，取之則竭。妙。悦於人之耳目而適於用，用之而不弊，取之而不竭，賢不肖之所得各因其才，仁智之所見各隨其分，才分不同而求無不獲者，惟書乎！自孔子聖人，其學必始於觀書。當是時，惟周之柱下史聃爲多書。韓宣子適魯，然後見《易象》與魯《春秋》。季札聘於上國，然後得聞《詩》之風、雅、頌。而楚獨有左史倚相，能讀《三墳》《五典》《八索》《九丘》。士之生於是時，得見六經者蓋無幾，其學可謂難矣。而皆習於禮樂，深於道德，非後世君子所及。自秦漢以來，作者益衆，紙與字畫日趨於簡便，而書益多，世莫不有，然學者益以苟簡，何哉？余猶及見老儒先生，自言其少時，欲求《史記》《漢書》而不可得，幸而得之，皆手自書，日夜誦讀，惟恐不及。近歲市人轉相摹刻諸子百家之書，日傳萬紙，學者之於書，多且易致如此，其文詞學術，當倍蓰於昔人，而後生科舉之士，皆束書不觀，遊談無根，此又何也？余友李公擇，少時讀書於廬山五老峰下白石菴之僧舍。公擇既去，而山中之人思之，指其所居爲李氏山房。藏書凡九千餘卷，公擇既已涉其流，探其源，採剥其華實，而咀嚼其膏味，以爲已有，發於文詞，見於行事，以聞名於當世矣。而書固自如也，未嘗少損。將以遺來者，供其無窮之求，而各足其才分之所當得。是以不藏於家，而藏於其故所居之僧舍。此仁者之心也。余既衰且病，無所用於世，惟得數季之間，盡讀其所未見之書，而廬山固所願遊而不得者，蓋將老焉。盡發公擇之藏，拾其餘棄以自補，庶有益乎？而公擇求余文以爲記，乃爲一言，使來者知昔之君子見書之難，而今之學者有書而不讀爲可惜也。

寶繪堂記

君子可以寓意於物，而不可以留意於物。寓意於物，雖微物足以爲樂，雖尤物不足以爲病。留意於物，雖微物足以爲病，雖尤物不足以爲樂。老子曰：「五色令人目盲，五音令人耳聾，五味令人口爽，馳騁田獵令人心發狂。」然聖人未嘗廢此四者，亦聊以寓意焉耳。劉備之雄才也，而好結髦；嵇康之達也，而好鍛鍊；阮孚之放也，而好蠟屐。此豈有聲色臭味也哉？而樂之終身不厭。凡物之可喜，足以悦人而不足以移人者，莫若書與畫。然至其留意而不釋，則其禍有不可勝言者。鍾繇至以此嘔血發塚，宋孝武、王僧虔至以此相忌，桓玄之走舸，王涯之複壁，皆以兒戲害其國，凶其身。此留意之禍也。始吾少時，嘗好此二者，家之所有，惟恐其失之，人之所有，惟恐其不吾予也。既而自笑曰：吾薄富貴而厚於書，輕死生而重畫，豈不顛倒錯繆失其本心也哉？自是不復好。見可喜者雖時復蓄之，然爲人取去，亦不復惜也。譬之煙雲之過眼，百鳥之感耳，豈不欣然接之？去而不復念也。於是乎二物者常爲吾樂而不能爲吾病。駙馬都尉王君晉卿，雖在戚里，而其被服禮義，學問詩書，常與寒士角。平居攘去膏粱，屏遠聲色，而從事於書畫，作寶繪堂於私第之東，以蓄其所有，而求文以爲記。恐其不幸而類吾少時之所好，故以是告之，庶幾全其樂而遠其病也。

放鶴亭記

熙寧十季秋，彭城大水，雲龍山人張君之艸堂，水及其半扉。明季春，水落，遷於故居之東，東山之麓。升高而望，得異境焉，作亭於其上。彭城之山，岡領四合，隱然如大環，獨缺其西十二，而山人之亭適當其缺。春夏之交，艸木際天，秋冬雪月，千里一色，風雨晦明之間，俯仰百變。山人有二鶴，甚馴而善飛。旦則望西山之缺而放焉，縱其所如，或立於陂田，或翔於雲表，莫則傃東山而歸。故名之曰放鶴亭。郡守蘇軾，時從賓客僚吏往見山人，飲酒於斯亭而樂之，挹山人而告之曰：「子知隱居之樂乎？（好）雖南面之君，未可與易也。《易》曰：『鳴鶴在陰，其子和之。』《詩》曰：『鶴鳴于九臯，聲聞于天。』蓋其爲物，清遠閒放，超然于塵垢之外，故《易》《詩》人以比賢人君子隱德之士。狎而玩之，宜若有益而無損者，然衛懿公好鶴則亡其國。

周公作《酒誥》，衛武公作《抑戒》，以爲荒惑敗亂無若酒者，而劉伶、阮籍之徒以此全其真而名後世。嗟夫！南面之君，雖清遠閒放如鶴者猶不得好，好之則亡其國，而山林遯世之士，雖荒惑敗亂如酒者猶不能爲害，而況于鶴乎。由此觀之，其爲樂未可以同日而語也。」山人忻然而笑曰：「有是哉。」

思堂記

建安章質夫，築室於公堂之西，名之曰思。曰：「吾將朝夕於是。凡吾之所爲，必思而後行，子爲我記之。」嗟夫！余天下之無思慮者也。遇事則發，不暇思也。未發而思之則未至，已發而思之則無及，以此終身，不知所思。言發於心而衝於口，吐之則逆人，茹之則逆余。以爲寧逆人也，故卒吐之。君子之於善也，如好好色；其於不善也，如惡惡臭。豈復臨事而後思，計議其美惡，而避就之哉！是故臨義而思利則義必不果，臨戰而思生則戰必不力。若夫窮達得喪，死生禍福，則吾有命矣。少時遇隱者，曰：「孺子近道，少思寡欲。」曰：「思與欲，若是均乎？」曰：「甚於欲。」庭有二盎以畜水，隱者指之曰：「是有蟻漏。是日取一升而棄之，孰先竭？」曰：「必蟻漏者。」思慮之賊人也，微而無間。隱者之言，有會於余心，余行之。且夫不思之樂，不可名也。虛而明，一而通，安而不懈，不處而靜，不飲酒而醉，不閉目而睡。將以是記思堂，不亦繆乎？

遊桓山記　好

元豐二季正月己亥晦，春服既成，從二三子游於泗之上。登桓山，入石室，使道士戴日祥，鼓雷氏之琴，操《履霜》之遺音，曰：「噫嘻悲夫！此宋司馬桓魋之墓也。」或曰：「鼓琴於墓，禮歟？」曰：「禮也。季武子之喪，魯點倚其門而歌。仲尼，日月也，而魋以爲可得而害也。且死爲石槨，三季不成，古之愚人也。余將弔其藏，而其骨毛爪齒既已化爲飛塵，蕩爲泠風矣，而況於槨乎？況於從死之臣妾、飯含之貝玉乎？使魋而無知也，余雖鼓琴而歌可也。使魋而有知也，聞余鼓琴而歌，知哀樂之不可常、物化之無日也，其愚豈不少瘳乎？」二三子喟然而歎，乃歌曰：「桓山之上，維石嵯峨兮。司馬之惡，與石不磨兮。桓山之下，維水瀰瀰兮。司馬之藏，與水皆逝兮。」歌闋而去。從遊者八人：畢仲孫、舒焕、寇昌朝、王適、王遹、王肆、軾之子邁、焕之子彦舉。

文與可畫篔簹谷偃竹記　甚趣

竹之始生，一寸之萌耳，而節葉具焉。自蜩腹蛇蚹，以至于劍拔十尋者，生而有之也。今畫者乃節節而爲之，葉葉而累之，豈復有竹乎！故畫竹必先得成竹於胸中，執筆熟視，乃見其所欲畫者，急起從之，振筆直遂，以追其所見，如兔起鶻落，少縱則逝矣。與可之教予如此。予不能然也，而心識其所以然。夫既心識其所以然而不能然者，內外不一，心手不相應，不學之過也。故凡有見於中而操之不熟者，平居自視了然，而臨事忽焉喪之，豈獨竹乎！子由爲《墨竹賦》以遺與可曰：「庖丁解牛者也，而養生者取之；輪扁斲輪者也，而讀書者與之。今夫夫子之託於斯竹也，而予以爲有道者，則非耶？」子由未嘗畫也，故得其意而已。若予者，豈獨得其意，并得其法。與可畫竹，初不自貴重，四方之人持縑素而請者，足相躡於其門。與可厭之，投諸地而駡曰：「吾將以爲韈。」士大夫傳之，以爲口實。及與可自洋州還，而余爲徐州，與可以書遺余曰：「近語士大夫，吾墨竹一派，近在彭城，可往求之。韈材當萃於子矣。」書尾復寫一詩，其略曰：「擬將一段鵝谿絹，掃取寒梢萬尺長。」予謂與可，竹長萬尺，當用絹二百五十疋，知公倦於筆硯，願得此絹而已。與可無以答，則曰：「吾言妄矣，世豈有萬尺竹哉。」余因而實之，答其詩曰：「世間亦有千尋竹，月落庭空影許長。」與可笑曰：「蘇子辯則辯矣。然二百五十疋，吾將買田而歸老焉。」因以所畫篔簹谷偃竹遺予，曰：「此竹數尺耳，而有萬尺之勢。」篔簹谷在洋州，與可嘗令予作《洋州三十詠》，篔簹谷其一也。予詩云：「漢川脩竹賤如蓬，斤斧何曾赦籜龍。料得清貧饞太守，渭濱千畝在胸中。」與可是日與其妻游谷中，燒筍晚食，發函得詩，失笑噴飯滿案。元豐二季正月二十日，與可没于陳州。是歲七月七日，予在湖州曝書畫，見此竹，廢卷而哭失聲。昔曹孟德《祭橋公文》有「車過腹痛」之語，而予亦載與可疇昔戲笑之言者，以見與可于予親厚無間如此也。

石氏畫苑記

石康伯，字幼安，眉之眉山人，故紫薇舍人昌言之幼子也。舉進士不第，即棄去，當以蔭得官，亦不就。讀書作詩以自娱而已，不求人知。獨好法書、名畫、古器、異物，遇有所見，脱衣輟食求之，不問有無。居京師四十季，出入閭巷，未嘗騎馬。在稠人中，耳目謖謖然，專求其所好。長七尺，髯而黑，如世所畫道人劒客，而徒步塵埃中，若有所營，不知者以爲異人也。又善滑稽，巧發微中，旁人抵掌絶倒，而幼安淡然不變色。與人遊，知其急難，甚於爲已。有客於京師而病者，輒舁置其家，親飲食之，死則棺斂之，無難色。凡識幼安者，皆知其如此。而余獨深知之。幼安識慮甚遠，獨口不言耳。今季六十二，狀貌如四十許人，須三尺，郁然無一莖白者，此豈徒然者哉。爲亳州職官，與富鄭公俱得罪者，其子夷庚也。其家書畫數百軸，取其毫末雜碎者，以册編之，謂之石氏畫苑。幼安與文與可遊，如兄弟，故得其畫爲多。而余亦善畫古木叢竹，因以遺之，使置之苑中。子由嘗言：「所貴於畫者，爲其似也。似猶可貴，況其真者。吾行都邑田野所今幼安好畫，乃見人物，皆吾畫笥也。所不見者，獨鬼神耳，當賴畫而識，然人亦何用見鬼。」此言真有理。其一病，無足録者，獨著其爲人之大略云爾。

石鐘山記

《水经》云：「彭蠡之口，有石鐘山焉。」酈元以爲下臨深潭，微風鼓浪，水石相搏，聲如洪鐘。是説也，人常疑之。今以鐘磬置水中，雖大風浪，不能鳴也，而況石乎！至唐李渤始訪其遺蹤，得雙石於潭上，扣而聆之，南聲函胡，北音清越，枹止響騰，餘韻徐歇，自以爲得之矣。然是説也，余尤疑之。石之鏗然有聲者，所在皆是也，而此獨以鐘名，何哉？元豐七年六月丁丑，余自齊安舟行適臨汝，而長子邁將赴饒之德興尉，送之至湖口，因得觀所謂石鐘者。寺僧使小童持斧，於亂石間擇其一二扣之，硿硿焉，余固笑而不信也。至其夜月明，獨與邁乘小舟至絶壁下，大石側立千尺，如猛獸奇鬼，森然欲搏人。而山上棲鶻，聞人聲亦驚起，磔磔雲霄間。又有若老人欬且笑於山谷中者，或曰：此鸛鶴也。余方心動欲還，而大聲發於水上，噌吰如鐘鼓不絶，舟人大恐。徐而察之，則山下皆石穴罅，不知其淺深，微波入焉，涵澹澎湃而爲此也。舟迴至兩山間，將入港口，有大石當中流，可坐百人，空中而多竅，與風水相吞吐，有窾坎鏜鞳之聲，與向之噌吰者相應，如樂作焉。因笑謂邁曰：「汝識之乎？噌吰者，周景王之無射也；窾坎鏜鞳者，魏獻子之歌鐘也。古之人不余欺也。事不目見耳聞，而臆斷其有無，可乎？」酈元之所見聞，殆與余同，而言之不詳。士大夫終不肯以小舟夜泊絶壁之下，故莫能知。而漁工水師，雖知而不能言。此世所以不傳也。而陋者乃以斧斤考擊而求之，自以爲得其實。余是以記之，蓋歎酈元之簡，而笑李渤之陋也。

李太白碑陰記

李太白，狂士也，又嘗失節於永王璘，此豈濟世之人哉。而畢文簡公以王佐期之，不亦過乎？曰：士固有大言而無實，虛名不適於用者，然不可以此料天下士。士以氣爲主。方高力士用事，公卿大夫爭事之，而太白使脱韡殿上，固已氣蓋天下矣。使之得志，必不肯附權倖以取容，其肯從君於昏乎！夏侯湛贊東方生云：開濟明豁，包含宏大。陵轢卿相，嘲哂豪傑。籠罩靡前，跆藉貴勢。出不休顯，賤不憂戚。戲萬乘若僚友，視儔列如草芥。雄節邁倫，高氣蓋世。可謂拔乎其萃，游方之外者也。吾於太白亦云。太白之從永王璘，當由迫脅。不然，璘之狂肆寢陋，雖庸人知其必敗也。太白識郭子儀之爲人傑，而不能知璘之無成，此理之必不然者也。吾不可以不辨。

薦誠禪院五百羅漢記

熙寧十季，余方守徐州，聞河決澶淵，入巨野，首灌東平。吏民恟懼，不知所爲。有僧應言，建策鑿清泠口，道積水北入于古廢河，又北東入于海。吏方持其議，言彊力辯口，慨然論可決狀甚明。吏不能奪，卒以其言決之，水所入如其言，東平以安，言有力焉。衆欲爲請賞，言笑謝去。余固異其人。後二季，移守湖州，而言自鄆來，見余於宋，曰：「吾鄆人也，少爲僧，以講爲事。始錢公子飛，使吾創精舍於鄆之東阿北新橋鎮，且造鐵浮屠十有三級，高百二十尺。既成，而趙公叔平請諸朝，名吾院曰薦誠，歲度僧以守之。今將造五百羅漢像於錢塘，而載以歸，度用錢五百萬，自丞相潞公以降，皆吾檀越也。」余於是益知言真有過人者。又六季，余自黄州遷于汝，過宋，而言適在焉。曰：「像已成，請爲我記之。」嗚呼！士以功名爲貴，然論事易，作事難，作事易，成事難。使天下士皆如言，論必作，作必成者，其功名豈少哉！其可不爲一言。

衆妙堂記

眉山道士張易簡，教小學，常百人，予幼時亦與焉。居天慶觀北極院，予蓋從之三季。謫居海南，一日夢至其處，見張道士如平昔，汛治庭宇，若有所待者，曰：「老先生且至。」其徒有誦《老子》者曰：「玄之又玄，衆妙之門。」予曰：「妙一而已，容有衆乎？」道士笑曰：「一已陋矣，何妙之有？若審妙也，雖衆可也。」因指灑水薙草者曰：「是各一妙也。」予復視之，則二人者手若風雨，而步中規矩，蓋焕然霧除，霍然雲消。予驚歎曰：「妙蓋至此乎？庖丁之理解，郢人之鼻斲，信矣！」二人者釋用而上，曰：「子未覩真妙，庖、郢非其人也。是技與道相半，習與空相會，非無挾而徑造者也。子亦見夫蜩與雞乎？夫蜩登木而號，不知止也。夫雞俯首而啄，不知仰也。其固也如此。然至蜕與伏也，則無視無聽，無饑無渴，默化於荒忽之中，候伺於毫髮之間，雖聖知不及也。是豈技與習之助乎？」二人者出。道士曰：「少安，須老先生至而問焉。」二人者顧曰：「老先生未必知也。子往見蜩與雞而問之，可以養生，可以長季。」廣州道士崇道大師何德順作堂榜曰衆妙。以書來海南，求文以記之，予不暇作也。獨書夢中語以示之。

密州通判廳題名記

可感

始尚書郎趙君成伯爲眉之丹稜令，邑人至今稱之。予其鄰邑人也，故知之爲詳。君既罷丹稜，而予適還眉，於是始識君。其後予出官於杭，而君亦通守臨淮，同日上謁辭，相見于殿門外，握手相與語。已而見君於臨淮；劇飲大醉于先春亭上而别。及移守膠西，未一季，而君來倅是邦。予性不慎語言，與人無親疏，輒輪寫腑臟，有所不盡，如茹物不下，必吐出乃已。而人或記疏以爲怨咎，以此尤不可與深中而多數者處。君曰：「吾君既故人，而簡易疏達，表裏洞然，予固甚樂之。而君又勤於吏職，視官事如家事，予得少休焉。君曰：「吾廳事未有壁記。」乃集前人之姓名以屬於予。予未暇作也。及爲彭城，君每書來，輒以爲言，且曰：「吾將託子以不朽。」昔羊叔子登峴山，謂從事鄒湛曰：「自有宇宙而有此山，登此遠望，如我與卿者多矣，皆堙滅無聞，使人悲傷。」湛曰：「公之名，當與此山俱傳，若湛輩，乃當如公言耳。」夫使天下至今有鄒湛者，羊叔子之賢也。今予頑鄙自放，而且老矣，然無以自表見於後世，自計且不足，而況能以及子乎！雖然，不可以不一言，使數百秊之後，得此文於頽垣廢井之間者，茫然長思而一歎也。

傳神記　好

傳神之難在目。顧虎頭云：「傳形寫影，都在阿堵中。」其次在顴頰。吾嘗於燈下顧自見頰影，使人就壁模之，不作眉目，見者皆失笑，知其爲吾也。目與顴頰似，餘無不似者。眉與鼻口，可以增減取似也。傳神與相一道，欲得其人之天，法當於衆中陰察之。今乃使人具衣冠坐，注視一物，彼方斂容自持，豈復見其天乎！凡人意思各有所在，或在眉目，或在鼻口。虎頭云：「頰上加三毛，覺精采殊勝。」則此人意思蓋在須頰間也。優孟學孫叔敖抵掌談笑，至使人謂死者復生，此豈舉體皆似，亦得其意思所在而已。使畫者悟此理，則人人可以爲顧、陸。吾嘗見僧惟真，畫曾魯公，初不甚似。一日，往見公，歸而喜甚，曰：「吾得之矣。」乃於眉後加三紋，隱約可見，作俛首仰視，眉揚而頞蹙者，遂大似。南都程懷立，衆稱其能，於傳吾神，大得其全。懷立舉止如諸生，蕭然有意於筆墨之外者也。故以吾所聞助發云。

淮陰侯廟記　好

應龍之所以爲神者，以其善變化而能屈伸也。夏則大飛，效其靈也；冬則泥蟠，避其害也。當嬴氏刑慘網密，毒流海内，銷鋒鏑，誅豪俊，將軍乃辱身汙節，避世用晦。志在鵲起豹變，食全楚之租，故受饋於漂母。抱王霸之略，蓄英雄之壯圖，志輕六合，氣蓋萬夫，故忍耻跨下。洎乎山鬼反璧，天亡秦族。遇知己之英主，陳不世之奇策。崛起蜀漢，席捲關輔。戰必勝，攻必尅，掃强楚，滅暴秦。平齊七十城，破趙二十萬。乞食受辱，惡足累大丈夫之功名哉！然使水行未殞，火流猶潛，將軍則與艸木同朽，麋鹿俱死，安能持太阿之柄，雲飛龍驤，起徒步而取侯王？噫！自古英雄之士，不遇機會，委身艸澤，名堙滅而無稱者，可勝道哉！乃碑而銘之曰：

書軌新邦，英雄舊里。海霧朝翻，山煙暮起。宅臨舊楚，廟枕清淮。枯松折柏，廢井荒臺。我停單車，思人望古。淮陰少季，有目無睹。不知將軍，用之如虎。

序

牡丹記序

熙寧五季三月二十三日，余從太守沈公，觀花於吉祥寺僧守璘之圃，圃中花千本，其品以百數。酒酣樂作，州人大集。金槃綵籃以獻于坐者，五十有三人。飲酒樂甚，素不飲者皆醉。自輿臺皂隸皆插花以從，觀者數萬人。明日，公出所集《牡丹記》十卷以示客，凡牡丹之見於傳記與栽植接養剥治之方，古今詠歌詩賦，下至怪奇小説皆在。余既觀花之極盛，與州人共遊之樂，又得觀此書之精究博備，以爲三者皆可紀，而公又求余文以冠于篇。蓋此花見重於世三百餘秊，窮妖極麗，以擅天下之觀美，而近歲猶復變態百出，務爲新奇以追逐時好者，不可勝紀，此艸木之智巧便佞者也。今公自耆老重德，而余又方惷迂闊，舉世莫與爲比，則其於此書，無乃皆非其人乎？然鹿門子常怪宋廣平之爲人，意其鐵心石腸，而爲《梅花賦》，則清便艷發，得南朝徐庾體。今以余觀之，凡託於椎陋以眩世者，又豈足信哉！余雖非其人，雖爲公紀之。公家書二萬卷，博覽强記，遇事成書，非獨牡丹也。

邵茂誠詩集序

貴賤壽夭，天也。賢者必貴，仁者必壽，人之所欲也。人之所欲，適與天相值實難，譬如匠慶之山而得成虡，豈可常也哉。因其適相值，而責之以常然，此人之所以多怨而不通也。至於文人，其窮也固宜。勞心以耗神，盛氣以忤物，未老而衰病，無惡而得罪，鮮不以文者。天人之相值既難，而人又自賊如此。雖欲不困，得乎？茂誠諱迎，姓邵氏，與余同秊登進士第。十有五秊，而見之於吳興孫莘老之座上，出其詩數百篇，余讀之彌月不厭。其文清和妙麗如晉、宋間人，而詩尤可愛，咀嚼有味，雜以江左唐人之風。其爲人，篤學强記，恭儉孝友，而貫穿法律，敏於吏事。其狀若不勝衣，語言氣息僅屬。余固哀其任衆難以瘁其身，且疑其將病也。踰秊而茂誠卒。又明秊，余過高郵，則其喪在焉。入哭之，敗幃瓦燈，塵埃蕭然，爲之出涕太息。夫原憲之貧，顔回之短命，揚雄之無子，馮衍之不遇，皇甫士安之篤疾，彼遇其一，而人哀之至今，而茂誠兼之，豈非命也哉？余是以録其文，哀而不怨，亦茂誠之意也。

錢塘勤上人詩集序

昔翟公罷廷尉，賓客無一人至者。其後復用，賓客欲往，翟公大書其門曰：「一死一生，乃見交情；一貧一富，乃知交態；一貴一賤，交情乃見。」世以爲口實。然余嘗薄其爲人，以爲客則陋矣，而公之所以待客者獨不爲小哉。故太子少師歐陽公好士，爲天下第一。士有一言中於道，不遠千里而求之，甚於士之求公。以故盡致天下豪俊，自庸衆人以顯於世者固多矣。然士之負公者亦時有，蓋嘗慨然太息，以人之難知，爲好士者之戒。意公之於士，自是少倦，而其退老於潁水之上。余往見之，則猶論士之賢者，唯恐其不聞於世也，至於負己者，則曰是罪在我，非其過。翟公之客負之於死生貴賤之間，而公之士叛公於瞬息俄頃之際。翟公罪客，而公罪己，與士益厚，賢於古人遠矣。公不喜佛老，其徒有治詩書學仁義之説者，必引而進之。佛者惠勤，從公遊三十餘秊，公嘗稱之爲聰明才智有學問者。尤長於詩。公薨於汝陰，余哭之於其室。

此處欠鍼線

其後見之，語及於公，未嘗不涕泣也。勤固無求於世，而公又非有德於勤者，其所以涕泣不忘，豈爲利也哉。余然後益知勤之賢。使其得列於士大夫之間，而從事於功名，其不負公也審矣。熙寧七秊，余自錢塘將赴高密，勤出其詩若干篇，求余文以傳於世。余以爲詩非待文而傳者也，若其爲人之大略，則非斯文莫之傳也。

晁君成詩集引

達賢者有後，張湯是也，張湯宜無後者也。無其實而竊其名者無後，楊雄是也，楊雄宜有後者也。達賢者有後，吾是以知蔽賢者之無後也。無其實而竊其名者無後，吾是以知有其實而辭其名者之有後也。賢者，民之所以生也，而蔽之，是絶民也。名者，古今之達尊也，重於富貴，而竊之，是欺天也。絶民欺天，其無後不亦宜乎！ 故曰達賢者與有其實而辭其名者皆有後。吾常誦之云爾。乃者官於杭，杭之新城令晁君君成，諱端友者，君子人也。吾與之游三年，知其爲君子，而不知其能文與詩，而君亦未嘗有一語及此者。其後君既歿於京師，其子補之，出君之詩三百六十篇。讀之而驚曰：嗟夫！詩之指雖微，然其美惡高下，猶有可以言傳而指見者。至於人之賢不肖，其深遠茫昧難知，蓋甚於詩。今吾尚不能知君之能詩，則其所謂知君之爲君子者，果能盡知之乎？ 君以進士得官，所至民安樂之，惟恐其去。然未嘗以一言求於人。凡從仕二十有三季，而後改官以没。由此觀之，非獨吾不知，舉世莫之知也。君之詩清厚静深，如其爲人，而每篇輒出新意奇語，宜爲人所共愛，其勢非君深自覆匿，人必知之。而其子補之，於文無所不能，博辯俊偉，絶人遠甚，將必顯於世。吾是以益知有其實而辭其名者之必有後也。背李郃爲漢中侯吏，和帝遣二使者微服入蜀，館於郃，郃以星知之。後三季，使者爲漢中守，而郃猶爲侯吏，人莫知之者。其博學隱德之報，在其子，固《詩》曰：「豈弟君子，神所勞矣。」

徐州鹿鳴燕賦詩序

余聞之，德行興賢，太高而不可考；射御選士，已卑而不足行。永惟三代以來，莫如吾宋之盛。始於鄉舉，率用韋平之一經；終於廷策，庶幾晁董之三道。眷此房心之野，實惟孝秀之淵。元豐元年，三郡之士皆舉於徐。九月辛丑晦，會于黄樓，修舊事也。庭實旅百，貢先前列之龜；工歌拜三，義取食野之鹿。是日也，天高氣清，水落石出，仰觀四山之晻曖，俯聽二洪之怒號，眷焉顧之，有足樂者。於是講廢禮，放鄭聲，部刺史勸駕，鄉先生在位，羣賢畢集，逸民來會。以謂古者於旅也語，而君子會友以文，爰賦筆札，以侑樽俎。載色載笑，有同於泮水；一觴一詠，無愧於山陰，真禮義之遺風，而太平之盛節也。大夫庶士，不鄙謂余，屬爲斯文，以舉是禮。余於嘉祐之末，以進士入官，偶儷之文，疇昔所事，楊雄雖悔於少作，鍾儀敢廢於南音。貽諸故人，必不我誚也。

樂全先生文集序

孔北海志大而論高，功烈不見于世，然英偉豪傑之氣，自爲一時所宗。其論盛孝章、郗鴻豫書，慨然有烈丈夫之風。諸葛孔明不以文章自名，而開物成務之姿，綜練名實之意，自見於言語。至《出師表》簡而盡，直而不肆，大哉言乎，與《伊訓》《説命》相表裏，非秦漢以來以事君爲悦者所能至也。常恨二人之文不見其全，今吾樂全先生張公安道，其庶幾乎！嗚呼！士不以天下之重自任久矣。言語非不工也，政事文學非不敏且博也，然至於臨大事，鮮不忘其故、失其守者，其器小也。公爲布衣，則頎然已有公輔之望。自少出仕，至老而歸，未嘗以言徇物，以色假人。雖對人主，必同而後言。毀譽不動，得喪若一，真孔子所謂大臣以道事君者。世遠道散，雖志士仁人，或少貶以求用，公獨以邁往之氣，行正大之言，曰：「用之則行，舍之則藏。」上不求合於人主，故雖貴而不用，用而不盡；下不求合於士大夫，故悦公者寡，不悦者衆。然至言天下偉人，則必以公爲首。公盡性知命，體乎自然，而行乎不得已，非蘄以文字名世者也。然自慶曆以來訖元豐四十餘季，所與人主論天下事，見于章疏者多矣，或用或不用，而皆本於禮義，合於人情，是非有考於前，而成敗有驗於後。及其他詩文，皆清遠雄麗，讀者可以想見其爲人。信乎其有似於孔北海、諸葛孔明也。軾季二十，以諸生見公成都，公一見待以國士，今三十餘季，所以開發成就之者至矣，而軾終無所效尺寸於公者，獨求其文集，手校而家藏之，且論其大略，以待後世之君子。昔曾魯公嘗爲軾言，公在人主前論大事，他人終日反覆不能盡者，公必數言而決，粲然成文，皆可書而誦也。言雖不盡用，然慶曆以來名臣爲人主所敬，莫如公者。公今季八十一，杜門卻掃，終日危坐，將與造物者游於無何有之鄉，言且不可得聞，而況其文乎。凡爲文若干卷，詩若干首。

范文正公文集序

慶曆三季，軾始總角入鄉校。士有自京師來者，以魯人石守道所作《慶曆聖德詩》示鄉先生。軾從旁竊觀，則能誦習其詞，問先生以「所頌十一人者何人也」？先生曰：「童子何用知之？」軾曰：「此天人也耶，則不敢知；若亦人耳，何爲其不可？」先生奇軾言，盡以告之，且曰：「韓、范、富、歐陽，此四人者，人傑也。」時雖未盡了，則已私識之矣。嘉祐二季，始舉進士至京師，則范公歿。既葬，而墓碑出，讀之至流涕，曰：「吾得其爲人，蓋十有五季而不一見其面，豈非命也歟。」是歲登第，始見知于歐陽公，因公以識韓、富，皆以國士待軾，曰：「恨子不識范文正公。」其後三季，過許，始識公之仲子今丞相堯夫。又六季，始見其叔彝叟京師。又十一季，遂與其季德孺同僚于徐。皆一見如舊。且以公遺藁見屬爲敘。又十三季，乃克爲之。嗚呼！公之功德，蓋不待文而顯，其文亦不待敘而傳。然不敢辭者，自以八歲知敬愛公，今四十七季矣。彼三傑者，皆得從之遊，而公獨不識，以爲平生之恨，若獲挂名其文字中，以自托於門下士之末，豈非疇昔之願見淮陰侯，非仕而後學者也。高帝於漢中，論劉、項短長，畫取三秦，如指諸掌，及佐帝定天下，漢中之言，無一不酬者。諸葛孔明卧艸廬中，與先主策曹操、孫權，規取劉璋，因蜀之資，以爭天下，終身不易其言。此豈口傳耳受嘗試爲之而僥倖其或成者哉。公在天聖中，居太夫人憂，則已有憂天下致太平之意，故爲萬言書以遺宰相，天下傳誦。至用爲將，擢爲執政，考其平生所爲，無出此書者。今其集二十卷，爲詩賦二百六十八，爲文一百六十五。其於仁義禮樂，忠信孝弟，蓋如饑渴之於飲食，欲須臾忘而不可得。如火之熱，如水之濕，蓋其天性有不得不然者。雖弄翰戲語，率然而作，必歸於此。故天下信其誠，爭師尊之。孔子曰：「有德者必有言。」非有言也，德之發於口者也。又曰：「我戰則克，祭則受福。」非能戰也，德之見於怒者也。元祐四季四月十一日。

坡仙集卷之二終

坡仙集卷之三

祭文

祭魏國韓令公文

天生元聖，必作之配。有神司之，不約而會。既生堯舜，禹稷自至。仁宗龍飛，公舉進士。妙齡秀發，秉筆入侍。公於是時，仲舒、賈誼。方將登庸，盜起西夏。四方騷然，帝用不赦。授公鈇鉞，往督西旅。公於是時，方叔、召虎。入贊兵政，出殿大邦。恩威並行，春雨秋霜。兵練民安，四夷屈降。公於是時，臨淮、汾陽。帝在明堂，欲行王政。羣后奏功，罔底于成。召自北方，付之樞衡。公於是時，蕭、曹、魏、邴。二帝山陵，天下悸恟。呼吸之間，有雷有風。有存有亡，有兵有戎。公於是時，伊尹、周公。功成而退，三鎮偃息。天下嗷然，曷日而復。畢公在外，心在王室。房公且死，征遼是卹。嗚呼哀哉，六月甲寅。人之無祿，喪我宗臣。我有黎民，誰與教之。我有子孫，誰與保之。巍巍堂堂，寧復有之。公之云亡，我無日矣。慟哭涕流，何嗟及矣。昔我先子，沒于東京。公爲二詩，以祖其行，文追典誥，論極皇王，公言一出，孰敢改評。施及不肖，待以國士，非我自知，公實見許。父子昆弟，並出公門。公不責報，我豈懷恩。惟此涕泣，實哀斯人。有肉在俎，有酒在樽。公歸在天，寧聞我言。

祭柳子玉文

猗歟子玉，南國之秀。甚敏而文，聲發自幼。從橫武庫，炳蔚文囿。獨以詩鳴，天錫雄咮。元輕白俗，郊寒島瘦。嘹然一吟，衆作卑陋。凡今卿相，伊昔朋舊。平視青雲，可到寧驟。孰云坎軻，白髮垂脰。才高絶俗，性疎來詬。謫居窮山，遂侶猩狖。夜衾不絮，朝甑絶餾。慨然懷歸，投棄縷綬。潛山之麓，往事神后。道味自飴，世芬莫齅。凡世所欲，有避無就。謂當乘除，併畀之壽。云何不淑，命也誰咎。頃在錢塘，惠然我覯。相從半歲，日飲醇酎。朝遊南屏，暮宿靈鷲。雪牕饑坐，清闋間奏。沙河夜歸，霜月如晝。綸巾鶴氅，驚笑吴婦。會合之難，如次組繡。翻然失去，覆水何救。維子耆老，名德俱茂。嗟我後來，匪友惟媾。子有令子，將大子後。頎然二孫，則謂我舅。念子永歸，涕如懸霤。歌此奠詩，一樽往侑。

祭歐陽仲純父文

妙

嗚呼哀哉！文忠公之盛德，子孫千億，與宋無極，人惟曰不足。仲純父之賢，壽考百季，一歲九遷，人惟曰當然。奈何官止於一命，壽不登四十。誰其尸之，百不償一。嗚呼哀哉！此不足云也。仲純父之生也，不以進退得喪有望於人，豈其死也，乃以死生壽夭有責於神。人徒知其文章之世其家，操行之稱其門。而不知其志氣之豪健，議論之剛果，使之臨大事，立大節，不難於殺身以成仁。則夫造物者之挾其死生之權也，豈能病君也哉！雖然，往者見君於潁水之上，去歲君來見我於國門之東。攜被夜語，達旦不窮。凡所以謀道憂世而教我以保身遠禍者，凜乎其有似於文忠。今也奄兮忽焉而不復見也，能不長號而屢慟乎？

道之難行，蓋難其人。豈無其人，利害易之。如仲純父不畏不慕，獨立不懼，則死及之。嗚呼哀哉！

好，好。

祭文與可文

季月日從表弟蘇軾，謹以清酌庶羞之奠，致祭于故湖州文府君與可學士兄之靈曰：嗚呼哀哉！與可能復飲此酒也夫？能復賦詩以自樂，鼓琴以自侑也夫？嗚呼哀哉！余尚忍言之。氣噎悒而填胸，淚疾下而淋衣。忽收淚以自問，非夫人之爲慟而誰爲乎？道之不行，哀我無徒。豈無友朋，逝莫告余。惟余與可，匪亟匪徐。招之不來，麾之不去，不可得而親，其可得而疎之耶？嗚呼哀哉！孰能惇德秉義如與可之和而正乎？孰能養民厚俗如與可之寬而明乎？孰能爲詩與楚詞如與可之婉而清乎？孰能齊寵辱、忘得喪如與可之安而輕乎？嗚呼哀哉！余聞訃之三日，夜不眠而坐喟。夢相從而驚覺，滿茵蓆之濡淚。念有生之歸盡，雖百季其必至。惟有文爲不朽，與有子爲不死。雖富貴壽考之人，未必皆有此二者也。然余嘗聞與可之言，是身如浮雲，無去無來，無亡無存。則夫所謂不朽與不死者，亦何足云乎？

祭刁景純墓文

嗟我少君，四十二歲。君不我少，謂我昆弟。今我已老，鬢須蒼然。君之永歸，不爲無季。我獨何憾，過期而哭。人之云亡，哀此風俗。涉江而東，宛其山川。顧瞻萬松，蔚乎蒼芊。尚想松下，幅巾杖屨。迎我于門，抵掌笑語。豈其忽焉，斂茲一墳。俛仰空山，艸木再春。平生故人，幾半天下。紛然日中，掉臂莫夜。我非至人，心有往來。斗酒隻雞，聊寫我哀。

祭陳君式文

猗歟大夫，匪直也人。矯然不隨，以屈莫信。大夫安之，有命在天。十秊躬耕，以娛其親。親亡泣血，幾以喪明。免喪復仕，哀哉爲貧。從政于黄，急吏緩民。食黄之薇，飲其水泉。我以重罪，竄于江濱。親舊擯疎，我亦自憎。君獨願交，日造我門。我不自愛，恐子垢紛。君笑絶纓，陋哉斯言。憂患之至，期與子均。示我數詩，蕭然絶塵。去黄而歸，即安丘園。澹然無求，抱潔没身。猗歟大夫，有死有生。如影之隨，如環之循。富貴貧賤，忽如浮雲。孰皆有子，如二子賢。千里一觴，侑以斯文。

祭石幼安文

嗟我去蜀，十有八秊。夢還故鄉，親愛滿前。覺而無有，淚下迸泉。竄流江湖，隻影自憐。聞人蜀音，回首粲然。矧如夫子，又戚且賢。憂樂同之，義不我捐。我行過宿，子病已纏。顧我而笑，自云少痊。念子仁人，壽骨隱顴。攜手同歸，相視華顛。孰云此來，拊膺號天。同驅並馳，俯仰而遷。行即此路，皇分後先。哀哉若人，令德世傳。才子文孫，森然比肩。天不吾欺，後將蟬聯。永歸無憾，舉我一簺。

祝文

禱雨蟠溪文

歲秋矣，物之幾成者，待雨而已。穟者已秀，待雨而實。三日不雨，則穟者不實矣。莢者已孕，待雨而秀。五日不雨，則莢者不秀矣。野有餘土，室有閑民，待雨而耕且種。七日不雨，則餘土不耕，閑民不種矣。穟者不實，莢者不秀，餘土不耕，而閑民不種，則守土之臣，將有不任職之誅，而山川鬼神，將乏其祀。兹用不敢寧居，齋戒擇日，竝走羣望，而精誠不歆。神不顧答，吏民無所請命。聞之曰：「號有周文、武之師太公，其可以病告。」乃用太祲之禮，禱而不祠。穀梁子曰：「古之神人，有應上公者，通乎陰陽。君親師諸大夫道之而以請焉。」夫生而爲上公，没而爲神人，非公其誰當之。《詩》曰：「維師尚父，時維鷹揚，涼彼武王，肆伐大商，會朝清明。」公之仁且勇，計其神靈無所不能爲也。吏民既以雨望公，公亦當任其責。敢布腹心，公實圖之。尚饗！

鳳翔太白山祈雨文

維西方挺特英偉之氣，結而爲此山。惟山之陰威潤澤之氣，又聚而爲湫潭，缾罌罐勺，可以雨天下，而況於一方乎？乃者自冬徂春，雨雪不至，西民之所恃以爲生者，麥禾而已。今旬不雨，即爲凶歲，民食不繼，盜賊且起。豈惟守土之臣所任以爲憂，亦非神之所當安坐而熟視也。聖天子在上，凡所以懷柔之禮，莫不備至。下至於愚夫小民，奔走畏事者，亦豈有他哉！凡皆以爲今日也。神其盍亦鑒之。上以無負聖天子之意，下以無失愚夫小民之望。尚饗！

祈雨吴山

杭之爲邦，山澤相半。十日之雨則病水，一月不雨則病旱。故水旱之請，黷神爲甚。今者止雨之禱，未能踰月，又以旱告矣。吏以不德爲愧，神以不倦爲德。願終其賜，俾克有秋。尚饗！

祈晴風伯

維神開闔陰陽，鼓舞萬類。行巽之權，直箕之次。陰淫爲霖，神能散之。下土墊潸，神能暵之。發軫西北，弭節東南。風反雨霽，神亦不慙。尚饗！

祈晴吴山

歲既大熟，惟神之賜。害於垂成，匪神之意。築場爲塗，卧穟生耳。農泣于野，其忍安視。生爲楚英，没爲吴豪。烈氣不泯，視此海濤。反雨爲暘，何足告勞。有潔斯醴，匪神孰號。尚饗！

徐州祭枯骨文

嗟爾亡者，昔惟何人。兵耶、氓耶？誰其子孫。雖不可知，孰非吾民。暴骨纍纍，見之酸辛。爲卜廣宅，陶穴寬温。相從歸安，各反其真。尚饗！

謝雪文

天不吝澤，神不忘職。胡爲水旱，吏則不德。失政名災，莫知自刻。雨則號晴，旱則謁雪。神既不譴，又滿其欲。四山暮霰，萬瓦晨白。驅攘疫癘，甲拆麰麥。牲酒匪報，維以告潔。神食無愧，吏則慙慄。尚饗！

祭風伯雨師文

自秋不雨，以至于今。夏田將空，秋種不入。天子命我，禱于羣望。雲物既合，風輒散之。吏民皇皇，不知所獲罪。敢以薄奠，訴于有神。風若不作，雨則隨至。當以牲幣，報神之賜。若格絶天澤，棄民乏祀。上帝臨視，神其不然。尚饗！

祭英烈王文

欽誦舊史，仰瞻高風。報楚爲孝，徇吳爲忠。忠孝之至，實與天通。開塞陰陽，斡旋濤江。保鄣斯民，以食此邦。嗟我惷愚，所向奇窮。豈以其誠，有請輒從。庚子之禱，海若伏降。完我岸閘，千夫奏功。特酒薄陋，報微施豐。敬陳頌詩，侑此一鍾。

謝晴文

敢以清酌庶羞之奠，昭告于某神：賞罰在朝，吏申明之。及其有愆，吏得正之。雨暘在天，神奉行之。及其不時，神得請之。惟吏與神，各率其職。有求必獲，則無虚食。淫雨既止，惟神之功。肴酒匪報，惟以告衷。尚饗！

開湖祭禱吴山水仙五龍三廟文

杭之西湖，如人之有目。湖生茭葑，如目之有翳。翳久不治，目亦將廢。河渠有膠舟之苦，鱗介失解網之惠。六池化爲眢井，而千頃無復豐歲矣。是用因賑䘏之餘資，興開鑿之利勢。百日奏功，所患者淫雨；千夫在野，所憂者疾癘。庶神明之陰相，與人謀而協濟。魚龍前導以破堅，菰葦解拆而迎鋭。復有唐之舊觀，盡四山而爲際。澤斯民於無窮，宜事神之益勵。我將大合樂以爲報，豈徒用樽酒之薄祭也。尚饗！

謝吴山水仙王五龍三廟文

西湖堙塞，積歲之患。坐閲百吏，熟視而歎。惟愚無知，妄謂非難。禱于有神，陰假其便。不愆于素，咸出幽贊。大堤雲横，老葑席卷。歷時未幾，功已過半，嗣事告終，來哲所繕。神卒相之，罔咈民願。肴酒之報，我愧不腆。尚饗！

立春祭土牛文

三陽既應，庶艸將興。爰出土牛，以戒農事。丹青設象，蓋惟風俗之常；耕穫待時，必有陰陽之助。仰惟靈德，佑我穡人。尚饗！

定州辭諸廟文

軾得罪于朝，將適嶺表。雖以謫去，敢不告行。區區之心，神所鑒聽。尚饗！傷哉。

志林

魯定公十三季，孔子言於公曰：「臣無藏甲，大夫無百雉之城。」使仲由爲季氏宰，將墮三都。於是叔孫氏先墮郈。季氏將墮費，公山不狃、叔孫輒率費人襲公。公與三子入于季氏之宫。孔子命申句須、樂頎下伐之，費人北，二子奔齊。遂墮費。將墮成，公歛處父以成叛。公圍成，弗克。或曰：「殆哉，孔子之爲政也，亦危而難成矣。」孔融曰：「古者王畿千里，寰内不封建諸侯。」曹操疑其論建漸廣，遂殺融。融特言之耳，安能爲哉？操以爲天子有千里之畿，將不利己，故殺之不旋踵。季氏親逐昭公，公死于外，從公者皆不敢入，雖子家羈亦亡。季氏之忌克忮害如此，雖地勢不及曹氏，然君臣相猜，蓋不減曹也。孔子安能以是時墮其名都，而出其藏甲也哉！妙 考於《春秋》，方是時，三桓雖若不悦，然莫能違孔子也。以爲孔子用事於魯，得政與民，而三桓畏之歟？則季桓子之受女樂也，孔子能卻之矣。妙 彼婦之口可以出走，是孔子畏季氏，季氏不畏孔子也。孔子盍姑修其政刑，以俟三桓之隙也哉？蘇子曰：此孔子之所以聖也。蓋田氏、六卿不服，則齊、晉無不亡之道；三桓不臣，則魯無可治之理。孔子之用於世，其政無急於此者矣。彼晏嬰者亦知之，曰：「田氏之僭，惟禮可以已之。在禮，家施不及國，大夫不收公利。」齊景公曰：「善哉，吾今而後知禮之可以爲國也！」孔子以羈旅之臣得政朞月，而能舉治世之禮，以律亡國之臣，墮名都，出藏甲，而三桓不疑其害己，此必有不言而信，不怒而威者矣。孔子之聖見於行事，至此爲無疑也。孔子以哀公十六季卒，十四季，陳恒弑其君，孔子沐浴而朝，告於哀公，請討之。吾是以知孔子之欲治列國之君臣，使如《春秋》之法者，至於老且死而不忘也。或曰：「孔子知哀公與三子之必不從，而以禮告也歟？」曰：「否。」孔子實欲伐齊。孔子既告公，公曰：「魯爲齊弱久矣，子之伐之，將若之何？」對曰：「陳恒弑其君，民之不予者半。以魯之衆，加齊之半，可克也。」此段甚好。此豈禮告而已哉？哀公患三桓之偪，常欲以越伐魯而去之。夫以蠻夷伐國，民不予也，臯如、出公之事，斷可見矣，豈若從孔子而伐齊乎？若從孔子而伐齊，則凡所以勝齊之道，孔子任之有餘矣。既克田氏，則魯之公室自張，妙 妙 三桓不治而自服也。此孔子之志也。三桓必不從，哀公必不肯。

透 春秋之末至于戰國，諸侯卿相皆争養士。自謀夫説客、談天雕龍、堅白同異之流，下至擊劍扛鼎、雞鳴狗盜之徒，莫不賓禮，靡衣玉食以館於士者，何可勝數。越王句踐有君子六千人。魏無忌、齊田文、趙勝、黄歇、吕不韋，皆有客三千人。而田文招致任俠姦人六萬家於薛。齊稷下談者亦千人。魏文侯、燕昭王、太子丹，皆致客無數。下至秦漢之間，張耳、陳餘號多士，賓客廝養，皆天下豪俊，而田横亦有士五百人。其略見於傳記者如此，度其餘，當倍官吏而半農夫也。蘇子曰：此先王之所不能免也。國之有姦也，猶鳥獸之有鷙猛，昆蟲之有毒螫也。區處條理，使各安其處，則有之矣；鋤而盡去之，則無是道也。吾考之世變，知六國之所以久存而秦之所以速亡者，蓋出於此。夫智、勇、辯、力此四者，皆天民之秀傑者也，類不能惡衣食以養人，皆役人以自養者也，故先王分天下之富貴與此四者共之。此四者不失職，則民靖矣。四者雖異，先王因俗設法，使出于一。三代以上出于學。戰國至秦出於客。漢以後出于郡縣吏。魏、晉以來出于九品中正。隋、唐至今出于科舉，雖不盡然，取其多者論之。六國之君，虐用其民，不減始皇、二世，然當是時，百姓無一人叛者，以凡民之秀傑者，多以客養之，不失職也。其力耕以奉上，皆椎魯無能爲者，雖欲怨叛，而莫爲之先，此其所以少安而不即亡也。始皇初欲逐客，用李斯之言而止。既并天下，則以客爲無用，於是任法而不任人，謂民可以恃法而治，謂吏不必才取，能守吾法而已。故墮名城，殺豪傑，民之秀異者散而歸田畝，向之食於四公子、吕不韋之徒者，皆安歸哉？不知其能槁項黄馘以老死于布褐乎？抑將輟耕太息以俟時也？秦之亂雖成于二世，然使始皇知畏此四人者，有以處之，使不失職，秦之亡不至若是速也。縱百萬虎狼於山林而饑渴之，不知其將噬人，世以始皇爲智，吾不信也。楚、漢之禍，生民盡矣，豪傑宜無幾，而伏相陳豨從車千乘，蕭、曹爲政，莫之禁也。至文、景、武之世，法令至密，然吴濞、淮南、梁王、魏其、武安之流，皆争致賓客，世主不問也。豈懲秦之禍，以爲爵禄不能盡縻天下士，故少寬之，使得或出於此也耶？

公子翬請殺桓公，以求太宰。隱公曰：「爲其少故也。吾將授之矣。使管菟裘，吾將老焉。」翬懼，反譖公於桓公而弑之。蘇子曰：盗以兵擬人，人必殺之。夫豈獨其所擬，塗之人皆捕擊之矣。塗之人與盗非仇也，以爲不擊則盗且并殺己也。隱公之智，曾不若是塗人也，哀哉！隱公，惠公繼室之子也。其爲非嫡與桓均耳，而長於桓。隱公追先君之志，而授國焉，可不謂仁人乎？使隱先誅翬而讓桓，雖夷、齊何以尚兹？

驪姬欲殺申生而難里克，則施優來之；二世欲殺扶蘇而難李斯，則趙高來之。此二人之智，若出一人，而其受禍亦不少異。里克不免於惠公之誅，李斯不免於二世之虐，皆無足哀者。李斯聽趙高之謀，非其本意，獨畏蒙氏之奪其位，故勉而聽高。使斯聞高之言，即名百官、陳六師而斬之，其德於扶蘇，豈有既乎？何蒙氏之足憂！釋此不爲，而具五刑於市。嗚呼，亂臣賊子猶蝮蛇也，其所螫艸木猶足以殺人，況其所噬嚙者歟？鄭小同爲高貴鄉公侍中，嘗詣司馬師。師有密疏未屏也，如廁還，問小同：「見吾疏乎？」曰：「不見。」師曰：「寧我負卿，無卿負我。」遂酖之。王允之從王敦夜飲，辭醉先寢。敦與錢鳳謀逆，允之已醒，悉聞其言，慮敦疑己，遂大吐，衣面皆污。敦果照視之，見允之卧吐中，乃已。哀哉小同，殆哉岌岌乎允之也。孔子曰：「危邦不入，亂邦不居。」有以也夫。

鄭太子華言於齊桓公，請去三族而以鄭爲内臣，公將許之，管仲不可。公曰：「諸侯有討於鄭，未捷，苟有釁，從之不亦可乎？」管仲曰：「君若綏之以德，加之以訓辭，而率諸侯以討鄭，鄭將覆亡之不暇，豈敢不懼。若摠其罪人以臨之，鄭有辭矣。」公辭子華，鄭伯乃受盟。蘇子曰：大哉，管仲之相桓公也！辭子華之請，而不違曹沫之盟，齊可以王矣。曰：「仲尼之徒，無道桓、文之事者，」孟子蓋過矣。吾讀《春秋》以下史，而得七人焉，皆可以爲萬世法。又得八人焉，皆反是，可以爲萬世戒，故具論之。太公之治齊也，舉賢而上功。周公曰：「後世必有簒弑之臣。」天下誦之，齊其知之矣。田敬仲之始生也，周史筮之，其奔齊也，齊懿氏卜之，皆知其當有齊國也。簒弑之疑，蓋萃於敬仲矣。然桓公、管仲不以是廢之，乃欲以爲卿，非盛德能如此乎？楚成王知晉之必霸而不殺重耳，漢高祖知東南之必亂而不殺吴王濞，晉武帝聞齊王攸之言而不殺劉元海，符堅信王猛而不殺慕容垂，唐明皇用張九齡而不殺安禄山，皆盛德之事也。而世之論者，則以爲此七人者皆失於不殺以啟亂，吾以謂不然。七人者皆自有以致敗亡，非不殺之過也。齊景公不繁刑重賦，雖有田氏，齊不可取；楚成王不用子玉，雖有晉文公，兵不敗；漢景帝不害吴太子，不殺鼂錯，雖有吴王濞，無自發；晉武帝不立孝惠，雖有劉元海，不能亂；符堅不貪江左，雖有慕容垂，不能叛；明皇不用李林甫、楊國忠，雖有安禄山，亦何能爲。秦之由余，漢之金日磾，唐之李光弼、渾瑊之流，皆番種也，何負於中國哉！而獨殺元海、禄山乎！且自今言之，則元海、禄山死有餘辜；自當時言之，則不免爲殺無罪矣。豈有天子殺無罪而不得罪於天下者歟？上失其道，塗之人皆敵國也。天下豪傑其可勝既乎？漢景帝以鞅鞅而殺周亞夫，曹操以名重而殺孔融，晉文帝以卧龍而殺嵇康，晉景帝亦以名重而殺夏侯玄，宋明帝以族大而殺王彧，齊後主以謡言而殺斛律光，唐太宗以讖而殺李君羡，武后以謡言而殺裴炎，世皆以爲非也。此八人者，當時之慮，豈非憂國備亂，與憂元海、禄山者同乎？久矣，世之以成敗爲是非也。故夫嗜殺人者，必以鄭侯不殺楚子爲口實。以鄧之微，無故殺大國之君，使楚人舉國而仇之，其亡不愈速乎！吾以謂爲天下如養生，憂國備亂如服藥。養生者，不過慎起居飲食、節聲色而已。節慎在未病之前，而服藥在已病之後。今吾憂寒病而先服烏喙，憂熱疾而先服甘遂，則病未作而藥殺人矣。彼八人者，皆未病而服藥者也。亦是說話

是。

雜作

問養生 未見透髓，尚在道理之間，非養生之至也

余問養生於吴子，得二言焉：曰和，曰安。何謂和？曰：子不見天地之爲寒暑乎？寒暑之極，至於

折膠流金，而物不以爲病，其變者微也。寒暑之變，晝與日俱逝，夜與月竝馳，俯仰之間，屢變而人不知者，微之至，和之極也。使此二極者，相尋而狎至，則人之死久矣。何謂安？曰：吾嘗自牢山浮海達于淮，遇大風焉，舟中之人如附於桔槔，而與之上下，如蹈車輪而行，反逆眩亂不可止，而吾飲食起居如他日。吾非有異術也，惟莫與之争，而聽其所爲。故凡病我者，舉非物也。食中有蛆，人之見者必嘔也。其不見而食者，未嘗嘔也。請察其所從生。論八珍者必嚥，言糞穢者必唾，二者未嘗與我接也，嚥與唾何從生哉。果生於物乎？果生於我乎？知其生於我也，則雖與之接而不變，安之至也。安則物之感我者輕，和則我之應物者順。外輕内順，而生理備矣。吴子，古之静者也，其觀於物也，審矣。是以私識其言，而時省觀焉。

日喻

通得

生而眇者不識日，問之有目者。或告之曰：「日之狀如銅槃。」扣槃而得其聲，他日聞鐘，以爲日也。或告之曰：「日之光如燭。」捫燭而得其形，他日揣籥，以爲日也。日之與鐘、籥亦遠矣，而眇者不知其異，以其未嘗見而求之人也。道之難見也甚於日，而人之未達也，無以異於眇。達者告之，雖有巧譬善導，亦無以過於槃與燭也。自槃而之鐘，自燭而之籥，轉而相之，豈有既乎！故世之言道者，或即其所見而名之，或莫之見而意之，皆求道之過也。然則道卒不可求歟？蘇子曰：道可致而不可求。何謂致？孫武曰：「善戰者致人，不致於人。」孔子曰：「百工居肆以成其事，君子學以致其道。」莫之求而自至，斯以爲致也歟？南方多没人，日與水居也，七歲而能涉，十歲而能浮，十五而能没矣。夫没者豈苟然哉，必將有得於水之道者。日與水居，則十五而得其道。生不識水，則雖壯，見舟而畏之。故北方之勇者，問於没人，而求其所以没，以其言試之河，未有不溺者也。故凡不學而務求道，皆北方之學没者也。昔者以聲律取士，士雜學而不志於道。今者以經術取士，士求道而不務學。渤海吴君彦律，有志於學者也，方求舉於禮部，作《日喻》以告之。

書劉庭式事

予昔爲密州，殿中丞劉庭式爲通判。庭式，齊人也。而子由爲齊州掌書記，得其鄉閭之言以告予，曰：庭式通禮學究。未及第時，議娶其鄉人之女，既約而未納幣也。庭式及第，其女以疾，兩目皆盲。女家躬耕，貧甚，不敢復言。或勸納其幼女。庭式笑曰：「吾心已許之矣。雖盲，豈負吾初心哉！」卒娶盲女，與之偕老。」盲女死於密，庭式喪之，逾年而哀不衰，不肯復娶。予偶問之：「哀生於愛，愛生於色。子娶盲女，與之偕老，義也。愛從何生，哀從何出乎？」庭式曰：「吾知喪吾妻而已，有目亦吾妻也，無目亦吾妻也。吾若緣色而生愛，緣愛而生哀，色衰愛弛，吾哀亦忘。則凡揚袂倚市，目挑而心招者，皆可以爲妻也耶？」予深感其言，曰：「子功名富貴人也！」或笑予言之過，予曰：「不然，昔羊叔子娶夏侯霸女，霸叛入蜀，親友皆告絶，而叔子獨安其室，恩禮有加焉。君子是以知叔子之貴也，其後卒爲晉元臣。今庭式亦庶幾焉，若不貴，必且得道。」時坐客皆憮然不信也。昨日有人自廬山來，云：「庭式今在山中，監太平觀，面目奕奕有紫光，步上下峻坂，往復六十里如飛，絶粒不食，已數季矣。此豈無得而然哉！」聞之喜甚，自以吾言之不妄也，乃書以寄密人趙杲卿。杲卿與庭式善，且皆嘗聞余言者。庭式，字得之，今爲朝請郎。

書狄武襄事

狄公非常人也

狄武襄公者，本農家子。年十六時，其兄素與里人失其姓名號鐵羅漢者鬬於水濱，至溺殺❶之。保伍方縛素，公適餉田，見之，曰：「殺羅漢者，我也。」人皆釋素而縛公。公曰：「我不逃死。然待我救羅漢，庶幾復活。若決死者，縛我未晚也。」衆從之。公默祝曰：「我若貴，羅漢當蘇。」乃舉其尸，出水數斗而活。其後人無知者。公薨，其子諮、詠護喪歸葬西河，父老爲言此。元祐元年十二月五日，與詠同館北客，夜話及之。眉山蘇軾記。

書孟德傳後

子由書孟德事見寄，余既聞而異之。以爲虎畏不懼己者，其理似可信，然世未有見虎而不懼者，則斯言之有無，終無所試。然曩余聞忠、萬、雲安多虎。有婦人晝日置二小兒沙上，而浣衣於水。虎自山上馳來，婦人倉皇沈水避之。二小兒戲沙上自若。虎熟視久之，至以首觝觸，庶幾其一懼，而兒癡，竟不知怪，虎亦卒去。意虎之食人，先被之以威，而不懼之人，威無所從施歟？世言虎不食醉人，必坐守之，以俟其醒，非俟其醒，俟其懼也。有人夜自外歸，見有物蹲其門，以爲猪狗類也。以杖擊之，即逸去。至山下月明處，則虎也。是人非有以勝虎，而氣已蓋之矣。使人之不懼，皆如嬰兒、醉人與其未及知之時，則虎畏之，無足怪者。故書其末，以信子由之說。

❶ 殺，原作「救」，據他本改。

書六一居士傳後

蘇子曰：居士可謂有道者也。或曰：居士非有道者也。有道者無所挾而安，居士之於五物，捐世俗之所争，而拾其所棄者也，烏得爲有道乎？蘇子曰：不然。挾五物而後安者，惑也；釋五物而後安者，又惑也。且物未始能累人也，軒裳圭組且不能爲累，而况此五物乎？物之所以能累人者，以吾有之也。吾與物俱不得已而受形於天地之間，其孰能有之？而或者以爲己有，得之則喜，喪之則悲。今居士自謂六一，是其身均與五物爲一也，不知其有物耶，物有之也，居士與物均爲不能有，其孰能置得喪於其間？故曰居士可謂有道者也。雖然，自一觀五，居士猶可見也。與五爲六，居士不可見也。居士殆將隱矣！善爲居士出脱

書歐陽公黄牛廟詩後

右歐陽文忠公爲峽州夷陵令日所作《黄牛廟》詩也。軾嘗聞之於公：予昔以西京留守推官，爲館閣校勘，時同季丁寶臣元珍適來京師，夢與予同舟泝江，入一廟中，拜謁堂下。予班元珍下，元珍固辭，予不可。方拜時，神像爲起，鞠躬堂下，且使人邀予上，耳語久之。元珍私念，神亦如世俗，待館閣乃爾異禮耶？既出門，見一馬隻耳，覺而語予，固莫識也。不數日，元珍除峽州判官。已而，余亦貶夷陵令。日與元珍處，不復記前夢矣。一日，與元珍泝峽謁黄牛廟，入門惘然，皆夢中所見。予爲縣令，固班元珍下，而門外鐫石爲馬，缺一耳。相視大驚，乃留詩廟中，有「石馬繫祠門」之句，蓋私識其事也。元豐五季，軾謫居黄州，宜都令朱君嗣先見過，因語峽中山水，偶及之。朱君請書其事與詩：「當刻石於廟，使人知進退出處，皆非人力。如石馬一耳，何與公事，而亦皆前定，况其大者。公既爲神所禮，而猶謂之淫祀，以見其直氣不阿如此。」感

其言有味，故爲録之。

書韓魏公黄州詩後

黄州山水清遠，土風厚善，其民寡求而不争，其士静而文，朴而不陋。雖閭巷小民，知尊愛賢者，曰：「吾州雖遠小，然王元之、韓魏公嘗辱居焉。」以誇於四方之人。元之自黄遷蘄州，没于蘄，然世之稱元之者必曰黄州，而黄人亦曰「吾元之也」。魏公去黄四十餘秊，而思之不忘，至以爲詩。夫賢人君子，天之所以遺斯民，天下之所共有，而黄人獨私以爲寵，豈其尊德樂道，獨異於他邦也歟？抑二公與此州之人有宿昔之契，不可知也？元之爲郡守，有德於民，民懷之不忘也固宜。魏公以家艱，從其見居耳，民何自知之？《詩》云：「有斐君子，如金如錫，如圭如璧。」金錫圭璧之所在，瓦石屮木被其光澤矣，何必施於用？奉議郎孫貴公素，黄人也，而客於公。公知之深，蓋所謂教授書記者也。而軾亦公之門人，謫居於黄五秊，治東坡，築雪堂，蓋將老焉，則亦黄人也。於是相與摹公之詩而刻之石，以爲黄人無窮之思。而吾二人者，亦庶幾託此以不忘乎？

書鮮于子駿楚詞後

鮮于子駿作楚詞《九誦》以示軾。軾讀之，茫然而思，喟然而歎曰：嗟乎！此聲之不作也久矣。雖欲作之，而聽者誰乎？譬之於樂，變亂之極，而至於今，凡世俗之所用，皆夷聲夷器也，求所謂鄭、衛者且不可得，而況於雅音乎？學者方欲陳六代之物，弦匏三百五篇，犂然如戛釜竈、撞甕盎，未有不坐睡竊笑者也。好之而欲學者無其師，知之而欲傳者無其徒，可不悲哉？今子駿獨行吟坐思，寤寐於千載之上，追古屈原、宋玉，及其人於冥寞，續微學之將墜，可謂至矣。而覽者不知其貴，蓋亦無足怪者。彼必嘗從事於此，而後知其難且工。其不學者，以爲苟然而已。

書吳道子畫後

知者創物，能者述焉，非一人而成也。君子之於學，百工之於技，自三代歷漢至唐而備矣。故詩至於杜子美、文至於韓退之、書至於顔魯公、畫至於吳道子，而古今之變，天下之能事畢矣。道子畫人物，如以燈取影，逆來順往，旁見側出，橫斜平直，各相乘除，得自然之數，不差毫末，出新意於法度之中，寄妙理於豪放之外，所謂遊刃餘地，運斤成風，蓋古今一人而已。余於他畫或不能必其主名，至於道子，望而知其眞僞也。然世罕有眞者，如史全叔所藏，平生蓋一二見而已。

書朱象先畫後

好

松陵人朱君象先，能文而不求舉，善畫而不求售。曰：「文以達吾心，畫以適吾意而已。」昔閻立本始以文學進身，卒蒙畫師之恥。或者以是爲君病，余以謂不然。謝安石欲使王子敬書太極殿榜，以韋仲將事諷之。子敬曰：「仲將，魏之大臣，理必不爾。若然者，有以知魏德之不長也。」使立本如子敬之高，其誰敢以畫師使之。阮千里善彈琴，無貴賤長幼皆爲彈，神氣沖和，不知向人所在。內兄潘岳使彈，終日達夜無忤色，識者知其不可榮辱也。使立本如千里之達，其誰能以畫師辱之。今朱君無求於世，雖王公貴人，其何道使之，遇其解衣盤礴，雖余亦得攫攘其旁也。

書蒲永昇畫後

可以通於道也

妙，妙

古今畫水，多作平遠細皺，其善者不過能爲波頭起伏，使人至以手捫之，謂有窪隆，以爲至妙矣。然其品格，特與印板水紙争工拙於毫氂間耳。唐廣明中，處士孫位，始出新意，畫奔湍巨浪，與山石曲折，隨物賦形，盡水之變，號稱神逸。其後蜀人黄筌、孫知微皆得其筆法。始知微欲於大慈寺壽寧院壁作湖灘水石四堵，營度經歲，終不肯下筆。一日，倉皇入寺，索筆墨甚急，奮袂如風，須臾而成，作輸瀉跳蹙之勢，洶洶欲崩屋也。知微既死，筆法中絶五十餘季。近歲成都人蒲永昇，嗜酒放浪，性與畫會，始作活水，得二孫本意，自黄居寀兄弟、李懷衮之流，皆不及也。王公富人或以勢力使之，永昇輒嘻笑捨去。遇其欲畫，不擇貴賤，頃刻而成。嘗與余臨壽寧院水，作二十四幅，每夏日掛之高堂素壁。即陰風襲人，毛髮爲立。永昇今老矣，畫亦難得，而世之識真者亦少。如往時董羽、近日常州戚氏畫水，世或傳寶之。如董、戚之流，可謂死水，未可與永昇同季而語也。

書李伯時山莊圖後

或曰：「龍眠居士作《山莊圖》，使後來入山者信足而行，自得道路，如見所夢，如悟前世，見山中泉石艸木，不問而知其名，遇山中漁樵隱逸，不名而識其人，此豈强記不忘者乎？」曰：「非也。畫日者常疑餅，非忘日也。醉中不以鼻飲，夢中不以趾捉，天機之所合，不强而自記也。居士之在山也，不留於一物，故其神與萬物交，其智與百工通。雖然，有道有藝，有道而不藝，則物雖形於心，不形於手。吾嘗見居士作華嚴相，皆以意造，而與佛合。佛菩薩言之，居士書之，若出一人，況自畫其所見者乎？」

書唐氏六家書後　好

永禪師書骨氣深穩，體兼衆妙，精能之至，反造疏淡。如觀陶彭澤詩，初若散緩不收，反覆不已，乃識其奇趣。今法帖中有云「不具釋智永白」者，誤收在逸少部中，然亦非禪師書也。云「謹此代申」，此乃唐末五代流俗之語耳，而書亦不工。歐陽率更書，妍緊拔羣，尤工於小楷，高麗遣使購其書，高祖歎曰：「彼觀其書，以爲魁梧奇偉人也。」此非知書者。凡書象其爲人。率更貌寒寢，敏悟絶人，今觀其書，勁嶮刻厲，正稱其貌耳。褚河南書清遠蕭散，微雜隸體。古之論書者，兼論其平生，苟非其人，雖工不貴也。河南固忠臣，但有譖殺劉洎一事，使人怏怏。然余嘗攷其實，恐劉洎末年褊忿，實有伊、霍之語，非譖也。若不然，馬周明其無此語，太宗獨誅洎而不問周，何哉？此殆天后朝許、李所誣，[redacted]是而史官不能辨也。張長史艸書頹然天放，略有點畫處，而意態自足，號稱神逸。今世稱善艸書者或不能真、行，此大妄也。真生行，行生艸，真如立，行如行，艸如走，未有未能行立而能走者也。今長安猶有長史真書《郎官石柱記》，作字簡遠，如晉、宋間人。顔魯公書雄秀獨出，一變古法，如杜子美詩，格力天縱，奄有漢、魏、晉、宋以來風流，後之作者，殆難復措手。柳少師書本出於顔，而能自出新意，一字百金，非虛語也。其言心正則筆正者，非獨諷諫，理固然也。世之小人，書字雖工，而其神情終有睢盱側媚之態，不知人情隨想而見，如韓子所謂竊斧者乎，抑真爾也？然至使人見其書而猶憎之，則其人可知矣。余謫居黄州，唐林夫自湖口以書遺余，云：「吾家有此六人書，子爲我略評之而書其後。」林夫之書過我遠矣，而反求于予，何哉？此又未可曉也。

書東皋子傳後

妙妙

予飲酒終日，不過五合，天下之不能飲，無在予下者。然喜人飲酒，見客舉杯徐引，則予胸中爲之浩浩焉、落落焉，酣適之味，乃過於客。閒居未嘗一日無客，客至未嘗不置酒。天下之好飲，亦無在予上者。常以謂人之至樂，莫若身無病而心無憂。我則無是二者矣。然人之有是者，接於予前則予安得全其樂乎？故所至當蓄善藥，有求者則與之，而猶善釀酒以飲客。或曰：「子無病而多蓄藥，不飲而多釀酒，勞己以爲人，何也？」予笑曰：「病者得藥，吾爲之體輕；飲者困於酒，吾爲之酣適，蓋專以自爲也。」東皋子待詔門下省，日給酒三升。其弟静問曰：「待詔樂乎？」曰：「待詔何所樂，但美醞三升，殊可戀耳。」今嶺南，法不禁酒，予既得自釀，月用米一斛，得酒六斗。而南雄、廣、惠、循、梅五太守，間復以酒遺予。略計其所獲，殆過於東皋子矣。然東皋子自謂五斗先生，則日給三升，救口不暇，安能及客乎？若予者，乃日有二升五合，入野人、道士腹中矣。東皋子與仲長子光游，好養性服食，預刻死日，自爲墓誌。予蓋友其人於千載，或庶幾焉。

書黄子思詩集後

予嘗論書，以謂鍾、王之迹，蕭散簡遠，妙在筆畫之外。至唐顔、柳，始集古今筆法而盡發之，極書之變，天下翕然以爲宗師，而鍾、王之法益微。至於詩亦然。蘇、李之天成，曹、劉之自得，陶、謝之超然，蓋亦至矣。而李太白、杜子美以英瑋絶世之姿，凌跨百代，古今詩人盡廢，然魏、晉以來高風絶塵，亦少衰矣。李、杜之後，詩人繼作，雖間有遠韻，而才不逮意，獨韋應物、柳宗元發纖穠於簡古，寄至味於澹泊，非餘子所及也。唐末司空圖，崎嶇兵亂之間，而詩文高雅，猶有承平之遺風。其論詩曰：「梅止於酸，鹽止於鹹。」飲食不可無鹽、梅，而其美常鹹、酸之外。蓋自列其詩之有得於文字之表者二十四韻，恨當時不識其妙。予三復其言而悲之。閩人黄子思，慶曆、皇祐間號能文者。予嘗聞前輩誦其詩，每得佳句妙語，反復數四，乃識其所謂，信乎表聖之言，美在鹹酸之外，可以一唱而三歎也。予既與其子幾道、其孫師是游，得窺其家集，而子思篤行高志，爲吏有異材，見於墓誌詳矣，予不復論，獨評其詩如此。

藥誦 有趣

嵇中散作《幽憤》詩，知不免矣，而卒章乃曰「采薇山阿，散髮巖岫，永嘯長吟，頤性養壽」者，悼此志之不遂也。司馬景王既殺中散而悔，使悔於未殺之前，中散得免於死者，吾知其掃迹滅景於人間，如脱兔之投林也，采薇散髮，豈其所難哉。孫真人著《大風惡疾論》曰：《神仙傳》有數十人，皆因惡疾而得仙道。何者？割棄塵累，懷潁陽之風，所以因禍而取福也。吾始得罪遷嶺表，不自意全。既逾年無後命，知不死矣。然舊苦痔，至是人作，呻呼幾百日，地無醫藥，有亦不效。道士教吾去滋味，絶薫血，以清浄勝之。痔有蟲館於吾後，滋味薫血，既以自養，亦以養蟲。自今日以往，旦夕食淡麪四兩。猶復念食，則以胡麻、茯苓麨足之。飲食之外，不啖一物。主人枯槁，則客自棄去。尚恐習性易流，故取中散真人之言，對病爲藥，使人誦之曰三。曰：東坡居士，汝忘逾年之憂，百日之苦乎？使汝不幸而有中散之禍，伯牛之疾，雖欲采薇散髮，豈可得哉？今食麻、麥、茯苓多矣。居士則歌以答之曰：事無事之事，百事治兮；味無味之味，五味備兮。茯苓麻麥，有時而匱兮。有則食無則已者，與我無既兮。嗚呼噫嘻！館客不終，以是爲愧兮。

書柳子厚牛賦後　趣

嶺外俗皆恬殺牛，而海南爲甚。客自高化載牛渡海，百尾一舟，遇風不順，渴饑相倚以死者無數。牛登舟皆哀鳴出涕。既至海南，耕者與屠者常相半。病不飲藥，但殺牛以禱，富者至殺十數牛。死者不復云，幸而不死，即歸德于巫。以巫爲醫，以牛爲藥。間有飲藥者，巫輒云：「神怒，病不可復治。」親戚皆爲卻藥，禁醫不得入門，人、牛皆死而後已。地産流水香，香必以牛易之黎。黎人得牛，皆以祭鬼，無脱者。中國人以沈水香供佛，燎帝求福：此皆燒牛肉也，何福之能得，哀哉！予莫能救，故書柳子厚《牛賦》以遺瓊州僧道贇，使以曉喻其鄉人之有知者，庶幾其少衰乎？

太息送秦少章

孔北海與曹公論盛孝章云：「孝章實丈夫之雄者也。游談之士，依以成聲。今之少年喜謗前輩，或譏評孝章，孝章要爲有天下重名，九牧之人，所共稱歎。」吾讀至此，未嘗不廢書太息也，曰：嗟乎！英偉奇逸之士不容於世俗也久矣！雖然，自今觀之，孔北海、盛孝章猶在世，而向之譏評者與艸木同腐久矣。昔吾舉進士，試於禮部，歐陽文忠公見吾文，曰：「此我輩人也，吾當避之。」方是時，士以剽裂爲文，聚而見訕，且訕公者所在成市。曾未數季，忽焉若潦水之歸壑，無復見一人者，此豈復待後世哉！今吾衰老廢學，自視缺然，而天下士不吾棄，以爲可以與於斯文者，猶以文忠公之故也。張文潛、秦少游此兩人者，士之超逸絶塵者也，非獨吾云爾。二三子亦自以爲莫及也。士駭于所示聞，不能無異同，故紛紛之言，常及吾與二子，吾策之審矣。士如良金美玉，市有定價，豈可以愛憎口舌貴賤之歟？少游之弟少章，復從吾游，不及朞季，而論議日新，若將施于用者。欲歸省其親，且不忍去。烏乎！子行矣，歸而求諸兄，吾何加焉。作《太息》一篇，以餞其行，使藏于家，三季然後出之。

送錢唐僧思聰歸孤山敘

好

天以一生水，地以六成之，一六合而水可見，雖有神禹，不能知其孰爲一孰爲六也。子思子曰：「自誠明謂之性，自明誠謂之教。誠則明矣，明則誠矣。」誠明合而道可見，雖有黄帝、孔丘，不能知其孰爲誠、孰爲明也。佛者曰：戒生定，定生慧。慧獨不生定乎？伶玄有言，慧則通，通則流。是焉知真慧哉？醉而狂，醒而止，慧之生定，通之不流也審矣。故夫有目而自行，則褰裳疾走，常得大通。無目而隨人，則車輪曳踵，常仆坑穽。慧之生定速於定之生慧也。錢唐僧思聰，七歲善彈琴，十二捨琴而學書，書既工，十五捨書而學詩，詩有奇語，遂讀《華嚴經》，入法界海慧。今季二十有九，老師宿儒皆敬愛之。秦少游取《楞嚴經》觀世音語字之曰，聞復使聰日進而不已。自聞思修以至于道，則華嚴法界海慧，盡爲蘧廬，而況書詩與琴乎？雖然，古之學道無自虚空入者，輪扁斲輪，傴僂承蜩，苟有以發其巧智物無陋者，聰若得道，琴與書皆與有力，詩其尤也。聰能如水鏡，以一含萬，則書與詩常益奇。吾將觀焉，以爲聰得道淺深之侯。

怪石供

《禹貢》：「青州有鉛松怪石。」解者曰：怪石，石似玉者。今齊安江上往往得美石，與玉無辨。多紅黄白色，其文如人指上螺，精明可愛，雖巧者以意繪畫有不能及，豈古所謂怪石者耶？凡物之醜好，生于相形，吾未知其果安在也。使世間石皆若此，則今之凡石復爲怪矣。海外有形語之國，口不能言，而相喻以形，其以形語也捷於口。使吾爲之，不已難乎？故夫天機之動，忽焉而成，而人真以爲巧也。雖然，自禹以來怪之矣。齊安小兒浴於江，時有得之者。戲以餅餌易之。既久，得二百九十有八枚。大者徑寸，小者如棗、栗、菱、芡，其一如虎豹，首有口、鼻、眼處，以爲羣石之長。又得古銅盆一枚，以盛石，挹水注之，粲然。而廬山歸宗佛印禪師適有使至，遂以爲供。禪師嘗以道眼觀一切世間，混淪空洞，了無一物，雖夜光尺璧與瓦礫等，而況此石。雖然，願受此供。灌以墨池水，强爲一笑。使自今以往，山僧野人，欲供禪師而力不能辦衣服飲食卧具者，皆得以净水注石爲供，蓋自蘇子瞻始。

後怪石供

蘇子既以怪石供佛印，佛印以其言刻諸石。蘇子聞而笑曰：「是安所從來哉？予以餅易諸小兒者也。以可食易無用，予既足笑矣，彼又從而刻之。今以餅供佛印，佛印必不刻也。石與餅何異？」參寥子曰：「然。」乃亦以供之。凡二百五十，并二石槃。

補龍山文二首并引

丙子重九，客有言桓温龍山之會，風吹孟嘉帽落，温遣孫盛嘲之，嘉作解嘲，文辭超卓，四坐歎服，恨今世不見此文。予乃戲爲補之曰：

征西天府，重九令節。駕言龍山，燕凱羣哲。壺歌雅奏，緩帶輕帢。胡爲中觴，一笑粲發。楩楠競秀，榆柳獨脱。驥騄交騖，駑蹇先蹶。楚狂醉亂，隕帽莫覺。戎服囚首，枯顱茁髪。維明將軍，度量閎達。容此下士，顛倒冠韈。宰夫揚觶，兕觥舉罰。請歌相鼠，以侑此爵。

右嘲

吾聞君子，蹈常履素。晦明風雨，不改其度。平生丘壑，散髮箕踞。墜車天全，顛沛何懼。腰適忘帶，足適忘屨。不知有我，帽復奚數。流水莫繫，浮雲暫寓。飄然隨風，非去非取。我冠明月，被服實璐。不纓而結，不簪而附。歌詩寧擇，請歌相鼠。罰此陋人，俾出童羖。

右解嘲

剛説

最妙

孔子曰：「剛毅木訥，近仁。」又曰：「巧言令色，鮮矣仁。」所好夫剛者，非好其剛也，好其仁也。所惡夫佞者，非惡其佞也，惡其不仁也。吾平生多難，常以身試之，凡免我于厄者，皆平日可畏人也，擠我於嶮者，皆異時可喜人也。吾是以知剛者之必仁，佞者之必不仁也。建中靖國之初，吾歸自海南，見故人，問存没，追論平生所見剛者，或不幸死矣。若孫君介夫諱立節者，真可謂剛者也。始吾弟子由爲條例司屬官，以議不合引去。王荆公謂君曰：「吾條例司，當得開敏如子者」。君笑曰：「公過矣，當求勝我者。若我輩人，則亦不肯爲條例司矣。」公不答，徑起入户，君亦趨出。君爲鎮江軍書記，吾時通守錢塘，往來常、潤間，見君京口。方新法之初，監司皆新進少季，馭吏如束濕，不復以禮遇士大夫，而獨敬憚君，曰：「是抗丞相不肯爲條例司者。」謝麟經制溪洞事宜，州守王奇與蠻戰死，君爲桂州節度判官，被旨鞫吏士有罪者。麟因收大小使臣十二人付君并按，且盡斬之。君持不可。麟以語侵君。君曰：「獄當論情，吏當守法。逗撓不進，諸將罪也，既伏其辜矣，餘人可盡戮乎？若必欲以非法斬人，則經制司自爲之，我何與焉。」麟奏君抗拒，君亦奏麟侵獄事。刑部定如君言，十二人皆不死，或以遷官。吾是以益知剛者之必仁也。不仁而能以一言活十二人於必死乎？方孔子時，可謂多君子，而曰「未見剛者」，以明其難得如此。而世乃曰：「大剛則折。」士患不剛耳，長養成就，猶恐不足，當憂其太剛而懼之以折耶！（妙！妙！）折不折，天也，非剛之罪。爲此論者，鄙夫患失者也。君平生可紀者甚多，獨書此二事遺其子緦、勴，明剛者之必仁，以信孔子說。

書楞伽經後

《楞伽阿跋多羅寶經》，先佛所說，微妙第一，真實了義，故謂之佛語。心品，祖師達磨以付二祖，曰：吾觀震旦所有經教，惟《楞伽》四卷可以印心，祖祖相受，以爲心法。如醫之有《難經》，句句皆理，字字皆法，後世達者神而明之，如槃走珠，如珠走槃，無不可者。若出新意而棄舊學，以爲無用，非愚無知則狂而已。近歲學者各宗其師，務從簡便，得一句一偈，自謂了證，至使婦人孺子抵掌嬉笑，争談禪悦，高者爲名，下者爲利，餘波末流，無所不至，而佛法微矣。譬如俚俗醫師，不由經論，直授方藥。以之療病，非不或中；至於遇病輒應，懸斷死生，則與知經學古者不可同日語矣。世人徒見其有一至之功，或捷於古人，因謂《難經》不學而可，豈不誤哉！《楞伽》義趣幽眇，文字簡古，讀者或不能句，而況遺文以得義，忘義以了心者乎？此其所以寂寥於是，幾廢而僅存也。太子太保樂全先生張公安道，以廣大心，得清净覺。慶曆中嘗爲滁州，至一僧舍，偶見此經，入手恍然，如獲舊物，開卷未終，夙障冰解，細視筆畫，手迹宛然，悲喜太息，從是悟入。常以經首四偈，發明心要。軾游於公之門三十季矣，今季二月，過南都，見公於私第。公時季七十九，幻滅都盡，慧光渾圓；而軾亦老於憂患，百念灰冷。公以爲可教者，乃授此經，且以錢三十萬使印施於江淮間。而金山長老佛印大師了元曰：「印施有盡，若書而刻之則無盡。」軾乃爲書之，而元使其侍者曉機走錢塘求善工刻之板，遂以爲金山常住。

書黄魯直李氏傳後

無所厭離，何從出世？無所欣慕，何從入道？欣慕之至，亡子見父；厭離之極，燖雞出湯。不極不至，心地不浄。如飯中沙，與飯皆熟。若不含糊，與飯俱嚥。即須吐出，與沙俱棄。善哉佛子，作清浄飯。淘米去沙，終不能盡。不如即用，本所自種。元無沙米，此米無沙。亦不受沙，非不受也，無受處故。

捨銅龜子文　趣

蘇州報恩寺重造古塔，諸公皆捨所藏舍利。予無舍利可捨，獨捨盛舍利者，敬爲四恩三有捨之。故人王頤爲武功宰，長安有修古塔者發舊葬得之以遺余，余以藏私印。成壞者有形之所不免，而以藏舍利則可以久存。藏私印或以速壞。貴舍利而賤私印，樂久存而悲速壞，物豈有是哉。余其并是捨之。

書若逵所書經後　亦趣

懷楚比丘，示我若逵所書二經。經爲幾品，品爲幾偈，偈爲幾句，句爲幾字，字爲幾畫，其數無量。而此字畫，平等若一，無有高下、輕重、大小。云何能一？以忘我故。若不忘我，一畫之中，已現二相，而況多畫！如海上沙，是誰磋磨，自然均平，無有麤細。如空中雨，是誰揮洒，自然蕭散，無有疎密。咨爾楚、逵，若能一念，了是法門，於刹那頃，轉八十藏，無有忘失，一句一偈。東坡居士説是法已，復還其經。

書柳子厚大鑒禪師碑後

釋迦以文教，其譯于中國，必託於儒之能言者，然後傳遠。故大乘諸經至《楞嚴》，則委曲精盡、勝妙獨出者，以房融筆授故也。柳子厚南遷，始究佛法，作曹谿、南嶽諸碑，妙絕古今，而南華今無刻石者。長老重辯師，儒釋兼通，道學純備，以謂自唐至今，頌述祖師者多矣，未有通亮簡正如子厚者。蓋推本其言，與孟軻氏合。其可不使學者晝見而夜誦之。故具石請予書其文。

南華長老重辯師逸事

契嵩禪師常嗔，人未嘗見其笑。海月慧辯師常喜，人未嘗見其怒。予在錢塘，親見二人，皆趺坐而化。嵩既茶毗，火不能壞，益薪熾火，有終不壞者五。海月比葬，面如生，且微笑。乃知二人以嗔喜作佛事也。世人視身如金玉，不旋踵爲糞土，至人反是。予以是知一切法，以愛故壞，以捨故常在，豈不然哉？予遷嶺南，始識南華重辯長老，語終日，知其有道也。予自海南還，則辯已寂久矣。過南華，弔其衆，問塔墓所在。衆曰：「我師昔作壽塔南華之東數里，有不悦師者，葬之別墓，既七百餘日矣。今長老明公，獨奮不顧，發而歸之壽塔。改棺易衣，舉體如生，衣皆鮮芳，衆乃大服。」東坡居士曰：辯視身爲何物，棄之尸陀林以飼烏鳥何有，安以壽塔爲！明公知辯者，特欲以化服同異而已。乃以茗果奠其塔，而書其事，以遺其上足南華塔主可興師。

坡仙集卷之三終

坡仙集卷之四

經説

南省説書十道

問供養三德爲善

對：《易》者，聖人所以盡人情之變，而非所以求神于卜筮也。自孔子没，學者惑乎異端之説，而左丘明之論尤爲可怪，使夫伏羲、文王、孔子之所盡心焉者，流而入于卜筮之事，甚可憫也。若夫季友、豎牛之事，若親見而指言之，固君子之所不取矣。雖然，南蒯之説，頗爲近正。其卦遇《坤》之《比》，而其繇曰「黄裳元吉」「黄者，中之色也；裳者，下之飾也；元者，善之長也」。夫以中庸之道，守之以謙抑之心，而行之以體仁之德，以爲文王之兆，無以過此矣。雖然，君子視其人，觀其德，而吉凶生焉。故南蒯之筮也，遇《坤》之《比》而不祥莫大焉。且夫負販之夫，朝而作，暮而息，其望不過一金之儲。使之無故而得千金，則狂惑而喪志。夫以南蒯而得文王之兆，安得不狂惑而喪志哉。故曰：「供養三德爲善。」又曰：「參成可筮。」而南蒯無以勝之，所以使後世知夫卜筮之不可恃也。穆姜筮於東宮，遇《艮》之八。史曰：是謂《艮》之《隨》。其繇曰「元亨利貞」。而穆姜亦知其無以當之。故左氏之論《易》，唯南蒯、穆姜之事爲近正。而其餘者，君子之所不取也。杜預之論得之矣，以爲《洪範》稽疑之説，通龜筮以同卿士之數。學者觀夫左氏之書，而正之以杜氏之説，庶乎其可也。謹對。

問小雅周之衰

對：《詩》之中唯周最備，而周之興廢於《詩》爲詳。蓋其道始於閨門父子之間，而施及乎君臣之際，以被冒乎天下者，存乎《二南》。后稷、公劉、文、武創業之艱難，而幽、厲失道之漸，存乎《二雅》。成王纂承文、武之烈，而禮樂文章之備，存乎《頌》。其愈削而至夷于諸侯者，在乎《王・黍離》。蓋周道之盛衰，可以備見於此矣。《小雅》者，言王政之小，而兼陳乎其盛衰之際者也。夫周雖衰，文、武之業未墜，而宣王又從而中興之，故雖怨刺並興，而未列於《國風》者，以爲猶有王政存焉。故曰：《小雅》者，兼乎周之盛衰者也。昔之言者皆得其偏而未備也。季札觀周樂，歌《小雅》，曰：「其周之衰乎？」文中子曰：「《小雅》烏乎衰？其周之盛乎！」札之所謂衰者，蓋其當時親見周之衰，而不覩乎文、武、成、康之盛也。文中子之所謂盛者，言文、武之餘烈，歷數百季而未忘，雖其子孫之微，而天下猶或宗周也。故曰：二子者，皆得其偏而未備也。太史公曰：「《國風》好色而不淫，《小雅》怨誹而不亂。」當周之衰，雖君子不能無怨，要在不至于亂而已。文中子以爲周之全盛，不已過乎。故通乎二子之説，而《小雅》之道備矣。謹對。

問君子能補過

對：甚哉，聖人待天下之通且恕也。朝而爲盜跖，莫而爲伯夷，聖人不棄也。孟僖子之過也，其悔亦晚矣，雖然，聖人不棄也，曰：猶愈乎卒而不知悔者也。孟僖子之過，可悲也已。仲尼之少也賤，天下莫知其爲聖人。魯人曰：「此吾東家丘也。」又曰：「此鄹人之子也。」楚之子西，齊之晏嬰，皆當時之所謂賢人君子也，其言曰：「孔丘之道，迂闊而不可用。」況夫三桓之間，而孰知夫有孔子之賢哉！僖子之病也，告其子曰：「孔丘，聖人之後也。其先正考甫，三命益恭，而弗父何以有宋而授厲公。華父督之亂無罪而絶於宋。其後必有聖人。今孔丘博學而好禮，殆其是歟？爾必往師之以學禮。」嗚呼！孔子用於魯三月而齊人畏其霸。以僖子之賢，而知夫子之爲聖人也，使之未亡而授之以政，則魯作東周矣。故曰孟僖子之過，可悲也已。雖然，夫子之道充乎天下者，自僖子始。懿子學乎仲尼，請於魯君而與之車，使適周而觀禮焉，而聖人之業然後大備。僖子之功，雖不能用之于未亡之前，而猶能救之於已没之後。左丘明懼後世不知夫僖子之功也，故丁寧而稱之，以爲補過之君子。昔仲虺言湯之德曰：「改過不吝。」夫以聖人而不稱其無過之爲能，而稱其改之爲善，然則補過者，聖人之徒也。孟僖子者，聖人之徒歟？謹對。

問魯猶三望

對：先儒論書「猶」之義者，可以已也。愚以爲不然。《春秋》之所以書「猶」者二，曰如此而猶如此者，甚之之辭也，「公子遂如齊，至黄乃復。辛巳，有事於太廟，仲遂卒于垂。壬午，猶繹，萬人去籥」是也。曰不如此而猶如此者，幸之之辭也。「閏月不告月，猶朝于廟」「不郊，猶三望」是也。故「閏月不告月，猶朝于廟」

者，憫其不告月而幸其猶朝于廟也。「不郊猶三望」者，傷其不郊而幸其猶三望也。或曰：魯郊，僭也。而夫子何存焉！曰：魯郊，僭也。而夫子不譏。夫子之所譏者，當其罪也。賜魯以天子之禮樂者，成王也。受天子之禮樂者，伯禽也。《春秋》而譏魯郊也，上則譏成王，次則譏伯禽。成王、伯禽不見于經，而夫子何譏焉。范甯以三望爲海、岱、淮。《公羊》以爲泰山、河、海。而杜預之説最備，曰：分野之星及國中山川，皆因郊而望祭之。此説宜可用。謹對。

問魯作丘甲

對：先王之爲天下也，不求民以其所不爲，不强民以其所不能，故其民優游而樂易。夫民之爲農而責之以工也，是猶居山者而責之以舟楫也。魯成公作丘甲，而《春秋》譏焉。《穀梁傳》曰：「古者農工各有職。甲，非人人之所能爲也。丘作甲，非正也。」而杜預以爲古者四丘爲甸，甸出長轂一乘，戎馬四匹，牛十二頭，甲士三人，步卒七十二人，而魯使丘出之也。夫四丘而後爲甸，魯雖重斂，安至于四倍而取之哉？哀公用田賦，曰：「二吾猶不足」，而夫子譏其殘民之甚，未有四倍而取者也。且夫變古易常者，《春秋》之所譏也。故書作三軍、舍中軍、初税畝、作丘甲、用田賦者，皆所以譏政令之所由變也。其失而歸之正哉！故愚曰《穀梁》之説是。謹對。

問雩月何以爲正

對：雩者，先王所以存夫愛民之心而已也。當歲之旱也，聖人不忍安坐而視民之無告，故爲之雩。爲傳者不達乎此，而爲是非紛紛之論，亦可笑矣。《穀梁傳》曰：「月雩，正也。秋大雩，非正也。冬大雩，非正也。月雩之爲正，何也？其時窮，人力盡，是月不雨，則無及矣。雩之必待其時窮，人力盡，何也？雩者，爲旱請也。古人之重請。以爲非讓也。」嗚呼！爲民之父母，安視其急，而曰毛澤未盡，人力未竭，以行其區區之讓哉！愚以爲凡書雩者，記旱也。一月之旱，故雩書月。一時之旱，故雩書時。書雩之例，時、月而不日。唯昭公之末季，八月上辛，大雩。季辛，又雩。而昭公之雩，非旱雩也。《公羊》以爲又雩者，聚衆以逐季氏。然則旱雩之例，亦可見矣。《傳例》曰：「凡災異，曆日者月、歷月者時、歷時者加日。」又：「雩，記旱也，旱，記災也。」故愚以此爲例。謹對。

問初稅畝

對：古者公田曰籍，籍，借也，言其借民力以治此也。《詩》曰：「雨我公田，遂及我私。」言民之必先公田也。《傳》曰：「私田稼不善，則非吏；公田稼不善，則非民。」言上之必卹私田也。民先其公，而上卹其私，故民不勞而上足用也。宣王無恩信於民，民不肯盡力于公田，故按行擇其善畝而稅之。《公羊傳》曰：「稅畝者何？履畝而稅也。」夫民不盡力于公田者，上之過也。宣公不責己悔過，擇其善畝而稅之，宜其民之謗讟而災異之作也。

易解

四營爲一變，三變而一爻，六爻爲十八變也。三變之餘四數之，得九爲老陽，得六爲老陰，得七爲少陽，得八爲少陰。故乾之策二百一十有六，坤之策百四十有四，取老而言也。凡九、六爲老，七、八爲少，其說未之聞也。或曰：陽極於九，其次則七也。極者爲老，其次爲少，則當老於十而少於八也。曰：陰不可加於陽，故十不用，十不用，猶當老於八而少於六也。則又曰：陽順而上，其成數極于九，陰逆而下，其成數極于六。自下而上，陰陽均也，稺于子午，而壯于已亥，始于復姤，而終于乾坤者，陰猶陽也，曷嘗有進陽而退陰與逆順之別乎？且夫自然而然者，天地且不能知，而聖人豈得與於其間而制其予奪哉！惟唐一行之學則不然。以爲《易》固言之矣，十有八變而成卦，八卦而小成，則十八變之間有八卦焉，人莫之思也。變之初，有多少。其一變也，不五則九。其二與三也，不四則八。八與九爲多，五與四爲少。多少者，奇耦之象也。三變皆少，則乾之象也。乾所以爲老陽，而四數其餘得九，故以九名之。三變皆多，則坤之象也，坤所以爲老陰，而四數其餘得六，故以六名之。三變而少者一，則震、坎、艮之象也，震、坎、艮所以爲少陽，而四數其餘得七，故以七名之。三變而多者一，則巽、離、兑之象也，巽、離、兑所以爲少陰，而四數其餘得八，故以八名之。故七八九六者，因餘數以名陰陽，而陰陽之所以爲老少者，不在是而在乎三變之間，八卦之象也。此唐一行之學也。

論

禮以養人爲本論　至論

論曰：三代之衰，至于今且數千歲，豪傑有意之主，博學多識之臣，不可以勝數矣。然而禮廢樂墜，則相與咨嗟發憤而卒於無成者，何也？是非其才之不逮、學之不至，過於論之太詳，畏之太甚也。夫禮之初，始諸人情，因其所安者而爲之節文，凡人情之所安而有節者，舉皆禮也，則是禮未始有定論也。然而不可以出於人情之所不安，則亦未始無定論也。執其無定以爲定論，則塗之人皆可以爲禮。今儒者之論則不然，以爲「禮者，聖人之所獨尊，而天下之事最難成者也」。牽於繁文而拘於小說，有毫毛之差則終身以爲不可。傷哉 論明堂者惑於《考工》《呂令》之說；議郊廟者泥於鄭氏、王肅之學，紛紛交錯者累歲而不決。或因而遂罷，未嘗有一人果斷而決行之。此皆論之太詳而畏之太甚之過也。夫禮之大意存乎明天下之分，嚴君臣、篤父子、形孝弟而顯仁義也。今不幸而聖人遠，有如毫毛不合於三代之法，固未害其爲明天下之分也，所以嚴君臣、篤父子、形孝弟而顯仁義者猶在也。今使禮廢而不修，則君臣不嚴，父子不篤，孝弟不形，仁義不顯，反不足重乎？昔者西漢之書始於仲舒，而至于劉向，悼禮樂之不興，故其言曰：「禮以養人爲本，如有過差，是過而養人也。刑罰之過，或至殺傷。今史議法，筆則筆，削則削，而至禮樂則不敢。是敢於殺人，而不敢於養人也。」而范曄以爲「樂非夔襄而新音代作，律謝皋蘇而法令亟易。」而至於禮，獨何難歟？夫法者，末也，又加以慘毒繁難，而天下常以爲急。禮者，本也，又加以和平簡易，而天下常以爲緩。如此而不治，則又從而尤之曰「是法未至也」，則因而急之。甚矣，人之惑也。平居治氣養生，宣故而納新，其行之甚易，其過也無大患，然皆難之而不爲。悍藥毒石，以搏去其疾，則皆爲之。此天下之公患也。嗚呼！王者得斯說而通之，禮樂之興，庶乎有日矣。謹論。

《既醉》備五福論　好

論曰：君子之所以大過人者，非以其智能知之，强能行之也；以其功興而民勞，與之同勞，功成而民樂，與之同樂，如是而已矣。富貴安逸者，天下之所同好也，然而君子獨享焉。享之而安，天下以爲當然者，何也？天下知其所以富貴安逸者，凡以庇覆我也。貧賤勞苦者，天下之所同惡也，而小人獨居焉。居之而安，天下以爲當然者，何也？天下知其所以貧賤勞苦者，凡以生全我也。夫然，故獨享天下之大利而不憂，使天下爲己勞苦而不怍，耳聽天下之備聲，目視天下之備色，而民猶以爲未也，相與禱祠而祈祝曰：「使吾君長有吾國也。」又相與詠歌而稱頌之，被於金石，溢於竹帛，使其萬世而不忘也。嗚呼！彼君子者，獨何修而得此於民哉？《既醉》者，成王之詩也。其序曰：「《既醉》，太平也，醉酒飽德，人有士君子之行焉。」而說者以爲是詩也，實具五福：其詩曰「君子萬季」，壽也；「介爾景福」，富也；「室家之壺」，康寧也；「高明有融」者，攸好德也；「高朗令終」者，考終命也。凡言此者，非美其有是五福也，美其全享是福，兼有是樂，而天下安之，以爲當然也。夫詩者，不可以言語求而得，必將深觀其意焉。故其譏刺是人也，不言其所爲之惡，而言其爵位之尊、車服之美而民疾之，以見其不堪也。「君子偕老，副笄六珈」「赫赫師尹，民具爾瞻」是也。其頌美是人也，不言其所爲之善，而言其冠佩之華、容貌之盛而民安之，以見其無媿也。「緇衣之宜兮，敝，予又改为兮」「服其命服，朱黻斯皇」是也。故《既醉》者，非徒享是五福而已，必將有以致之。不然，民將盼盼焉疾視而不能平，又安能獨樂乎？是以孟子言王道不言其他，而獨言民之聞其作樂，見其田獵而欣欣者，此可謂知本矣。

大臣論上

以義正君而無害於國，可謂大臣矣。天下不幸而無明君，使小人執其權，當此之時，天下之忠臣義士莫不欲奮臂而擊之。夫小人者，必先得於其君而自固於天下，是故法不可擊。擊之而不勝，身死，其禍止於一身；擊之而勝，君臣不相安，天下必亡。是以《春秋》之法，不待君命而誅其側之惡人謂之叛，晉趙鞅入于晉陽以叛是也。世之君子將有志於天下，欲扶其衰而救其危者，必先計其後而爲可居之功，其濟不濟則命也，是故功成而天下安之。夫小人，君不誅而吾誅之，則是侵君之權，而不可居之功也。夫既以侵君之權，而能北面就人臣之位，使君不吾疑者，天下未嘗有也。國之有小人，猶人之有癭。人之癭必生於頸而附於咽，是以不可去。有賤丈夫者，不勝其忿而決去之，夫是以去疾而得死。漢之亡，唐之滅，由此之故也。自桓、靈之後，至於獻帝，天下之權，歸於内竪，賢人君子，進不容于朝，退不容于野，天下之怒，可謂極矣。當此之時，議者以爲天下之患獨在宦官，宦官去則天下無事，然竇武、何進之徒擊之不勝，止於身死；袁紹擊之而勝，漢遂以亡。唐之衰也，其迹亦大類此。自輔國、元振之後，天子之廢立，聽於宦官。當此之時，士大夫之論，亦惟宦官之爲去。然而李訓、鄭注、元載之徒，擊之不勝，止於身死，至於崔昌遐擊之而勝，唐亦以亡。方其未去也，是纍然者癭而已矣。及其既去，則潰裂四出，而繼之以死。何者？此侵君之權，而不可居之功也。且爲人臣而不顧其君，捐其身於一決，以快天下之望，亦已危矣。故其成則爲袁、爲崔，敗則爲何、竇，爲訓、注。然則忠臣義士，亦奚取於此哉？夫竇武、何進之亡，天下悲之，以爲不幸。然亦幸而不成，使其成也，二子者將何以居之。

大臣論下

天下之權在於小人，君子之欲擊之也，不亡其身，則亡其君。然則是小人者，終不可去乎？聞之曰：迫人者其智淺，迫於人者其智深。非才有不同，所居之勢然也。古之爲兵者，圍師勿遏，窮寇勿追，誠恐其知死而致力，則雖有衆，無所用之。故曰：「同舟而遇風，則胡越可使相救如左右手。」小人之心，自知其負天下之怨，而君子之莫吾赦也，則將日夜爲計，以備一旦卒然不可測之患；今君子又從而疾惡之，是以其謀不得不深，其交不得不合。交合而謀深，則其致毒也忿戾而不可解。故凡天下之患，起於小人，而成於君子之速之也。小人在内，君子在外。君子爲客，小人爲主。主未發而客先焉，則小人之詞直，而君子之勢近於不順。直則可以欺衆，而不順則難以令其下。故昔之舉事者，常以中道而衆散，以至於敗，則其理豈不甚明哉？若夫智者則不然。内以自固其君子之交，而厚集其勢；外以陽浮而不逆於小人之意，以待其間。寬之使不吾疾，狃之使不吾慮。啖之以利以昏其智，順適其意以殺其怒，然後待其發而乘其隙，推其墜而挽其絶，故其用力也約，而無後患。今夫小人急之則合，寬之則散，是從古以然也。見利不能不争，見患不能不避，無信不能不相詐，無禮不能不相瀆，是故其交易間，其黨易破也。而君子不務寬之以待其變，而急之以合其交，亦已過矣。昔漢高之亡，以天下屬平、勃。及高後臨朝，擅王諸吕，廢黜劉氏。平日縱酒無一言，及用陸賈計，以千金交歡絳侯，卒以此誅諸吕，定劉氏。使此二人者而不相能，則是將相相攻之不暇，而何暇及於劉、吕之存亡哉！故其説曰：將相和調，則士豫附，士豫附，則天下雖有變而權不分。嗚呼！知此，其足以爲大臣矣夫！

秦始皇帝論　亦通

昔者生民之初，不知所以養生之具。擊搏挽裂，與禽獸争一旦之命，惴惴焉朝不謀夕，憂死之不給，是故巧詐不生，而民無知。然聖人惡其無别，而憂其無以生也，是以作爲器用、耒耜、弓矢、舟車、網罟之類，莫不備至，使民樂生便利，役御萬物而適其情，而民始有以極其口腹耳目之欲。器利用便而巧詐生，求得欲從而心志廣，聖人又憂其桀猾變詐而難治也，是故制禮以反其初。禮者，所以返本復始也。聖人非不知箕踞而坐，不揖而食，便於人情，而適於四體之安也。將必使之習爲迂闊難行之節，寬衣博帶，佩玉履舄，所以回翔容與，而不可以馳驟。上自朝廷，而下至於民，其所以視聽其耳目者，莫不近於迂闊。其衣以黼黻文章，其食以籩豆簠簋，其耕以井田，其進退選舉以學校，其治民以諸侯，嫁娶死喪莫不有法，嚴之以鬼神，而重之以四時，所以使民自尊而不輕爲姦。故曰：禮之近於人情者，非其至也。周公、孔子所以區區於升降揖讓之間，丁寧反覆而不敢失墜者，世俗之所謂迂闊，而不知夫聖人之權固在於此也。自五帝三代相承而不敢破，至秦有天下，始皇帝以詐力而并諸侯，自以爲智術之有餘，而禹、湯、文、武之不知出此也。於是廢諸侯、破井田，凡所以治天下者，一切出於便利，而不恥於無禮，決壞聖人之藩牆，而以利器明示天下。故自秦以來，天下惟知所以求生避死之具，以禮者爲無用贅疣之物。何者？其意以爲生之無事乎禮也。苟生之無事乎禮，則凡可以得生者無所不爲矣。嗚呼！此秦之禍，所以至今而未息歟。昔者始有書契，以科斗爲文，而其後始有規矩摹畫之迹，蓋今所謂大小篆者。至秦而更以隸，其後日以變革，貴於速成，而從其易。又創爲紙，以易簡策。是以天下簿書符檄，繁多委壓，而吏不能究，姦人有以措其手足。如使今世而尚用古之篆書簡策，則雖欲繁多，其勢無出。由此觀之，則凡所以便利天下者，是開詐僞之端也。嗟夫！秦既不可及矣，苟後之君子欲治天下，而惟便之求，則是引民而日趨於詐也，悲夫！

續養生論

鄭子産曰：「火烈，人望而畏之；水弱，人狎而玩之。」翼奉論六情十二律，其論水火也，曰：「北方之情好也，好行貪狼。南方之情惡也，惡行廉貞。廉貞故爲君子，貪狼故爲小人。」予參二人之學而爲之說曰：火烈而水弱，烈生正，弱生邪，火爲心，水爲腎。故五藏之性，心正而腎邪。腎無不邪者，雖上智之腎亦邪；然上智常不淫者，心之官正而腎聽命也。心無不正者，雖下愚之心亦正；然下愚常淫者，心不官而腎爲政也。知此，則知鉛汞龍虎之説矣。何謂鉛？凡氣之謂鉛，或趨或蹶，或呼或吸，或執或擊。凡動者，皆鉛也，肺實出納之。肺爲金，爲白虎，故曰鉛，又曰虎。何謂汞？凡水之謂汞，唾涕膿血，精汗便利。凡濕者皆汞也，肝實宿藏之，肝爲木，爲青龍，故曰汞，又曰龍。古之真人論内丹者曰：「五行顛倒術，龍從火裏出。五行不順行，虎向水中生。」世未有知其説者也。方五行之順行也，則龍出於水，虎出於火，皆死之道也。心不官而腎爲政，聲色外誘，邪淫内發，壬癸之英，下流爲人，或爲腐壞。是汞龍之出於水者也。喜怒哀樂皆出於心者也，喜則攫拏隨之，怒則毆擊隨之，哀則擗踊隨之，樂則抃舞隨之。心動於内，而氣應於外，是鉛虎之出於火者也。汞龍之出於水，鉛虎之出於火，有能出而復返者乎？故曰皆死之道也。真人教之以逆行，曰：「龍當使從火出，虎當使從水生也。」其説若何？孔子曰：「思無邪。」凡有思皆邪也，而無思則土木也。孰能使有思而非邪，無思而非土木乎？蓋必有無思之思焉。夫無思之思，端正莊栗，如臨君師，未嘗一念放逸。然卒無所思。如龜毛兔角，非作故無，本性無故，是之謂戒。戒生定，定則出入息自住，出入息住則心火不復炎上。火在易爲離。離，麗也。必有所麗，未嘗獨立，而水其妃也，既不炎上，則從其妃矣。水火合則壬癸之英，上流于腦，而溢于玄膺，若鼻液而不鹹，非腎出故也，此汞龍之自火出者也。長生之藥，内丹之萌，無過此者矣。陰陽之始交，天一爲水，凡人之始造形，皆水也，故五行一曰水；得暖氣而後生，故二曰火；生而後有骨，故三曰木；骨生而日堅，凡物之堅壯者，皆金氣也，故四曰金；骨堅而後肉生焉，土爲肉，故五曰土。人之在母也，母呼亦呼，母吸亦吸，口鼻皆閉，而以臍達。故臍者，生之根也。汞龍之出于火，流于腦，溢于玄膺，必歸于根心，火不炎上，必從其妃，是火常在根也。故壬癸之英，得火而日堅，達於四支，浹于肌膚而日壯，其究極，則金剛之體也。此鉛虎之自水生者也。龍虎生而内丹成矣。故曰順行則爲人，逆行則爲道，道則未也，亦可謂長生不死之術矣。

道德論　當時有感之論

人君以至誠爲道，以至仁爲德。守此一言，終身不易，堯舜之主也。至誠之外，更行他道，皆爲非道。至仁之外，更作他德，皆爲非德。何謂至誠？上自大臣，下至小民，内自親戚，外至四夷，皆推赤心以待之，不可以絲毫僞也。絲毫之僞，一萌於心，如人有病，先見於脉，如人飲酒，先見於色。聲色動於幾微之間，而猜阻行於千里之外，强者爲敵，弱者爲怨，四海之内，如盜賊之憎主人，鳥獸之畏弋獵，則人主孤立而危亡至矣。何謂至仁？視臣如手足，視民如赤子，戢兵，省刑，時使，薄斂，行此六事而已矣。禍莫逆於好用兵，怨莫大于好起獄，災莫深於興土功，毒莫深于奪民利。此四者，陷民之坑穽，而伐國之斧鉞也。去此四者，行彼六者，而仁不可勝用矣。去聖益遠，邪説滋熾，厭常道而求異術，文奸言以濟暴行。欲窮兵黷武，則曰：「吾以威四夷而安中國」；欲煩刑多殺，則曰：「吾以禁奸慝而全善人」；欲虐使厚斂，則曰：「吾以强兵革而誅暴亂，雖若不仁而卒歸于仁。」此皆亡國之言也，秦二世、王莽嘗用之矣，皆以經術附會其説。《書》曰：「惟辟作福，惟辟作威。」此言威福不可移于臣下也。欲威福不移于臣下，則莫若捨己而從衆，衆之所是，我則與之，衆之所非，我則去之。夫衆未有不公，而人君者，天下公議之主也。如此則威福將安歸乎？今之説者則不然，曰「人主不可以不作威福」，於是違衆而用己。己之耳目終不能徧天下，要必資之於人，愛憎喜怒各行其私，而浸潤膚受之説行矣。然後從而賞罰之，雖名爲人主之威福，而其實左右之私意也。奸人竊吾威福而賣之於外，則權與人主侔矣。《書》曰：「威克厥愛，允濟；愛克厥威，允罔功。」威者，畏威之謂也。愛者，懷私之謂也。管仲曰：「畏威如疾，民之上也。從懷如流，民之下也。」畏威之心，勝于懷私，則事無不成。」今之説者則不然，曰：「人君當使威刑勝于惠愛。」如是則予不如奪，生不如殺，堯不如桀，而幽、厲、桓、靈之君，長有天下。此不可不辨也。

表狀劄子

密州謝上表

臣軾言：昨奉勅差知密州軍州事，已於今月三日到任上訖。艸芥賤微，敢干洪造；乾坤廣人，曲遂私誠。受命撫躬，已自知其不稱；入境問俗，又復過於所期。臣軾中謝。伏念臣家世至寒，性資甚下。學雖篤志，本先朝進士篆刻之文；論不適時，皆老生常談陳腐之說。分於聖世，處以散材。一自離去闕庭，屢更歲籥。塵埃筆硯，漸忘舊學之淵源；奔走簿書，粗識小人之情僞。欲自試於民社，庶有助於涓埃。以爲公朝，不廢私願。攝孥上國，預憂桂玉之不充；請郡東方，實欲弟昆之相近。自惟何幸，動獲所求。雖父兄所以處臣，其僥倖不過如此。誰云疎外，有此遭逢。此蓋伏遇皇帝陛下，躬上聖之資，建太平之業，以爲人無賢愚，皆有可用。故雖如臣等輩，猶未盡捐。臣敢不仰佩至恩，益堅素守。推廣中和之政，撫綏疲瘵之民。要使民之安臣，則爲臣之報國。

徐州謝上表

臣軾言：分符高密，已竊名邦；改命東徐，復塵督府。荷思深厚，撫己兢慙。臣軾中謝。伏念臣奮身農畝，託迹書林。信道直前，曾無坎井之避；立朝寡助，誰爲先後之容。向者屢獻瞽言，仰塵聖鑒。豈有意於爲異，蓋篤信其所聞。顧慙迂濶之言，雖多而無益；惟有朴忠之素，既久而猶堅。遠不忘君，未忍改其常度；言之無罪，實深恃於至仁。知臣者謂臣愛君，不知臣者謂臣多事。空懷此意，誰復見明。伏惟皇帝陛下，日月照臨，乾坤覆燾。察孤危之易毁，諒拙直之無他。安全陋軀，畀付善地。民淳訟簡，殊無施設之方；食足身閑，仰愧生成之賜。顧力報之無所，懷孤忠而自憐。

徐州謝獎諭表

臣軾言：伏奉今月四日勑，以臣去歲脩城捍水，粗免疎虞，特賜獎諭者。奔走服勤，人臣之常事；褒稱勞勉，學者之至榮。自惟何人，乃辱斯語。伏念臣學無師法，才與世疎。經術既已不深，吏事又其所短。累忝優寄，卒無異稱。寬如定遠之言，平平無取；拙比道州之政，下下宜然。乃者河決澶淵，毒流淮泗。百堵皆作，蓋僚吏之劬勞；三板不沈，本朝廷之威德。而臣下掠衆美，上貪天功。獨竊璽書之榮，以爲私室之寶。此蓋伏遇皇帝陛下，天覆四海，子養萬民。哀無辜之遭懼，特遣使以存問。既蠲免其賦調，又飲食其饑寒。所以録臣之微勞，蓋將責臣之來效。臣敢不躬親畚築，益修今歲之防；安集流亡，盡復平時之業。庶殫朽鈍，少補絲毫。

徐州賀河平表

臣軾言：竊聞黄河決口已遂閉塞者。聖謨獨運，天眷莫違。庶邦子來，民罔告病。萬杵雷動，役不逾時。遂消東北莫大之憂，然後麥禾可得而食。人無後患，喜若再生。臣軾中謝。伏以大河爲災，歷世所病。禹治兖州之野，十有三載乃同；漢築宣防之宫，二十餘季而定。未有收狂瀾於既潰，復故道於將堙。俛仰而成，神速若此。恭惟皇帝陛下，至仁博施，神智無方。達四聰以來衆言，廣大孝以安宗廟。水當潤下，河不溢流。屬歲久之無虞，故患生於所忽。方其決也，本吏失其防，而非天意；及其復也，蓋天助有德，而非人功。振古所無，溥天同慶。維豐、沛之大澤，實汴、泗之所鍾。伊昔横流，凛孤城之若魄；迨兹平定，蔚秋稼以如雲。害既廣則利多，憂獨深而喜倍。雖官守有限，不獲趨外庭以稱觴；而民意所同，亦能抒下情而作頌。

湖州謝上表

臣軾言：蒙恩就移前件差遣，已於今月二十日到任上訖者。風俗阜安，在東南號爲無事；山水清遠，本朝廷所以優賢。顧惟何人，亦與兹選。臣軾中謝。伏念臣性資頑鄙，名迹堙微。議論闊疎，文學淺陋。凡人必有一得，而臣獨無寸長。荷先帝之誤恩，擢寘三館；蒙陛下之過聽，付以兩州。非不欲痛自激昂，少酬恩造，而才分所局，有過無功。法令其存，雖勤何補。罪固多矣，臣猶知之。夫何越次之名邦，更許借資而顯受。顧惟無狀，豈不知恩。此蓋伏遇皇帝陛下，天覆羣生，海涵萬族。用人不求其備，嘉善而矜不能。知其愚不適時，難以追陪新進；察其老不生事，或能牧養小民。而臣頃在錢塘，樂其風土。魚鳥之性，既自得於江湖；吴越之人，亦安臣之教令。敢不奉法勤職，息訟平刑。上以廣朝廷之仁，下以慰父老之望。

到黄州謝表

臣軾言：去歲十二月二十九日，准勑責授臣檢校尚書水部員外郎充黄州團練副使，本州安置，不得簽書公事，臣已於今月一日到本所訖者。狂愚冒犯，固有常刑。仁聖矜憐，特從輕典。赦其必死，許以自新。

祇服訓辭，惟知感涕。中謝。伏念臣早緣科第，誤忝縉紳。親逢睿哲之興，遂有功名之意。亦嘗召對便殿，
考其所學之言；試守三州，觀其所行之實。而臣用意過當，日趨於迷。賦命衰窮，天奪其魄；叛違義理，辜
負恩私。茫如醉夢之中，不知言語之出。雖至仁屢赦，而衆議不容。案罪責情，固宜伏斧鑕於兩觀；推恩
屈法，猶當禦魑魅於三危。豈謂尚玷散員，更叨善地。投畀鷹鷂之野，保全樗櫟之生。臣雖至愚，豈不知
幸？此蓋伏遇皇帝陛下，德刑竝用，善惡兼容。欲使法行而知恩，是用小懲而大戒。天地能覆載之，而不
能容之於度外；父母能生育之，而不能出之於死中。伏惟此恩，何以爲報。惟當蔬食没齒，杜門思愆。深
悟積季之非，永爲多士之戒。貪戀聖世，不敢殺身；庶幾餘生，未爲棄物。若獲盡力鞭箠之下，必將捐軀矢
石之間。指天誓心，有死無易。

謝失覺察妖賊放罪表

臣軾言：去季十二月十五日，准淮南轉連司牒，奉聖旨，差官取勘臣前任知徐州日，不覺察百姓李鐸、郭
進等謀反事。臣尋具析在任日，曾選差沂州百姓程棐令緝捕凶逆賊人，致棐告獲前件妖賊，因依乞勘會施
行，至今季七月二日，復准轉運司牒，坐准尚書刑部牒，奉聖旨，蘇軾送尚書刑部更不取勘。盜發所臨，守臣
固當重責；罪疑則赦，聖主所以廣恩。自驚廢逐之餘，猶在愍憐之數。伏念臣早蒙殊遇，擢領大邦。上不
能以道化民，達忠孝於所部；下不能以刑齊物，清奸宄於未萌。致使妄庸，敢圖僭逆。原其不職，夫豈勝
誅。況茲溝瀆之中，重遇雷霆之譴。無官可削，撫已知危。至於捕斬羣盜之功，乃是鄰近一夫之力。靖言
其始，偶出於臣。雖爲國督奸，常懷此志；而因人成事，豈足言勞。勉自列於涓埃，庶少寬於斧鉞。豈謂蕩
然之澤，許以勿推。收驚魄於散亡，假餘生之晷刻。退思所自，爲幸何多。此蓋伏遇皇帝陛下，舞虞舜之

干，示人不殺；祝成湯之綱，與物求生。其間用刑，本不得已；稍有可赦，無不從寬。務在考實而原情，何嘗記過而忘善。益悟向時之所坐，皆是微臣之自貽。感愧終身，論報無地。布衣蔬食，或未死於饑寒；石心木腸，誓不忘於忠義。

謝量移汝州表

臣軾言：伏奉正月二十五日誥命，特授臣汝州團練副使本州安置，不得簽書公事者。稍從内遷，示不終棄。罪已甘於萬死，恩實出於再生。祇服訓詞，惟知感涕。伏念臣向者名過其實，食浮於人。兄弟並竊於賢科，衣冠或以爲盛事。旋從册府，出領郡符。既無片善可紀於絲毫，而以重罪當膏於斧鉞。雖蒙恩貸，有愧平生。隻影自憐，命寄江湖之上；驚魂未定，夢游縲绁之中。憔悴非人，章狂失志。妻孥之所竊笑，親友至於絶交。疾病連年，人皆相傳爲已死；饑寒併日，臣亦自厭其餘生。豈謂草芥之賤微，尚煩朝廷之紀録。開其悯悔，許以甄收。此蓋伏遇皇帝陛下，湯德日新，堯仁天覆。建原廟以安祖考，正六宫而修典刑。百廢具興，多士爰集。彈冠結綬，共欣千載之逢；掩面向隅，不忍一夫之泣。故推涓滴，以及焦枯。顧雖效死之無門，殺身何益；更欲呼天而自列，尚口乃窮。徒有此心，期於異日。

乞常州居住表

臣軾言：臣聞聖人之行法也，如雷霆之震艸木，威怒雖甚，而歸於欲其生；人主之罪人也，如父母之譴子孫，鞭撻雖嚴，而不忍致之死。臣漂流棄物，枯槁餘生。泣血書詞，呼天請命。願回日月之照，一明葵藿之心。此言朝聞，夕死無憾。臣昔者嘗對便殿，親聞德音。似蒙聖知，不在人後。而狂狷妄發，上負恩私。

既有司皆以爲可誅，雖明主不得而獨赦。一從吏議，坐廢伍秊。積憂薰心，驚齒髮之先變；抱恨刻骨，傷皮肉之僅存。近者蒙恩量移汝州，伏讀訓詞，有「人材實難，弗忍終棄」之語。豈獨知免於縲紲，亦將有望於桑榆。但未死亡，終見天日。豈敢復以遲暮爲歎，更生僥覬之心。但以禄廪久空，衣食不繼。累重道遠，不免舟行。自離黄州，風濤驚恐，舉家重病，一子喪亡。今雖已至泗州，而貲用罄竭，去汝尚遠，難於陸行。無屋可居，無田可食，二十餘口，不知所歸，饑寒之憂，近在朝夕。與其强顔忍耻，干求於衆人；不若歸命投誠，控告於君父。臣有薄田在常州宜興縣，粗給饘粥，欲望聖慈，許於常州居住。又恐罪戾至重，未可聽從便安，輒叙微勞，庶蒙恩貸。臣先任徐州日，以河水浸城，幾至淪陷。臣日夜守捍，偶獲安全，曾蒙朝廷降勑獎諭。又嘗選用沂州百姓程棐，令購捕凶黨，致獲謀反妖賊李鐸、郭進等一十七人，亦蒙聖恩保明放罪。皆臣子之常分，無涓埃之可言。冒昧自陳，出於窮迫。庶幾因緣僥倖，功過相除。稍出羈囚，得從所便。重念臣受性剛褊，賦命奇窮。既獲罪於天，又無助於下。怨仇交積，罪惡横生。羣言或起於愛憎，孤忠遂陷於疑似。中雖無愧，不敢自明。向非人主獨賜保全，則臣之微生豈有今日。伏惟皇帝陛下，聖神天縱，文武生知。得天下之英才，已全三樂；躋斯民於仁壽，不棄一夫。勃然中興，可謂盡善。而臣抱百秊之永嘆，悼一飽之無時。貧病交攻，死生莫保。雖鳧鴈飛集，何足計於朝廷；而犬馬蓋帷，猶有求於陛下。敢祈仁聖，少賜矜憐。臣見一面前去，至南京以來，聽候朝旨，干冒天威。

到常州謝表二首

臣軾言：先蒙恩授汝州團練副使本州安置，尋上表乞於常州居住，奉聖旨，依所乞，臣已於今月二十二日到常州訖者。積釁難磨，未經洗滌；至仁易感，許即便安。祇荷寵靈，惟知感涕。中謝。伏念臣所犯罪戾，本合誅夷。向非先帝之至明，豈有餘生於今日。銜恩未報，有志不從。已分没身，寄殘骸於魑魅；敢期擇地，收暮景於桑榆。此蓋伏遇皇帝陛下，仁孝生知，聰明天縱。寅奉上帝之眷命，述修累聖之成謀。念此菅蒯之微，庶幾簪履之舊。俾安田畝，稍出縲囚。飽食無思，但日陶於新化；杜門自省，當益念於往愆。

罪大人微，自甘永棄，食貧口衆，未免求安。忽奉俞音，出於獨斷；仰銜恩施，不覺涕零。中謝。伏念臣猥以凡才，早塵仕籍。生逢有作之聖，獨抱不移之愚。廢棄六季，已忘形於田野；泝沿萬里，偶脱命於江潭。豈謂此生，得從所便。此蓋伏遇太皇太后陛下，厚德載物，至仁代天。春生秋成，本無心於艸木；風行雷動，自有信於蟲魚。致此幽頑，亦叨恩宥。耕田鑿井，得漸齒於平民；碎首刳肝，尚未知其死所。

登州謝上表

登雖小郡，地號極邊。自驚縲絏之餘，忽有民社之寄。拜恩不次，隕涕何言。中謝。臣聞臣不密則失身，而臣無周身之智；人不可以無學，而臣有不學之愚。積此兩愆，本當萬死。坐受六季之譴，甘如五鼎之珍。擊鼓登聞，止求自便；買田陽羨，誓畢此生。豈期枯朽之中，有此遭逢之異。收召魂魄，復爲平人；洗濯瑕玼，盡還舊物。此蓋伏遇皇帝陛下，内行曾、閔之孝，外發禹、湯之仁。日將旦而四海明，天方春而萬物作。於其黨而觀過，謂臣或出於愛君；就所短而求長，知臣稍習於治郡。致兹異寵，驟及非才。恭惟先帝全臣於衆怒必死之中，陛下起臣於散官永棄之地。没身難報，碎首爲期。

辭免起居舍人第二狀

右臣近奉乞辭免起居舍人恩命，准尚書省劄子奉聖旨不許辭免者。天威在顔，不違咫尺。父命於子，惟所東西。況玆久廢之餘，敢有不回之意。伏念臣受性褊狷，賦命奇窮。既早竊於賢科，復濫登於册府。多取天下之公器，又處衆人之所争。若此而全，從古未有。今者出於九死之地，始有再生之心。危迹粗安，驚魂未返。若驟膺非分之寵，恐别生意外之憂。縱無人災，必有鬼責。伏望聖慈，廓天地包函之量，推父母愛憐之心。知其實出於至誠，止欲自處於無過。追還新命，更選異材。使知識分以安身，孰與包羞而冒寵。再伸微懇，伏俟重誅。所有告身，臣不敢祗受。

辭免中書舍人狀

右臣准閤門告報，已降誥命，除臣試中書舍人者。伏念臣頃自貶所，起知登州，到州五日，而召以省郎，到省半月，而擢爲右史。欲自勉强，少酬恩私。而才無他長，職有常守。出入禁闥三月有餘；考論事功，一毫無取。今又冒榮直授，躐衆驟遷。非次之陞，既難以處；不試而用，尤非所安。願回異恩，免速官謗。所有告身，臣不敢祗受。

謝中書舍人表二首

臣軾言：伏奉制命，授臣試中書舍人，仍改賜章服者。右史記言，已塵高選；西垣視艸，復玷近班。皆儒者之至榮，豈平生之所望。臣軾誠感誠懼，頓首頓首。竊以詞命之職，古今所難。非獨取之於文，蓋將試之以事。至於機務，亦或與聞。雖四户擅權，非當時之公議；而五花判事，亦前代之美談。及夫三字之除，乃是一切之政。但謂内朝之法從，安知宰相之屬官。既任止於訓詞，故權移於胥吏。恬不知怪，習爲故常。先皇帝道冠百王，法垂萬世。建六官而修故事，闢三省以待異人。典章一新，名實皆正。遂申明於四禁，俾分領於六曹。遠則追直閣之司，近則通檢正之任。雖未聞政而聞事，蓋須有德而有言。如臣之愚，無一而可。艸創潤色，既非鄭國之材；除書德音，又乏唐人之譽。忽當此選，莫測其由。此蓋伏遇皇帝陛下，將聖與仁，能哲而惠。雖在三季不言之際，已有十日並照之光。而臣日侍邇英，親聞訪道。仰天威之甚近，知聖鑒之難逃。謂臣嘗受先朝之知，實無左右之助。棄瑕往昔，責效將來。臣敢不益勵素心，無忘舊學。上體周公煩悉之誥，助成漢家深厚之文。苟無曠官，其敢言報。

聖神獨斷，出成命於省中；衰病增光，溢虛名於朝右。訓詞之重，士論所榮。臣軾誠感誠懼，頓首頓首。臣聞有言逆心，此古人所以顛沛；積毀銷骨，非聖主莫能保全。臣本受知於裕陵，亦嘗見待以國士。嘉其好直，許以能文。雖竄謫流離之餘，決無可用；而哀憐收拾之意，終不少衰。抱弓劒以長號，分簪履之永棄。豈期晚遇，又過初心。矧外制之深嚴，極西垣之清要。在唐之盛，以馬周、岑文本爲得人；近世所傳，有楊億、歐陽修之故事。不試而用，于今幾人。遂超同列之先，遠繼前修之末。夫何頑鈍，有此遭逢。此蓋伏遇太皇太后陛下，憂國忘家，愛民如子。憂深故任其事者重，愛極故爲之慮也長。敷求哲人，以遺嗣聖。所以兼收而並用，庶幾有得于其間。臣敢不盡其所能，期於無愧。始終自誓，故常以道而事君；夷嶮不同，則必見危而授命。

辭免翰林學士第二狀

右臣近者奏乞辭免翰林學士知制誥恩命，伏蒙降詔不允者。天地之恩，義無所謝；父母之訓，理不可違。而臣至愚，尚守所見。再傾微懇，不避重誅。非獨以學問荒唐，文詞鄙淺，已試無效，如前所陳。實以勞舊尚多，必有積薪之誚；兄弟並進，豈無連茹之嫌。誠不自安，非敢矯飾。伏望聖慈亮其悃愊，特許追還。庶免人言，俾得自效。所有告命，臣不敢祗受。

謝宣召入院狀 二首

右臣今月日西頭供奉官充待詔董士隆至臣所居，奉宣聖旨，召臣入院充學士者。詔語春温，再命而僂；使華天降，一節以趨。在故事以嘗聞，豈平生之敢望。省循非稱，愧汗交深。竊以視艸之官，自唐爲盛。雖職親事秘，號爲北門學士之榮；而禄薄地寒，至有京兆椽曹之請。豈如聖代，一振儒風。非徒好爵之縻，兼享大烹之養。玉堂賜篆，仰淳化之彌文；寶帶重金，佩元豐之新渥。既厚其禮，愈難其人。而臣以空疎冗散之材，衰病流離之後。生還萬里，坐閲三遷。不緣左右之容，躐處賢豪之上。此蓋伏遇皇帝陛下，生資文武，天祚聖神。雖亮陰不言，尚隱高宗之德；而訪落求助，已啓成王之心。首擇輔臣，次求法從。知人材之難得，采虚名而用臣。敢不益勵初心，力圖後效。才不逮古，雖慙内相之名；志常在民，庶免私人之誚。

里巷傳呼，親臨詔使；私庭望拜，恭被德音。人言稽古之榮，臣有素餐之愧。懇詞雖至，成命莫回。伏以朝論所高，禁林爲重。非徒翰墨之選，乃是將相之儲。禮絶同僚，歎裴、李於座上；功成異域，得頗、牧於禁中。宜有異人，來膺此選。而臣顓愚自信，狂直不回。先帝憐其孤忠，欲召而未果；陛下出於獨斷，決用而無疑。曾未周歲，而閲三官；試以百爲，而無一可。保全已幸，擢用何名。此蓋伏遇太皇太后陛下，德協天人，心存社稷。受聖子之託天下，抱神孫而朝諸侯。巍巍其有成功，不見治迹；斷斷而無他技，專用老成。推其類以及臣，顧何能而在此。忠義之報，死生不移。

謝對衣金帶馬表二首

臣軾言：伏蒙聖慈，以臣入院，特賜衣一對，金腰帶一條，金鍍銀鞍轡馬一匹。被三品之服章，君子所以昭令德。分六閑之駔駿，朝廷所以旌有功。顧惟何人，亦與兹寵。拜恩俯僂，流汗交并。臣軾中謝。伏念臣人微地寒，性迂才短。襲布韋而自薦，偶忝縉紳；駕款叚以言歸，終安畎畝。豈謂便蕃之錫，萃於衰病之軀。此蓋伏遇皇帝陛下，總攬衆工，財成大化。至誠樂與，有緇衣之好賢；後民用章，無白駒於空谷。不違寒陋，亦被光華。攬佩以思，遂識斷金之義；舉鞭自誓，敢忘希驥之心。

命服出笥，榮動縉紳。左驂在廷，光生徒馭。德不稱物，愧無所容。臣軾中謝。伏念臣衰朽無功，惷愚不學。已分鵜梁之刺，敢逃負乘之譏。再惟此恩，何自而至。此蓋伏遇太皇太后陛下，至神廣運，盛德兼容。躬周公之勤勞，而逸於委任；實老氏之慈儉，而侈於禮賢。致此光榮，下及微陋。慨然攬轡，敢有意於澄清；束以立朝，尚可言於賓客。

謝賜御書詩表

臣軾言：今月十五日，賜宴東宫，伏蒙聖恩，差中使就賜臣御書詩一首者。玉斝金尊，霈若雲天之澤；寶章宸翰，焕乎奎壁之文。喜溢心顔，光生懷袖。伏念臣猥緣末技，獲玷清流。早歲數奇，已老江湖之上；餘生何幸，得依日月之光。入侍燕閒，與聞講學。卒桓榮之業，因人而成；登劉洎之床，則臣豈敢。夫何珍賜，亦及微軀。此蓋伏遇皇帝陛下，道本生知，才惟天縱。文不數於游、夏，書已逼於鍾、王。心慕手追，陋文皇之由學；筆縱字大，笑宋武之末工。知臣遭遇之難，欲以顯榮其老。鏤之金石，庶傳玩於人人；付與子孫，俾輸忠於世世。

謝三伏早出院表

臣軾言：君逸臣勞，固上下之分；金伏火見，亦消長之常。乃緣異恩，而許夙退。中謝。伏念臣等誤緣末技，待罪禁林。戴星而朝，雖粗輸其勤拙；窮日之力，卒無補於絲毫。遽蒙假借之私，得遂委蛇之樂。此蓋伏遇太皇太后陛下，嚴於恭己，恕以馭臣。事既省於清心，日自長於化國。朝而不夕，前追静治之風；伏當早歸，下遂疎愚之性。

謝除龍圖閣學士表二首

臣軾言：伏蒙聖恩，以臣累章請郡，特除臣龍圖閣學士知杭州者。中禁寶儲，上應奎璧之象；先朝謨訓，遠同河洛之符。隸職其間，省躬非據。臣軾誠惶誠恐，頓首頓首。伏念臣學非有得，愚至不移。雖叨過實之名，卒無適用之器。少時妄意，蓋嘗有志於事功；晚歲積憂，但欲歸安於田畝。屬聖神之履運，荷識拔之非常。猶冀桑榆之收，遽迫犬馬之疾。力求閑散，庶免顛擠。豈謂皇帝陛下聖度包荒，天慈委照。察其才有所短，不欲强置之禁嚴；知其進不由人，故特保全其終始。遂加此職，以賁其行。臣敢不仰緣末光，益勵素守。往何之而不可，中無愧之爲安。但未死亡，必期報塞。

北扉清密，久愧素餐；内閣深嚴，復膺殊寵。以榮爲懼，有靦在顔。伏念臣賦命數奇，與人多忤。遭遇仁祖，忝竊賢科。繼蒙英廟之深知，忼荷裕陵之見器。而流離若此，窮薄可知。晚親日月之光，常恐缾罍之溢。故求閑散，以避災迍。豈謂太皇太后陛下，天高聽卑，坤厚載物。致兹衰病，不失清華。然臣辭寵而益榮，求閑而得劇。雖云稍遠於争地，尚恐終非其久安。敢不磨鈍自修，履冰知戒。庶全孤節，少答殊私。

謝賜對衣金帶馬表

臣軾言：伏蒙聖恩，特賜衣一對，金腰帶一條，金鍍銀鞍轡一副，馬一匹者。命服斯皇，《詩》詠周宣之德；康侯用錫，《易》稱王母之仁。惠澤所加，臣工知勸。伏念臣資材朽鈍，學術空踈。矧兹衰病之餘，豈復光華之羡。荷寵章之蕃庶，人以爲榮；顧形影之支離，臣惟自愧。此蓋伏遇太皇太后陛下，知人堯哲，偏物舜仁。時遺拾遺補過之臣，出爲承流宣化之任。子衣安吉，不待請而得之；我馬虺隤，蓋知勞而賜者。敢不勉思忠藎，務報國勤。永惟厩庫之珍，莫非民力；無忘獄市之寄，以副上心。

杭州謝上表

臣軾言：伏奉制書，除臣龍圖閣學士知杭州，臣已於今月二日到任上訖者。入奉禁嚴，出膺方面。皆人臣之殊選，在儒者以尤榮。伏念臣受寵逾涯，積憂成疾。既思退就於安養，又欲少逃於滿盈。仰荷至仁，曲從微願。江山故國，所至如歸；父老遺民，與臣相問。知朝廷輟近侍爲太守，蓋聖主視天下如一家。鞭扑未施，争訟幾絶。臣之厚幸，豈易名言。此蓋伏遇太皇太后陛下，天地之仁，賢愚兼取；日月之照，邪正自分。每包函其惷迂，欲保全其終始。兄弟孤立，嘗親奉於德音；死生不移，更誓名於晚節。

杭州謝放罪表二首

臣軾言：臣近以法外刺配本州百姓颜章、颜益二人，上章待罪，奉聖旨特放罪者。職在承宣，當遵三尺之約束；事關利害，輒從一切之便宜。曲荷天慈，不從吏議。伏念臣早緣剛拙，屢致憂虞。用之朝廷，則逆耳之奏形于言；施之郡縣，則疾惡之心見丁政。雖知難每以爲戒，而臨事不能自回。苟非日月之明，肝膽必照，則臣豈惟獲罪於今日，久已見傾於衆言。恭惟皇帝陛下，睿哲生知，清明旁達。委任羣下，退託於不能；愛養成材，惟恐其有過。知臣欲去一方之積弊，須除二猾以示民。特屈憲章，以全器使。臣敢不省循過咎，祇服簡書。眷此善良，自不犯於漢法；時有貸捨，用益廣於堯仁。

亂羣之誅，不請而決。蓋恩威之無素，致奸猾之敢行。方俟譴訶，豈期寬宥。伏以法吏綱密，蓋出於近年；守臣權輕，無甚於今日。觀祖宗信任之意，以州郡責成於人。豈有不擇師帥之良，但知繩墨之馭。若平居僅能守法，則緩急何以使民。顧臣不才，難以議此。恭惟太皇太后陛下，寬仁從衆，信順得天。推一身之至公，納萬方於無罪。而臣始終被遇，中外蒙恩。謂事有專而合宜，情無他而可恕。故加貸捨，以示寵綏。朝廷之明，粗以臣爲可信；吏民自服，當不令而率從。

賀興龍節表

臣軾言：天佑民而作君，惟德是輔；帝生商而立子，有開必先。納富壽於方來，實兆基於兹日。臣軾中賀。恭惟皇帝陛下，文思天從，聖敬日躋。以若稽古之心，上遵王路；行不忍人之政，下酌民言。神聽靖共，天壽平格。臣久塵法從，出領郡符。奉萬秊之觴，雖阻陪於下列；接千歲之統，猶及見於昇平。艸木之情，日月所照。

賀坤成節表

臣軾言：仁惟天助，壽不假於禱祈；澤在民心，言自成於雅頌。恭臨誕月，仰祝聖期。雖凡庶之何知，亦臣子之常分。中賀。恭惟太皇太后陛下，儲神天地，托國祖宗。元勳本自於無心，神智實生於至静。同守大器，于兹六季。放億萬之羽毛，未若銷兵以全赤子；飯無數之緇褐，豈如散稟以活饑民。臣躬領郡符，目覩兹事。載瞻象闕，阻奉瑶觴。嘉與海隅之人，同罄華封之祝。

辭免翰林學士承旨第一狀

伏念臣頃以兩目昏暗，左臂不仁，堅辭禁林，得請便郡，庶緣静退，少養衰殘。二季於兹，一事無補。才有限而難强，病不減而益增。但以東南連被災傷，不敢陳乞，別求安便。敢謂仁聖，尚賜恩憐，召還故官，復加新寵。不惟朝廷公議未允，實亦衰病勉强不前。兼竊覩邸報，臣弟轍已除尚書右丞。兄居禁林，弟爲執政，在公朝既合迴避，於私門實懼滿盈。計此誤恩，必難安處。伏望聖慈除臣一郡，以息多言。臣見起發前去，至宿、泗間聽侯指揮。謹録奏聞，伏侯勑旨。　第二第三狀不録。

乞侯坤成節上壽訖復遂前請狀

右臣近奏：乞依王洙故事，罷翰林學士承旨，仍乞一郡。奉聖旨依累降指揮不允者。銜戴恩慈，怵迫威命，已經三却，其敢固違！已於今月二十九日赴閤門祇受告命訖。然臣衰病日加，心力難强，親嫌之避，愚迷不移。伏見坤成節在近，欲俟上壽訖，復遂前請。勉强供職，庶表見臣子恭順之心；逡巡力辭，蓋終存典刑分義之守。謹録奏聞。謹奏。

謝宣召入學士院二首

右臣今月十一日翰林待詔梁迪至臣所居，奉宣聖旨，召臣入院充學士承旨。使星下燭，生蓬蓽之光華；天澤旁流，失桑榆之枯槁。國有用儒之盛，士知稽古之榮。伏以翰墨之林，號稱内相，文章之外，不敢他才。至於用人，可以觀政。文武並用，或成頗、牧之功；邪正雜居，至有伾、文之患。惟貴且近，故難其人。而况金鑾玉堂，親被絲綸之密；北廳東閣，獨稱年德之高。必有異人，以齊衆口。而臣本緣衰病，出守江湖。以一方凋弊之餘，當二年水潦之厄。戴星而治，僅免流離；及瓜而還，恍如夢寐。交親迎勞，都邑聚觀。驚華髮之半空，笑丹心之未折。宜投閑散，以養衰殘。豈期過採於虚名，復使榮加於舊物。此蓋伏遇皇帝陛下，德如乾健，明配日中。既祖述於堯仁，復躬行於舜孝。才難之歎，人誦斯言。緣先帝之德音，收孤臣於散地。言雖直而無罪，身愈遠而益親。委曲保全，始終録用。臣敢不更磨朽鈍，少補涓埃。難得者時，未有捐軀之會；勿欺而犯，誓無患失之心。謹録奏謝以聞。

衰遲無用，寵既溢於當年；眷待有加，恩復隆於晚節。使華臨賁，天語丁寧。聳里巷之驚觀，歎朝廷之用舊。伏以禁林分直，法本六人。帝語親承，舊惟一老。不緣名次之先後，斷自上心之簡求。冠内朝供奉之班，極儒者遭逢之盛。凡膺此選，宜得異材。而臣本以愚忠，累塵器使。初無已試之效，但有過實之名。千里闕庭，二年江海。憂深投杼，豈無三至之言；詔復賜環，不待一人之譽。此蓋伏遇太皇太后陛下，道無私載，公生至明。以七年之照臨，觀羣臣之邪正。知臣剛褊自用，雖有寬饒之狂。察臣招麾不移，庶幾長孺之守。故還舊物，益茂新恩。臣敢不早夜以思，死生不易。雖桑榆之景，已迫殘年；而犬馬之心，猶思後效。

謝賜對衣金帶馬狀

漢官三服，已分密麗之珍；唐監八坊，復下權奇之駿。拜嘉甚寵，省己何功。伏念臣受材迂疎，賦命寒蹇。幼師季路，止服緼袍；長慕少游，欲乘下澤。目眩重金之耀，神驚四牡之良。俛仰自惟，周章失次。此蓋伏遇皇帝陛下，憂勤黎庶，寤寐儁賢。故損廐庫之儲，以廣英雄之彀。致茲孱陋，亦被寵光。臣敢不求稱于衷，益鞭其後。薄德盛服，當戒《維鵜》之篇；强力安邦，庶幾《有駜》之頌。

謝兼侍讀表

用非其分，寵至若驚。滿溢之憂，逡巡莫避。伏念臣與弟轍同登進士，並擢賢科。内外分掌於制書，先後迭居於翰苑。今臣以經史入侍，司言行于中。轍以丞轄立朝，督綱條于外。恭承明詔，不許固辭。以爲兄弟之同升，自是朝廷之盛事。承明三入，僅比古人；大雅一門，無慙舊史。人非木石，恩重丘山。恭惟太皇太后陛下，明極照臨，憂深付託。誓堅必死之節，少報不貲之恩。

謝除龍圖閣學士知潁州表二首

臣軾言：伏蒙聖恩，以臣累章乞郡除臣龍圖學士知潁州者。引嫌求避，顧舊典之甚明；易職寵行，荷新恩之至厚。疎愚自省，慙悚交并。中謝。伏念臣學陋無聞，性迂難合。受四朝之知遇，竊五郡之蕃宣。

吴會二年，但坐糜於廪禄；禁林數月，曾未補於絲毫。敢冀殊私，復還舊物。恭惟太皇太后陛下，仁涵動植，明燭幽微。知臣獨受於聖知，欲使曲全於晚節。憐其無用，許以少安。凡力請八章而後從，使不爲一乞而遽去。在臣進退，可謂光榮。雖老病懷歸，已功名之無望，而衷誠思報，尚生死之不移。

備員經席，幸依日月之光；引避親嫌，實有簡書之畏。恩還舊職，寵寄近藩。衰朽增華，省循知愧。中謝。伏念臣生無他技，天與愚忠。雖所向之奇窮，獨受知於仁聖。力求便郡，蓋常懷老退之心；伏讀訓詞，有不爲朕留之語。殊私難報，危涕自零。恭惟皇帝陛下，緝熙光明，剛健篤實。方收文王之四友，以集孔子之大成。而臣苟念餘生之安，莫伸一割之用。桑榆暮齒，恐遂賫志而莫償；犬馬微心，猶恐蓋棺而後定。

謝賜對衣金帶馬狀

錫之上駟，敢忘致遠之勞；佩以良金，無復忘腰之適。執鞭請事，顧影知慙。恭惟皇帝陛下，禹儉中修，堯文外焕。長轡以御，卒皆四牡之良；所寶惟賢，豈徒三品之貴。出捐車服，收輯事功。而臣衰不待季，寵常過分。枯羸之質，匪伊垂之而帶有餘；斂退之心，非敢後也而馬不進。徒堅晚節，難報深恩。

潁州謝到任表二首

臣軾言：伏蒙聖恩，除臣龍圖閣學士知潁州，臣已於今月二十二日到任訖者。避嫌引疾，慙無國士之風；揣分知難，粗守人臣之節。曲蒙温詔，遂假名邦，已見吏民，惟知感怍。臣某中謝。伏念臣早緣多難，無意軒裳；晚以虚名，偶塵侍從。雖云時可，每與願違。既未決於歸田，故力求於治郡。慈母愛子，但憐其無能；明君知臣，終護其所短。自欣投老，漸獲安身。此蓋伏遇太皇太后陛下，慈儉臨民，剛柔布政。參天地而有信，喜怒不陳；體水鏡之無心，忠邪自辨。致兹愚直，亦克保全。雖任職居官，無過人者；而見危授命，蓋有志焉。

支郡責輕，未即滿盈於小器；豐秊事簡，非徒飽暖於一家。覽几席之溪湖，雜簿書於魚鳥。平生所樂，臨老獲從。伏以汝、潁爲州，邦畿稱首。土風備於南北，人物推於古今。賓主俱賢，蓋宗資、范孟博之舊治；文獻相續，有晏殊、歐陽脩之遺風。顧臣何人，亦與兹選。此蓋伏遇皇帝陛下，丕承六聖，總覽羣英。生知仁孝之全，學識文武之大。謂臣簪履之舊物，嘗忝帷幄之近臣。奉事七秊，崎嶇一節。意其忠義許國，故暫召還；察其老病畏人，復許補外。置之安地，養此散材。更少勉於桑榆，誓不忘於畎畝。

上清儲祥宫成賀德音表二首

臣軾言：伏覩九月二十七日德音，以上清儲祥宫成，減決四京及諸道見禁罪人者。靈光下燭，慶新宫之落成；霈澤旁流，洗庶獄之多罪。散爲和氣，坐致豐秊。臣聞舜禹之心，以奉先爲孝本；釋老之道，以損己爲福田。永惟坤作之成，每辭天下之養。卑宫何陋，大練爲安。故能捐萬金之貲，以成二聖之意。爲國迎祥，而國無所費；與民祈福，而民不知勞。鑾輅親臨，神靈昭格。覩士女之和會，既同其休；念囹圄之幽囚，或非其罪。用孚大號，以達惠心。恭惟太皇太后陛下，恭儉以仁，明哲作則。愛惜帑廪，不供浮費之私；重慎典刑，每存數赦之戒。一寬湯綱，衆識堯心。臣以從官，出臨近甸。率吏民而拜慶，助父老之歡謡。永望闕庭，實同咫尺。

琳館告成，神人交慶；綸音下霈，過故盡除。臣聞漢武築通天之臺，魏明作凌雲之觀，皆厲民而私己，或秘祝以蘄秊。然猶形於詠歌，被之金石。而況文孫繼志，神母考祥。追六聖之心，本枝百世；均萬方之慶，囹圄一空。豈惟洗濯於丹書，固已光華於青史。恭惟皇帝陛下，知人堯哲，克己禹勤。積德之宮，以文章爲藻飾；庇民之厦，以仁義爲基扃。眷樸斲之成能，亦聖神之餘事。臣久參法從，夙侍經幃。樂石銘詩，雖幸執太史之筆；大圭薦祼，不獲踐屬車之塵。徒與吏民，共兹慶澤。

賀興龍節表

臣軾言：天佑我邦，祥開是日。山川貢瑞，日月增華。臣某誠懽誠忭，頓首頓首。伏以上聖所儲，有慈儉不争之寶；輿情共獻，蓋憂勤無逸之龜。不待禱祠而來，自然天人之應。恭惟皇帝陛下，堯仁舜孝，禹勤湯寬。德莫大於好生，故以不殺爲神武；道莫尊於問學，故以所聞爲高明。錫厥庶民，嚮用五福。臣備員内閣，出守近畿。雖違咫尺天威，乃身在外；而上千萬歲壽，此意則同。

賀駕幸太學表二首

臣軾言：恭聞十月十五日駕幸太學者。輦回原廟，既崇廣孝之風；幄次儒官，復示右文之化。禮行一日，風動四方。臣聞五學之臨，三代所共。蓋天子不敢自聖，而盛德必有達尊。在漢永平，始舉是禮。雖臨雍拜老，有先王之規；而正坐自講，非人主之事。豈如允哲，退託不能。奠爵伏興，意默通於先聖；横經問難，言各盡於諸儒。恭惟皇帝陛下，文武憲邦，聰明齊聖。大度同符於藝祖，至仁追配於昭陵。故舉舊章，以興盛節。臣早塵法從，久侍經幃。永矣馳誠，想聞合語於東序；斐然作頌，行觀獻馘於西戎。

濟濟多士，靈承上帝之休；雍雍在官，服膺文母之教。風傳海宇，慶溢臣工。臣聞學校太平之文，而以得士爲實；經術致治之具，而以愛民爲心。心既立而具乃行，實先充而文斯應。永惟坤載之厚，輔成天縱之能。惟使文子文孫莫不仁，故於先聖先師無所愧。恭惟太皇太后陛下，憂深祖構，德燕孫謀。黄裳之文，斧藻萬物；青衿之政，長育羣材。豈惟鼓舞於士夫，實亦光華於史册。臣冒榮滋久，被遇最深。外告成功，行喜鴞音之革；中修潛德，孰知麟趾之風。

謝賜曆日表

迎日推筴，雖曰百王之常；後天奉時，惟我二后之德。伏讀詔旨，灼知聖心。中謝。伏以嗣歲將興，舊章畢舉。三朝受海内之圖籍，《七月》陳王業之艱難。冬有祁寒，知民言之可畏；陽居大夏，識天道之至仁。故於頒朔之初，更下布新之詔。恭惟太皇太后陛下，視民如子，以國爲家。賑廩勸分，人自忘於艱歲；銷兵去殺，天必報之豐年。臣敢不省事清心，貴農時之不奪；思患預備，期歲計之有餘。庶竭微诚，少裨洪造。

謝楊州到任表二首

臣軾言：伏蒙聖恩，除臣知揚州，臣已於今月二十六日到任訖者。支郡養痾，裁能免咎；通都移牧，自愧何功。屢玷恩榮，實深慙汗。臣某中謝。伏念臣早緣竊禄，稍習治民。在先帝日，已歷三〔朝〕〔州〕；近八年間，復忝四郡。平生所願，滿足無餘。志大才疎，信天命而自遂；人微地重，恃聖眷以少安。恭惟太皇太后陛下，子惠萬民，器使多士。以謂朝廷之德澤，付於郡縣與監司。乃眷江淮之間，久罹水旱之苦。隣封二浙，饑疫相薰；積欠十年，豐凶皆病。臣敢不上推仁聖之意，下盡疲駑之心。庶復流亡，少寬憂軫。

一麾出守，方愧偷安；十國爲連，復膺寵寄。恩榮既溢，慙汗靡寧。臣某中謝。伏念臣本以鯫生，冒居禁從。頃緣多病，力求潁尾之行；曾未半年，復有廣陵之請。蓋以魚鳥之質，老於江湖之間。習與性成，樂居其舊。天從民欲，許擇所安。恭惟皇帝陛下，欽明文思，剛健純粹。天功默運，灼知萬化之情；人材並收，各取一長之用。如臣衰朽，尚未遐遺。命至蹇而禄已盈，每懷憂懼；志雖大而才不副，莫報恩私。

謝賜卹刑詔書表二首

臣軾言：伏蒙聖恩，賜臣欽卹刑獄詔書一道者。時令舉行，雖云故事；天心惻怛，本出至誠。德既洽於好生，民雖死而無憾。伏以刻木畫地，志士不居；鑠石流金，平人猶病。宜軫聖神之念，實爲哀敬之先。訓誥丁寧，吏民感動。恭惟皇帝陛下，禹湯罪己，堯舜性仁。以不忍人之心，行若稽古之政。豈止緩獄，實期無刑。臣敢不推廣上恩，厚風俗於無犯；中嚴法意，消盗賊於未萌。少假歲時，庶空囹圄。

暑雨其咨，既軫小民之病；麥秋已至，復虞輕繫之淹。祗服訓詞，灼知天意。臣某中謝。伏以仁聖之德，哀矜爲先。常内恕以及人，故深居而念遠。齊戒處掩，則知暴露之勤；絺綌袢延，不忘縲紲之苦。吏既罔懈，民知無冤。恭惟太皇太后陛下，事法祖宗，德參天地。凱風養物，散爲扇暍之涼；靈雨應時，同沾執熱之濯。臣敢不盡其哀敬，濟以寬明。奉漢律之嚴，毋令瘐死；推慈母之意，務在平反。庶竭愚忠，少行德意。

謝除兵部尚書賜對衣金帶馬狀

蒙恩賜臣衣一對，金帶一條，并魚袋金鍍銀鞍轡馬一匹者。盛服在躬，無復曳婁之歎；名駒出廐，遂忘奔走之勞。施重丘山，身輕毫末。伏念臣少賤而鄙，性椎少文。衣敝緼袍，未嘗有恥；乘欵叚馬，自以爲安。豈意晚年，屢膺此寵。此蓋伏遇皇帝陛下，紹隆景命，總攬羣英。無競維人，勢已加於九鼎；惟德其物，恩有重於千金。臣敢不上體眷懷，勉思報稱。贈繞朝之策，愧不能謀；振屈原之衣，期於自潔。

謝兼侍讀表二首

伏奉制書，除臣守兵部尚書兼侍讀者。重地隆名，不擇所付；清資厚禄，以養不才。中謝。伏念臣以草木之微，當天地之澤。七典名郡，再入翰林；兩除尚書，三忝侍讀。雖當世之豪傑，猶未易居；矧如臣之孤危，其何能副。恭惟皇帝陛下，聖神格物，文武憲邦。重離繼明，何煩爝火之助；大厦既構，尚求一木之支。而臣白首復來，丹心已折。望西清之帷幄，久立徬徨；聞長樂之鼓鍾，恍如夢寐。莫報丘山之施，猶貪頃刻之榮。

流汗恩榮，再辭莫獲；强顔衰朽，一節以趨。臣軾中謝。恭惟先帝復六卿之名，本欲後人識三代之舊。古今殊制，閑劇異宜。武選隸於天官，兵政總於樞輔。故司馬之職，獨省文書；而師氏之官，職在論説。命臣兼領。聖意可知。恭惟太皇太后陛下，約已裕民，忘家憂國。知先王之兵必本於道德，故以儒臣爲七兵；知人主之學必通於民情，故自郡守爲五學。而臣迂踈，不可强合。早緣衰病，難以久居。終當自効於所長之間，或可報恩於未死之日。

任兵部尚書乞外郡劄子

臣向在揚州，蒙恩除臣今任。臣於本州及緣路附遞入文字辭免，准聖旨劄子指揮，爲已差充鹵簿使，大禮日迫，不許遷延。臣以此不敢堅辭，尋於南京附遞奏，乞候過南郊依前除臣一郡。今來已過郊禮，伏乞撿會累次奏狀，除臣知越州一次。取進止。

辭兩職并乞郡劄子

臣近奏乞越州，伏蒙聖恩降詔不允。續准閤門告報，已除臣端明殿學士兼翰林侍讀學士守禮部尚書。聞命悸恐，不知所措。臣本以寵禄過分，衰病有加，故求外補，實欲自便，而榮名驟進，兩職薦加，不獨於臣有非據之羞，亦恐朝廷無以待有勞之士，豈徒内愧，必致人言。伏望聖慈特賜追寢，仍乞檢會前奏，除臣一郡。若越州無缺，乞自朝廷除授，取進止。

第二劄子

臣近奏乞辭免端明殿學士兼翰林侍讀學士守禮部尚書恩命，仍乞檢會前奏，除臣一郡。蒙降詔不允。聖恩隆厚，天旨丁寧，顧臣何人，敢守微意。但本緣請外，更蒙陞擢，兼帶兩職，近歲所無，有何勞能，被此光寵。欲乞追寢新命，令臣且依舊供職，則臣更不敢請郡。若朝廷必欲臣受此職名，即乞除臣一重難邊郡，令臣盡力報稱，猶可少安。臣非敢自謂知兵，若朝廷有開邊伐國之謀，求深入敢戰之帥，則非臣所能辦。若欲保境安民，宣布威信，使吏士用命，無所失去，則承乏之際，猶可備數。伏望朝廷於此二者擇一以處臣。非獨在臣分義當然，亦朝廷名器不爲虚授。取進止。

可憐

謝除兩職守禮部尚書表二首

衰年自引，久抱此心。異數併加，實爲非意。辭不獲命，愧何以堪。臣軾中謝。竊惟以殿命官，本緣麟趾之舊；因時修廢，近正金華之名。歷代所榮，於今爲甚。自元豐之末，官制以來，若非身兼數器之人，未有名冠兩職之重。而況秩宗之任，邦禮是司。豈臣迂愚所當兼領。此蓋伏遇太皇太后陛下憂深社稷，慮極安危。求忠臣於愚直之中，論治道於文字之外。知臣難進而易退，或非患失之鄙夫。故授以禮樂清閑之司，使專於論説琢磨之事。此恩難報，願輸歲月之勤；度己所宜，終遂江湖之請。

備員西學，已愧空疎；易職東班，尤驚忝冒。遂領宗卿之事，併爲儒者之榮。臣軾中謝。始臣之學也，以適用爲本，而耻空言，故其仕也，以及民爲心，而慙尸禄。乃者屢請治郡，兼乞守邊。欲及殘年，少施實効。而有志莫遂，負愧何言。今乃以文字爲官常，語言爲職業，下無所見其能否，上無所考其幽明。循省初心，有覥面目。故於拜恩之日，少陳有益之言。孔子曰：「一言可以興邦。」而孟子亦曰：「一正君而天下定。」昔漢文帝悦張釋之長者之言，則以德化民，輔成刑措之功；而孝景帝入晁錯數術之語，則以智馭物，馴致七國之禍。乃知爲國安危之本，秖在聽言得失之間。恭惟皇帝陛下即位以來，學如不及。問道八年，寒暑不輟。講讀之官談王而不談霸，言義而不言利。八年之間，指陳文理，何啻千萬，雖所論不同，然其要不出六事。一曰慈，二曰儉，三曰勤，四曰慎，五曰誠，六曰明。慈者，謂好生惡殺，不喜兵刑。儉者，謂約己自省，不傷民財。勤者，謂躬親庶政，不邇聲色。慎者，謂畏天法祖，不輕人言。誠者，謂推心待下，不用智數。明者，謂專信君子，不雜小人。此六者，皆先王之陳迹，老生之常談。言無新奇，人所忽易。譬之飲膳，則爲穀米羊豕，雖非異味，而有益於人；譬之藥石，則爲芪术參苓，雖無近効，而有益於命。若陛下信受此言，如飲御膳，如服藥石，則天人自應，福禄難量，而臣等所學先王之道，亦不爲無補於世。若陛下聽而不受，受而不信，信而不行，如聞春禽之聲，秋蟲之鳴，過耳而已。則臣等雖三尺之喙，日誦五車之書，反不如醫卜執技之流，簿書奔走之吏，其爲尸素，死有餘誅。伏望陛下一覧臣言，少留聖意，天下幸甚。

可憐

謝賜對衣金帶馬狀二首

蒙恩賜衣一對，金帶一條，并魚袋金鍍銀鞍轡馬一匹。服官奠篚，響動佩章；圉士效牽，光生鞹策。伏以三賜之重，莫隆於車馬；五采之貴，兼施衣裳。汝必有功，服之無斁。而臣衰年弱幹，固難强於馳驅；枯木朽株，本不願於文繡。寵加意外，愧溢顔間。此蓋伏遇皇帝陛下因能任官，稱物平施。操名器以勵士，上有誠心；正銜勒以馭人，下無遺力。臣敢不思稱其服，益勵厥躬。雖愧立朝，乏能言之近用；猶希辨道，輸老智於暮年。

服章在笥，賁及衰殘；銜勒過庭，喜先徒御。伏以物生有待，天施無窮。草木何知，冒慶雲之渥采；魚鰕至陋，借滄海之榮光。雖若可觀，終非其有。妻孥相顧，驚屢致於匪頒；道路竊窺，或反增於指目。此蓋伏遇太皇太后陛下聰明齊聖，陳錫載周。含垢匿瑕，而察於求賢；卑宫菲食，而侈於養士。士豈輕於千里，念非其人；言有重於兼金，當思所報。

定州謝到任表

兵民重寄，本禦侮以折衝；疆埸久安，但坐嘯而畫諾。才微禄厚，恩重命輕。臣軾中謝。伏念臣一去闕庭，三换符竹。坐席未煖，召節已行。筋力疲於往來，日月逝於道路。未經周歲，復典兩曹。朝廷非不用臣，愚惷自不安位。所宜竄逐，更冒寵榮。此蓋伏遇皇帝陛下離明正中，乾健獨運。追述東朝之遺意，收此散材；眷言西學之舊臣，付之善地。致此哀朽，尚未棄捐。臣敢不勤卹民勞，密修邊備。苟無大過，以及期年。漸還魚鳥之鄉，以畢桑榆之景。

謝賜曆日表

夙頒温詔，寵拜新書。吏得承宣，民知蚤晚。臣軾中謝。臣聞言天道者有數，故閏以正時；訓農事者在人，則王無罪歲。豈獨典常之舊，必存忠利之心。恭惟皇帝陛下，輔相財成，聰明時憲。居德刑於冬夏，意與天同；暨聲教於朔南，責在臣等。敢不時使薄斂，思患預防。勤卹鰥孤，幸流亡之盡復；兼明威惠，庶戎夏以皆安。

謝賜衣襖表

十一月九日，翰林醫官王宗古至，伏蒙聖慈傳宣存問，賜臣等勑及初冬衣襖者。齊官三服，已寬卒歲之憂；漢札十行，更佩先春之煖。恩均吏士，聲動華夷。臣軾中謝。伏以《禮》著始裘，《詩》歌無褐。邊陲更戍，本爲臣子之常；朔易早寒，特軫聖神之念。惟德其物，豈曰無衣。恭惟皇帝陛下，廣運聰明，力行恭儉。威風旁振，方戰栗於天驕；温詔下融，遂流澌於河凍。既無功而坐食，實有愧於解衣。敢不推廣朝廷之仁，益收凍餒；申嚴祖宗之法，少肅惰偷。庶收汗馬之勞，以解濡鵜之誚。

到惠州謝表

先奉告命，落兩職，追一官，以承義郎知英州軍州事。續奉告命，責授臣寧遠軍節度副使，惠州安置，已於今月二日到惠州公參訖者。仁聖曲全，本欲畀之民社；羣言交擊，必將致之死亡。尚荷寬恩，止投荒服。臣軾中謝。伏念臣性貧褊淺，學術荒唐。但信不移之愚，遂成難赦之咎。迹在狂妄，久合誅夷。方尚口乃窮之時，蓋擢髮莫數其罪。豈謂天幸，得存此生。此蓋伏遇皇帝陛下，以大有爲之資，行不忍人之政。湯綱開其三面，舜干舞於兩階。念臣奉事有年，少加憐愍。知臣老死無日，不足誅鋤。明降德音，許全餘息。故使虺尵之馬，猶獲蓋帷；觳觫之牛，得違刀几。臣敢不服膺嚴訓，託命至仁；洗心自新，没齒無怨。但以瘴癘之地，魑魅爲隣；衰疾交攻，無復首丘之望。精誠未泯，空餘結草之忠。可憐

到昌化軍謝表

並鬼門而東騖，浮瘴海以南遷。生無還期，死有餘責。臣軾中謝。伏念臣頃緣際會，偶竊寵榮。曾無毫髮之能，而有丘山之罪。宜三黜而未已，跨萬里以獨來。恩重命輕，咎深責淺。此蓋伏遇皇帝陛下，堯文炳焕，湯德寬仁。赫日月之照臨，廓天地之覆育。譬之蠕動，稍賜矜憐；俾就窮途，以安餘命。而臣孤老無託，瘴癘交攻。子孫慟哭於江邊，已爲死別；魑魅逢迎於海上，寧許生還。念報德之何時，悼此心之永已。俯伏流涕，不知所云。可憐可憐

提舉玉局觀謝表

臣先自昌化軍貶所奉勑移廉州安置，又自廉州奉勑授臣舒州團練副使永州居住。今行至英州，又奉勑授臣朝奉郎提舉成都府玉局觀在外州軍任便居住者。七年遠謫，不自意全；萬里生還，適有天幸。驟從縲絏，復齒縉紳。臣軾中謝。伏念臣才不逮人，性多忤物。剛褊自用，可謂小忠；猖狂妄行，乃蹈大難。皆臣自取，不敢怨尤。會真人之勃興，與萬物而更始。而臣獨在幽遠，最爲冥頑。迨兹起廢之初，倍費生成之

力。終蒙紀録，不遂棄捐。此蓋伏遇皇帝陛下，正位龍飛，對時虎變。神武不殺，豈非受命之符；清浄無爲，坐獲銷兵之福。聰明不作，邪正自分。使臣得同草木之微，共霑雷雨之解。臣敢不益堅素守，深念往愆。没齒何求，不厭飯蔬之陋；蓋棺未已，猶懷結草之忠。

謝御膳表

臣伏蒙聖恩，特賜寬假將理。今月七日，又再蒙中使臨賜御膳，問其治療之增損，督以朝參之日辰。臣下履淵冰，上負芒刺。蹄涔雖小，能延兩耀之光；寸草何知，莫報三春之澤。正使豚魚幽陋，木石堅頑。亦將激勵忘軀，奔走赴職。而臣尚有無厭之請，敢守不移之愚。在法當誅，原情可憫。實以負薪之疾，積有歲時；勿藥之祥，恐非旦夕。終願江淮之一郡，以安犬馬之餘生。尚冀此身，未填溝壑。期於異日，别效涓埃。

上皇帝賀冬表

《易》稱來復，蓋知天地之心；《禮》戒無爲，以待陰陽之定。恭惟皇帝陛下，堯仁冠古，舜孝通神。種德兆民，躬行文景之儉；游心六藝，灼知周孔之情。人既和而歲自豐，天不違而壽無極。臣久緣衰病，待罪江湖。莫瞻北極之光，但罄南山之祝。

上太皇太后贺正表

堯曆授時，夏正建統。氣迎交泰之會，祥應重明之朝。恭惟太皇太后陛下，道無能名，德博而化。天人所助，本義《易》之《益》《謙》，慈儉不居，得老氏之三寶。時逢吉旦，福集清宫。臣職守江湖，心馳象魏。天威咫尺，想聞清蹕之音；眉壽萬年，遠奉稍觴之慶。

樂語

教坊致語　　中和化育萬壽排場

臣聞人和則氣和，故王道得而四時正；今樂猶古樂，故民心悦而八音平。幸此聖朝，陶然化國。飭三農於保介，維莫之春；興五福於太平，既醉以酒。恭惟皇帝陛下，乘乾有作，出震無私。憲章六聖之典謨，斟酌百王之禮樂。天方祚於舜孝，人已誦於堯言。故得彝倫敘而水土平，北流軌道；壬人退而蠻夷服，西旅在庭。稍寬中吴之憂，一均湛露之澤。方將麴糱羣賢而惡旨酒，鼓吹六藝而放鄭聲。雖白雪陽春，莫致天顔之一笑，而獻芹負日，各盡野人之寸心。臣猥以賤工，叨塵法部。幸獲望雲之喜，敢陳《擊壤》之音。不揆蕪才，上進口號。

趙倅成伯母生日致語

昔年占夢，適當重九之佳辰；今日獻香，願祝大千之遐算。慶婦姑之同日，雜茱菊以稱觴。殺雞已效於龎公，剪髪敢資於陶母。但某叨居樂部，忝預午家。不度蕪材，上塵口號。

王氏生子致語

人中五日，知織女之暫來；海上三年，喜花枝之未老，事協紫衙之夢，歡傾白髮之兒。好人相逢，一杯徑醉。伏以某人女郎，蒼梧仙裔，南海貢餘。憐謝瑞之早孤，潛炊相助；嘆張鎬之没興，遇酒輒歡。采楊梅而朝飛，擘青連而暮返。長新玉女之年貌，未厭金膏之掃除。萬里乘桴，已慕仲尼而航海；五絲繡鳳，將從老子以俱仙。東坡居士，尊俎千峰，笙簧萬籟。聊設三山之湯餅，共傾九醞之仙醪。尋香而來，苒天風之引步；此興不淺，炯江月之升樓。

寒食宴提刑致語

良辰易失，四者難并。故人相逢，五斗徑醉。況中年離合之感，正寒食清明之間。時乎不可再來，賢者而後樂此。恭惟提刑學士，才本天授，學爲人師。事業存乎斯民，文章蓋其餘事。望之已試於馮翊，翁子暫還於會稽。知府學士，接好隣邦，締交册府。莫逆之契，義等於天倫；不腆之辭，意勤於地主。力講兩君之好，可無七子之詩。欲使異時，争傳盛事。

坡仙集卷之四終

坡仙集卷之五

啓

謝制科啓

右軾啓：今月某日，蒙恩授前件官者。臨軒策士，方搜絶異之材；隨問獻言，誤占久虚之等。忽從佐縣，擢與評刑。内自顧於無堪，凛不知其所措。恭惟制治之要，惟有取人之難。用法者畏有司之不公，故捨其平生，而論其一日；通變者恐人才之未盡，故詳於採聽，而略於臨時。兹二者之相形，顧兩全而未有。一之於考試，而掩之於倉卒，所以爲無私也。然而才行之迹，無由而深知；委之於察舉，而要之於久長，所以爲無失也，然而請屬之風，或因而滋長。此隋、唐進士之所以爲有弊，魏、晉中正之所以爲多奸。惟是賢良茂異之科，兼用考試察舉之法。每中年輒下明詔，使兩制各舉所聞。在家者能孝而恭，在官者能廉而慎。臨之以患難而能不變，邀之以寵利而能不回。既已得其行己之大方，然後責其當世之要用。學博者又須守約而後取，文麗者或以用寡而見尤。特於萬人之中，求其百全之美。凡與中書之召命，已爲天下之選人。而又有不可測知之論，以觀其默識之能；無所不問之策，以效其博通之實。至於此而不去，則其人之可知。

然猶使御史得以求其疵，諫官得以考其素。一陷清議，輒爲廢人。是以始由察舉而無請謁公行之私，終用考試而無倉卒不審之患。蓋其取人也如此之密，則夫不肖者安得而容。軾才不迨人，少而自信，治經獨傳於家學，爲文不願於世知。特以饑寒之憂，出求斗升之録。不謂諸公之過聽，使與羣豪而並進。始不自量，欲行其志。遂竊後良之舉，不知氣力之微。論事迂闊而不能動人，讀書疎略而無以應敵。取之甚愧，得而益慙。此蓋伏遇某官，德爲世之望人，位爲時之顯處。聲稱所被，四方莫不奔趨；議論一加，多士以爲進退。致兹庸末，亦與甄收。然而志卑處高，德薄寵厚。歷觀前輩，由此爲致君之資；敢以微軀，自今爲許國之始。過此以往，未知所裁。

賀楊龍圖啓

好甚

右軾啓：伏審新改直職，擢司諫垣。傳聞邇遐，竦動觀聽。咸謂國家之鉅福，乃用諒諍之真才。必能深言，以補大化。方今朝廷之上號爲無諱，而太平之美終不能全；臺諫之列歲不乏人，而衆弊之原猶或未去。豈聽之者徒能容而不能用，言之者但爲名而不爲功。歷觀古人之效忠，皆因當世而用智。不務過直，期於必行。右尹子革因墳典而道《祈招》之詩，左師觸龍語饘粥而及長安之質。徒盡拳拳之意，不求赫赫之名。此仁人及物之休功，忠臣愛君之至分。伏自頃歲，所更幾人。席未煖而輒遷，踵相躡而繼去。一身之譏，固足以免矣；而積歲之病，當使誰去之。恐習慣以爲常，遂因循而不振。雖在僻陋，顧常隱憂。以爲必得朴忠憂國之人，而又加以辯智得君之術。言苟獲用，國其庶幾。伏惟諫院龍圖，才雄於世，而常若不勝；節過於人，而未嘗自異。素練邊事，深知兵驕；頃持銓衡，實識官冗。必將舉大體而不論小事，務實效而不爲虚名。軾最蒙深知，愧無少補。方傾耳以聽，願續書《諫苑》之篇；若有待而言，或能著《争臣》之論。阻以在外，無由至門。踴躍之懷，實倍倫等。

鳳翔到任謝執政啓

軾本凡材，謬承選取。忽從州縣，便與賓佐。捫躬自省，豈不媿幸。伏惟昭文相公，素所獎庇，曲加搜揚。既蒙最深之知，遂有自重之意。所任簽署一局，兼掌五曹文書。内有衙司，最爲要事。編木筏竹，東下河渭；飛芻輓粟，西赴邊陲。大河有每歲之防，販務有不蠲之課。破蕩民業，忽如春冰。於今雖有優輕酬獎之名，其實不及所費百分之一。救之無術，坐以自慙。惟有署置之必均，姑使服勞而無怨。過此以往，未知所裁。

賀吴副樞啓

頃聞休命，擢領上都。曾安坐之未皇，已歡聲之布出。即欲裁問，少通勤拳。以爲不久當有非常之聞，是以未敢輕爲率爾之賀。逮兹未幾，果已如言。釋府事之喧繁，總兵權於禁密。傳聞四遠，歡喜一詞。伏惟某官，機略足以應無方，而有朴忠沉厚之量；文華足以表當世，而有簡素質直之風。置之於都會，則其爲效也速，而所及者廉；委之於樞機，則其成功也遲，而所被者廣。深推賢者之處世，皆以得時爲至難。幸而得之，或已老矣。今以明公之至盛，正如大川之方增，天下方將以未獲之事，盡付於明公；明公宜愛此不貲之軀，以畢其能事。區區之意，言不能勝。

答許狀元啓

右軾啓：伏以賢俊之士，固將有以挾持；富貴之來，豈能爲之損益。昔者在貧賤之辱，所有無以異於今；一朝居豪傑之先，而人然後知其貴。伏惟狀元簽判廷評，以粹美之質，負傑異之才。自遠方而遊上都，以一日而蓋天下。士既望風而知不敵，人皆斂衽而謂當然。苟非素與交遊之流，安敢輕爲賀問之禮。不期謙抑，過録庸虚。忽承牋牘之臨，皆自聽聞之誤。禮非所稱，媿靡自任。先皇帝未明求衣，久已格於至治；洮盥憑几，尚不忘於選賢。庸登哲民，以遺後聖。雖喜車旌之召，旋興弓劍之悲。臣子之心，遠邇若一。即日承已拜命，計將就塗。念展謁之何時，徒向風而永望。

謝館職啓

軾言無取，錫命過優。進貽朋友之譏，退有簡書之畏。靦顔就列，撫己若驚。國家取士之門至多，而制舉號爲首冠；育才之地非一，而册府處其最高。觀其所以待之，蓋亦可謂至矣。知寶玉、璵璠難得而易毁，故篋櫝以養其全；知楩楠、豫章積歲而後成，故封殖以待其長。施等天地，恩均父師。恭惟先帝臨御以來四十一載，所擢賢良方正之士十有五人。其志莫不欲舉明主於三代之隆，其言莫不欲措天下於泰山之固。大則欲興禮樂以範來世，小則欲操數術以馭四夷。然而進有後先，名有隱顯，命有窮達，時有重輕。或已踐廟堂之崇，或已登侍從之列。或反流落於遠郡，或尚滯留於小官。或死生之乖睽，已爲陳迹；或擯斥於罪戾，僅夷平民。雖曰功名富貴所由之塗，亦爲毁譽得喪必争之地。名重則於實難副，論高則與世常踈。故雖絶異之資，猶有不任之懼。軾之内顧，豈不自知。性任己以直前，學師心而無法。自始操筆，知不適時。

會宗伯之選掄，疾時文之靡弊。擢居異等，以風四方。不知滿溢之憂，復玷良能之舉。負賢者所難之任，争四海欲得之求。其爲蠢愚，可爲危慄。是以一參賓幕，輒蹈危機。已嘗名挂於深文，不自意全於今日。而況大明繼照，百度惟新。理財訓兵，有鞭笞戎狄之志；信賞必罰，有追述祖宗之風。凡用人歷試其能，苟敗事必誅無赦。此太平可待之日，豈不肖兼容之時。而乃度越賢豪，曲收微賤。縱不能力辭而就下，亦當知非分以自慙。此蓋伏遇某官，志在斯民，仁爲己任。欲辨大事，務兼寸尺之長；將求多聞，故引涓埃之助。致此忝冒，有踰等倫。欲報無緣，將何望於頑鄙；遇寵知懼，庶不至於惰媮。

賀韓丞相啓

右軾啓：伏審誕膺策命，首冠輔臣。四方聳觀，萬口同慶。自古在昔，治少亂多。天將措世於大安，必有異人之間出；洪惟上聖之后，眷求一德之臣。謂莫如公，遂授以政。付八音於師曠，孰敢争能；捐六轡於王良，坐將致遠。引領以望，惟日爲年。恭以昭文相公，全德難名，巨才不器。亹亹申伯之望，堂堂漢相之風。出入三朝，險夷一節。蕞爾種羌之叛命，慨然當宁以請行。威聲所加，膻穢自屏。淮蔡既定而裴度相，徐方不回而召虎歸。縱復遺種龍荒，遊魂沙海，譬之癬疥，豈足爬搔。必將訓兵擇帥，而授之規摹，積穀堅城，而磨以歲月。破斧之惡四國，實願周公之亟還；折箠以鞭赤眉，無煩鄧禹之久外。天下是望，豈惟一人。即日邊徼苦寒，台候何似。伏冀爲國，善調寢興。

賀歐陽少師致仕啓

伏審抗章得謝，釋位言還。天眷雖隆，莫奪已行之志；士流太息，共高難繼之風。凡在庇庥，共增慶慰。伏以懷安天下之公患，去就君子之所難。世靡不知，人更相笑。而道不勝欲，私於爲身。君臣之恩，係縻之於前；妻子之計，推荷之於後。至於山林之士，猶有降志於垂老；而况廟堂之舊，欲使辭福於當年。有其言而無其心，有其心而無其決。愚智共蔽，古今一塗。是以用舍行藏，仲尼獨許於顔子；存亡進退，《周易》不及於賢人。自非智足以周知，仁足以自愛，道足以忘物之得喪，志足以一氣之盛衰。則孰能見幾禍福之先，脱屣塵垢之外。常恐兹世，不見其人。伏惟執政觀文少師，全德難名，巨材不器。事業三朝之望，文章百世之師。功存社稷，而人不知。躬履艱難，而節乃見。縱使耄期篤老，猶當就見質疑。而乃力辭於未及之年，退託以不能而止。大勇若怯，大智如愚。至貴無軒冕而榮，至仁不導引而壽。較其所得，孰與昔多。軾受知最深，聞道有自。雖外爲天下惜老成之去，而私喜明哲得保身之全。伏暑向闌，台候何似。伏冀爲時自重，少慰輿情。

賀韓丞相再入啓

伏覩詔書，登庸舊德。傳聞四海，歡喜一辭。竊以君臣之間，古今異道。任法而不任人，則責輕而憂淺；庸人之所安；任人而不任法，則責重而憂深，賢者之所樂。凡吾君所以推心忘己，一切不問，而聽其所爲；蓋其後必將責報收功，三年有成，而底於至治。自非量足以容物，智足以知人，强足以濟艱難，勇足以斷取捨，則何以首膺民望，力報主知。恭惟史館相公，忠誠在天，德望冠世。如《乾》之中正，挺然而純粹精；如《坤》之六二，隤然而直方大。更練三朝之用舍，出入四方之嶮夷。疲民系心，有識引領。必將發其蘊蓄，以次施行。始緩獄以裕民，終措刑而隆禮。軾登門最舊，荷顧亦深。喜忭之懷，實倍倫等。

密州到任謝執政啓

帶山負海，號爲持節之邦；多病無功，久在散材之目。授非所稱，愧靡自任。矧兹願治之辰，方以求賢爲急。宜得敏鋭兼人之器，以副厲精更化之懷。如軾者，天與愚忠，家傳朴學。議論止於汙俗，交遊謂之陳人。出佐郡條，薦更歲籥。雖僅脱綱羅之患，然卒無毫髮之稱。豈伊寵榮，偶及衰鈍。此蓋伏遇某官股肱元聖，師表萬邦。欲隆太平極治之風，故開兼收並採之路。重使一夫之不獲，特捐支郡以見收。荷恩至深，論報何所。謹當鐫磨朽鈍，箠策疲駑。雖無望於功名，庶少逃於罪戾。

答楊屯田啓

伏承枉顧，寵示長書。禮數過隆，既非妄庸之稱；文詞深厚，足爲衰拙之光。反復究觀，愧汗交集。伏惟通判屯田，學深經術，名重薦紳。頃者劍外屈臨百里之間，已是部中受賜一人之數。豈伊幸會，復此逢迎。聽其言，信仁人之溥哉；居是邦，蓋大夫之賢者。欲報瓊瑶之貺，適苦簿書之煩。言之不文，永以爲好。

謝監司薦舉啓

猥以庸虚，過蒙知遇。既免尤譴，復加薦論。自省孤危，加之衰病。動觸時忌，言爲身災。擠而去之，則爲有功；引而進之，亦或招悔。自非不以利禄爲意，而以仁厚爲心。顧兹鈍頑，誰宜收録。伏惟某官，時望至重，主知已深。方將長育於羣材，專務掩覆於小過。憐其謀身之甚拙，進絶望而退無歸；知其爲政之雖迂，歲有餘而日不足。特矯世俗，借之齒牙。軾敢不祗畏簡書，益自修飭。豈云報德，苟不辱知。過此以還，未知所措。

徐州謝兩府啓

移守河中，已愧超陞之異；改臨泗上，仍叨藩鎮之雄。既見吏民，周覽風俗。地形襟要，當東南水陸之衝；民食艱難，正春夏旱蝗之際。宜得一時之循吏，以安千里之疲民。如軾者才不逮人，學非適用。早塵策府，自知拙直之難安；屢乞守符，意謂苟全之善計。然自往來三郡，首尾七年。足蹈危機，僅脱風波之險；心存吏役，都忘學術之源。既未決於歸耕，敢復求於善地。伏遇某官權衡萬物，高下一心。頑礦悍堅，實費陶鎔之力；散材踈惡，徒施封殖之恩。謹當箠策疲駑，鐫磨朽鈍。上酬天造，次答已知。

賀吕副樞啓

伏審近膺告命，入總樞機。中外聳觀，朝廷增重。伏惟慶慰。竊以古之爲國，權在用人。德厚者輔其才而名益隆；望重者無所爲而人自服。是以淮南叛國，先止謀於長孺；汾陽元老，尚改觀於公權。樽俎可以折衝，藜藿爲之不採。哀此風流之莫繼，久矣寂寥而無聞。天亦厭於凡才，上復思於舊德。恭惟樞密侍郎，性資仁義，世濟忠嘉。豈惟清節以鎮浮，固已直言而中病。出領數郡，若將終身。小人謂之失時，君子意其復用。迨兹顯拜，夫豈偶然。然而荷三朝兩世之恩，當《春秋》賢者之責。推之不去，凛乎其難。進伯玉而退子瑕，人皆望于門下；烹桑羊而斬樊噲，公無愧於古人。莫若盡行疇昔之言，庶幾大慰天下之望。軾登門最舊，稱慶無緣。踊躍之懷，實倍倫等。

賀趙大資致仕啓

伏審抗章得謝，奉册言還。搢紳聳觀，閭里相慶。竊謂富貴不爲至樂，功名非有甚難。樂莫樂於還故鄉，難莫難於全大節。歷數當今之卿相，或寓他邦；究觀自古之忠賢，少有完傳。錦衣而夜行者多矣，狐裘而羔袖者有之。至若百行渾圓，五福純備，當世所羨，非公而誰。恭惟致政大資少保，道心精微，德望宏遠。無施不可，尤高臺諫之風；所臨有聲，最宜吴蜀之政。才不究於大用，命乃係於生民。與時偕行，不可則止。見故人而一笑，綽有餘歡；念平生之百爲，無可恨。方將深入不二，獨遊無方。默追絜可之風，坐致喬松之壽。軾荷知有素，貪禄忘歸。慕鸞鵠之高翔，眷樊籠而永歎。傾頌之素，敷寫莫窮。

登州謝兩府啓

右軾啓：蒙恩授前件官，已於今月十五日到任上訖者。迂愚之守，没齒不移。廢逐之餘，歸田已幸。豈謂承宣之寄，忽爲枯朽之榮。眷此東州，下臨北徼。俗近齊魯之厚，迹皆秦漢之陳。賓出日於麗譙，山川炳焕；傳夕烽於海嶠，鼓角清閑。顧静樂之難名，笑妄庸之竊據。此蓋伏遇某官，股肱元聖，師保萬民。才全而德不彰，任重而道愈遠。謂使功不如使過，而觀過足以知仁。特借齒牙，曲成羽翼。軾敢不服勤簿領，祇畏簡書。策蹇磨鈆，少答非常之遇；息黥補劓，漸收無用之身。過此以還，未知所措。

謝中書舍人啓

右軾啓：蒙恩授前件官者。起於貶所，未及朞年；擢置周行，遽參法從。省躬無有，被寵若驚。竊惟人材進退之間，實爲風俗隆替之漸。必欲致治，在於積賢。雖一薛居州，齊言不能移楚；而用范武子，晉盜可使奔秦。崔琰進而廉儉成風，楊綰用而淫侈改度。誠國是之先定，雖民散而可收。拔茅茹者以彙而征，附馬棧者必先其直。用舍既見，好惡自明。人知所趨，勢有必至。今朝廷方講當世之務，力追前代之隆。雖改定法令，足以便事，而未足以安民；寬弛賦役，足以安民，而未足以成俗。是以登進耆老，搜求俊良。將使士知向方，民亦有恥。如軾者山林下士，軒冕棄材。少而學文，本聲律雕蟲之技；出而從仕，有狂狷嬰鱗之愚。溝中不願於青黄，爨下無心於宫徵。誤蒙收拾，已出優恩。薦履禁嚴，殊非素望。此蓋伏遇某官，德配前哲，望隆本朝。名重圭璋，上助廟堂之用；言爲蓍蔡，下同卿士之謀。餘論所加，虚名增重。知丹心之尚在，憐白首之無歸。特借寵光，以寬衰病。任隆才下，恩重報輕。直道而行，恐非所以安愚不肖之分；充位而已，又不足以解卿大夫之憂。蚤夜以思，進退惟谷。恐懼戰越，不知所裁。

答試館職人啓

伏承射策玉堂，方觀筆陣；校文天禄，逐秀儒林。黨友增華，縉紳共慶。國家求賢之道，必於閑暇無事之時；賢者報國之功，乃在緩急有爲之際。養之無素，則一旦欲用而何由；待以非常，則臨事欲辭而不可。故納之於英俊相從之地，觀之以世俗不見之書。非獨使之業廣而材成，抑將待其資深而望重。某官學優而仕，行浮於名。詞令從容，議論慷慨。追還正始，文章爲之一新；傳寫都城，紙墨幾於驟貴。得士之喜，非我敢私。軾衰病侵尋，文思荒落。職在翰苑，當發策而莫辭；識匪通儒，懼品藻之不稱。過煩臨貺，寵以書詞。永爲巾笥之珍，愧乏瓊瑶之報。

答李寶文啓

伏審祗奉異恩，遠臨全蜀。奎文寶訓，方入直於禁嚴；并絡提封，旋出分於憂顧。風猷所暨，謡頌率同。恭惟知府寶文，望重搢紳，材宜廊廟。譬之金石，蓋闇然而日彰；浩若江河，固窮之而益遠。西南之俗，信服已深。民物子來，氣復岷峨之舊；舟車雲集，惠通秦楚之商。曾未下車，已聞報政。軾倦游滋久，寤寐懷歸。空詠甘棠之思，莫展維桑之敬。悵焉永望，言不寫心。

答王欽臣啓

伏審祗奉明綍，特膺異選。以高才望册府，以令德正僕臣。側聞除書，大慰輿論。伏惟太僕學士，文嗚早歲，學配前人。豫章雖老於中林，瑚璉終升於清廟。萬事不理，問伯始而可知；三篋雖亡，得安世而何患。清塗方踐，遠業難量。愧修慶之未皇，辱移書之見及。感佩之至，但切下懷。

謝賈朝奉啓

右軾啓：自蜀徂京，幾四千里；攜孥去國，蓋二十年。側聞松楸，已中梁柱。過而下馬，空瞻董相之陵；酹以隻雞，誰副喬公之約。宦遊歲晚，坐念涕流。未報不貲之恩，敢懷盍歸之意。常恐樵牧不禁，行有雍門之悲；雨露既濡，空引太行之望。豈謂通判某官，政先慈孝，義篤友朋。首隆學校之師儒，次訪里閭之耆舊。自嗟來暮，不聞拔薤之規；尚意神交，特致生芻之奠。父老感歎，桑梓光華。深衣練冠，莫克垂涕於墓道；昔襦今袴，尚能鼓舞於民謡。仰佩之深，力占難盡。

賀范端明啓

右軾啓：恭承明詔，追録舊勲。名陞祕殿之嚴，實遂安車之養。仍惟餘澤，以及後昆。聞命以還，有識相慶。竊謂死生之事，聖賢有不能了。父子之際，古今以爲難言。方其犯雷霆於一時，豈意收功名於今日。惟天知我，絶口不言。偉事發之相重，非人謀之所及。恭惟致政端明學士，至誠格物，隱德在人。弼亮四世如畢公，壽考百年如衛武。獨立不懼，舍之則藏。惟有青蒲之言，尚在金滕之匱。白日一照，浮雲自開。坐使遺民，復觀盛事。子孫歸沐，下萬石之里門；君相乞言，授三老之几杖。更延眉壽，永作元龜。軾無任歡喜頌詠激切之至。

答范端明啓

伏審參稽古樂，追述新書。琢石鑄金，成之有數。立鈞出度，施及無窮。搢紳雲集於奉常，端冕天臨於便座。偉兹壯觀，自我元臣。竊以樂之盛衰，寄於人之存否。秦、漢以下，鄭、衛肆行。雖喜三雍之成，旋遘五胡之亂。平陳之後，粗獲雅音；天寶之中，遂雜胡部。道喪久矣，孰能起之。獨求三代之遺聲，允屬四朝之舊德。恭惟致政端明大人，耄期稱道，直亮多聞。進不謀安，昔既以身而狥義；退猶憂國，今推所學以及人。豈惟盡力於考音，至復傾家而制器。蓋事關於治忽，必幽贊於神明。得《商頌》十二篇於周大師，雖賢者之事也；獲古磬十六枚於犍爲郡，豈偶然而已哉。軾本非知音之人，空荷移書之辱。究觀累日，喜愧兼懷。徒誦詠於再三，豈發明於萬一。

杭州謝執政啓

右軾啓：小器易盈，宜處不争之地；大恩難報，終爲有愧之人。到郡浹旬，汗顔數四。湖山如舊，魚鳥亦怪其衰殘；争訟稍稀，吏民習知其遲鈍。雖尚膺於寵劇，庶漸即於安閑。顧此惷愚，亦蒙徼倖。此蓋伏遇某官，輔世以德，事君以仁。嘉善而矜不能，與人不求其備。故令狂直，得保始終。指步武於夷途，收桑榆之暮景。軾敢不欽承令德，推本上心。政拙催科，自古陽城之考；奸容獄市，敢師齊相之言。庶寡悔尤，少償知遇。

答杭州交代啓

右軾啓：罷直禁中，本緣衰病；分符浙右，更竊寵榮。既尋少壯之舊游，復繼老成之前躅。養痾卧治之所，蒙成坐嘯之餘。顧此鈍頑，實爲忝昧。伏惟知府待制，宏才緯俗，雅望鎮浮。神馳方切於望塵，心照已先於傾蓋。借之餘潤，成此虚名。滕大夫之才，豈堪治劇；楚令尹之政，或許告新。望見有期，瞻依愈切。

謝生日詩啓

蓬矢之祥，雖世俗之所尚；蓼莪之感，逌衰老而不忘。豈謂某官，意重瓊瑶，文成黼黻。推仁心而錫類，出妙語以嘘枯。攝提正於孟陬，已光初度；月宿直於南斗，更借虚名。永惟難報之珍，但結無窮之好。

答杭州交代啓

伏審知府鈴轄待制。新易節旄，光臨督府。舊政已孚於千里，先聲坐振於七州。軾偶以庸虛，適相前後。愧無毫髮之善，可紀斯民；惟有凋瘵之餘，以遺君子。即諧瞻奉，尤切詠思。

潁州到任謝執政啓

入參兩禁，每玷北扉之榮；出典二邦，輒爲西湖之長。皆緣天幸，豈復人謀。惟汝水之名邦，乃裕陵之故國。人淳事簡，地壤泉甘。豈惟暫養於不才，抑亦此生之可老。恭惟某官，嘉猷經世，茂德範時。元老廟堂，自有權衡之信；餘生江海，得同品物之安。感佩之私，筆舌難既。

與京西運使劉昱啓

衰病倦游，久懷歸意。聖神寬假，特乞守符。條教闊疏，溪湖清遠。但坐縻於廪禄，顧難繼於賢豪。所幸仁明，曲垂存撫。特先蒙於顧盼，使增重於吏民。伏惟運使郎中，才簡上心，名高省户。暫屈外臺之寄，一蘇右輔之民。日望車塵，按臨封部。少奉誨言之末，足爲衰朽之光。感佩之私，筆舌難既。

楊州到任謝執政啓

擇地而安，本非臣子之達節；有求必獲，足見廟堂之兼容。釋汝、潁之清閑，當江、淮之衝要。舊游所樂，習俗相諳。已見吏民，具述朝廷之意；不爲條教，自然獄市之清。此蓋伏愚某官，師保斯民，蓍龜當代。

折衝禦侮，已獲萬人之英；補隙輔踈，更收一木之用。軾敢不益求民瘼，勉盡鄙才。但未歸田之須臾，猶思報國之萬一。

賀彭發運啓

伏審拜詔十行，觀風六路。允符公論，克振先聲。恭承曩契之隆，得與屬城之末。瞻依有素，感慰居多。伏惟發運吏部年兄，士聳英風，時推舊德。用久淹而未盡，才歷試而愈高。船滿潭中，行奏韋堅之課；錢流地上，佇觀劉晏之能。喜抃之深，力占難盡。

定州到任謝執政啓

燕南趙北，昔稱謀帥之難；尺短寸長，今以乏人而授。幸此四夷之守，忘其一障之乘。坐食何功，捫心知愧。伏念軾愚忠自信，朴學無華。孔融意廣才疏，訖無成效；嵇康性褊傷物，頻致怨憎。叨逢聖世之休明，未分昔人之憂患。故求散地，以養衰年。終成命之莫回，悼此心之未亮。伏惟某官，躬行周孔，力致唐虞。爕和天人，方遂萬物之性；虛受海宇，固容一介之微。眷此餘生，實無他望。老如安國，既倦北平之還；忝比方回，終有會稽之請。歸依之至，筆舌難周。

謝諸郡啓

燕南趙北，昔爲百戰之場；地利人和，今乃四夷之守。顧吏民之易治，幸衰拙之少安。此蓋伏遇某官，碩德庇民，宏才緯世。餘膏所燭，常分無盡之光；蒙霧而行，坐獲不知之潤。眷言朽鈍，未遂顛擠。勉加榮勵之勤，少答吹揚之賜。

賀鄰帥及監司冬至啓

月臨天統，首冠於三正；氣兆黄宫，復來於七日。候徽陽之協應，知君子之彙征。伏惟某官，碩德庇民，傑才經世。踐揚中外之寄，益推望實之隆。《既醉》太平，實具周詩之福；《大有》上吉，允符羲易之占。軾限以守邊，未皇稱慶。徒云善頌，莫罄鄙懷。

賀隣帥及監司正旦啓

新曆既頒，蓋履端歸餘之歲；羣情交泰，正贊陽出滯之辰。恭惟某官，厚德鎮浮，高名華國。非獨疇咨之用，已簡上心；更膺難老之祥，以符民望。官守所限，展慶無由。欣頌之深，敷陳罔既。

答丁連州啓

七年遠謫，不知骨肉之存亡；萬里生還，自笑音容之改易。久恬颶霧，稍習蛙蛇。自疑本儋崖之人，難復見魯衛之士。而況清時雅望，令德高標。固已聞名而自慙，蓋欲通書而未敢。豈謂知郡朝奉，仁無擇物，義有逢時。每憐遷客之無歸，獨振孤風而愈厲。固無心於集苑，而有力於噓枯。遠移一紙之書，何啻百朋之錫。過情之譽，雖知無其實而愧於中；起廢之文，猶欲借此言以華其老。窮途易感，永好難忘。

答陳提刑啓

久竄島夷，偶未書於鬼録；逃歸空谷，固喜聞於足音。況清廟瑚璉之姿，爲明堂杞梓之用。欲聞名而未敢，豈流問之輒先。恭惟提刑刑部，才高一時，望重多士。魯諸儒之德業，緣飭政刑；漢循吏之風流，本源經術。暫屈雲霄之步，一蘇嶺嶠之民。憐遷客之無歸，墜尺書而起廢。助其羽翼，借以齒牙。但憂枯朽之餘，難副吹噓之力。既感且怍，不知所云。

答彭賀州啓

竄流海國，脱身羈鬼之林；灑掃真祠，拜賜散人之號。喜歸田之有漸，悼報國之無期。方自愧於心顔，敢聞名於左右。豈謂某官，曲敦雅好，深軫窮途。賜以尺書，借之餘論。温詞曲盡，賢於十部之見臨；陋質增華，果已五漿之先餽。但慙衰朽，虚辱品題。敬佩至言，永以爲好。

答王幼安宣德啓

妙

俯仰十年，忽焉如昨；間關百懼，何所不有。頃者海外，澹乎蓋將終焉；偶然生還，置之勿復道也。方將求田問舍，爲三百指之養；杜門而壁，觀六十年之非。豈獨江湖之相忘，蓋已寂寥而喪我。不謂某官，講修舊好，收録陳人。粲然雲漢之章，被此枯朽之質。欲其洗濯宿負，激昂晚節。粗行平生之志，少慰朋友之望。此意厚矣，我心悠哉。如焦穀牙，如伏櫪馬。非吹噓之所及，縱鞭策以何加。藏之不忘，永以爲好。

求婚啓

結縭早歲，已聯昆弟之姻親；垂白南荒，尚念子孫之嫁娶。敢憑良妁，往欵高閎。軾長子某之第二子符，天質下中，生有蓬麻之陋；祖風綿邈，庶幾弓冶之餘。伏承故令弟子立先輩之愛女第十四小娘子，稟粹德門，教成家廟。中郎墳典之付，豈在他人；太真姑舅之婚，復見今日。仰緣夙契，祗聽俞音。

謝求婚啓

敢議婚姻，蓋恃鄉閭之末；遂忘門閥，亦緣聲氣之同。龜筮既從，祖考咸喜。伏承令子第二小娘子，慶闈擢秀，豈獨衛公之五長；而某第二子某，駑質少文，庶幾南容之三復。恭馳不腆之幣，永結無窮之歡。悚忭于懷，敷述罔既。

謝孫舍人啓

拜命中宸，代言西掖；聳聞中外，交慶士夫。竊惟二聖之心，蓋以多士爲急。滅烽仆鼓，而以將帥爲藩垣；抵壁捐金，而以公卿爲稃稾。蓋樽俎有折衝之恃，則藜藿無見採之憂。某官瑚璉之才，杞梓其用。學不專於爲己，才已效於臨民。穆如清風，草木皆靡；炳然白日，霰雪自消。玆爲收拾之儲，豈特絲綸之任。不遺衰朽，過辱緘封。永敦爲好之懷，深負難酬之作。

答新蘇州黄龍圖啓

伏審光膺詔函，移收吴會。先聲所被，惠政已孚。自顧妄庸，敢論疇昔。既聯法從之末，又竊鄰光之餘。金華玉堂，帝左右之高選；武林茂苑，江東南之要藩。雖才分濶絶於賢愚，而步武差池於先後。其爲喜幸，宜倍等流。伏惟某官，文秀士林，才任國器。學已試而可用，望久養而益隆。偃息均勞，叔度莫窺於萬頃；治行稱首，次公行踐於三槐。潤澤所加，迂愚有託。辱移書之周厚，實借寵於暮遲。

答曾舍人啓

伏審顯膺制命，榮進掖垣。風聲所加，中外同慶。伏以取才之道，自昔爲難。惟君子之所爲，固衆人之莫識。奢儉異俗，不害徐公之有常；用舍皆天，孰知令尹之無喜。某官異材秀出，博學名家。世以文鳴，遠繼父兄之業；早緣德進，簡在裕陵之心。今乃援而進之，論者惜其晚矣。訓詞一出，皆丹青潤色之文；老拙自降，有糠粃在前之歎。過蒙寵顧，辱示華牋。恨無酬德之言，徒有得賢之慶。感怍之素，寫述難周。

賀蔣發運啓

伏審上計入覲，拜恩言還。擁節東南，上寄一方之休戚；考圖廣内，示將大用之權輿。凡在庇庥，舉增忭躍。恭惟某官，受材秀傑，秉德純忠。蔚然西漢之文，深厚爾雅；展矣東京之吏，悃愊無華。雖已得正法眼藏於大祖師，猶有一大事因緣於當來世。固將入踐卿相，坐致功名。以斯道而結主知，隨所寓而作佛事。某竄流已久，衰病相仍。方稱慶之未皇，忽移書之見及。欣感之幸，筆舌難宣。

賀時宰啓

伏審光膺考慎，峻陟宰司。孚號揚庭，士識上心之所尚；置郵傳命，人知聖澤之將流。靡不欣愉，至於鼓舞。忝以某官，直方以大，廣博而良。進以正而正邦，異乎求以求政。貫六經百子之學，煥三代兩漢之詞。昂稟自殊，偉蕭侯之八尺；斗南莫兢，凜梁公之一人。加以絶識見微，曠度舉遠。清心省事，則法可使復結繩之約；强本節用，則貨可使若流泉之長。材無不可範而成也，譬泥之在鈞；俗無不可易而善也，猶風之靡草。是皆還至而有效，安見爲事而無功。蓋神考貽謀，已完具而可按；故成王纘要，宜纖悉以勿加。此大雅兼持而不移，矧清衷圖任之愈篤。豈繄疎逖，所獨詠歌。惟民罔知，合語則聖。凡有詔令，率先惠慈。固已遐邇争傳，室家胥慶。顧此民逢此日之何幸，謂吾相勸吾君以愛人。歡聲格於九天，乖氣消於萬彙。在昔小國，如彼景公。損己一言，退星三舍。又況以禹、湯大信之誥，有夔、契同寅之言。蠢爾憑生，猶知助順；赫然在上，豈不降康。某愚有赤心，老無佞舌。輒忘犯分，顧欲輸誠；然有難言，是在精智。蓋無交而莫與，苟好謀則必成。不惡而嚴，匪怒伊教。終成大賴，豈曰自私。伏念某遭時休明，賦命哀薄。蚤粗蒙於遴選，比久幸於退藏。天雨何私，笑流行之木偶；滄溟不改，嘆自蕩之波臣。重以傾歲周旋，竊嘗撰屨；末塗流落，無復掃門。豈賴補息劓黥，彫污糞朽；出蔀见日，去盆望天。悵未力之將殫，愧明恩之莫報。乃利用安身之何有，儻奉法循理之可爲。民社非輕，猶承宣而惴惴；天淵靡外，亦戾躍以欣欣。

下財啓

夙緣契好，獲講婚姻。顧門閥之雖微，恃臭味之不遠。敬陳納幣之禮，以行奠鴈之儀。庶徼福于前人，永交歡於二姓。

答求親啓

藐爾諸孤，雖本軒裳之後；閔然衰緒，莫閑纂組之功。伏承某人，儒術飭修，鄉評茂著。許敦兄弟之好，永結琴瑟之歡。瞻望高門，獲接登龍之峻；恪勤中饋，庶幾數馬之恭。

黄州還回太守畢仲遠啓

五年嚴譴，已甘魚鳥之鄉；一舸生還，復與縉紳之末。屢將通問，輒復自疑。方兹入境之初，遽已誨音之辱。披緘驚眩，撫己汗惶。恭惟某官，師帥斯民，表儀多士。道德龔、黄之右，牢囿坐空；風流王、謝之間，嘯歌自得。豈特居人之安堵，固將遷客之忘歸。路轉湖陰，益聽風謡之美；神馳鈴下，如聞謦咳之音。瞻詠實勞，敷宣罔既。

書

上皇帝書

臣軾謹昧死再拜皇帝陛下：臣伏以今月初五日南至，文武百僚入賀，所以賀一陽來復也。謹按《易·

復卦》：「雷在地中，復，先王以至日閉關，商旅不行，后不省方。」説《易》者曰：乾，六陽之氣也。爲十一月、爲十二月、爲正月、爲二月、爲三月、爲四月。而乾之陽復矣。陽極則陰生，陰生則夏至矣。坤，六陰之氣也，爲五月、爲六月、爲七月、爲八月、爲九月、爲十月。而坤之陰極矣。陰極則陽生，陽生則冬至矣。自太極分爲二儀，二儀分爲四象，四象分爲十二月，十二月分爲三百六十五日。五日爲一侯，分爲七十二侯，三侯爲一氣，分爲二十四氣。上爲日月星辰，下爲山川草木鳥獸蟲魚，不出此陰陽之氣升降而已。惟人也，全天地十干之氣，十月而成形，故能天能地能人，一消一息，一呼一吸，晝夜與天地相通，差舛毫忽，則邪沴之氣干之矣。故於冬至一陽之生也，五陰在上，五陽在伏，而一陽初生於伏之下，其氣至微，其兆絪緼，可以静而不動，可以畜養而不可以發宣。故《乾》之初九爻曰：「潛龍勿用。」孔子曰：「陽在下也。」言陽氣方潛於下，未可以用也。先王於是日閉關，商旅不行，后不省方。關者，門户所由以闔闢也。商旅者，動以利心也，后者，凡居人上者謂之羣后，所以治事者也。方者，事也。門户不開，則微陽閉而不出也。利心不動，則外物感而不應也。方事不省，則視聽收而不發也。先王奉若天道，如此之密，用之於國，則安静而不勞，用之於身，則沖和而不竭。昔者伏羲、神農、黄帝、堯、舜皆得此道，臣敢因至日以獻。

上王兵部書　好

荆州南北之交，而士大夫往來之衝也。執事以高才盛名，作牧於此，蓋亦嘗有以相馬之説告于左右者乎？聞之曰：騏驥之馬，一日行千里而不殆，其脊如不動，其足如無所着，升高而不輊，走下而不軒。其技藝卓絶而效見明著至於如此，而天下莫有識者，何也？不知其相而責其技也。夫馬者，有昂目而豐臆，方蹄而密睫，捷乎若深山之虎，曠乎若秋後之兔，遠望目若視日而志不存乎芻粟，若是若者飄忽騰踔，去而不知所止。是故古之善相者立于五達之衢，一日而盼之，聞其一鳴，顧而循其色，馬之技盡矣。何者？其相溢於外而不可蔽也。士之賢不肖，見於面顔而發泄於辭氣，卓然其有以存乎耳目之間，而必曰久居而後察，則亦名相士者之過矣。夫軾，西州之鄙人，而荆之過客也。其足跡偶然而至於執事之門，其平生之所治以求聞於後世者，又無所挾持以至于左右，蓋亦易疎而難合也。然自蜀至於楚，舟行六十日，過郡十一，縣三十有六，取所見郡縣之吏數十百人，莫不孜孜論執事之賢，而教之以求通於下吏。且執事何修而得此稱也？軾非敢以求知而望其所以先後於仕進之門者，亦徒以爲執事立於五達之衢，而庶幾乎一目之盼，或有以信其平生爾。夫今之世，豈惟王公擇士，士亦有所擇。軾將自楚遊魏，自魏無所不遊，恐他日以不見執事爲恨也，是以不敢不進。

與劉宜翁書

好好，切切

軾頓首宜翁使君先生閣下：秋暑，竊惟尊體起居萬福。軾久別因循，不通問左右，死罪！死罪！愚闇剛褊，仕不知止，白首投荒，深愧友朋。然定命要不可逃，置之勿復道也。惟有一事，欲謁之先生，出於迫切，深可憫笑。古之學者，不憚斷臂刳眼以求道，今若但畏一笑而止，則過矣。某齠齓好道，本不欲婚宦，爲父兄所强，一落世綱，不能自逭。然未嘗一念忘此心也。今遠竄荒服，負罪至重，無復歸望。杜門屏居，寢飯之外，更無一事，胸中廓然，實無荆棘。竊謂可以受先生之道。故託里人任德公親致死懇。古之至人，本不恪惜道術，但以人無受道之質，故不敢輕付之。某雖不肖，竊自謂有受道之質三，謹令德公口陳其詳。伏料先生知之有素，今尤哀之，想見聞此，欣然拊掌，盡發其秘也。幸不惜辭費，詳作一書付德公，以授程德孺表弟，令專遣人至惠州。路遠，難於往返咨問，幸與軾盡載首尾，勿留後段以俟憤悱也。或有外丹已成，可助成梨棗者，亦望不惜分惠。迫切之誠，真可憫笑矣。夫心之精微，口不能盡，而况書乎？然先生筆端有口，足以形容難言之妙，而軾亦眼中無障，必能洞視不傳之意也。但恨身在謫籍，不能千里踵門，北面摳衣耳。昔葛稚川以丹砂之故求句嶁令，先生倘有意乎？嶠南山水奇絶，多異人神藥，先生不畏嵐瘴，可復談笑一遊，則小人當奉杖屨以從矣。昨夜夢人爲作易卦，得《大有》上九，及覺而占之，乃郭景純爲許邁筮，有「元吉自天祐之」之語，遽作此書，庶幾似之。

上王刑部書

伏審執事移使湖北。竊以江陵之地，實楚之故國，巴蜀、甌越、三吴之出入者，皆取道於是，爲一都會。其山川之勝，蓋歷代所嘗用武焉。其間吴、蜀、魏氏尤悉力争之。宋有天下，王師平高繼冲，至於降孟昶，下周保權，又皆出此。其人才之秀，風物之美，有屈、宋、伍、禰之賦詠存焉。建節旄而使者，專有是土。其見倚之重，爲吏之樂，豈細也哉。然執事處之，則未足賀。誠以執事之材力地望，宜進任於時，不宜任此。或者以謂蠻反，南方用兵，湖北鄰也，宜擇人撫之，故以屬執事。使誠有是議，當出於廟堂，非愚所得知，所不敢臆定。所敢伏思者，人患材不足施，或不得施，豈以位之彼此大小爲擇哉。於執事之心，當亦若是，肆吾力充吾職而已，豈以位之彼此大小動吾意哉？固執事之所務也。

上荆公書

某頓首再拜特進大觀文相公執事。近者經由屢獲請見，存撫教誨，恩意甚厚。别來切計台候萬福。某始欲買田金陵，庶幾得陪杖屨，老於鍾山之下。既已不遂，今來儀真，又二十餘日，日以求田爲事，然成否未可知也。若幸而成，扁舟往來，見公不難也。向屢言高郵進士秦觀，太虛公亦粗知其人。今得其詩文數十首拜呈，詞格高下，固已無逃於左右。獨其行義飭修，才敏過人，有志於忠義者，某請以身任之。此外博綜史傳，通曉佛書，講集醫藥，明練法律，若此類未易一一數也。才難之歎，古今共之，如觀等輩，實不易得。願公少借齒牙，使增重於世，其他無所望也。

何等心事

上韓樞密書

某頓首上樞密侍郎閣下：某受知門下，似稍異於尋常人。蓋嘗深言不諱矣，明公不以爲過。其在錢塘時，亦蒙以書見及，語意親甚。自爾不復通問者七年于兹矣。頃聞明公入西府，門前書生爲作賀啓數百言。軾輒裂去，曰：「明公豈少此哉！（趣）要當有輔於左右者。」昔侯霸爲司徒，其故人嚴子陵以書遺之曰：「君房足下，位至台鼎，甚善。懷仁輔義天下悦，阿諛順旨要領絶。」世以子陵爲狂，以軾觀之，非狂也。方是時，光武以布衣取天下，功成志滿，有輕人臣之心，躬親吏事，所以待三公者甚薄。霸爲司徒，奉法循職而已，故子陵有以感發之。今陛下之聖，不止光武，而明公之賢，亦遠過侯霸。某雖不用，然有位於朝，未若子陵之獨善也。其得盡言於左右，良不爲過。今者，貪功僥倖之臣勸上用兵於西北。使斯言無有，則天下之幸，孰大於此；不幸有之，大臣所宜必爭也。古今兵不可用，明者計之詳矣，明公亦必然之，軾不敢復言。

何等心神

上梅直講書

某每讀《詩》至《鴟鴞》，讀《書》至《君奭》，常竊悲周公之不遇。及觀史，見孔子厄於陳、蔡之間，而絃歌之聲不絶，顔淵、仲由之徒相與問答。夫子曰：「匪兕匪虎，率彼曠野，吾道非邪，吾何爲於此？」顔淵曰：「夫子之道至大，故天下莫能容。雖然，不容何病，不容然後見君子。」夫子油然而笑曰：「回，使爾多財，吾爲爾宰。」夫天下雖不能容，而其徒自足以相樂如此。乃今知周公之富貴，有不如夫子之貧賤。夫以召公之賢，以管、蔡之親而不知其心，則周公誰與樂其富貴。而夫子之所與共貧賤者，皆天下之賢才，則亦足與樂乎此矣。軾七八歲時，始知讀書，聞今天下有歐陽公者，其爲人如古孟軻、韓愈之徒。而又有梅公者從之遊，而與之上下其議論。其後益壯，始能讀其文詞，想見其爲人，意其飄然脱去世俗之樂而自樂其樂也。方學爲對偶聲律之文，求斗升之禄，自度無以進見於諸公之間。來京師逾年，未嘗窺其門。今年春，天下之士羣至于禮部，執事與歐陽公寔親試之。誠不自意，獲在第二。既而聞之人，執事愛其文，以爲有孟軻之風。而歐陽公亦以其能不爲世俗之文也而取焉。是以在此。非左右爲之先容，非親舊爲之請屬，而嚮之十餘年間，聞其名而不得見者，一朝爲知己。退而思之，人不可以苟富貴，亦不可以徒貧賤。有大賢焉而爲其徒，則亦足恃矣。苟其僥一時之幸，從車騎數十人，使閭巷小民聚觀而贊嘆之，亦何以易此樂也。《傳》曰：「不怨天，不尤人。」蓋優哉遊哉，可以卒歲。執事名滿天下，而位不過五品。其容色温然而不怒，其文章寬厚敦朴而無怨言，此必有所樂乎斯道也。軾願與聞焉。

上韓太尉書

此書不切韓太尉，而論西漢極是。若東漢諸君子，論得未當也

軾生二十有二年矣。自七八歲知讀書，及壯大，不能曉習時事，獨好觀前世盛衰之迹，與其一時風俗之變。自三代以來，頗能論著。以爲西漢之衰，其大臣守尋常，不務大略。東漢之末，士大夫多奇節，而不循

正道。元、成之間，天下無事，公卿將相安其禄位，顧其子孫，各欲樹私恩，買田宅，爲不可動之計，低回畏辟，以苟歲月，而皆依放儒術六經之言，而取其近似者，以爲口實。孔子曰：「惡居下流而訕上，惡訐以爲直。」劉歆、谷永之徒，又相與彌縫其闕而緣飾之。故其衰也，靡然如蛟龍釋其風雲之勢，而安於豢畜之樂，終以不悟，使其肩披股裂登於匹夫之俎，豈不悲哉！其後桓、靈之君，懲往昔之弊，而欲樹人主之威權，故頗用嚴刑，以督責臣下。忠臣義士不容於朝廷，故羣起於草野，相與力爲險怪驚世之行，使天下豪俊奔走於其門，得爲之執鞭，而其自喜，不啻若卿相之榮。於是天下之士囂然皆有無用之虚名，而不適於實效。故其亡也，如人之病狂，不知堂宇宫室之爲安，而號呼奔走，以自顛仆。昔者太公治齊，舉賢而尚功。周公曰：「後世必有篡弑之臣。」周公治魯，親親而尊尊。太公曰：「後世浸微矣。」漢之事迹，誠大類此。豈其當時公卿士大夫之行與其風俗之剛柔，各有以致之邪？古之君子，剛毅正直而守之以寛，忠恕仁厚而發之以義。故其在朝廷則士大夫皆自洗濯磨淬，戮力於王事，而不敢爲非常可怪之行，此三代王政之所由興也。曾子曰：「上失其道，民散久矣。」天下之人幸而有不爲阿附、苟容之事者，則務爲倜儻矯異，求如東漢之君子，惟恐不及，可悲也已。軾自幼時，聞富公與太尉皆號爲寛厚長者，然終不可犯以非義。及來京師，而二公同時在兩府。愚不能知其心，竊於道塗，望其容貌，寛然如有容，見惡不怒，見善不喜，豈古所謂大臣者歟？夫循循者固不能有所爲，而翹翹者又非聖人之中道，是以願見太尉，得聞一言，足矣。太尉與大人最厚，而又嘗辱問其姓名，此尤不可以不見。

（眉批：真中膏肓　此二句，正他口實　非有心爲之，氣不能平故也　難説無用，特不用之耳）

上富丞相書

起顛散漫

軾聞之：進説於人者，必其人之有間而可入，則其説易行。戰國之人貪，天下之士因其貪而説之。危國之人懼，天下之士因其懼而説之，是故其説易行。古之人一説而合，至有立談之間而取公相者，未嘗不始於戰國、危國。何則？有間而可入也。居今之世，而欲進説於明公之前，不得其間而求人焉，則亦可謂天下之至愚無知者矣。地方萬里而制於一姓，極天下之尊，而盡天下之富，不可以有加矣。而明公爲之宰。四夷不作，兵革不試，是明公無貪於得而無懼於失也。方西戎之熾也，狄人乘間以跨吾北，中國之大不畏，而畏明公之一詞，是明公之勇冠於天下也。明公居於山東，而傾河朔之流人，父棄其子、夫棄其妻而自歸於明公者百餘萬。明公人人而食之，旦旦而撫之。此百萬人者，出於溝壑之中，而免於烏鳶豺狼之患。生得以養其父母而祭其祖考，死得以使其子孫葬埋祭祀，不失其故常。是明公之仁，及於百世也。勇冠於天下，而仁及於百世，士之生於世，如此亦足矣。今也處於至足之勢，則是明公無復有所羡慕於天下之功名也。五帝三代之事，百家之書，莫不盡讀。禮樂刑政之大小，兵農財賦之盛衰，四海之内，地里之遠近，山川之險易，物土之所宜，莫不盡知。當世之賢人君子，與夫奸僞險詐之徒，莫不盡究。至於曲學小數，茫昧儻怳而不可知者，皆獵其華而咀其英，泛其流而涉其源。雖自謂當世之辯，不能傲之以其所不知。則是明公無復有所畏憚於天下之博學也。名爲天下之賢人，而貴爲天子之宰，無貪於得，而無懼於失，無羡於功名，而無畏於博學，是其果無間而可入也？天下之士，果不可以進説也？軾也聞之楚左史倚相曰：「昔衛武公年九十有五，猶日箴儆於國曰：『自卿以下，至于官師，苟在朝者，無謂我老耄而舍我，朝夕以交戒我。』猶以爲未也，而作詩以自戒。其詩曰：『抑抑威儀，惟德之隅。』」夫衛武公惟居于至足，而日以爲不足，故其没也，諡之曰睿聖武公。嗟夫明公，豈以其至足而無間以拒天下之士，則士之進説者亦何必其間之入哉？不然，軾將誦其所聞，而明公試觀之。夫天下之小人，所爲走輻湊于大人之門而爲之用者，何也？大人得其全，（此後俱可）小人得其偏。大人得其全，故能兼受而獨制。小人得其偏，是以聚而求合於大人之門。古之聖人，唯其聚天下之偏而各收其用，以爲非偏則莫肯聚也，是故不以其全而責其偏。夫惟全者之不可以多有也，故天下之偏者，惟全之求。今以其全而責其偏，夫彼若能全，將亦爲我而已矣，又何求焉。昔者夫子廉潔而不爲異衆之行，勇敢而不爲過物之操，孝而不徇其親，忠而不犯其君。凡此者，是夫子之全也。原憲廉而至於貧，公良孺勇而至於鬬，曾子孝而徇其親，子路忠而犯其君。凡此者，是數子之偏也。夫子居其全，而收天下之偏，是以若此巍巍也。若夫明公，其亦可謂天下之全矣。廉而天下不以爲介，直而天下不以爲訐，剛健而不爲强，敦厚而不爲弱。此明公之所得之於天，而天下之所不可望於明公者也。明公居其全，天下效其偏，其誰曰不可。異時士大夫皆喜爲卓越之行，而世亦貴狡悍之才。自明公執政，而朝廷之間習爲中道，而務循於規矩。士之矯飾力行爲異者，衆必共笑之。夫卓越之行，非至行也，而有取於世。狡悍之才，非真才也，而有用於天下。此古之全人所以坐而收其功也。今天下卓越之行，狡悍之才，舉不敢至於明公之門，懼以其不純而獲罪於門下。軾之不肖，竊以爲天下之未大治，兵之未振，財之未豐，天下之有望於明公而未獲者，其或由此也歟？昔范公收天下之士，不考其素。苟可用者，莫不咸在。雖其狂獧無行之徒，亦自效於下風，而范公亦躬爲詭特之操以振之。夫范公之取人者，是也，其自爲者，非也。伏惟明公以天下之全而自居，去其短而襲其長，以收功於無窮。軾也西南之匹夫，求斗升之禄而至於京師。翰林歐陽公不知其不肖，使與於制舉之末，而發其猖狂之論。是以輒進説於左右，以爲明公必能容之。所進策論五十篇，貧不能盡寫，而致其半。觀其大略，幸甚。

上曾丞相書

翻案。妙妙

軾聞之：將有求於人，而其説不誠，則難以望其有合矣。世之奇特之士，其處也，莫不爲異衆之行；而其出也，莫不爲怪詭之詞。比物引類，以摇撼當世。理不可化，則欲以勢劫之，將以術售其身。古之君子有韓子者，其爲説曰：「王公大人，不可以無貧賤之士居其下風而推其後，大其聲名而久其傳。雖其貴賤之闊絶，而其相須之急，不啻若左右手。」嗚呼！果其用是説也，則夫世之君子所爲老死而不通者，無足怪矣。今夫扣之者急，則應之者疑。其詞夸，則其實必有所不副。今吾以爲王公大人不可以一日而無吾也，彼將退而考其實，則亦無乃未至於此耶？昔者漢高未嘗喜儒而不失爲明君，衛、霍未嘗薦士而不失爲賢公卿。吾將以吾之説，而彼將以彼之説。彼是相拒，而不得其歡心，故貴賤之間，終不可以合，而道終不可以行。何者？其扣之急而其詞夸也。鬻千金之璧者，不之於肆，而願觀者塞其門。觀之嘆息，而主人無言焉。非不能言，知言之無加也。今也不幸而坐於五達之衢，又呶呶焉自以爲希世之珍，過者不顧，執其裾而强觀之，則其所鬻者可知矣。王公大人，其無意於天下後世者，亦安以求爲也。苟其不然，則士之過於其前而有動於其目者，彼將褰裳疾行而摟取之。故凡皇皇汲汲者，舉非吾事也。昔者，嘗聞明公之風矣。以大臣之子孫，而取天下之高第。才足以過人，而自視缺然，常若不足。安於小官，而樂於恬淡。方其在大學之中，衣繒飯糗，若將終身，至於德發而不可掩，名高而不可抑。貴爲天子之少宰，而其自視不加於其舊之錙銖。其度量宏達，至於如此。此其尤不可以夸詞而急扣者也。軾不佞，自爲學至今，十有五年。以爲凡學之難者，難於無私。無私之難者，難於通萬物之理。故不通乎萬物之理，雖欲無私，不可得也。己好則好之，己惡則惡之，以是自信則惑也。是故幽居默處而觀萬物之變，盡其自然之理，而斷之於中。其所不然者，雖古之所謂賢人之説，亦有所不取。雖以此自信，而亦以此自知其不悦於世也。故其言語文章，未嘗輒至於公相之門。今也天子舉直諫之士，而兩制過聽，謬以其名聞。竊以爲與於此者，皆有求於吾君吾相者也。故亦有獻。其文凡十篇，而書爲之先。

應制舉上兩制書

軾聞古者有貴賤之際，有聖賢之分，二者相勝而不可以相參，其勢然也。治其貴賤之際，則不知聖賢之爲高。行其聖賢之分，則不知貴賤之爲差。昔者子思、孟軻之徒，不見諸侯而耕於野，比閭小吏一呼於其門，則攝衣而從之。至於齊、魯千乘之君，操幣執贄，因門人以願交於下風，則閉門而不納。此非苟以爲異而已，將以明乎聖賢之分，而不參於貴賤之際。故其攝衣而從之也，君子不以爲畏。而其閉門而拒之也，君子不以爲傲。何則？其分定也。士之賢不肖，固有之矣。子思、孟軻，不可以人人而求之，然而貴賤之際，聖賢之分，二者要以不可不知也。世衰道喪，不能深明於斯二者而錯行之，施之不得其處，故其道兩亡。今夫軾，朝生於草茅塵土之中，而夕與於州縣之小吏，其官爵勢力不足較於世，亦明矣。而諸公之貴，至與人主揖讓周旋而無間，大車駟馬至於門者，逡巡而不敢入。軾也，非有公事而輒至於庭，求以賓客之禮見於下執事，固已獲罪於貴賤之際矣。雖然，當世之君子，不以其愚陋，而使與於制舉之末，朝廷之上，不以其疎賤，而使奏其猖狂之論。軾亦自忘其不肖，而以爲是兩漢之主所孜孜而求之，親降色辭而問之政者也。其才雖不足以庶幾於聖賢之間，而學其道，治其言，則所守者其分也。是故踽踽然而來，仰不知明公之尊，而俯不知其身之賤。不由紹介，不待辭讓，而直言當世之故，無所委曲者，以爲貴賤之際，非所以施於此也。

軾聞治事不若治人，治人不若治法，治法不若治時。時者，國之所以存亡，天下之所最重也。周之衰也，時人莫不苟媮而不立，周雖欲其立而不可得也，故周亡。秦之衰也，時人莫不貪利而不仁，秦雖欲其仁而不可得也，故秦亡。西漢之衰也，時人莫不柔懦而謹畏，故君臣相蒙而至於危。東漢之衰也，時人莫不矯激而奮厲，故賢不肖不相容，以至於亂。夫時者，豈其所自爲邪？王公大人實爲之。軾將論其時之病，而以爲其權在諸公。諸公之所好，天下莫不好，諸公之所惡，天下莫不惡。故軾敢以今之所患二者告於下執事。其一曰用法太密而不求情，其二曰好名太高而不適實，此二者，時之大患也。何謂用法太密而不求情？昔者天下未平而法不立，則人行其私意，仁者遂其仁，勇者致其勇，君子小人莫不以其意從事，而不困於繩墨之間，故易以有功，而亦易以亂。及其治也，天下莫不趨於法，不敢用其私意，而惟法之知。故雖賢者所爲，要以如法而止，不敢於法律之外有所措意。夫人勝法則法爲虛器，法勝人則人爲備位。人與法並行而不相勝，則天下安。今自一命以上至於宰相，皆以奉法循令爲稱其職，拱手而任法，曰吾豈得自由哉。法既大行，故人爲備位。其成也，其敗也，其治也，其亂也，天下皆曰非我也，法也。法之弊豈不亦甚矣哉。昔者漢高之時，留侯爲太子少傅，位於叔孫之後，而周昌亦自御史大夫爲諸侯相，天下有緩急，則功臣左遷而不怨。此亦知其君臣之體，不以法而相持也。今天下所以任法者，何也？任法生於自疑，自疑生於多私。惟天下之無私，則能以法律之外，有以效其智。何則？其自信明也。夫唐永泰之間，奸臣執政，政以賄成，德宗發憤而用常袞，袞一切用法，四方奏請，莫有獲者。然天下否塞，賢愚不分，君子不以爲能也。崔祐甫爲相，不至期年而除吏八百，多其親舊。或者以爲譏，祐甫曰：「不然，非親與舊，則安得而知之？顧其所用如何爾。」君子以爲善用法。今天下泛泛焉莫有深思遠慮者，皆任法之過也。何謂好名太高而不適實？昔者聖人之爲天下，使人各致其能以相濟也。不一則不專，不專則不能。自堯舜之時，而伯夷、后夔、稷、契之倫，

陽明論從此

皆不過名一藝、辨一職以盡其能，至於子孫世守其業而不遷。夔不敢自與於知禮，而契不敢自任於播種。至於三代之際，亦各輸其才而安其習，以不相犯躐。凡書傳所載者，自非聖人，皆止於名一藝、辨一職，故其藝未嘗不精，而其職未嘗不舉，後世之所希望而不可及者，由此故也。下而至於漢，其君子各務其所長，以相左右，故史之所記，武、宣之際，自公孫、魏、邴以下，皆不過以一能稱於當世。夫人各有才，才各有小大。大者安其大而無忽於小，小者樂其小而無慕於大，是以各適其用而不喪其所長。及至後世，上失其道，而天下之士皆有侈心，恥以一藝自名，而欲盡天下之能事。是故喪其所長而至於無用。今之士大夫，其實病此也。仕者莫不談王道，述禮樂，皆欲復三代，追堯舜，終於不可行，而世務因以不舉。學者莫不論天人，推性命，終於不可究，而世教因以不明。自許太高而措意太廣，太高則無用，太廣則無功，是故賢人君子布於天下而事不立。聽其言則侈大而可樂，責其效則汗漫而無當，此皆好名之過。深惟古之聖賢，建功立業，興利捍患，至於百工小民之事，皆有可觀，不若今世之因循鹵莽。其故出於此二者歟？伏惟明公才略之宏偉，度量之寬厚，學術之廣博，聲名之煒燁，冠於一時而振於百世。百世之所望而正者，意有所向，則天下奔走而趨之。則其憫時憂世之心，或有取於斯言也。軾將有深於此者，而未敢言焉。

上劉侍讀書

軾聞天下之所少者，非才也。才滿於天下，而事不立。天下之所少者，非才也，氣也。何謂氣？曰：是不可名者也。若有鬼神焉而陰相之。今夫事之利害，計之得失，天下之能者，舉知之而不能辨，能辨其小而不能辨其大，則氣有所不足也。夫氣之所加，則已大而物小，於是乎受其至大而不爲之驚，納其至繁而不爲之亂，任其至難而不爲之憂，享其至樂而不爲之蕩。是氣也，受之於天，得之於不可知之間，傑然有以蓋天下之人，而出萬物之上，非有君長之位，殺奪施與之權，而天下環嚮而歸之，此必有所得者矣。多才而敗者，世之所謂不幸者也。若無能焉而每以成者，世之所謂天幸者也。夫幸與不幸，君子之論，不施於成敗之間，而施於窮達之際，故凡所以成者，其氣也，其所以敗者，其才也。氣不能守其才，則焉往而不敗？世之所以多敗者，皆知求其才而不知論其氣也。若夫明公，其亦有所得矣。軾非敢以虚辭而曲説，誠有所見焉耳。夫天下有分，得其分則安，非其分而以一毫取於人則羣起而争之。天下有無窮之利，自一命以上至於公相，其利可愛，其塗甚夷，設爲科條而待天下之擇取。然天下之人，翹足跂首而羣望之，逡巡而不敢進者，何也？其分有所止也。天下有無功而遷一級者，則衆指之矣。遷者不容於下，遷之者不容於上，而況其甚者乎！明公起於徒步之中，執五寸之翰，書方尺之簡而列於士大夫之上，横翔捷出，冠壓百吏，而爲之表。猶以爲未也，而加之師友之職，付之全秦之地，地方千里，則古之方伯連帥所不能有也；東障崤澠，北跨河渭，南倚巴蜀，西控戎夏，則古之秦昭王、商君、白起之徒所以殫身殘民百戰而有之者也。奮臂而取兩制，不十餘年，而天下不以爲速。非有汗馬之勞，米鹽之能，以擅富貴之美，而天下不以爲無功。抗顔高議，自以無前，而天下不以爲無讓。此其氣固有以大服於天下矣。天下無大事也，天下而有大事，非其氣之過人者，則誰實辦之？軾遠方之鄙人，遊於京師，聞明公之風，幸其未至於公相，而猶可以誦其才氣之盛美，而庶幾於知言。惜其將遂西去而不得從也，故請問於門下，以願望見其風采。

上蔡省主論放欠書

可觀，可感

軾於門下，蹤迹絶踈。然私自揆度，亦似見知於明公者。尋常無因緣，固不敢造次致書，今既有所欲言，而又默默拘於流俗人之議，以爲迹疎不當干説，則是謂明公亦如凡人拘於疎密之分者，竊以爲不然，故輒有所言不顧，惟少留聽。軾於府中，實掌理欠。自今歲麥熟以來，日與小民結爲嫌恨，鞭笞鏁繫，與縣官日得千百錢，固不敢憚也。彼實侵盗欺官，而不以時償，雖日撻無愧。然其間有甚足悲者。或管押竹木，風水之所漂；或主持糧斛，歲久之所壞；或布帛惡弱，估剥以爲虧官；或糟滓潰爛，紐計以爲實欠；或未輸之贜，責於當時主典之吏；或敗折之課，均於保任干繫之家。官吏上下，舉知其非辜，而哀其不幸，迫於條憲，勢不得釋，朝廷亦深知其無告也，是以每赦必及焉。凡今之所追呼鞭撻日夜不得休息者，皆更數赦，遠者六七赦矣。問其所以不得釋之狀，則皆曰：吾無錢以與三司之曹吏。以爲不信，而考諸舊籍，則有事同而先釋者矣。曰：此有錢者也。嗟夫！天下之人以爲言出而莫敢逆者，莫若天子之詔書也。今詔書且已許之，而三司之曹吏獨不許，是猶可忍邪？伏惟明公在上，必不容此輩，故敢以告。凡四十六條，二百二十五人，錢七萬四百五十九千，粟米三千八百三十斛。其餘炭鐵器用材木冗雜之物甚衆。皆經監司選吏詳定灼然可放者，軾已具列聞於本府。府當以奏，奏且下三司，議者皆曰：「必不報，雖報，必無决然了絶之命。」軾以爲不然。往年韓中丞詳定放欠，以爲赦書所放，必待其家業蕩盡，以至於干繫保人亦無孑遺可償者，又當計赦後月日以爲放數。如此，則所及甚少，不稱天子一切寬貸之意。自今苟無所隱欺者，一切除免，不問其他。以此知今之所奏者，皆可放無疑也。伏惟明公獨斷而力行之，使此二百二十五家皆得歸安其藜糗，養其老幼，日晏而起，吏不至門，以歌詠明公之德，亦使赦書不爲空言而無信者。

上韓魏公乞葬董傳書

可觀，可感

軾再拜。近得秦中故人書，報進士董傳三月中病死。軾往歲官岐下，始識傳，至今七八年，知之熟矣。

其爲人，不通曉世事，然酷嗜讀書。其文字蕭然有出塵之姿，至詩與楚詞，則求之於世可與傳比者，不過數人。此固不待軾言，公自知之。然傳嘗望公不爲力致一官，軾私心以爲公非有所愛也，知傳所稟付至薄，不任官耳。今年正月，軾過岐下，而傳居喪二曲，使人問訊其家，而傳徑至長安，見軾於傳舍，道其饑寒窮苦之狀，以爲幾死者數矣，賴公而存。「又且薦我於朝。吾平生無妻，近有彭駕部者，聞公薦我，許嫁我其妹。若免喪得一官，又且有妻，不虛作一世人，皆公之賜。」可傷，可痛 軾既爲傳喜，且私憂之。此二事，生人之常理，而在傳則爲非常之福，恐不能就。今傳果死，悲夫。書生之窮薄，至於如此其極耶！夫傳之才器，固不通於世用。然譬之象犀珠玉，雖無補於饑寒，要不可使在塗泥中，此公所以終薦傳也。今父子暴骨僧寺中，孀母弱弟，自谋口腹不暇，决不能葬。軾與之故舊在京師者數人，相與出錢賻其家，而氣力微薄，不能有所濟，甚可憫笑。公若猶憐之，不敢望其他，度可以葬傳者足矣。陳繹學士，當往涇州，而宋迪度支在岐下，公若有以賜之，軾且斂衆人之賻，并以予陳而致之宋，使葬之，有餘，以予其家。傳平生所爲文，當使人就其家取之，若獲，當獻諸公。

上韓丞相論災傷手實書

可觀，可感

史館相公執事：軾到郡二十餘日矣。民物椎魯，遇客稀少，真愚拙所宜久處也。然災傷之餘，民既病矣。自入境，見民以蒿蔓裹蝗虫而瘗之道左，纍纍相望者二百餘里，捕殺之數，聞於官者幾三萬斛。然吏皆言蝗不爲災，甚者或言爲民除草。使蝗果爲民除草，民將祝而來之，豈忍殺乎？軾近在錢塘，見飛蝗自西北來，聲亂浙江之濤，上翳日月，下掩草木，遇其所落，彌望蕭然。此京東餘波及淮浙者耳，而京東獨言蝗不爲災，將以誰欺乎？郡已上章詳論之矣。願公少信其言，特與量蠲秋税，或與倚閣青苗錢。疎遠小臣，腰領不足以薦鈇鉞，豈敢以非災之蝗上罔朝廷乎？若必不信，方且重復撿按，則饑羸之民，索之於溝壑間矣。今乃且民非獨病旱蝗也。方田均税之患，行道之人擧知之。税之不均也久矣，然而民安其舊，無所歸怨。今乃用一切之法，成於期月之間，奪甲與乙，其不均又甚於昔者，而民之怨始有所歸矣。今又行手實之法，雖其條目委曲不一，然大抵特告訐耳。昔之爲天下者，惡告訐之亂俗也，故有不干己之法，非盗及强姦不得捕告。其後稍稍失前人之意，漸開告訐之門。而今之法，揭賞以求人過者，十常八九。夫告訐之人，未有非凶姦無良者。異時州縣所共疾惡，多方去之，然後良民乃得而安。今乃以厚賞招而用之，豈吾君敦化、相公行道之本意歟。

上文侍中論强盗賞錢書

可觀

軾再拜：軾備員偏州，民事甚簡。但風俗武悍，特好强劫，加以比歲薦饑，椎剽之姦，殆無虚日。自軾至此，明立購賞，隨獲隨給，人用競勸，盗亦斂迹。準法，獲强盗一人，至死者給五十千，流以下半之。近有旨，災傷之歲，皆降一等。既降一等，則當復減半，自流以下，得十二千五百而已。凡獲一賊，告與捕者，率常不下四五人，不勝則爲盗所害。幸而勝，則凡爲盗者擧讎之。其難如此，而使四五人者分十二千五百以損其軀命，可乎？朝廷所以深惡强盗者，爲其志不善，張而不已，可以馴致勝、廣之資也。由此言之，五十千豈足道哉！

上文侍中論榷鹽書

可觀，可感

留守侍中執事：當今天下勳德俱高，爲主上所倚信，望實兼隆，爲士民所責望，受恩三世，宜與社稷同憂，皆無如明公者。今雖在外，事有關於安危，而非職之所憂者，猶當盡力争之，而况其事關本職而憂及生民者乎？竊意明公必已言之而人不知。若猶未也，則願效其愚。頃者三司使章惇建言：「乞榷河北、京東鹽。」朝廷遣使按視，召周革入覲，已有成議矣。惇之言曰：「河北與陝西皆爲邊防，而河北獨不榷鹽，此祖宗一時之誤恩也。」軾以爲陝西之鹽與京東、河北不同，解池廣袤不過數十里，既不可捐以予民，而官亦易以籠取。青鹽至自虜中，有可禁止之道，然猶法存而實不行。城門之外，公食青鹽。今東北循海皆鹽也，其欲籠而取之，正與淮南、兩浙無異。軾在餘杭時，見兩浙之民以犯鹽得罪者一歲至萬七千人而莫能止。姦民以兵仗護送，吏士不敢近者，常以數百人爲輩，特不爲他盗，故上下通知，而不以聞耳。東北之人，悍於淮、浙遠甚，平居椎剽之姦常甲於他路，一旦榷鹽，則其禍未易以一二數也。由此觀之，祖宗以來，獨不榷河北鹽者，正事之適宜耳。何名爲誤哉！今議者曰：「吾之法與淮、浙不同。淮、浙之民所以不免於私販，而竈户所以不免於私賣者，以官之買價賤而賣價貴耳。今吾賤買而賤賣，借如每斤官以三錢得之，則以四錢出之，鹽商私買於竈户，利其賤耳，賤不能减三錢，竈户均爲得三錢也，寧以予官乎？將以予私商而犯法乎？此必不犯之道也。」此無異於兒童之見。東海皆鹽也。苟民力之所及，未有捨而不煎，煎而不賣者也。而近歲官錢常若窘迫，遇其急時，百用横生，以有限之錢，買無窮之鹽，竈户有朝夕薪米之憂，而官錢在期月之後，則其利必歸於私販無疑也。食之於鹽，非若饑之於五穀也。五穀之乏，至於節口并日。而况鹽乎？故私販法重而官鹽貴，則民之貧而懦者或不食鹽。往在浙中，見山谷之人有數月食無鹽者，今將榷之，東北之俗必不如往日之嗜鹹也，而望官課之不虧，疎矣。且淮、浙官鹽，本輕而利重，雖有積滯，官未病也。今以三錢爲本，一錢爲利，自禄吏購賞修築敖庾之外，所獲無幾矣。一有積滯不行，官之所喪，可勝計哉！失民而得財，明者不爲。况民財兩失者乎？且禍莫大於作始，作俑之漸，至於用人，今兩路未有鹽禁也，故變之難。遣使會議，經年而未果。自古作事欲速而不收衆議，未有如今日者也。然猶遲久如此，以明作始之難也。今既已榷之矣，則他日國用不足，添價賣，有司以爲熟事，行半紙文書而決矣。且明公能必其不添乎？非獨明公不能也，今之執政能自必乎？苟不可必，則兩路之禍自今日始。夫東北之蠶，衣被天下。蠶不可無鹽，而議者輕欲奪之，是病天下也。明公可不深哀而速救之歟？或者以爲朝廷既有成議矣，雖爭之必不從。竊以爲不然。乃者手實造簿，方赫然行法之際，軾嘗論其不可，以告今太原韓公。公時在政府，莫之行也，而手實卒罷，民賴以少安。凡今執政所欲必行者，青苗、助役、市易、保甲而已，其他猶可以庶幾萬一。或者又以爲明公將老矣，若猶有所爭，則其請老也難。此又軾之所不識也。使明公之言幸而聽，屈己少留，以全兩路之民，何所不可。（説得可憐）不幸而不聽，是議不中意，其於退也尤易矣。願少留意，軾一郡守也，猶以爲職之所當憂，而冒聞於左右，明公其得已乎？

答黃魯直書

軾頓首再拜魯直教授長官足下：軾始見足下詩文於孫莘老之坐上，聳然異之，以爲非今世之人也。莘老言：「此人，人知之者尚少，子可爲稱揚其名。」軾笑曰：「此人如精金美玉，不即人而人即之，將逃名而不可得，何以我稱揚爲？」然觀其文以求其爲人，必輕外物而自重者，今之君子莫能用也。其後過李公擇於濟南，則見足下之詩文愈多，而得其爲人益詳，意其超逸絶塵，獨立萬物之表，馭風騎氣，以與造物者遊，非獨今世之君子所不能用，雖如軾之放浪自棄，與世闊疎者，亦莫得而友也。今者辱書詞累幅，執禮恭甚，如見所畏者，何哉？軾方以此求交於足下，而懼其不可得，豈意得此於足下乎？喜愧之懷，殆不可勝。然自入夏以來，家人輩更卧病，忽忽至今，裁答甚緩，想未深訝也。《古風》二首，託物引類，真得古詩人之風，而軾非其人也。聊復次韻，以爲一笑。

黄州上文潞公書

可觀，可念

軾再拜：孟夏漸熱，恭惟留守太尉執事台候萬福。承以元功，正位兵府，備物典册，首冠三公。雖曾孫之遇，絶口不言；而金滕之書，因事自顯。真古今之異事，聖朝之光華也。有自京師來轉示所賜書教一通，行草爛然，使破甑敝帚，復增九鼎之重。軾始得罪，倉皇出獄，死生未分，六親不相保。然私心所念，不暇及他。但顧平生所存，名義至重，不知今日所犯，爲已見絶於聖賢，不得復爲君子乎？抑雖有罪不可赦，而猶可改也？伏念五六日，至于旬時，終莫能决。輒復强顔忍恥，飾鄙陋之詞，道疇昔之眷，以卜於左右。遽辱還答，恩禮有加。豈非察其無他，而恕其不及，亦如聖天子所以貸而不殺之意乎？伏讀灑然，知其不肖之軀，未死之間，猶可以洗濯磨治，復入於道德之場，追申徒而謝子産也。軾始就逮赴獄，有一子稍長，徒步相隨。其餘守舍，皆婦女幼稚。至宿州，御史符下，就家取文書。州郡望風，遣吏發卒，圍船搜取，老幼幾怖死。既去，婦女恚駡曰：「是好著書，書成何所得，而怖我如此！」悉取燒之。比事定，重復尋理，十亡其七八矣。到黄州，無所用心，輒復覃思於《易》《論語》，端居深念，若有所得，遂因先子之學，作《易傳》九卷。又自以意作《論語説》五卷。窮苦多難，壽命不可期。恐此書一旦復淪没不傳，意欲寫數本留人間。念新以文字得罪，人必以爲凶衰不祥之書，莫肯收藏。又自非一代偉人不足託以必傳者，莫若獻之明公。而《易傳》文多，未有力裝寫，獨致《論語説》五卷。公退閒暇，一爲讀之，就使無取，亦足見其窮不忘道，老而能學也。軾在徐州時，見諸郡盗賊爲患，而察其人多凶俠不遜，因之以饑饉，恐其憂不止於竊攘剽殺也。輒草具其事上之。會有旨移湖州而止。家所藏書，既多亡軼，而此書本以爲故紙糊籠篋，獨得不燒，籠破見之，不覺憫然如夢中事，輒録其本以獻。軾廢逐至此，豈敢復言天下事，但惜此事粗有益於世，既不復施行，猶欲公知之，此則宿昔之心掃除未盡者也。公一讀訖，即燒之而已。黄州食物賤，風土稍可安，既未得去，去亦無所歸，必老於此。拜見無期，臨紙於邑。

謝張太保撰先人墓碣書

伏蒙再示先人《墓表》，特載《辨姦》一篇，恭覽涕泗，不知所云。竊惟先人早歲汨没，晚乃有聞。雖當時學者知師尊之，然於其言語文章，猶不能盡，而况其中之不可形者乎？所謂知之盡而信其然者，舉世惟公一人。《辨姦》之始作也，自軾與舍弟皆有「嘻其甚矣」之諫，不論他人。獨明公一見，以爲與我意合。公固已論之先朝，載之史册，今雖容有不知，後世决不可没。而先人之言，非公表而出之，則人未必信。信不信何足深計，然使斯人用區區小數以欺天下，天下莫覺莫知，恐後世必有秦無人之嘆，此《墓表》之所以作，而軾之所以流涕再拜而謝也。黄叔度澹然無作，郭林宗一言，至今以爲顔子。林宗於人材小大畢取，所賢非一人，而叔度之賢，無一見於外者，而後世猶信，徒以林宗之重也。今公之重，不減林宗，所賢惟先人，而其心迹，粗若可見，其信於後世必矣。

坡仙集卷之五終

坡仙集卷之六

書柬

與章子厚書　可觀，可感

子厚參政諫議執事：春初辱書，尋遞中裁謝，不審得達否？比日機務之暇，起居萬福。軾蒙恩如昨，顧以罪廢之餘，人所鄙惡，雖公不見棄，亦不欲頻通姓名。今兹復陳區區，誠義有不可已者。軾在徐州日，聞沂州丞縣界有賊何九郎者，謀欲劫利國監。又有闞温、秦平者，皆猾賊，往來沂、兖間。欲使人緝捕，無可使者。聞沂州葛墟邨有程棐者，家富，有心膽。其弟岳，坐與李逢往還，配桂州牢城。棐雖小人，而篤於兄弟，常欲爲岳洗雪而無由。竊意其人可使。因令本州支使孟易呼至郡，喻使自效，以刷門户垢汙，苟有成績，當爲奏乞放免其弟。棐願盡力，因出帖付與。不逾月，軾移湖州，棐相送出境，云：「公更留兩月，棐必有以自效，今已去，奈何！」軾語棐：「但盡力，不可以軾去而廢也。苟有所獲，當速以相報，不以遠近所在，仍爲奏乞如前件也。」是歲七月二十七日。棐使人至湖州見報，云：「已告捕獲妖賊郭先生等。」及得徐州孔目官以下狀申告捕妖賊事，如棐言不謬。軾方欲具始末奏陳，棐所以盡力者，爲其弟也，乞勘會其弟岳所犯，如只是與李逢往還，本不與其謀者，乞賜放免，以勸有功。艸具未上，而軾就逮赴詔獄。遂不果發。今者，棐又遣人至黄州見報，云：郭先生等皆已鞫治得實，行法久矣，蒙恩授殿直；且録其告捕始末以相示。原棐之意所以孜孜於軾者，凡爲其弟以囊言見望也，軾固不可以復有言矣。然獨念愚夫小人，以一言感發，猶能奮身不顧，以遂其言。而軾乃以罪廢之故，不爲一言以負其初心，獨不愧乎？（可哀）且其弟岳，亦豪健絶人者也。徐、沂間人，鷙勇如棐、岳類甚衆。若不收拾驅使令捕賊，即作賊耳。謂宜因事勸獎，使皆歆豔捕告之利，懲創爲盜之禍，庶幾少變其俗。今棐必在京師參班，公可自以意召問其始末，特爲一言放免其弟岳，或與一名目牙校、鎮將之類，付京東監司驅使緝捕，其才用當復過於棐也。此事至微末，公執政大臣，豈復治此。但棐於軾，本非所部吏民，而能自效者，以軾爲不食言也。今既不可言於朝廷，又不一言於公，是終不言矣。以此愧於心不能自已，（可哀）可否在公，獨願秘其事，毋使軾重得罪也。徐州南北襟要，自昔用武之地，而利國監去州七十里，土豪百餘家，金帛山積，三十六冶器械所産，而兵衛微寡，不幸有猾賊十許人，一呼其間，吏兵皆棄而走耳。散其金帛，以嘯召無賴烏合之衆，可一日得也。軾在郡時，常令三十六冶每户點集冶夫數十人，持却刀槍，每月兩衙於知監之庭，以示有備而已。此地蓋常爲京東豪猾之所擬，公所宜知。因程棐事，輒復及之。

答李端叔書（可觀）

軾頓首再拜：聞足下名久矣，又於相識處往往見所作詩文，雖不多，亦足以髣髴其爲人矣。尋常不通書問，怠慢之罪，猶可闊略。及足下斬然在疚，亦不能以一字奉慰，舍弟子由至，先蒙惠書，又復懶不即答，頑鈍廢禮，一至於此，而足下終不棄絶，遞中再辱手書，待遇益隆，覽之而熱汗下也。足下才高識明，不應輕許與人，得非用黄魯直、秦太虚輩語，真以爲然耶？不肖爲人所憎，而二子獨喜見譽，如人嗜昌歜、羊棗，未易詰其所以然者。以二子爲妄則不可，遂欲以移之衆口，又大不可也。軾少年時，讀書作文，專爲應舉而已。既及進士第，貪得不已，又舉制策，其實何所有。而其科號爲直言極諫，故每紛然誦説古今，考論是非，以應其名耳。人苦不自知，既以此得，因以爲實能之，故譊譊至今，坐此得罪幾死，所謂齊虜以口舌得官，真可笑也。然世人遂以軾爲欲立異同，則過矣。妄論利害，攙説得失，此正制科人習氣，譬之候蟲時鳥，自鳴自已，何足爲損益。軾每怪時人待軾過重，而足下又復稱説如此，愈非其實。得罪以來，深自閉塞，扁舟艸屨，放浪山水間，與樵漁雜處，往往爲醉人所推罵。輒自喜漸不爲人識，平生親友無一字見及，有書與之亦不答，自幸庶幾免矣。足下又復創相推與，甚非所望，木有癭，石有暈，犀有通，以取妍于人，皆物之病也。謫居無事，默自觀省，回視三十年以來所爲，多其病者。足下所見皆故我，非今我也。無乃聞其聲不考其情，取其華而遺其實乎？抑將又有取於此也？

真人

可憐

答秦太虚書

可觀，可喜。妙妙

軾寓居粗遣，但舍弟初到筠州，即喪一女子，而軾亦喪一老乳母，悼念未衰，又得鄉信，堂兄中舍九月中逝去。異鄉衰病，觸目悽感，念人命脆弱如此。又承見喻，中間得疾不輕，且喜復健。吾儕漸衰，不可復作少年調度，當速用道書方士之言，厚自養鍊。謫居無事，頗窺其一二。已借得本州天慶觀道堂三間，冬至後當入此室，四十九日乃出，自非廢放，安得就此。太虚他日一爲仕宦所縻，欲求四十九日閑，豈可復得耶？

公擇近過此，相聚數日，説太虚不離口。莘老未嘗得書，知未暇通問。程公闢須其子履中哀詞，軾本自求作，今豈可食言。但得罪以來，不復作文字，自持頗嚴，若復一作，則決壞藩牆，今後仍復衮衮多言矣。初到黄，廪入既絶，人口不少，私甚憂之。但痛自節儉，日用不得過百五十，每月朔便取四千五百錢，斷爲三十塊，掛屋梁上，平旦用畫叉挑取一塊，即藏去叉，仍以大竹筒别貯用不盡者，以待賓客，此賈耘老法也。度囊中尚可支一歲有餘，至時，别作經畫，水到渠成，不須預慮。以此，胸中都無一事。所居對岸武昌，山水佳絶。有蜀人王生在邑中，往往爲風濤所隔，不能即歸，則王生能爲殺雞炊黍，至數日不厭。又有潘生者，作酒店樊口，棹小舟徑至店下，村酒亦自醇釅。柑橘椑柿極多，大芋長尺餘，不減蜀中。外縣米斗二十，有水路可致。羊肉如北方，豬、牛、麞、鹿如土，魚、蟹不論錢。岐亭監酒胡定之，載書萬卷隨行，喜借人看。黄州曹官數人，皆家善庖饌，喜作會。太虚視此數事，吾事豈不既濟矣乎！欲與太虚言者無窮，但紙盡耳。展讀至此，想見掀髯一笑也。

答陳師仲書

可觀，可喜。妙妙

自得罪後，雖平生厚善，有不敢通問者，足下獨犯衆人之所忌，何哉？及讀所惠詩文，不數篇，輒拊掌太息，此自世間奇男子，豈可以世俗趣舍量其心乎！詩文皆奇麗，所寄不齊，而皆歸合於大道，軾又何言者。其間十常有四五見及，或及舍弟，何相愛之深也。處世齟齬，每深自嫌惡，不論他人。及見足下輩猶如此，輒亦少自赦。詩能窮人，所從來尚矣，而於軾特甚。今足下獨不信，建言詩不能窮人，爲之益力。其詩日已工，其窮殆未可量，然亦在所用而已。不龜手之藥，或以封，安知足下不以此達乎？人生如朝露，意所樂則爲之，何暇計議窮達。云能窮人者固謬，云不能窮人者亦未免有意於畏窮也。江淮間人好食河豚，每與人争河豚本不殺人，嘗戲之，性命自子有，美則食之，何與我事。今復以此戲足下，想復千里爲我一笑也。軾於錢塘人有何恩意，而其人至今見念，軾亦一歲率常四五夢至西湖上，此殆世俗所謂前緣者。在杭州嘗遊壽星院，入門便悟曾到，能言其院後堂殿山石處，故詩中嘗有「前生已到」之語。足下主簿，於法得出入，當復縱游如軾在彼時也。山水窮絶處，往往有軾題字，想復題其後。

答畢仲舉書

軾啓：奉别忽十餘年，愚瞽頓仆，不復自比於朋友，不謂故人尚爾記録，遠枉手教，存問甚厚，且審比來起居佳勝，感慰不可言。羅山素號善地，不應有瘴癘，豈歲時適爾。既無所失亡，而有得於齊寵辱、忘得喪者，是天相子也。僕既以任意直前不用長者所教以觸罪罟，然禍福要不可推避，初不論巧拙也。黄州濱江帶山，既適耳目之好，而生事百須，亦不難致，早寢晚起，又不知所謂禍福果安在哉？偶讀《戰國策》，見處士顔蠋之語「晚食以當肉」，欣然而笑。若蠋者，可謂巧於居貧者也。菜羹菽黍，差饑而食，其味與八珍等；而既飽之餘，芻豢滿前，惟恐其不持去也。美惡在我，何與於物。所云讀佛書及合藥救人二事，以爲閑居之賜甚厚。佛書舊亦嘗看，但闇塞不能通其妙，獨時取其麤淺假説以自洗濯，若農夫之去艸，旋去旋生，雖若無益，然終愈於不去也。若世之君子，所謂超然玄悟者，僕不識也。往時陳述古好論禪，自以爲至矣，而鄙僕所言爲淺陋。僕嘗語述古，公之所談，譬之飲食龍肉也，而僕之所學，豬肉也，豬之與龍，則有間矣，然公終日説龍肉，不如僕之食豬肉實美而真飽也。不知君所得於佛書者果何耶？爲出生死、超三乘，遂作佛乎？抑尚與僕輩俯仰也？學佛老者，本期於静而達，静似懶，達似放，學者或未至其所期，而先得其所似，不爲無害。僕常以此自疑，故亦以爲獻。來書云，處世得安穩無病，麤衣飽飯，不造寃業，乃爲至足。三復斯言，感嘆無窮。世人所作，舉足動念，無非是業，不必刑殺無罪，取非其有，然後爲寃業也。無緣而論，以當一笑而已。

與朱鄂州書　可觀

軾啓：昨日武昌寄居王殿直天麟見過，偶説一事，聞之酸辛，爲食不下。念非吾康叔之賢，莫足告語。俗人區區，了眼前事，救過不暇，豈有餘力及此度外事乎？天麟言岳鄂間田野小人，例只養二男一女，過此輒殺之，尤諱養女，以故民間少女，多鰥夫。初生，輒以冷水浸殺，其父母亦不忍，率常閉目背面，以手按之水盆中，咿嚶良久乃死。有神仙鄉百姓石揆者，連殺兩子。去歲夏中，其妻一産四子，楚毒不可堪忍，母子皆斃。報應如此，而愚人不知創艾。天麟每聞其側近有此，輒馳救之，量與衣食之類，全活者非一。既旬日，有無子息人欲乞其子者，輒亦不肯。以此知其父子之愛，天性故在，特牽於習俗耳。聞鄂人有秦光亨者，今已及第，爲安州司法。方其在母也，其舅陳遵，夢一小兒挽其衣，若有所訴。比兩夕，輒見之，其狀甚急。遵獨念其姊有娠將産，而意不樂多子，豈其應是乎？馳往省之，則兒已在水盆中矣，救之得免。鄂人户知之。準律，故殺子孫徒二年。此長吏所得按舉。願公明以告諸邑令佐，使召諸保正，告以法律，論以禍福，約以必行，使歸轉以相語，仍録條粉壁曉示，且立賞召人告官，賞錢以犯人及鄰保家財充，若客户則及其地主。婦人懷孕，經涉歲月，鄰保地主無不知者。若後殺之，其勢足相舉，覺容而不告，使出賞固宜。若依律行遣數人，此風便革。公更使令佐各以至意誘諭地主豪户，若實貧甚不能舉子者，薄有以賙之。人非木石，亦必樂從。但得初生數日不殺，後雖勸之使殺，亦不肯矣。自今以往，緣公而得活者，豈可勝計哉。佛言殺生之罪，以殺胎卵爲最重。六畜猶爾，而況於人。俗謂小兒病爲無辜，此真可謂無辜矣。悼耄殺人猶不死，況無罪而殺之乎？公能生之於萬死中，其陰德十倍於雪活壯夫也。昔王濬爲巴郡太守，巴人生子皆不舉。濬嚴其科條，寬其徭役，所活數千人。及後伐吴，所活者皆堪爲兵。其父母戒之曰：「王府君生汝，汝必死之。」古之循吏，如此類者非一。居今之世，而有古循吏之風者，非公而誰。此事特未知耳。軾向在密州，遇饑年，民多棄子，因盤量勸誘米，得出剩數百石别儲之，專以收養棄兒，月給六斗。比朞年，養者與兒，皆有父母之愛，遂不失所，所活亦數千人。此等事，在公如反手耳。

答李廌書

軾頓首先輩李君足下。别後遞中得二書，皆未果答。專人來，又辱長牋，且審比日孝履無恙，感慰深矣。惠示古賦近詩，詞氣卓越，意趣不凡，甚可喜也。但微傷冗，後當稍收斂之，今未可也。足下之文，正如川之方增，當極其所至，霜降水落，自見涯涘，然不可不知也。録示孫之翰《唐論》。僕不識之翰，今見此書，凜然得其爲人。至論褚遂良不譖劉洎，太子瑛之廢緣張説，張巡之敗緣房琯，李光弼不當圖史思明，宣宗有小善而無人君大略，皆《舊史》所不及。議論英發，暗與人意合者甚多。又讀歐陽文忠公志文、司馬君實跋尾，益復慨然。然足下欲僕别書此文入石，以爲之翰不朽之託，何也？之翰所立於世者，雖無歐陽公之文可也，而況欲託字畫之工以求信於後世，不以陋乎？足下相待甚厚，而見譽過當，非所以爲厚也。近日士大夫皆有僭侈無涯之心，動輒欲人以周、孔譽己，自孟軻以下者，皆憮然不滿也。此風殆不可長。又僕細思所以得患禍者，皆由名過其實，造物者所不能堪，與無功而受千鍾者，其罪均也。深不願人造作言語，務相粉飾，以益其疾。足下所與游者元聿，讀其詩，知其爲超然奇逸人也。緣足下以得元君，爲賜大矣。《唐論》文字不少，過煩諸君寫録，又以見足下所與游者，皆好學喜事，甚善！甚善！獨所謂未得名世之士爲志文則未葬者，恐於禮未安。司徒文子問於子思：「喪服既除然後葬，其服何服？」子思曰：「三年之喪，未葬，服不變，除何有焉。」昔晉温嶠以未葬不得調。古之君子，有故不得已而未葬，則服不變，官不調。今足下未葬，豈有不得已之事乎？他日有名世者，既葬而表其墓，何患焉。

答張文潛書

頓首文潛縣丞張君足下。惠示文編，三復感歎。甚矣，君之似子由也。子由之文實勝僕，而世俗不知，乃以爲不如。其爲人深不願人知之，其文如其爲人，故汪洋澹泊，有一唱三歎之聲，而其秀傑之氣，終不可没。作《黄樓賦》，乃稍自振厲，若欲以警發憒憒者。而或者便謂僕代作，此尤可笑。是殆見吾善者機也，文字之衰，未有如今日者也。其源實出於王氏，王氏之文，未必不善也，而患在于好使人同己。自孔子不能使人同，顔淵之仁，子路之勇，不能以相移。而王氏欲以其學同天下！地之美者，同於生物，不同於所生。惟荒瘠斥鹵之地，彌望皆黄茅白葦，此則王氏之同也。近見章子厚言，先帝晚年甚患文字之陋，欲稍變取士法，特未暇耳。議者欲稍復詩賦，立《春秋》學官，甚美。僕老矣，使後生猶得見古人之大全者，正賴黄魯直、秦少游、鼂無咎、陳履常與君等數人耳。如聞君作大學博士，願益勉之。「德輶如毛，民鮮克舉之。我儀圖之，愛莫助之」。

答謝民師書　可觀

軾啓：軾受性剛簡，學迂材下，坐廢累年，不敢復齒搢紳。自還海北，見平生親舊，惘然如隔世人，况與左右無一日之雅，而敢求交乎？數賜見臨，傾蓋如故，幸甚過望，不可言也。所示書教及詩賦雜文，觀之熟矣。大略如行雲流水，初無定質，但常行於所當行，常止於不可不止，文理自然，姿態横生。孔子曰：「言之不文，行之不遠。」又曰：「詞達而已矣。」夫言止於達意，則疑若不文，是大不然。求物之妙，如繫風捕景，能使是物了然於心者，蓋千萬人而不一遇也。而况能使了然於口與手乎？是之謂詞達。詞至於能達，則文不可勝用矣。楊雄好爲艱深之詞，以文淺易之説，若正言之，則人人知之矣。此正所謂琱蟲篆刻者，其《太玄》《法言》皆是物也。而獨悔於賦，何哉？終身琱蟲，而獨變其音節，便謂之經，可乎？屈原作離騷經，蓋風雅之再變者，雖與日月争光可也。可以其似賦而謂之琱蟲乎？賈誼見孔子，升堂有餘矣，而乃以賦鄙之。雄之陋，如此比者甚衆。可與知者道，難與俗人言也。因論文偶及之耳。至言

答劉沔都曹書

軾頓首都曹劉君足下。蒙賜書教，及編録拙詩文二十卷。軾平生以言語文字見知于世，亦以此取疾于人，得失相補，不如不作之安也。以此常欲焚棄筆硯，爲瘖默人，而習氣宿業，未能盡去，亦謂隨手雲散鳥没矣。不知足下默隨其後，掇拾編綴，略無遺者，覽之慙汗，可爲多言之戒。然世之蓄軾詩文者多矣，率真僞相半，又多爲俗子所改竄，讀之使人不平。然亦不足怪。識真者少，蓋從古所病。梁蕭統集《文選》，世以爲工。以軾觀之，拙于文而陋于識者，莫統若也。是是 宋玉賦《高唐》《神女》，其初略陳所夢之因，如子虚、亡是公相與問答，皆賦矣。而統謂之敘，此與兒童之見何異。李陵、蘇武贈别長安，而詩有「江漢」之語。及陵與武書，詞句儇淺，正齊梁間小兒所擬作，決非西漢文。而統不悟。××胡説 ×× 劉子玄獨知之。范曄作《蔡琰傳》，

妙×更×胡×説

因亂，故父亡身竄，何疑乎？

載其二詩，亦非是。董卓已死，琰乃流落，方卓之亂，伯喈尚無恙也，而其詩乃云以卓亂故，流入于胡。此豈真琰語哉！其筆勢乃効建安七子者，非東漢詩也。李太白、韓退之、白樂天詩文，皆爲庸俗所亂，可爲太息。今足下所示二十卷，無一篇僞者，又少謬誤。及所示書詞，清婉雅奥，有作者風氣，知足下致力於斯文久矣。軾窮困，本坐文字，蓋願刳形去皮而不可得者。然幼子過文益奇，在海外孤寂無聊，過時出一篇見娱，則爲數日喜，寢食有味。以此知文章如金玉珠貝，未易鄙棄也。見足下詞學如此，又喜吾同年兄龍圖公之有後也。故勉作報書，悤悤。不宣。

是昰是

與章子厚書

某自得罪以來，不敢復與人事，雖骨肉至親，未肯有一字往來。忽蒙賜書，存問甚厚，憂愛深切，感嘆不可言也。恭聞拜命與議大政，士無賢不肖，所共慶快。然某始見公長安，則與相識，云：「子厚奇偉絶世，自是一代異人。至于功名將相，乃其餘事。」方是時，應某者皆憮然。今日不獨爲足下喜朝之得人，亦自喜其言之不妄也。某所以得罪，其過惡未易以一二數也。平時惟子厚與子由極口見戒，反覆甚苦，而某强狠自用，不以爲然。及在囹圄中，追悔無路，謂必死矣。不意聖主寬大，復遣視息人間，若不改者，某真非人也。來書所云：「若痛自追悔往咎，清時終不以一眚見廢。」此乃有才之人，朝廷所惜。如某正復洗濯瑕垢，刻磨朽鈍，亦當安所施用，但深自感悔，一日百省，庶幾天地之仁，不念舊惡，使保首領，以從先大夫於九原足矣。某昔𠂔粗亦受知于聖主，使少循理安分，豈有今日。追思所犯，真無義理，與病狂之人蹈河入海者無異。方其病作，不自覺知，亦窮命所迫，似有物使。及至狂定之日，但有慚耳。而公乃疑其再犯，豈有此理哉？然異時相識，但過相稱譽，以成吾過，一旦有患難，無復有相哀者。惟子厚平居遺我以藥石，及困急，又有以收恤之，真與世俗異矣。黄州僻陋多雨，氣象昏昏也。魚稻薪炭頗賤，甚與窮者相宜。然某平生未嘗作活計，了厚所知之。俸入所得，隨手輒盡。而子由有七女，債負山積，賤累皆在渠處，未知何日到此。見寓僧舍，布衣蔬食，隨僧一餐，差爲簡便，以此畏其到也。窮達得喪，粗了其理，但禄廩相絶，恐年載間，遂有饑寒之憂，不能不少念。然俗所謂水到渠成，至時亦必自有處置。安能預爲之愁煎乎？初到，一見太守，自餘杜門不出。閑居未免看書，惟佛經以遣日，不復近筆硯矣。

可傷

與孫運句書

某啓：脾能母養餘臟，故養生家謂之黄婆。司馬子微著《天隱子》，獨教人存黄氣入泥丸，能致長生。太倉公言安穀過期，不安穀不及期，以此知脾胃完固，百疾不生。近見江南老人，季七十二，狀貌氣力如四五十人。問其所得，初無異術，但云平生習不飲湯水耳。常人日飲數升，吾日減一合，今但沾唇而已。脾胃惡濕，飲少胃强，氣盛液行，自然不濕。雖冒暑遠行，亦不念水，此可謂至言不繁。聞曼叔比得腫疾，皆以利水藥去之。中季以後，一利一衰，豈可數乎？當及今無病時，力養胃氣。若土能制水，病何由生。陳彦升云，少時得此病，服商陸、防己之類，皆不效，金液丹，灸臍下，乃愈。此亦固胃助陽之意也。但火力外物，不如江南老人之術耳。薑橘辣藥，例能張肺，多爲腫媒，不可服，有書以告之爲佳也。

與李方叔書　可觀，可歎

某頓首方叔先輩足下：累書見責以不相薦引，讀之甚愧。然其説不可不盡。君子之知人，務相勉於道，不務相引於利也。足下之文，過人處不少，如《李氏墓表》及《子駿行狀》之類，筆勢翩翩，有可以追古作者之道。至若前所示《兵鑑》，則讀之終篇，莫知所謂。意者足下未甚有得於中而張其外者；不然，則老病昏惑，不識其趣也。以此，私意猶冀足下積學不倦，落其華而成其實。深願足下爲禮義君子，不願足下豐於才而廉於德也。若進退之際，不甚慎静，則於定命不能有毫髮增益，而於道德有丘山之損矣。古之君子，貴賤相因，先後相援，固多矣。某非敢廢此道，平生相知，心所謂賢者，則於稠人中譽之，或因其言以考其實，實至則名隨之，名不可掩，其自爲世用，理勢固然，非力致也。陳履常居都下逾年，未嘗一至貴人之門，章子厚欲一見，終不可得。中丞傅欽之、侍郎孫莘老薦之，某亦掛名其間。會朝廷多知履常者，故得一官。某孤立言輕，未嘗獨薦人也。爵禄砥世，人主所專，宰相猶不敢必，而欲責於某，可乎？近秦少游有書來，亦論足下近文益奇。明主求人如不及，豈有終汨没之理！足下但信道自守，當不求自至。若不深自重，恐喪失所有。言切而盡，臨紙悚息。　此等人如何與説此言

與葉進叔書

進叔足下：僕狷介寡合之人也。足下望其貌而壯其氣，聆其語而知其心，握手見情素，交論古今，歡然若將與之忘季焉，僕不自知何爲而得此於足下也。前日南歸，艸艸不能道一辭。到家，秋氣已高，窗户蕭條，思與足下談笑之樂，恍乎若相從於夢中，既覺而不知卧於虚榻也。行日，嘗辱贈言，意勤辭直，讀之使人

惻惻動心。足下之所以知僕心者至矣，所以責善於朋友者亦至矣。而又凡所以爲至之中有所不至者，僕得以盡之焉。僕聞有自知之明者，乃所以知人。有自達之聰者，乃所以達物。自知矣可以無疑矣，而徇人則疑於人。自達矣可以無蔽矣，而徇物則蔽於物。今足下自知自達而無可疑可蔽矣，豈僕所以得人與物之說耶？至以謂僕之交，不能把臂服膺以示無間，凡此者，非疑非蔽也，乃僕所以爲狷介寡合者。夫投規於矩，雖公輸不能使之合。何則？方圓者殊也。雜宮以羽，雖師曠不能使之一。何則？緩急者異也。對辯以訥，遇剛以柔，雖君子不能以無争。何則？所性所操之不同也。足下聰明過人，無世事不通，獨不知物理之有參差者乎？昔張籍貽韓愈之書，責愈以商論文字不能下氣。夫以退之而未免，矧其下者乎？雖然，亦思而改之耳。恐足下未審此，聊復以書。　可憐

答舒堯文書　有趣

午睡昏昏，使者及門，授教及詩，振衣起觀，頓爾醒快，若清風之來得當之也。大抵詞律莊重，敘事精緻，要非囂浮之作。昔先零侵漢西疆，而趙充國請行，吐谷渾不貢于唐，而文皇臨朝嘆息，思起李靖爲將，乃知老將自不同也。晉師一勝城濮，則屹然而霸，雖齊、陳大國，莫不服焉。今日魯直之於詩是已。公自於彼乞盟可也，奈何欲爲兩屬之國，則犧牲玉帛焉得而給諸？不敢當！即承來命，少資嘔噱。

答孫志康書　可感

自春末聞訃，悲愕不已。自惟不肖，得交於父子間有秊矣。即日奉疏，少通哀誠，不獨海上無便，又聞志康從西路迎護，莫知往還的耗，故因循至今。遂辱專使，手書累幅，愧荷深矣。竊承已畢大事，營辦勤苦，

何以堪任。即日孝履支持，預慰所望。誌文實録，讀之感噎。自聞變故，即欲撰哀詞，以表契義萬一，不知爵里之詳。今復覩此文，旦夕當下筆，然不願傳出，雖志康亦不以相示。藏之家笥，須不肖啓手足日乃出之也。自惟無狀，百無所益于故舊，惟文字庶幾不與艸木同腐，故決意爲之，然決不敢相示也。志康必識此意，千萬勿來索看也。師是此人甚奇，斯人亦可人也哉。某謫居已逾秊，諸況粗遣。禍福苦樂，念念遷逝，無足留胸中者。又自省罪戾久積，理應如此，實甘受之。今者北歸無日，因遂自謂惠人，漸作久居計。正使終焉，亦何所不可。志康聞此，言可以不深念哉。玳瑁藥合見遺，乃吾介夫遺意。謹炷香拜受。志康所惠布蜜藥果等，一一捧領。海上窮陋，又謫居貧病，乃無少物報謝，慙負無量。見戒勿與人詩文，謹佩至言。如見報出都日所聞，虛實不可不知，勿以告人也。舍弟筠州甚安，時得書。見姪輩或在陳，或在許下，兩兒子在宜興，某與幼子過在兹。明秊長子邁，當挈他一房來此，指射差遣，因般過房下來。見愛之深，恐要知其詳。示諭開歲來此相聚，雖爲厚幸，然竄逐中，唯欲親故謝絶爲孤寂可憐者，則孤老猶可以粗安。若志康，人所指目者，而乃不遠千里相求，此重增某罪戾也。千萬寢之，切告！切告！李太伯雖前輩不相交往，然敬其人，欲作集引，亦終不傳出也。承諭世膺，可爲聚其訃後文集，異日示及，當與志康商議，少加删定，乃傳世也。斯人既無後，吾輩當與留意。李文叔書已領，諸兒子爲學頗長，迨自宜興寄詩文來，甚可觀。此等辱雅遊最舊，故輒以奉聞，然不敢令拜狀，無益，徒煩報答也。

與李方叔

承示諭，長安君偶患臂痛不能舉，某於錢塘武朝議處傳得一方，云其初本施渥寺丞者，因寓居京師甜水巷，見乞兒，兩足拳，捺屐子行。渥嘗以飲食錢物遺之，凡期年不衰。尋赴任，數年而還。復僦曩居，則乞兒已不見矣。一日見於相國寺前，行走如飛，渥就問之，則曰：「遇人傳兩藥方，服一料已能走耳。」服之立効。其後已傳數人，皆神妙。但手足上疾皆可服，不拘男子婦人。秘之，秘之。其方元只是《王氏博濟方》中方，但人不知耳。《博濟》誤以虎脛爲虎腦。便請長安君合服，必驗。朝雲者，死于惠州久矣。別後學書，頗有楷法。亦學佛法，臨去，誦《六如偈》以絶。葬之惠州棲禪寺，僧作亭覆之，榜曰六如亭。最荷夫人垂顧，故詳及之。

與彦正判官　趣

古琴當與響泉韻磬，並爲當世之寶，而鏗金瑟瑟，遂蒙輟惠，報賜之間，赧汗不已。又不敢遠逆來意，謹當傳示子孫，永以爲好也。然某素不解彈，適紀老枉道見過，令其侍者快作數曲，拂歷鏗然，正如若人之語也。試以一偈問之：「若言琴上有琴聲，放在匣中何不鳴？若言聲在指頭上，何不於君指上聽？」録以奉呈，以發千里一笑也。

與温公

某啓：《超然》之作，不惟不肖附託以爲寵，遂使東方陋州爲不朽之盛事，然所以獎與則過矣。久不見公新文，忽領《獨樂圖記》，誦味不已，輒不自揆，作一詩，聊發一笑耳。彭城嘉山水，饒魚蟹，爭訟寂然，盜賊衰少，聊可藏拙。但朋遊濶遠，舍弟非久赴任，益岑寂矣。謫居窮僻，如在井底，杳不知京洛之耗，不審邇日寢食何如？某以愚暗獲罪，咎自己招，無足言者。但波及左右，爲恨殊深，雖高風偉度，非此細故所能塵垢，然某思之，不啻芒背爾。寓居去江無十步，風濤烟雨，曉夕百變，江南諸山，在几席，此幸未始有也。雖有窘乏之憂，亦布褐藜藿而已。

與魯直 二首

鼂君寄騷，細看甚奇，信其家多異材耶？然有少意，欲魯直以己意微箴之。凡人文字，務使平和，至足餘，溢爲奇怪，蓋出於不得已爾。鼂文奇怪似差早，然不可直云耳。非謂其諱也，恐傷其邁往之氣，當爲朋友講磨之語乃宜。不知公謂然否？

又 趣

有姪壻王郎，名庠，榮州人。文行皆超然，筆力有餘，出語不凡，可收爲吾黨也。自蜀遣人來惠，云：「魯直在黔，決當往見，求書爲先容。」嘉其有奇操，故爲作書。然舊聞太夫人多病，未易遠去，謾爲一言。眉山有程遵晦者，亦奇士，文益老，王郎蓋師之。此兩人者，有致窮之具，而與不肖爲親，又欲往求魯直，其窮殆未易瘳也。

與陳傳道 可想

某方病市人逐利，好刊某拙文，欲毀其板，矧欲更令人刊耶！當俟稍暇，盡取舊詩文，存其不甚惡者爲一集。以公過取其言，當令録一本奉寄。今所示者，不惟有脱誤，其間亦有他人文也。知日課一詩，甚善。此技雖高才，非甚習不能工也。聖俞昔嘗如此。某近絶不作詩，蓋有以，非面莫究。獨神道碑、墓誌數篇爾。碑蓋被旨作，而誌文以景仁丈世契不得辭。欲寫呈，文多無暇，聞都下已刊板，想即見之也。某頃伴虜使，頗能誦某文，以此知虜中皆有中原文字，故爲此碑，謂富公碑也。欲使虜知通好用兵利害之所在也。

忠哉

與王敏仲　有趣

某垂老投荒，無復生還之望，昨與長子邁訣，已處置後事矣。今到海南，首當作棺，次便作墓，仍留手疏與諸子，死即葬于海外，庶幾延陵季子嬴博之義，父即可施之子，子獨不可施之父乎？生不挈棺，死不扶柩，此亦東坡之家風也。此外燕坐寂照而已。所云途中邂逅，意謂不如其已，所欲言者，豈有過此者乎？故𪗋縷此紙，以代而别。

與鄭靖老　趣

某見張君俞，乃始知公中間亦爲小人所捃摭，公史以下，固不知退之《諱辯》也，而卿貳等亦爾耶！進退有命，豈此輩所制，知公奇偉，必不經懷也。某鬚髪盡白，然體力元不減舊，或不即死，聖恩汪洋，更一赦，或許歸農，則帶月之鋤，可以對秉也。本意專欲歸蜀，不知能遂此計否？蜀若不歸，即以杭州爲佳。朱邑有言：「子孫奉祠我，不如桐鄉之民。」不肖亦云。然外物不可必，當更臨事隨宜，但不即死，歸田可必也。公欲相從於溪山間，想是真誠之願，水到渠成，亦不必預慮也。此生真同露電，豈通把玩耶！

與滕達道　趣

示諭宜甫夢遇於傳無有，某聞見不廣，何足以質。然冷煖自知，殆未可以前人之有無爲證也。自聞此事，而士大夫多異論，意謂中塗必一見，得相參扣，竟不果。此意衆生流浪火宅纏繞愛賊，故爲饑火所燒。然其間自有燒不着處，一念清浄，便不服食，亦理之常，無足怪者。方其不食，不可强使食，猶其方食，不可强使之不食也。此間何必生異論乎！願公以食不食爲旦暮，以仕不仕爲寒暑，若以不食爲勝解，則與異論者相去無幾矣。不罪！不罪！某好携具野飲，欲問公求紅朱累子兩卓二十四隔者，極爲左右費，然遂成藉艸之樂，爲不淺也。有便望頒示，悚息，悚息。某感時氣，卧疾逾月，今已全安。但幼累更卧，尚紛紛也。措道人名世昌，緜竹人，多藝。然可閑玫驗，亦足以遣滯也。留此幾一季，與之稍熟，恐要知之。

與李之儀

某以囊裝罄盡，而子由亦久困無餘，故欲就食淮浙。已而深念老境，知有幾日，不可復作兩處。又得子由書，及見教語，尤切，已決歸許下矣。但須少留儀真，令兒子往宜興，刮制變轉，往還須月餘，約至許下，已七月矣。去歲在廉州，託孫叔静寄書及小詩，達否？叔静云：端叔一生坎坷，晚節益牢落。正賴魚軒賢德，能委曲相順，適以忘百憂。此豈細事，不爾，人生豈復有佳味乎？叔静相友，想得其詳，故輒以奉慶。忝契，不罪！

與康公曹都官

某稔聞才業之美，尚淹擢用，向承非罪被移，衆論可怪，賢者處之，想恬適也。希聲久不得書，承示諭，方知得蜀州，應甚慰意。二浙處處佳山水，守官殊可樂，鄉人之至此者絶少。舉目無親故，而杭又多事，時投餘隙，輒出訪覽，亦自可卒歲也。東陽自昔勝處，見劉夢得有「三伏生秋」之句，此境猶在否？未知會晤之日，但有企詠。

與周開祖　　趣

某忝命皆出獎借，尋自杭至吴興見公擇，而元素、子野、孝叔、令舉皆在湖，燕集甚盛，深以開祖不在坐爲恨。别後，每到佳山水處，未嘗不懷想談笑。出京北去，風俗既椎魯，而游從詩酒如開祖者，豈可復得。乃知向者之樂，不可得而繼也。令舉特來錢塘相别，遂見送至湖。久在吴中，别去，真作數日惡。然詩人不在，大家省得三五十首唱酬，亦非細事。

與鮮于子駿　　趣

忝厚眷，不敢用啓狀，必不深訝。所惠詩文，皆蕭然有遠古風味。然此風之亡也久矣。欲以求合世俗之耳目，則疎矣。但時獨於閑處開看，未嘗以示人，蓋知愛之者絶少也。所索拙詩，豈敢措手，然不可不作，特未暇耳。近却頗作小詞，雖無柳七郎風味，亦自是一家。呵呵。數日前獵于郊外，所獲頗多。作得一闋，令東州壯士抵掌頓足而歌之，吹笛擊鼓以爲節，頗壯觀也。寫呈取笑。

答范蜀公　　有趣

承别紙示諭：「麴蘖有毒，平地生出醉鄉；土偶作祟，眼前妄見佛國。」公欲哀而救之，問所以救者。小子何人，固不敢不對。公方立仁義以爲城池，操詩書以爲干楯，則舟中之人，盡爲敵國，雖公盛德，小子亦未知勝負所在。願公宴坐静室，常作是念，當觀彼能惑之性，安所從生，又觀公欲救之心，作何形段。此猶不立，彼復何依，雖黄面瞿曇，亦須斂衽，而況學之者耶！聊復信筆，以發公千里一笑而已。

與王慶源

趣

竄逐以來，日欲作書爲問。舊既懶惰，加以閑廢，百事不舉，但慙怍而已。即日體中何如，眷愛各佳。某幼累竝安。但初到此，喪一老乳母，七十二矣，悼念久之，近亦不復置懷。寓居官亭，俯迫大江，几席之下，雲濤接天，扁舟艸屨，放浪山水間。客至，多辭以不在，往來書疏如山，不復答也。此味甚佳，生來未嘗有此適，知之，免憂。

與李公擇

可觀，可感

示及新詩，皆有遠別惘然之意，雖兄之愛我厚，然僕本以鐵石心腸待公，何乃爾耶？吾儕雖老且窮，而道理貫心肝，忠義填骨髓，直須談笑死生之際，若見僕困窮便相憐，則與不學道者大不相遠矣。兄造道深，中必不爾，出于相愛好之篤而已。然朋友之義，專務規諫，輒以狂言廣兄之意。雖懷坎壈於時，遇事有可尊主澤民者，便忘軀爲之，禍福得喪，付與造物。非兄，僕豈發此！看訖，便火之，不知者以爲詬病也。

與蔡景繁黄州

妻子無幾見，而雲藍小袖輒生了

凡百如常，至後杜門辟觀，雖妻子無幾見，況他人也。然雲藍小袖者，近輒生一子，想聞之，一拊掌。惠及人參，感感。海上奇觀，恨不與公同遊。東海縣一帆可到，聞益奇瑋，曩恨不一往也。前日親見許少張暴卒，數日間，又聞董義夫化去。人命脆促，真在呼吸間耶？益令人厭薄世故矣。少張徒步奔喪，死之日，囊橐罄然，殆無以斂。其弟麻城令尤貧，云無寸壠可歸，想公聞之悽惻也。料朝廷亦憐之。如公言重，可爲一言否？輒此僭言，不深譴否？

與王元直　趣

黄州真在井底。杳不聞鄉國信息，不審比日起居何如，郎娘各安否？此中凡百粗遣，江上弄水挑菜，便過一日，每見一邸報，須數人下獄得罪。方朝廷綜核名實，雖才者猶不堪其任，况僕頑鈍如此，其廢棄固宜。但有少望，或聖恩許歸田里，得款段一僕，與子衆丈、楊宗文之流，往來瑞艸橋，夜還何邨，與君對坐莊門喫瓜子炒豆，不知當復有此日否？存道奄忽，使我至今酸辛，其家亦安在？人還，詳示數字。

答趙昶晦之　趣

性喜寫字，而怕作書，親知書問，動盈篋笥，而終歲不答，對之太息而已。乃知剖符南徼，賢者處之，固不擇遠近劇易，矧風土舊諳習。而兵興多事，適足以發明利器。示諭，處患難不戚戚，只是愚人無心肝耳，與鹿豕木石何異！所謂道者，何曾夢見。舊收得蜀人蒲永昇山水四軸，亦近歲名筆，其人已亡矣，聊致齋閣，不罪浼瀆。藤既美風土，又少訴訟，優游卒歲，又復何求。某亦甚樂此，安土忘懷，如一黄人，元不出仕而已。

答賈耘老二首　趣甚

久放江湖，不見偉人，昨在金山，滕元發以扁舟破巨浪來相見。出船，巍然使人神聳。好箇没興底張鎬相公。見時，且爲致意。別後酒狂，甚長進也。老杜云：「張公一生江海客，身長九尺鬚眉蒼。」謂張鎬也。蕭嵩薦之云：「用之則爲帝王師，不用則窮谷一病叟耳。」

又　趣甚

今日舟中無他事，十指如懸鎚，適有人致嘉酒，遂獨飲一盃，醺然徑醉。念賈處士貧甚，無以慰其意，乃爲作怪石古木一紙，每遇饑時，輒以開看，還能飽人否？若吴興有好事者，能爲君月致米三石、酒三斗終君之世者，便以贈之。不爾者，可令雙荷葉收掌，須添丁長，以付之也。

答李方叔

承示新文，如子駿行狀，丰容雋狀，甚可貴也。有文如此，何憂不達，相知之久，當與朋友共之。至于富貴，則有命矣，非綿力所能必致。姑務安貧守道，使志業益充，自當有獲。鄙言拙直，久乃信爾。照察，幸甚。

與楊元素　趣

某近數章請郡，未允。數日來，杜門待命，期于必得耳。公必聞其略，蓋爲臺諫所不容也。昔之君子，惟荆是師。今之君子，惟温是隨。所隨不同，其爲隨一也。老弟與温相知至深，始終無間，然多不隨耳。致此煩言，蓋始於此。然進退得喪，齊之久矣，皆不足道。老兄相知之深，恐願聞之，不須爲人言也。

與趙德麟

明守一書，託爲致之。育王大覺禪師，仁廟舊所禮遇。嘗見御筆賜偈頌，其略云「伏覩大覺禪師」，其敬之如此。今聞其困於小人之言，幾不安其居，可歎！可歎！太守聰明老成，必能安全之。願公因語款曲一言。正使凡僧，猶當以仁廟之故加禮，而況其人道德文采雅重一時乎？此老今年八十二，若不安全，當使何往，恐朝廷聞之亦未必喜也。某方與撰《宸奎閣記》，旦夕附去，公若見此老，且爲致意。

與吴子野

《文公廟碑》近已寄去。潮州自文公未到則已有文行之士如趙德者，蓋風俗之美久矣。先伯父與陳文惠公相知，公在政府，未嘗一日忘潮也。云潮人雖小民，亦知禮義，信如子野言也，碑中已具論矣。然謂瓦屋始於文公者，則恐不然。嘗見文惠公與伯父書云：嶺外瓦屋始於宋廣平，自爾延及支郡，而潮尤盛。魚鱗鳥翼，信如張燕公之言也。以文惠書考之，則文公前已有瓦屋矣。傳莫若實，故碑中不欲書此也。察之。

答王定國潁州

辱書感慰。謗焰已熄，端居委命，甚善。然所云百念灰滅，萬事懶作，則亦過矣。丈夫功名在晚節者甚多，定國豈愧古人哉！某未嘗求事，但事來，即不以大小爲之。在杭所施，亦何足道，但無愧怍而已。過蒙示諭，慙汗。若使定國居此，所爲當更驚人，亦豈特止此而已。本州職官董華，密人，能具道政事，歎服不已，但恨公命未通爾。静以待之，勿令中塗齟齬，自然獲濟。如國手棊，不須大段用意，終局便須贏也。

與佛印禪老

收得美石數百枚，戲作《怪石供》一篇，以發一笑。開却此例，山中齋粥今復何憂，想復大笑也。更有野人於墓中得銅盆一枚，買得以盛怪石，并送上結緣。

答參寥

去歲倉卒離湖，亦以不一別太虚、參寥爲恨。留語于僧官，不識能道否？到黄已半年，朋游常少，思念公不去心。懶且無便，故不奉書。遠承差人致問，殷勤累幅，所以開諭獎勉者至矣。僕罪大責輕，謫居以來，杜門念舊而已。雖平生親識，亦斷往還，理固宜爾。而釋、老數公，反復千里致問，情義之厚，有加於平日，以此知道德高風，果在世外也。見寄數詩及近編，得一詳味，洒然如接清顔聽軟語也。比已焚筆硯，斷作詩，故無緣屬和，然時復一開以慰孤寂，幸甚！筆力愈老健清熟，過於向之所見，此於至道，殊不相防，何爲廢之邪？更當磨揉以追配彭澤。

與大覺禪師璉公杭倅

人至，辱書，伏承法候安裕，傾向！傾向！昨奉聞欲捨禪月羅漢，非有他也。先君愛此畫，私心以爲捨施，莫如捨所甚愛；而先君所與厚善者莫如公；又此畫頗似靈異，累有所覺於夢寐，不欲盡談，嫌涉怪爾，以此，益不欲於俗家收藏。意只如此。而來書乃見疑欲换金水羅漢，開書不覺失笑。近世士風薄惡，動有可疑，不謂世外之人猶復爾也。請勿復談此。某比乏人可令齎去，兵卒之類，又不足分付，告吾師差一謹幹小師齎籠仗來迎取，并古佛一軸，亦同捨也。錢塘景物，樂之忘歸。舍弟今自陳州，得替，當授東南幕官，冬初恐到此，亦未甚的。詩筆計益老健，或借得數首一觀，良幸。到此，亦有拙惡百十首，閑暇當録寄也。

答水陸通長老密州

近過蘇臺，不得一見而別，深爲耿耿。專人來，辱書，且喜法履清勝。某到此旬日，郡僻事少，足養衰拙。然城中無山水，寺宇朴陋，僧麤野，復求蘇、杭湖山之遊，無復髣髴矣。何日會集，慰此牢落。

答金山寶覺禪師

去歲赴官，迫於程限，不能枉舟。一别中流，縱望雲山，杳然有不可及之嘆。既渡江，遂蒙輕舟見餞，復得笑語一餉之樂。暫荷之懷，殆不可勝言。别來因循，未及奉書。專人至，辱教累幅，慰喻反復，讀之爽然，如對妙論。《至游堂記》，即當下筆，遞中寄去。近有《後杞菊賦》一首，寫寄，以當一笑。

與參寥

别來思企不可言，每至逍遥堂，未嘗不悵然也。爲書勤勤不忘如此。仍審比來法體康佳，感服兼至。三詩皆清妙，讀之不釋手，且和一篇爲答。所要真贊，尚未作，來人又不敢久留。知且伴太虚爲湯泉之遊，甚善！甚善！某開春乞江浙一郡，候見去處，當以書奉約也。要墨，納兩笏，皆佳品。

答言上人

去歲吴興倉卒爲别，至今耿耿。謫居窮陋，往還斷盡。遠辱不遺，尺書見及，感怍殊深。比日法體佳勝。劄翰愈精健，詩必稱是，不蒙見示，何也？雪齋清境，發於夢想，此間但有荒山大江，脩竹古木，每飲郇酒，醉後曳杖放脚，不知遠近，亦曠然天真，與武林舊游，未易議優劣也。

答通禪師

謫居窮僻，懶且無便，書問曠絶，故人不遺。兩辱手教，具審比來法體甚輕安，感慰深至。僕晚聞道，照物不明，陷于吏議，愧我道友。所幸聖恩寬大，不即誅殛，想亦大善知識法力冥助也。禄稟既絶，因而布衣蔬食，於窮苦寂澹之中，却粗有所得，未必不是晚節微福。兩書開諭周至，常置座右也。

答圓秀禪師

聞名之久，而得之詳，莫如魯直，亦如所諭也。自惟潦倒遲暮五十，終不聞道，區區持其所有，欲以求合於世，且不可得，而況世外之人，想望而不之見耶？不謂遠枉音問，推予過當，豈非醫門多病，息黥補劓，恃有良藥乎？未脱罪籍，身非我有，無緣頂謁山門，異日聖恩許歸田，當畢此意也。

答寶月大師

近遞中兩奉書，必達。新歲，想法體康勝。無緣集會，悵望可量。屢要經藏碑，本以近日斷作文字，意不欲作。既遠書丁寧，又悟清日夜煎督，遂與作得寄去。如不嫌罪廢，即請入石。碑額見令悟清持書往安州干滕元發大字，不知得否？其碑不用花艸欄界，只鐫書字一味，已有大字額，向下小字，但直寫文詞，更不須寫大藏經碑一行及撰人寫人姓名，即古雅不俗，切囑！切囑！又有小字行書一本，若有工夫，更入一小横石，亦佳。黄州無一物可充信。建茶一角子，勿訝塵浼。有吴道子絹上畫釋迦佛一軸，雖頗損爛，然妙迹如生，意欲送院中供養。如欲得之，請示一書，即爲作記，并求的便附去。可裝在板子上，仍作一龕子。此畫與前來菩薩天王無異，但人物小而多耳。

與開元明師

近過南都，見致政太保張公。公以所藏禪月羅漢十六軸見授，云：「衰老無復玩好，而私家蓄畫像，乏香燈供養，可擇名藍高僧施之。」今吾師遠來相别，豈此羅漢契緣在彼乎？苟以奉贈，亦太保公之本意也。

與辯才禪師二首

某向與兒子竺僧名迨於觀音前剃落，權寄緇褐，去歲明堂恩，已奏授承務郎，謹與買得度牒一道，以贖此子。今附趙君齋納，取老師意，剃度一人，仍告於觀音前，略祝願過，悚息！悚息！

又

某有少微願，須至仰煩，切料慈照必不見罪。某與舍弟某捨絹一百疋，奉爲先君霸州文安縣主簿累贈中大夫、先妣武昌郡太君程氏，造地藏菩薩一尊，并座及侍者二人。菩薩身之大小，如中形人，所費盡以此絹而已。若錢少，即省鏤刻之工可也。乞爲指揮選匠便造，造成示及，專求便船迎取，欲京師寺中供養也。煩勞神用，媿悚不已。

答聞復上人

辱書并詩，誦味不釋手，感慰之極。比日起居何如？示諭欲以高文發明儒釋，固所望於左右也。某數日病在告，今日頗快，來旦欲出視事，然尚少力。粗和得來詩，未能盡意。花瓷不難得，但去人已負重，後信當致也。

與大覺禪師璉公二首

奉別二十五季，幾一世矣，會見無時，此懷可知。到此日欲奉書，因循至今。辱書，具審起居安穩。南方耆舊彫落，惟明有老師，杭有辯才，道俗所共依仰，蓋一時盛事。此來，時得從辯才游，老病昏塞，頗有所警發，恨不得一見老師，更與鑽磨也。

又

要作《宸奎閣碑》，謹以撰成。衰朽廢學，不知堪上石否？見參寥，説禪師出京日，英廟賜手詔，其略云「任性住持」者，不知果有否？如有，切請録示全文，欲添入此一節，切望仔細録到，即便添入。仍大字寫一本付侍者齎歸上石也。惟速爲妙。碑上别作一碑首，如唐以前制度。刻字額十五字，仍刻二龍夾之。碑身上更不寫題，自古制如此。最後方寫年月撰人銜位姓名，更不用著立石人及在任人名銜。此乃近世俗氣，極不典也。下爲龜趺承之。請令知事僧依此。

答龜山長老

張君予都尉，聞是舊檀越。爲奏海照之號，今託林承議附納勅牒，請作一書致君予，貴知到也。本欲爲書海照堂大字，作牌納去，屢寫皆不佳，不可用。待非久，告文安國爲作篆字也。

答參寥

兩得手書，具審法體佳勝。辯才遂化去，雖來去本無，而情鍾我輩，不免悽愴也。今有奠文一首，并銀二兩，託爲致茶果一奠之。

與參寥

吴子野至，出潁沙彌行艸書，瀟然有塵外意，決知不日脱穎而出，不可復没矣，可喜可喜。近遞中附吕丞相所奏妙總師號牒去，必已披受訖。即日起居何如？某來日出城赴定州，南北敻隔。然請會稽之意，終未已也。當更俟秊歲閒耳。

坡仙集卷之六終

坡仙集卷之七

策問并對策及策略等

私試策問 三首　好

問：人主莫不欲安存而惡危亡，然而其國常至於不可救者，何也？所憂者，非其所以亂與亡，而其所以亂與亡者，常出於其所不憂也。請借漢以言之，昔者高帝之世，天下既平矣，當時之所憂者，韓、彭、英、盧而已。此四王者，皆不能終高帝之世，相繼仆滅，而不復續。及至呂氏之禍，則猶異姓也。呂氏既已滅矣，而吴、楚之憂，幾至于亡國。方韓、彭、呂氏之禍，惟恐同姓之不蕃昌也。然至其爲變，則又過于異姓遠矣。文、景之世，以爲諸侯分裂破弱則漢可以無憂。至於武帝，諸侯之艱少衰，而匈奴之患方熾。則又以爲天下之憂止於此矣。及昭、宣、元、成之世，諸侯王既亡無足憂，而匈奴又破滅，臣事于漢。然其所以卒至於中絶而不救，則其所不慮之王氏也。世祖既立，上懲韓、彭之難，中鑒七國之變，而下悼王氏之禍，於是盡侯諸將，而不任以事，裁減同姓之封，而黜三公之權，以爲前世之弊盡去矣。及其衰也，宦官之權盛，而黨錮之難起，士大夫相與扼腕而遊談者，以爲天子一日誅宦官而解黨錮，則天下猶可以無事。於是欲召諸將而内脅其君。宦官既誅無遺類，而董卓、曹操之徒亦因以亡漢。漢之所憂者凡六變，而其亂與亡輒出於其所不憂，而終不可備。由此觀之，治亂存亡之勢，其皆有以取之歟？抑將不可推，如江河之徙移，其勢自有以相激而不自知歟？其亦可以理推力救而莫之爲也？今將使事至而應之，患至而爲之謀，則天下之患，不可以勝防，而政化不可以勝變矣。則亦將朝文而莫質，忽寬而驟猛歟？意者亦有可以長守而不變，雖有小患而不足卹者歟？願因論漢，而極言其所以然。

問：昔三代之際，公卿有生而爲之者，士有至老而不遷者。官有常人，而人有常心。故爲周之公卿者，非周、召、毛、原，則王之子弟也。發於畎畝，起於匹夫，而至于公相，則蓋亦有幾人而已。士之勤苦終身於學，講肄道藝，而修其廉隅，以邀鄉里之名者，不過以望鄉大夫賢能之書。其選舉而上，不過以爲一命之士。其傑異者至於大夫，極矣。夫周之世，諸侯爲政之卿，皆其世臣之子孫，則夫布衣之士，其進蓋亦有所止也。當是之時，士皆安其習而樂其分，不倦於小官，而潔爲之，故其民事修而世務舉。及其後世不然，使天下旅進而更爲之，雖布衣之賢，得以驟進於朝廷，而士始有無厭之心矣。官事之不修，民事之不緝，非其不能，不屑爲之也。先王之用人，欲其人人自喜，終老而不倦，是以能盡其才。今以凡人之才，而又加之以既倦之意，其爲弊可勝言乎！今夫州縣之吏，有故而不得改官者，盤桓於州縣而不能去，久者不過以爲職官令録。仕而達者，自縣宰爲郡之通守，自郡之通守以至郡守，爲郡守而無他才能，則盤桓於太守而不得去。由此觀之，是職官令録與郡守四者，爲國家棄材之委，而仕不達者之所盤桓而無聊也。夫以太守之重，職官令録之近於民，而用棄材焉，使不達者盤桓於其職，此豈先王所以使人不倦之意歟？居今之勢，何以使天下之士各安其分，而無輕於小官？何以使此四者流徙不倦，而無不自聊賴之意？其悉書于篇。

問：古者師出受成於學，兵固學者之所宜知也。今關中之事，又諸君之所親履而目見者。昔者六國之世，秦盡有今關中之地，地不加廣也，而東備齊，南備楚，近則備韓、魏，遠則備燕、趙，有敵國之憂，而無中原之助，然而當是時也，攘却西戎，至千餘里。今也天下爲一，獨以關中之地西備羌戎，三方無敵國之憂，而又內引百郡以爲助，惴惴焉自周之不暇。以百倍之勢，而無昔人分毫之功，此不可不論也。可以動心矣。古之爲兵者，戍其地則用其地之民，戰其野則食其野之粟，守其國則乘其國之馬，是以外被兵而內不知，此所以百戰而不殆也。今則不然，戍邊用東北之人，糴糧用內郡之錢，騎戰用西羌之馬，是以一郡用兵而百郡騷然，此又不可不論也。昔者衛爲狄所滅，齊桓公以車三十乘封文公於楚丘，及其末年，至三百乘。故其詩曰：「匪直也人，秉心塞淵，騋牝三千。」以爲資之四夷，則衛之所近者莫若狄。當是時也，狄與衛爲仇讎，其勢必不以馬與衛，然則衛獨以何術而能致馬如此之多邪？今欲使被兵之郡自用其民、自食其粟、自乘其馬，而不得其術，故願聞其詳。妙妙。萬古通知。

永興軍秋試舉人策問

問：昔漢受天下於秦，因秦之制，而不害爲漢。妙。唐受天下於隋，因隋之制，而不害爲唐。漢之與秦，唐之與隋，其治亂安危至相遠也，然而卒無所改易，又況於積安久治，其道固不事變也。世之君子，以爲善人爲邦百年，可以勝殘去殺。病其說之不效，急於有功，而歸咎於法制。是以頻年遣使冠蓋相望於道，以求民之所患苦。罷去茶禁，歸之於民，不以刑獄委任武吏，至于考功取士，皆有所損益。行之數年，卒未見其成，而紛紜之議，争以爲不便。嗟乎！此特其小者耳。事之可變，將復有大於此者。今欲盡易天下之驕卒以爲府兵，盡驅天下之異教以爲齊民，盡廢天下之惰吏以爲考課，盡率天下之游士以爲農桑，其爲拂世厲俗，非特如今之所行也。行其小者，且不能辨，則其大者又安敢議。然則是終不可變歟？將變之不得其術歟？將已得其術，而紛紜之議不足卹歟？無乃其道可變而不在其迹歟？所謂勝殘去殺者，其卒無效歟？願條其說。

國學秋試策問二首

妙妙

問：所貴乎學士大夫者，以其通古今而考成敗也。昔之人嘗有以是成者，我必襲之，嘗有以是敗者，我必反之。如是其可乎？昔之爲人君者，患不能勤。然而或勤以治，亦或以亂。文王之日昃，漢宣之厲精，始皇之程書，隋文之傳餐，其爲勤一也。昔之爲人君者，患不能斷。然而或斷以興，亦或以衰。晉武之平吳，憲宗之征蔡，符堅之南伐，宋文之北侵，其爲斷一也。昔之爲人君者，患不信其臣。然而或信以安，亦或以危。秦穆之於孟明，漢昭之於霍光，燕噲之于子之，德宗之于盧杞，其爲信一也。此三者，皆人君之所難，有志之士所常咨嗟慕望曠世而不獲者也。然考此數君者，治亂、興衰、安危之效，相反如此，豈可不求其故歟？夫貪慕其成功而爲之，與懲其敗而不爲，此二者皆過也。學者將何取焉！按其已然之迹，而詆之也易；推其未然之理，而辨之也難。是以未及見其成功，則文王之勤無以異於始皇。而方其未敗也，符堅之斷與晉武何辨。請舉此數君者得失之源所以相反之故，將詳覽焉。

問：古以民之多寡爲國之貧富，故管仲以陰謀傾魯梁之民，而商鞅亦招三晉之人以并諸侯。當周之盛時，其民物之數登於王府者，蓋拜而受之。自漢以來，丁口之蕃息與倉廩府庫之盛莫如隋，其貢賦翰籍之法必有可觀者。然學者以其得天下不以道，又不過再世而亡，是以鄙之而無傳焉。孔子曰：「不以人廢言。」而况可以廢一代之良法乎？文帝之初，有户三百六十餘萬，平陳所得又五十萬，至大業之始，不及二十年，而增至八百九十餘萬者，何也？ 方是時，布帛之積至于無所容，資儲之在天下者至不可勝數。及其敗亡塗地，而洛口諸倉猶足以致百萬之衆。其法豈可少哉！ 國家承平百年，户口之衆，有過於隋。然以今之法觀之，特便於徭役而已，國之貧富何與焉。非徒無益于富，又且以多爲患。生之者寡，食之者衆，是以公私枵然，而百弊並生。夫立法創制，將以遠迹三代，而曾隋氏之不及，此豈可不論其故哉？

試館職策題二首

妙！妙！

問：《傳》曰：「秦失之强，周失之弱。」昔周公治魯，親親而尊尊，至其後世，有寖微之憂。太公治齊，舉賢而上功，而其末流，亦有争奪之禍。夫親親而尊尊，舉賢而上功，歷代之所共也。而齊魯行之，皆不免於衰亂，其故何哉？ 國家承平百年，六聖相授，爲治不同，同歸于仁。今朝廷欲師仁祖之忠厚，而患百官有司不舉其職，或至于媮。欲法神考之勵精，而恐監司守令不識其意，流入于刻。夫使忠厚而不媮，勵精而不刻，亦必有道矣。昔漢文寬仁長者，至于朝廷之間，恥言人過，而不聞其有怠廢不舉之病。宣帝綜核名實，至于文理之士，咸精其能，而不聞其有督責過甚之失。何修何營可以及此？ 願深明所以然之故，而條具所當行之事，悉著于篇，以備採擇。

好

好、好

問，古之君子，見禮而知俗，聞樂而知政，於以論興亡之先後。考古以證今，蓋學士大夫之職，而人主與羣臣之所欲聞也。請借漢而論之。西漢十二世，而有道之君六，雖成、哀失德，禍不及民，宜其立國之勢，彊固不拔，而王莽以斗筲穿窬之才，談笑而取之。東漢自安、順以降，日趨於衰亂，而桓、靈之虐，甚于三季，其

妙

勢宜易動，而董、吕、二袁，皆以絶人之姿，欲取而不敢，曹操功蓋天下，其才百倍王莽，盡其智力，終身莫能得。夫治亂相絶，而安危之效相反如此。願考其政，察其俗，悉陳其所以然者。

省試策問三首

好

問：《孟子》曰：「君仁莫不仁，君義莫不義，君正莫不正，一正君而國定。」君子之至于斯也，亦可謂用力省而成功博矣。陛下嗣位四年于兹，未言而民信之，無爲而天助之，雖羣臣有司，不足以識知盛德之所在，然竊意其萬一，殆專以仁孝禮義好生納諫治天下也。子大夫生於此時，而又以德行道藝賓興于廷，將必有意於《孟子》之言，正君而國定，願聞所謂一言而興邦、修身而天下服者。夫堯舜尚矣，學者無所復議。自漢以來，道德純備，未有如文帝者也。今考其行事，而可疑者三。上林令，吏之不才，而虎圈嗇夫，才之過人者也，才者見而不録，不才者置而不問。則事之不廢壞者有幾？然則兵偃刑措，何從而致之？南越不臣，寵以使者，吴王不朝，賜以几杖，此與唐之陵夷，藩鎮自立以邀旄鉞者何異，不幾於姑息苟簡之政歟？《傳》曰：三王臣主俱賢。五霸不及其臣。文帝不見賈生，自以爲過之，既見，不如也。文帝豈霸者歟？帝自以爲不如，而魏文帝乃以爲過之，此又何也？抑過之爲賢歟？將自謂不如爲賢歟？漢文之所以爲文，殆以是三者，而可疑如此。故願與子大夫論之，以待上問而發焉。

好

問：《易》曰：「神而明之，存乎其人。」《詩》曰：「無競惟人，四方其訓之。」文武之功，未有不以得人而成者也。仲尼，旅人也，而門人可使南面。重耳，亡公子也，而從者足以相國。漢之得人，盛於武、宣，皆拔之芻牧之中，而表之公卿之上。世主不以爲疑，士大夫不以爲嫌者，風俗厚而論議正也。宋蔡廓爲吏部尚書，黄散以下，皆得自用，而廓以爲薄己。今自宰相不得專選舉，一命以上，皆付之定法，此何道也。昔常衮當國，雖盡公守法，而賢愚同滯，天下譏之。及崔貽孫相，不及一年，除吏八百，多其親舊，號稱得人。故建中之政，幾同正觀。夫使宰相守法如常衮，則不免於賢愚同滯之譏，用人如貽孫，則必有威福下移之謗，欲望得人於微陋之中，而成功於繩墨之外，豈不難哉！子大夫學優而求用者也，當何施於今，而免於斯二者？願極言之。

問：歷觀前世，天下初定，民始休息，下既厭亂而思静，上亦虚心而無作，是以公私富溢，刑罰清省，及其久安無變，則夸者喜名，智者貪功，生事以爲樂，無病而自灸，則天下騷然，財屈力殫，而民始病矣。自漢以來，鮮不出此。漢初，置郡不過六十，而文、景之化，幾致刑措。及唐中葉，列三百州，爲千四百縣，而政益荒。是時宿兵八十餘萬，民去爲商賈，度爲佛老，雜入科役，率常十五。天下常以勞苦之人三，奉坐待衣食之人七。流弊之極。至元和中，乃命段平仲、韋貫之、許孟容、李絳一切蠲減，凡省冗官八百員，吏千四百員。民以少紓，而上下相安，無刻核之怨。今朝廷無事，百有餘年，雖六聖相授，求治如不及，而吏惰民勞，蓋不勝弊。今者驕兵冗官之費，宗室貴戚之奉，邊鄙將吏之給，蓋十倍於往日矣。安視而不卹歟？則有民窮無告之憂。以義而裁之歟？則有拂逆人情之患。夫元和之世，彼四子者，何獨能之。子大夫雖未仕，其詳有所不知，而救此之道，當講其要，願悉著于篇。

御試制科策一道

痛快

臣謹對曰：臣聞天下無事則公卿之言輕于鴻毛，天下有事則匹夫之言重於泰山，非智有所不能，而明有所不察，緩急之勢異也。方其無事也，雖齊桓之深信其臣，管仲之深得其君，以握手丁寧之間，將死深悲之言，而不能去其區區之三豎。及其有事且急也，雖唐代宗之庸，程元振之用事，柳伉之賤且疏，而一言以入之，不終朝而去其腹心之疾。夫言之于無事之世者，足以有所改爲，而常患於不信。言之於有事之世者，易以見信，而常患于不及改爲。此忠臣志士之所以深悲，天下之所以亂亡相尋，而世主之所以不悟也。今陛下處積安之時，乘不拔之勢，拱手垂裳而天下嚮風，動容變色而海内震恐。雖有一事之失常，一物之不獲，固未足以憂陛下也。所爲親策賢良之士者，以應故事而已。豈以臣言爲真足以有感於陛下耶？雖然，

可傷

君以名求之，臣以實應之。陛下爲是名也，臣敢不爲是實也。伏惟制策有念祖宗先帝大業之重，而自處於

妙甚

寡昧，以爲「志勤道遠，治不加進」。臣竊以爲陛下即位以來，歲歷三紀，更於事變，審於情僞，不爲不熟矣。而「治不加進」，雖臣亦疑之。然以爲「志勤道遠」，則雖臣至愚，亦未敢以明詔爲然也。夫志有不勤而道無遠。陛下苟知勤矣，則天下之事粲然無不畢舉，又安以訪臣爲哉？今也猶以道遠爲歎，則是陛下未知勤也。臣請言勤之説。夫天以日運，故健；日月以日行，故明；水以日流，故不竭；人之四肢以日動，故無疾；器以日用，故不蠹。天下者，大物也，久置而不用，則委靡廢放，日趨於弊而已矣。陛下深居法宫之中，其憂勤而不息邪？臣不得而知也。其晏安而無爲邪？臣不得而知也。然所以知道遠之歎由陛下之不勤者，誠見陛下以天下之大，欲輕賦税則財不足，欲威四夷則兵不强，欲興利除害則無其人，欲敦世厲俗則無其具，大臣不過遵用故事，小臣不過謹守簿書，上下相安，以苟歲月。此臣所以妄論陛下之不勤也。伏惟制策有「夙興夜寐，于今三紀」。德有所未至，教者所未孚，闕政尚多，和氣或盭，舊野雖闢，民多亡聊。邊境雖安，兵不得撤。利入已浚，浮費彌廣。軍冗而未練，官冗而未澄。庠序比興，禮樂未具。户罕可封之俗，士忽皆讓之節。此所以訟未息於虞、芮，刑未措於成、康。意在位者不以教化爲心，治民者多以文法爲拘。禁

防繁多，民不知避。敘法寬濫，吏不知懼。纍繫者衆，愁歎者多」。凡此陛下之所憂數十條者，臣皆能爲陛下歷數而備言之。然而未敢爲陛下道也，何者？陛下誠得御臣之術而固執之，則嚮之所憂數十條者，皆可以捐之大臣，而己不與。今陛下區區以嚮之數十條爲己憂者，則是陛下未得御臣之術也。天下所謂賢者，陛下既得而用之矣。方其未用也，常若有餘；而其既用也則不足。是豈其才之有變乎！古之用人者，日夜提策之。武王用太公，其相與問答百餘萬言。今之《六韜》是也。桓公用管仲，其相與問答亦百餘萬言，今之《管子》是也。古之人君，其所以反覆窮究其臣者若此。今陛下默默而聽其所爲，則夫嚮之所憂數十條者無時而舉矣。古之忠臣，其受任也必先自度曰，吾能辨是矣乎？［要緊，要緊］度能辨是也，則又曰，吾君能忘己而任我乎？能無以小人間我乎？度其能忘己而任我也，能無以小人間我也，然後受之。既已受之矣，則以身任天下之責而不辭，享天下之利而不愧。［妙妙］今也內不度己，外不度君，［至切］而輕受之。受之，而衆不與也，則引身而求去。陛下又爲美辭而遣之，加之重祿而慰之。夫引身而求退者，非果廉節而有讓也。是邀君以自固也，是自明其非我之欲留以逃謗也，是不能辨其事而以其患遺後人也。陛下奈何聽之。臣故曰：陛下未得御臣之術也。「邊境已安，而兵不得撤」者，有安之名，而無安之實也。臣欲小言之，則自以爲愧，大言之，則世俗以爲笑，臣請略言之。古之制北狄者，未始不通西域。今之所以不能通者，是夏人爲之障也。朝廷置靈武於度外，幾百年矣。議者以爲絕域異方，曾不敢近，而況於取之乎！然臣以爲事勢有不可不取者。不取靈武，則無以通西域。西域不通，則契丹之强未有艾也。然靈武之所以不可取者，非以數郡之能抗吾中國，吾中國自困而不能舉也。其所以自困而不能舉者，以不生不息之財，養不耕不戰之兵，塊然如巨人之病腿，非不枵然大矣，而手足不能以自舉。欲去是疾也，則莫若捐秦以委之，使秦人斷然如戰國之世，不待中國之援，而中國亦未始有秦者。有戰國之全利，而無戰國之患，則夏人舉矣。其便莫如稍徙緣邊之民不能戰守者於空閑之地，而以其地益募民爲屯田，屯田之兵稍益，則向之戍卒可以稍減，使數歲之後，緣邊之民，盡爲耕戰之夫，然後數出兵以苦之，要以使之厭戰而不能支，則折而歸吾矣。如此，而北狄始有可制之漸，中國始有息肩之所。不然，將濟師之不暇，而又何撤乎？

擬進士對御試策一道并引狀

右臣准宣命差赴集英殿編排舉人試卷。竊見陛下始革舊制，以策試多士，厭聞詩賦無益之語，將求山林朴直之論，聖聽廣大，中外歡悦。而所試舉人不能推原上意，皆以得失爲慮，不敢指陳闕政，而阿諛順旨者又率據上第。陛下之所以求於人至深切矣，而卜之報上者如此，臣竊悲之。夫科場之文，風俗所繫，所收者天下莫不以爲法，所棄者天下莫不以爲戒。昔祖宗之朝，崇尚辭律，則詩賦之工，曲盡其巧。自嘉祐以來，以古文爲貴，則策論盛行於世，而詩賦幾至于熄。何者？利之所在，人無不化。今始以策取士，而士之在甲科者，多以諂諛得之。天下觀望，誰敢不然。臣恐自今已往，相師成風，雖直言之科，亦無敢以直言進者。風俗一變，不可復返，正人衰微，則國隨之，非復詩賦策論迭興迭廢之比也。是以不勝憤懣，退而擬進士對御試策一道。學術淺陋，不能盡知當世之切務，直載所聞，上將以推廣聖言，庶有補於萬一，下將以開示四方，使知陛下本不諱惡切直之言，風俗雖壞，猶可以少救。其所撰策，謹繕寫投進，干冒天威，臣無任戰恐待罪之至。

策問

朕德不類，託於士民之上，所與待天下之治者，惟萬方黎獻之求，詳延于廷，諏以世務，豈特考子大夫之所學，且以博朕之所聞。蓋聖王之御天下也，百官得其職，萬事得其序。有所不爲，爲之而無不成。有所不革，革之而無不服。田疇闢，溝洫治，草木暢茂，鳥獸魚鼈無不得其性。其富足以備禮，其和足以廣樂，其治足以致刑。子大夫以謂何施而可以臻此？方今之弊，可謂衆矣。捄之之道，必有本末，所施之宜，必有先後。子大夫之所宜知也。生民以來，所謂至治，必曰唐虞成周之時，詩書所稱，其迹可見。以至後世賢明之君，忠智之臣，相與憂勤，以營一代之業，雖未盡善，要其所以成就，亦必有可言者。其詳著之，朕將親覽焉。

擬對士

至妙，至妙

對：臣伏見陛下發德音，下明詔，以天下安危之至計，謀及於布衣之士，其求之不可謂不切，其好之不可謂不篤矣。然臣私有所憂者，不知陛下有以受之歟？《禮》曰：「甘受和，白受采。」故臣願陛下先治其心，使虛一而静，然後忠言至計可得而入也。今臣竊恐陛下先入之言，已實其中，邪正之黨，已貳其聽，功利之説，已動其欲，則雖有臯陶、益稷爲之謀，亦無自入矣，而况於疎遠愚陋者乎！此臣之所以大懼也。聖策曰「聖王之御天下也，百官得其職，萬事得其序」。夫百官之所以得其職者，豈聖王人人而督責之歟？萬事之所以得其序者，豈聖王事事而整齊之歟？亦因能以任職，因職以任事而已。官有常守謂之職，施有先後謂之序。今陛下使兩府大臣侵三司財利之權，常平使者亂職司守令之治。刑獄舊法不以付有司，而取決于執政之意；邊鄙大慮不以責帥臣，而聽計于小吏之口。百官可謂失其職矣。王者之所宜先者德也，所宜後者刑也，所宜先者義也，所宜後者利也。而陛下易之，萬事可謂失其序矣。聖策曰「有所不爲，爲之而無不成。有所不革，革之而無不服」。陛下之言及此，是天下之福也。今日之患，正在於未成而爲之，未服而革之耳。夫成事在理不在勢，服人以誠不以言。理之所在，以爲則成，以禁則止，以賞則勸，以言則信。今爲政不務循理，而欲以人主之勢，賞罰之威，劫而成之！夫以斧析薪，可謂必克矣，然不循其理，則斧可缺，薪不可破。是以不論尊卑，不計强弱，理之所在則成，理所不在則不成可必也。今陛下使農民舉息，與商賈争利，豈理也哉，而怪其不成乎？《禮》曰：微之顯，誠之不可掩也如此夫。陛下苟誠心乎爲民，則雖或謗之而人不信。苟誠心乎爲利，則雖自解釋而人不服。且事有決不可欺者，吏受賄枉法，人必謂之贓，非其有而取之，人必謂之盜。苟有其實，不敢辭其名。今青苗有二分之息，而不謂之放債取利，可乎？凡人爲善，不自譽而人譽之；爲惡，不自毁而人毁之。如使爲善者必須自言而後信，則堯、舜、周、孔亦勞矣。今天下以爲利，陛下以爲義；天下以爲貪，陛下以爲廉。不勝其紛紜也，則使二三臣者，極其巧辯，以解答千萬人之口。附會經典，造爲文書，以曉告四方。四方之人，豈如嬰兒鳥獸，而可以美言小數眩惑之哉。且夫未成而爲之，則其弊必至于不敢爲。未服而革之，則其弊必至于不敢革。蓋世有好走馬者，一爲墜傷，則終身徒行。何者？慎重則必成，輕發則多敗，此理之必然也。陛下若出于慎重，則屢作屢成，不惟人信之，陛下亦自信而日以勇矣。若出于輕發，則每舉每敗，不惟人不信，陛下亦不自信而日以怯矣。文宗始用訓、注，其志豈淺也哉，而一經大變，則憂沮喪氣，不能復振。文宗亦非有失德，徒以好作而寡謀也。慎重者始若怯，終必勇。輕發者始若勇，終必怯。迺者横山之人，未嘗一日而忘漢，雖五尺之童子知其可取，然自慶曆以來，莫之敢發，誠未有以善其後也。近者邊臣不計其後，而遽發之，一發不中，則内帑之費以數百萬計，而關輔之民困於飛輓者，三年而未已。雖天下之勇者，敢復爲之歟？爲之固不可，敢復言之歟？由此觀之，則橫山之功，是邊臣欲速而壞之也。近者青苗之政，助役之法，均輸之策，併軍蒐卒之令，卒然輕發，又甚于前日矣。雖陛下不卹人言，持之益堅，而勢窮事礙，終亦必變。他日雖有良法美政，陛下能復自信乎？人君之患，在於樂因循而重改作，今陛下春秋鼎盛，天錫勇智，此萬世一時也。而羣臣不能濟之以慎重，養之以敦朴，譬如乘輕車，馭駿馬，冒險夜行，而僕夫又從後鞭之，豈不殆哉！臣願陛下解轡秣馬，❶以須東方之明，而徐行于九軌之道，甚未晚也。聖策曰：「其富足以備禮，其和足以廣樂，其治足以致刑，何施而可以臻此。」孔子曰：「百姓足，君孰與不足。」兔首瓠葉，可以行禮。掃地而祭，可以事天。禮之不備，非貧之罪也。管子曰：「倉廩實而知禮節。」臣不知陛下所謂富者，富民歟，抑富國歟？陸賈曰：「將相和則士豫附。」劉向曰：「衆賢和於朝，則萬物和於野。」今朝廷可謂不和矣。其咎安在？陛下不返求其本，而欲以力勝之。力之不能勝衆也久矣。古者刀鋸在前，鼎鑊在後，而士猶犯之，今陛下躬蹈堯舜，未嘗誅一無罪。欲弭衆言，不過斥逐異議之臣而更用人耳。必未忍行亡秦偶語之禁，起東漢黨錮之獄，多士何畏而不言哉？臣恐逐者不已，而争者益多，煩言交攻，愈甚於今日矣。欲望致和而廣樂，豈不踈哉？古之求治者，將以措刑也。今陛下求治則欲致刑，此又羣臣誤陛下也。臣知其説矣，是出於荀卿。荀卿以人性爲惡，則其言治世刑重亦宜矣。説者又以爲《書》稱唐虞之隆，刑故無小，而周之盛時，羣飲者殺。臣請有以詰之。夏禹之時，大辟二百，周公之時，大辟五百，豈可謂周治而禹亂耶？秦爲法及三族，漢除肉刑，豈可謂秦治而漢亂耶？致之言極也。天下幸而未治，使一日治安，陛下將變今之刑而用其極歟？天下幾何其不叛也。宥過無大，刑故無小，此用刑之常理也。至于今守之。豈獨唐虞之隆而周之盛時哉！所以誅羣飲者，意其非獨羣飲

❶ 焦本此句有旁批「妙」。

而已。如今之法所謂夜聚曉散者，使後世不知其詳，而徒聞其語，則凡夜相過者，皆執而殺之，可乎？（妙）夫人相與飲酒而輒殺之，雖桀紂之暴，不至于此。而謂周公行之歟？聖策曰：「方今之弊，可謂衆矣，捄之之道，必有本末，所施之宜，必有先後。」臣請論其本與其所宜先者，而陛下擇焉。方今捄弊之道，必先立事。立事之本，在於知人。則所施之宜，當先觀大臣之知人與否耳。古之欲立非常之功者，必有知人之明。（至言，至言）苟無知人之明，則循規矩，蹈繩墨，以求寡過。二者皆審於自知，而安于才分者也。道可以講習而知，德可以勉强而能，惟知人之明不可學，必出于天資。如蕭何之識韓信，此豈有法而可傳者哉！以諸葛孔明之賢，而知人之明，則其所短，是以失之於馬謖。而孔明亦審於自知，是以終身不敢用魏延。我仁祖之在位也，事無大小，一付之於法，人無賢不肖，一付之於公議。事已効而後行，人已試而後用，終不求非常之功者，誠以當時大臣不足以與於知人之明也。（妙）古之爲醫者，聆音察色，洞視五臟，則其治疾也，有剖胷決脾，洗濯胃腎之變。苟無其術，不敢行其事。今無知人之明，而欲立非常之功，解縱繩墨以慕古人，則是未能察脉而欲試華陀之方，其異於操刀而殺人者幾希矣。房琯之稱劉秩，關播之用李元平是也。至今以爲笑矣。陛下觀今之大臣，爲知人歟？爲不知人歟？乃者推用衆才，皆其造室握手之人，要結審固而後敢用，蓋以爲其人可與戮力同心，共致太平。曾未安席，而交口攻之者，如蝟毛而起。陛下以此驗之，其不知人也亦審矣。幸今天下無事，異同之論，不過瀆亂聖聽而已。若邊隅有警，盜賊竊發，俯仰成敗，呼吸變動，（妙甚，妙甚）而所用之人皆如今日，乍合乍散，臨事解體，不可復知，則無乃誤社稷歟？華陀不世出，天下未嘗廢醫。蕭何不世出，天下未嘗廢治。陛下必欲立非常之功，請待知人之佐。若猶未也，則亦詔左右之臣安分守法而已。聖策曰：「生民以來，稱至治者必曰唐虞成周之世，詩書所稱，其迹可見。以至後世賢明之君，忠智之臣，相與憂勤，以營一代之業，雖未盡善，然要其所成就，亦必有可言者，其詳著之。」臣以爲此不可勝言也。其施設之方，各隨其時而不可知。其所可知者，必畏天，必從衆，必法祖宗。故其言曰：「戒之戒之。天惟顯思，命不易哉。」又曰：「稽于衆，舍己從人。」又曰：「丕顯哉，文王謨，丕承哉，武王烈。」詩書所稱，大略如此。未嘗言天命不足畏，衆言不足從，祖宗之法不足用也。符堅用王猛，而樊世、仇騰、席寶不悦。魏鄭公勸太宗以仁義，而封倫不信。凡今之人，欲陛下違衆而自用者，必以此藉口。而陛下所謂賢明忠智者，豈非意在於此等歟？臣願考二人之所行，而求之于今，王猛豈嘗設官而牟利，魏鄭公豈嘗貸錢而取息歟？且其不悦者，不過數人，固不言天下之不信且服也。今天下有心者怨，有口者謗，古之君臣相與憂勤以營一代之業者，似不如此。古語曰：「百人之聚，未有不公。」而説况天下乎！今天下非之，而陛下不回，臣不知所税駕矣。《詩》曰：「譬彼舟流，不知所届。心之憂矣，不遑假寐。」區區之忠，惟陛下察之。

末段尚當推廣理財未善之故，若如此所云，則神宗不服，安石亦不服，但懇切迫直，最可誦可喜也。

策略

策略一

臣聞有意而言，意盡而言止者，天下之至言也。蓋有以一言而興邦者，有三日言而不輟者。一言而興

有意盡而言不止者，南華、貝葉是也。何害也！

邦，不以爲少而加之毫毛。老子 三日言而不輟，不以爲多而損之一辭。莊子 三代之衰，學校廢缺，聖人之道不明，而其所以猶賢於後世者，士未知有科舉之利。故戰國之際，其言語文章，雖不能盡通於聖人，而皆卓然近於可××胡説用，出於其意之所謂誠然者。自漢以來，世之儒者，忘己以狥人，務爲射策决科之學，其言雖不叛於聖人，而皆泛濫於辭章，不適於用。今陛下承百王之弊，立於極文之世，而以空言取天下之士，繩之以法度，考之於有司，臣愚不肖，誠恐天下之士，不獲自盡。故嘗深思極慮，率其意之所欲言者爲二十五篇，曰略、曰別、曰斷，雖無足取者，而臣之區區，以爲自始而行之，以次至於終篇，既明其略而治其別，然後斷之於終，庶幾有益於當世。臣聞天下治亂，皆有常勢，是以天下雖亂，而聖人以爲無難者，其應之有術也。水旱盜賊，人民流離，是安之而已也；亂臣割據，四分五裂，是伐之而已也；權臣專制，擅作威福，是誅之而已也；四夷交侵，邊鄙不寧，是攘之而已也。凡此數者，其於害民蠹國爲不淺矣。然其所以爲害者有狀，是故其所以救之者有方也。天下之患，莫大於不知其然而然，不知其然而然者，是拱手而待亂也。國家無大兵革，幾百年矣。天下有治平之名而無治平之實，有可憂之勢而無可憂之形，此其有未測者也。方今天下非有水旱盜賊人民流離之禍，而咨嗟怨憤，常若不安其生；非有亂臣割據四分五裂之憂，而休養生息，常若不足於用。非有權臣專制擅作威福之弊，而上下不交，君臣不親；非有四夷交侵邊鄙不寧之災，而中國皇皇，常有外憂。此臣之所以大惑也。今夫醫之治病，切脉觀色，聽其聲音，而知病之所由起，曰此寒也，此熱也，或曰此寒熱之相搏也，及其他，無不可爲者。今且有人悦然而不樂，問其所苦，且不能自言，則其受病有深而不可測者矣，其言語、飲食、起居、動作，固無以異於常人，此庸醫之所以爲無足憂，而扁鵲、倉公之所望而驚也。其病之所由起者深，則其所以治之者，固非鹵莽因循苟且之所能去也。而天下之士，方且掇拾三代之遺文，補葺漢、唐之故事，以爲區區之論，可以濟世，不已疎乎！

策略二

天下無事久矣，以天子之仁聖，其欲有所立以爲子孫萬世之計，至切也。特以爲發而不中節，則天下或受其病，當寧而太息者，幾年于此矣。蓋自近歲始柄用二三大臣，而天下皆洗心滌慮，以聽朝廷之所爲。然而數年之間，卒未有以大慰天下之望，此其故何也？二虜之大憂未去，而天下之治，終不可爲也。聞之師曰：「應敵不暇，不可以自完，自完不暇，不可以有所立。」今天下一家，二虜且未動也，而吾君吾相終日皇皇焉應接之不暇，亦竊爲執事者不取也。昔者大臣之議，不爲長久之計，而用最下之策，是以歲出金繒數十百萬，以資强虜，此其既往之咎，不可追之悔也。而議者方將深罪當時之失，而不求後日之計，亦無益矣。臣雖不肖，竊論當今之弊。蓋古之爲國者，不患有所費，而患費之無名，不患費之無名，而患事之不立。今一歲而費千萬，是千萬而已。事之不立，四海且不可保，而奚千萬之足云哉！（大是）千金之家，久而不治，使販夫豎子皆得執券以誅其所負，苟一朝發憤，傾囷倒廩以償之，然後更爲之計，則一日之資，亦足以富，何遽至于皇皇哉！臣嘗讀《吴越世家》，觀句踐困于會稽之上，而行成於吴，凡金玉女子所以爲賂者，不可勝計。既反國，而吴之百役無不從者，使大夫女女于大夫，士女女于士，春秋貢獻，不絶于吴府。嘗竊怪其以蠻夷之國，承敗亡之後，救死扶傷之餘，而賂遺費耗又不可勝計如此，（至言）然卒以滅吴，則爲國之患，果不在費也。彼其內外不相擾，是以能有所立。使范蠡、大夫種二人分國而制之。范蠡曰：「四封之外，種不如蠡，使蠡主之。凡門封之外所以待吴者，種不知也。四封之內，蠡不如種，使種主之。凡四封之內所以强國富民者，蠡不知也。」二人者，各專其能，各致其力，是以不勞而滅吴。其所以賂遺于吴者，甚厚而有節也，是以財不匱。其所以聽役于吴者，甚勞而有時也，是以本不摇。然後句踐得以安意肆志焉，而吴國固在其指掌中矣。今以天下之大，而中書常有蠻夷之憂，宜其内治有不辨者，故臣以爲治天下不若清中書之務。（切切）中書之務清，則天下之事不足辨也。今夫天下之財，舉歸之司農，天下之獄，舉歸之廷尉，天下之兵，舉歸之樞密，而宰相特持其大綱，聽其治要而責成焉耳。夫此三者，豈少於蠻夷哉？誠以爲不足以累中書也。

策略三

天下有二患：有立法之弊，有任人之失。二者疑似而難明，此天下之所以亂也。當立法之弊也，其君必曰：「吾用某也而天下不治，是某不可用也。」又從而易之。不知法之弊，而移咎於其人。及其用人之失也，又從而尤其法。法之變未有已也，如此，則雖至於覆敗、死亡相繼而不悟，豈足怪哉。昔有漢興，因秦以爲治，刑法峻急，禮義消亡，天下蕩然，恐後世無所執守，故賈誼、董仲舒咨嗟歎息，以立法更制爲事。後世見二子之論，以爲聖人治天下，凡皆如此，是以腐儒小生，皆欲妄有所變改，以惑亂世主。臣竊以爲當今之（大是）患，法令雖有未安，而天下之所以不大治者，失在於任人，而非法制之罪也。國家法令凡幾變矣，天下之不大治，其咎果安在哉？曩者大臣之議，患天下之士，其進不以道，而取之不精也，故爲之法曰：中年而舉，取舊數之半，而復明經之朴。患天下之吏，無功而遷，取高位而不讓也，故爲之法，曰：當遷者有司以聞，而自陳者爲有罪。此二者，其名甚美，而其實非大有益也。而議者欲以此等致天下於大治，臣竊以爲過矣。夫法之於人，猶五聲六律之於樂也。法之不能無姦，猶五聲六律之不能無淫樂也。先王知其然，故存其大略，而付之於人，苟不至於害民，而不可不去者，皆不變也。故曰：失在任人而已。夫有人而不用，與用而不行其言，行其言而不盡其心，其失一也。古之興王，一人而已。湯以伊尹，武以太公，皆捐天下以與之，而後伊、吕得捐其一身以經營天下。君不疑其臣，功成而無後患，是以知無不言，言無不行。其所欲用，雖其親愛可也；其所欲誅，雖其讎隙可也。使其心無所顧忌，故能盡其才而責其成功。及至後世之君，始用區區之小數以繩天下之豪俊，故雖有國士，而莫爲之用。夫賢人君子之欲有所樹立，以著不朽於後世者，甚於人君，顧恐功未及成而有所奪，秖以速天下之亂耳，鼂錯之事，斷可見矣。夫奮不顧一時之禍，决然徒欲以身試人主之威者，是亦其所挾者不甚大也，斯固未足與有爲。而沈毅果敢之士，又必有待而後發，苟人主不先自去其不可測，而示其可信，則彼孰從而發哉！慶曆中，天子急於求治，擢用賢者，天下日夜望其成功。方其深思遠慮而未有所發也，雖天子亦遲之。至其一旦發憤，條天下之利害，百未及一二，而舉朝諠譁，以至于逐去，曾不旋踵。此天下之士，所以相戒而不敢深言也。居今之世而欲納天下於至治，非大有所矯拂於世俗不可以有成也。何者？天下獨患柔弱而不振，怠惰而不肅，苟且偷安而不知長久之計。臣以爲宜如諸葛亮之治蜀，王猛之治秦，使天下悚然，人人不敢飾非，務盡其誠。凡此者，皆庸人之所大惡，而讒言之所由興也。是故先主拒關、張之間，而後孔明得以盡其才；符堅斬樊世，逐仇騰，黜席寶，而後王猛得以畢其功。夫天下未嘗無二子之才也，而人主思治又如此之勤，相須甚急，而相合甚難者，獨患君不信其臣，臣不測其君而已矣。

如此說正中神宗用安石之心矣。

甚切宋事

安石正如此

語只不切裕陵

策略四

當今之所宜先者，莫如破庸人之論，以開功名之門，而後天下可爲也。治天下譬如治水，方其奔衝潰決，騰湧漂蕩而不可禁止也，雖欲盡人力之所至，以求殺其尺寸之勢而不可得，及其既衰且退也，駸駸乎若不足以終日。故善治水者，導之有方，決之有漸，疏其故而納其新，使不至於壅閼腐敗而無用。嗟夫！人知江河之有水患也，而以爲沼沚之可以無憂，是烏知舟楫灌溉之利哉？（妙絶）夫天下之未平，英雄豪傑之士，務以其所長，角奔而争利，惟恐天下一日無事也，是以人人各盡其材，雖不肖者，亦自淬厲而不至於怠廢，故其勇者相刦，智者相賊，使天下不安其生。爲天下者，知夫大亂之本，起於智勇之士争利而無厭，是故天下既平，則削去其具，抑遠天下剛健好名之士，而獎用柔懦謹畏之人，（二者説得盡）不過數十年，天下靡然無復往時之喜事也，於是能者不自激發，而無以見其能，不能者益以弛廢而無用，當是之時，人君欲有所爲，而左右前後皆無足使者，是以紀綱日壞而不自知。且夫人君之所恃以爲天下者，天下皆爲，而已不爲。夫使天下皆爲而已不爲者，開其利害之端，而辨其榮辱之等，使之踴躍奔走，皆爲我役而不自知，夫是以坐而收其功也。如使天下皆欲不爲而得，則天子誰與共天下哉？今者治平之日久矣，天下之患，正在於此。臣故曰：破庸人之論，開功名之門，而後天下可爲也。今夫庸人之論有二，其上之人務爲寬深不測之量，而下之士好言中庸之道。（今日亦然）此二者，皆庸人相與議論，舉先賢之言，而獵取其近似者，以自解説其無能而已矣。夫寬深不測之量，古人所以臨大事而不亂，有以鎮世俗之躁，蓋非以隔絶上下之情，養尊而自安也。（透）譬之則勸，非之則沮，聞善則喜，見惡則怒，此三代聖人之所共也。而後之君子，必曰譽之不勸，非之不沮，聞善不喜，見惡不怒，斯以爲不測之量，不已過乎！夫有勸有沮，有喜有怒，然後有間而可入；有間而可入，然後智者得爲之謀，才者得爲之用。後之君子，務爲無間，夫天下誰能入之。古之所謂中庸者，盡萬物之理而不過，故亦曰皇極。夫極，盡也。後之所謂中庸者，循循焉爲衆人之所能爲，斯以爲中庸矣，此孔子、孟子之所謂鄉原也。一鄉皆稱原人焉，無所往而不爲原人。同乎流俗，合乎汙世，曰：古之人何爲踽踽涼涼，生斯世也，爲斯世也，善斯可矣。謂其近於中庸而非，故曰「德之賊也」。孔子、孟軻惡鄉原之賊夫德也，欲得狂者而見之，狂者又不可見，欲得狷者而見之，曰：「狂者進取狷者有所不爲也。」今日之患，惟不取於狂者、狷者，而皆取於鄉原，是以若此靡靡不立也。孔子、子思之所從受中庸者也；孟子、子思所授以中庸者也。然皆欲得狂者、狷者而與之，然則淬勵天下而作其怠惰，莫如狂者、狷者之賢也。

妙絶，妙絶

豈但今日，古今天下知用狂狷，安得不治

妙絶

策略五

臣聞天子者，以其一身寄之乎巍巍之上，以其一心運之乎茫茫之中，安而爲太山，危而爲累卵，其間不容毫釐。是故古之聖王，不恃其有可畏之資，而恃其有可愛之實，不恃其有不可拔之勢，而恃其有不忍叛之心。何則？其所居者，天下之至危也。天子恃公卿，以有其天下。公卿大夫士以至於民，轉相屬也，以有其富貴。苟不得其心，而欲羈之以區區之名，控之以不足恃之勢者，其平居無事，猶有以相制。一旦有急，是皆行道之人，掉臂而去，尚安得而用之哉？古之失天下者，皆非一日之故，其君臣之權，去已久矣，適會

刺骨

其變，是以一散而不可復收。方其未也，天子甚尊，大夫士甚賤，奔走萬里，無敢後先，儼然南面以臨其臣，曰：天何言哉！百官俯首就位，斂足而退，兢兢惟恐有罪，賢者既無所施其才，而愚者亦有所容其不肖。及乎事出於非常，變起於不測，視天下莫與同其患，雖欲分國以與人，而且不及矣。天下者，器也，天子者，有此器者也。器久不用而置諸篋笥，則器與人不相習，是以扞格而難操。良工者，使手習知其器，而器亦習知其手，手與器相信而不相疑，夫是故所爲而成也。天下之患，非經營禍亂之足憂，而養安無事之可畏。何者？懼其一旦至於扞格而難操也。昔之有天下者，日夜淬厲其百官，撫摩其人民，爲之朝聘會同燕享，以交諸侯之歡。歲時月朔，致民讀法，飲酒蜡獵，以遂萬民之情。有大事，自庶人以上，皆得至于外朝以盡其詞。然猶以爲未也，而五載一巡狩，朝諸侯於方岳之下，親見其耆老賢士大夫，以周知其天下風俗。凡此者，非爲苟勞而已，將以馴致服習天下之心，使不至于扞格而難操也。及至後世，安於逸樂，而惡聞其過。是以養尊而自高，務爲深嚴，使天下拱手以貌相承，而心不服。其老生腐儒，又出而爲之說曰：天子不可以妄有言也。使其君臣相視而不相知，如此，則偶人而已矣。天下之心既去，而倀倀然抱其空器，不知英雄豪傑已議其後。臣竊觀西漢之初，高祖創業之際，事變之興，亦已繁矣，而高祖以項氏創殘之餘，而又與布、信之徒角馳於中原。此六七公者，皆以絶人之姿，據有土地甲兵之衆，其勢足以亂，然天下終以不摇，卒定於漢。傳十數世矣，而至于元、成、哀、平，四夷嚮風，兵革不試，而王莽一豎子，乃舉而移之，不用寸兵尺鐵，而天下屏息，莫敢或争，此其故何也？創業之君出於布衣，其大臣將相皆有握手之懽，凡在朝廷者，皆其嘗試嚌啜，以知其才之短長，彼其視天下如一身，苟有疾痛，其手足不期而自救，當此之時，雖有近憂，而無遠慮。及其子孫，生於深宫之中，而狃於富貴之勢，尊卑濶絶，而上下之情疎，禮節繁多，而君臣之義薄。是故不爲近憂，而常爲遠患。及其一旦，固已不可救矣。

策別六

痛切不可當

臣聞爲治有先後，有本末。嚮之所論者，當今之所宜先，而爲治之大凡也。若夫事之利害，計之得失，臣請得列而言之。蓋其總四，其別十七。一曰課百官，二曰安萬民，三曰厚貨財，四曰訓兵旅。課百官者，其別有六。一曰厲法禁。昔者聖人制爲刑賞，知天下之樂乎賞而畏乎刑也，是故施其所樂者，自下而上。

好

民有一介之善，不終朝而賞隨之，是以天下之爲善者，足以知其無有不賞也。施其所畏者，自上而下公卿大臣有毫髮之罪，不終朝而罰隨之，是以上之爲不善者，亦足以知其無有不罰也。《詩》曰：「剛亦不吐，柔亦不茹。」夫天下之所謂權豪貴顯而難令者，此乃聖人之所借以徇天下也。舜誅四凶而天下服，何也？此四族者，天下之大族也。夫惟聖人爲能擊天下之大族，以服小民之心，故其刑罰至于措而不用。周之衰也，商鞅、韓非峻刑酷法，以督責天下，然其所以爲得者，用法始於貴戚大臣，而後及於疏賤，故能以其國霸。由此觀之，商鞅、韓非之刑，非舜之刑，而所以用刑者，舜之術也。後之庸人，不深原其本末，而猥以舜之用刑之術，與商鞅、韓非同類而棄之。法禁之不行，姦宄之不止，由此其故也。今州縣小吏，受賕而鬻獄，其罪至於除名。而其官不足以贖，則至于嬰木索，受笞箠，此亦天下之至辱也。而士大夫或冒行之。何者？其心有所不服也。今夫大吏之爲不善，非特簿書米鹽出入之間也，其位愈尊，則其所害愈大，其權愈重，則其下愈不敢言。幸而有不畏彊禦之士，出力而排之，又幸而不爲上下之所抑，以遂成其罪，則其官之所減者，至于

好

至言

[redacted]

罰金，蓋無幾矣。夫過惡暴著于天下，而罰不傷其毫毛；鹵莽於公卿之間，而纖悉於州縣之小吏。用法如此，宜其天下之不心服也。用法而不服其心，雖刀鋸斧鉞，猶將有所不避，而况於木索、笞箠哉！方今法令至繁，觀其所以防奸之具，一舉足且入其中，而大吏犯之，不至于可畏，其故何也？天下之議者曰：古者之制，「刑不上大夫」，大臣不可以法加也。嗟夫，「刑不上大夫」者，豈曰大夫以上有罪而不刑歟？古之人君，責其公卿大臣至重，而待其士庶人至輕也。責之至重，故其所以約束之者愈寬；待之至輕，故其所以隄防之者甚密。夫所貴乎大臣者，惟不待約束，而後免於罪戾也。是故約束愈寬，而大臣益以畏法。何者？其心以爲人君之不我疑而不忍欺也。苟幸不疑而輕犯法，則固已不容於誅矣。故夫大夫以上有罪，不從於訊（此公自己心事，安可與俗人言哉）鞫論報，如士庶人之法。斯以爲「刑不上大夫」而已矣。天下之吏，自一命以上，其蒞官臨民苟有罪，皆書於其所謂歷者，而至於館閣之臣出爲郡縣者，則遂罷去。此真聖人之意，欲有以重責之也。奈何其與十庶人較罪之輕重，而又以其爵減耶？夫律，有罪而得以首免者，所以開盜賊小人自新之塗，而今之卿大夫有罪亦得以首免，是以盜賊小人待之歟？天下惟其無罪也，是以罰不可得而加。如知其有罪而特免其罰，則何以令天下。今夫大臣有不法，或者既以舉之，而詔曰勿推，此何爲者也。聖人爲天下，豈容有此曖昧而不決。故曰：厲法禁自大臣始，則小臣不犯矣。

策别七

其二曰：抑「僥倖」。夫所貴乎人君者，予奪自我，而不牽於衆人之論也。天下之學者，莫不欲仕，仕者莫不欲貴，如從其欲，則舉天下皆貴而後可。惟其不可從也，是故仕不可以輕得，而貴不可以易致。《記》

曰：「司馬辨論官材，論進士之賢者，以告于王，而定其論，論定然後官之，任官然後爵之。位定然後祿之。」然則是取之者未必用也。昔唐有天下，舉進士者，羣至于有司之門。唐之制，惟有司之信也。是故有司得以搜羅天下之賢俊，而習知其爲人，唐之得人，於斯爲盛。如必曰任法而不任人，天下之人，必不可信。則夫一定之制，臣亦未知其果不可以爲奸也。

策別八

其三曰「決壅蔽」。所貴乎朝廷清明而天下治平者，何也？天下不訴而無冤，不謁而得其所欲，此堯舜之盛也。其次不能無訴，訴而必見察；不能無謁，謁而必見省。使遠方之賤吏，不知朝廷之高；而一介之小民，不識官府之難。而後天下治。今夫一人之身，有一心兩手而已。疾痛痾癢，動於百體之中，雖其甚微不足以爲患，而手隨至。夫手之至，豈其一一而聽之心哉。心之所以素愛其身者深，而手之所以素聽於心者熟，是故不待使令而率然以自至。聖人之治天下亦如此而已。今也不然。天下有不幸而訴其冤，如訴之於天。有不得已而謁其所欲，如謁之於鬼神。公卿大臣不能究其詳悉，而付之於胥吏，故凡賄賂先至者，朝請而夕得，徒手而來者，終年而不獲。至於故常之事，人之所當得而無疑者，莫不務爲留滯，以待請屬。舉天下一毫之事，非金錢無以行之。昔者漢唐之弊，患法不明，而用之不密，使吏得以空虛無據之法而繩天下，故小人得以無法爲姦。今也法令明具，而用之至密，舉天下惟法之知。所欲排者，有小不如法，而可指以爲瑕。所欲與者，雖有所乖戾，而可借法以爲解。故小人以法爲姦。

策别十

其五曰「無責難」。夫天下之吏不可以人人而知也，故使長吏擧之。又恐其擧之以私而不得其人也，故使長吏任之。他日有敗事，則以連坐。其過惡重者其罰均。且夫人之難知，自堯舜病之矣，今日爲善，而明日爲惡，猶不可保，況於十數年之後，其幼者已壯，其壯者已老，而猶執其一時之言，使同被其罪，不已過乎！天下之人，仕而未得志也，莫不勉强爲善以求擧。惟其既已改官而無憂，是故蕩然無所不至。方其在州縣之中，長吏親見其廉謹勤幹之節，則其勢不可以不擧，彼又安知其終身之所爲哉？故曰今之法責人以其所不能者，謂此也。一縣之長，察一縣之屬。一郡之長，察一郡之屬。職司者，察其屬郡者也。此三者，其屬無幾耳。其貪其廉，其寬猛，其能與不能，不可謂不知也。今且有人牧牛羊者，而不知其肥瘠，是可復以爲牧人歟？夫爲長而屬之不知，則此固可以罷免而無足惜者。今其屬官有罪，而其長不即以聞，他日有以告者，則其長不過爲失察。而去官者，又以不坐。夫失察，天下之微罪也。職司察其屬郡，郡縣各察其屬，此非人之所不能，而罰之甚輕，亦可怪也。

策别十一

其六曰「無沮善」。昔者先王之爲天下，必使天下欣欣然而無自棄之意。夫惟自棄之人，則其爲惡也，甚毒而不可解。是以聖人畏之，設爲高位重禄以待能者。使天下皆能踴躍自奮，扳援而來。惟其才之不逮，力之不足，是以終不能至於其間，而非聖人塞其門、絶其途也。夫然，故一介之賤吏，閭閻之匹夫，莫不奔走於善，此聖人驅之也。天下苟有甚惡而不可忍也，既已絶之，則屏之遠方，終身不齒。此非獨不仁也，以爲既已絶之，彼將肆其毒，以殘害吾民。是故絶之則不用，用之則不絶。既已絶之，又復用之，則是驅之於不善，而又假之以其具也。無所望而爲善，無所愛惜而不爲惡者，天下一人而已矣。以無所望之人，而責其爲善，以無所愛惜之人，而求其不爲惡，又付之以人民，則天下知其不可也。世之賢者，何常之有。或出於賈豎賤人，甚者至于盜賊，往往而是。而儒生貴族，世之所望爲君子者，或至于放肆不軌，小民之不若。聖人知其然，是故不逆定於其始進之時，而徐觀其所試之効，使天下無必得之心，亦無必不可得之道。天下知其不可以必得也，然後勉强於功名而不敢僥倖，知其不至于必不可得也，然後有以自慰其心，久而不懈。嗟夫！聖人之所以鼓舞天下之人，日化而不自知者，此其術歟？後之爲政者則不然。用人以必得，而絶人以必不可得。此其意以爲進賢而退不肖。然天下之弊，莫甚於此。今夫制策之及等，進士之高第，皆以一日之間，而決取終身之富貴。此雖一時之文而未知其臨事之能否，則其用之不已太遽乎！天下有用人而絶之者三。州縣之吏，苟非有大過而不可復用，則其他犯法，皆可使竭力爲善以自贖。而今世之法，一陷於罪戾，則終身不遷，使之不自聊賴而疾視其民，肆意妄行而無所顧惜。此其初未必小人也，不幸而陷於其中，途窮而無所入，則遂以自棄。府史賤吏，爲國者知其不可闕也，是故歲久則補以外官。以其所從來之卑也，而限其所至，則其中雖有出羣之才，終亦不得齒於士大夫之列。夫人出身而仕者，將以求貴也，貴不可得而至矣，則將惟富之求，此其勢然也。如是，則雖至于鞭笞戮辱，而不足以禁其貪。故夫此二者，苟不可以遂棄，則宜有以少假之也。入貲而仕者，皆得補郡縣之吏，彼知其終不得遷，亦將逞其一時之欲，無所不至矣。臣故曰：絶之則不用，用之則不絶。此三者之謂也。

「敦教化」三字似俗儒口語，可厭。而發出切實之論，反令人抵掌，乃知真道學雖説假道學話，亦自不假也。

策别十二

安萬民者，其别有六。一曰「敦教化」。昔武王既克商，散財發粟，使天下知其不貪，禮下賢俊，使天下知其不驕，封先聖之後，使天下知其仁，誅飛廉、惡來，使天下知其義，如此，則其教化天下之實，固已立矣。天下聳然皆有忠信廉恥之心，然後文之以禮樂，教之以學校，觀之以射饗，而謹之以冠婚喪祭，民是以目擊而心諭，安行而自得也。及至後世，專用法吏以督責其民，而民日以貪冒嗜利而無恥。儒者乃始以三代之禮所謂名者而繩之！彼見其登降揖讓盤辟俯僂之容，則掩口而竊笑；聞鍾鼓管磬希夷嘽緩之音，則驚顧而不樂。如此，而欲望其遷善遠罪，不已難乎？臣愚以爲宜先其實而後其名，擇其近於人情者而先之。今夫民不知信，則不可與久居於安。民不知義，則不可與同處於危。平居則欺其吏，而有急則叛其君。此教化之實不至也。欲民之知信，則莫若務實其言。欲民之知義，則莫若務去其貪。往者河西用兵，而家人子弟皆藉以爲軍。其始也，官告以權時之宜，非久役者，事已當復爾業。少焉皆刺其額，無一人得免。自寶元以來，諸道以兵興爲辭而增賦者，至今皆不爲除去。夫如是，將何以禁小民之詐欺哉！夫所貴乎縣官之尊者，爲其恃於四海之富，而不爭於錐刀之末也。其與民也優，其取利也緩。今雞鳴而起，百工雜作，匹夫入市，操挾尺寸，吏且隨而税之，扼吭拊背，以收絲毫之利。古之設官者，求以裕民，今之設官者，求以勝民。賦斂有常限，而以先期爲賢。出納有常數，而以羨息爲能。天地之間，苟可以取者，莫不有禁。求利太廣，而用法太密。臣愚以爲可取之利，當有所不取。以教民信，而示之義。若曰「國用不足而未可以行」，則臣恐其失之多於得也。

策别十五

其四曰「較賦役」。自兩税之興，因地之廣狹瘠腴而制賦，因賦之多少而制役，户無常賦，視地以爲賦。人無常役，視賦以爲役。是故貧者鬻田則賦輕，而富者加地則役重。此所以度民力之所勝，亦足以破兼并之門，而塞僥倖之源也。及其後世，歲月既久，則小民稍稍爲奸，度官吏耳目之所不及，則雖有法禁，公行而不忌，今夫一户之賦，官知其爲賦之多少，而不知其爲地之幾何也。如此，則增損出入，惟其意之所爲。官吏雖明，法禁雖嚴，而其勢無由以止絶。且其爲奸，常起于貿易之際。夫鬻田者，必窮迫之人，而所從鬻者，必富厚有餘之家。富者恃其有餘而邀之，貧者迫於饑寒，而欲其速售。是故多取其地，而少入其賦。有田者方其貧困之中，苟可以緩一時之急，則不暇計其他日之利害。故富者地日以益，而賦不加多，貧者地日以削，而賦不加少。又其奸民欲以計免於賦役者，割數畝之地，加之以數倍之賦，而收其少半之直，或者亦貪其直之微而取焉。是以數十年來，天下之賦大抵淆亂。有兼并之族而賦甚輕，有貧弱之家而不免於重役，以至于破敗流移而不知其所往，其賦存而其人亡者，天下皆是也。夫天下不可以有僥倖也。天下有一人焉僥倖而免，則亦必有一人焉不幸而受其弊。今天下僥倖者如此之衆，則其不幸而受其弊者從可知矣。雖然天下皆知其爲患而不能去。何者？勢不可也。今欲按行其地之廣狹瘠腴，而更制其賦之多寡，則奸吏因緣爲賄賂之門，其廣狹瘠腴，亦將一切出於其意之喜怒，則患益深，是故士大夫畏之而不敢議。

■此丈量之所以■惡■也

策別十六

北狩之事，公已看見，時不用公，可奈之何？

其五曰：「教戰守。」當今生民之患，果安在哉？在於知安而不知危，能逸而不能勞，昔者先王知兵之不可去也，是故天下雖平，不敢忘戰。及至後世，用迂儒之議，以去兵爲王者之盛節，天下既定，則卷甲而藏之。數十年之後，甲兵頓弊，而人民日安于佚樂。卒有盜賊之警，則相與恐懼譌言，不戰而走。開元、天寶之際，天下豈不大治。惟其民安于太平之樂，酣豢于游戲酒食之間，其剛心勇氣，消耗鈍眊，痿蹶而不復振，是以區區之禄山遂出而乘之，四方之民，獸奔鳥竄，乞爲囚虜之不暇。天下分裂，而唐室因以微矣。蓋嘗試論之，天下之勢，譬如一身。王公貴人所以養其身者，豈不至哉，而其平居常苦於多疾。至于農夫小民，終歲勞苦。而未嘗告疾，此其故何也？夫風雨霜露寒暑之變，此疾之所由生也。農夫小民，盛夏力作，而窮冬暴露，其筋骸之所衝犯，肌膚之所浸漬，輕霜露而狎風雨，是故寒暑不能爲之毒。今王公貴人處於重屋之下，出則乘輿，風則襲裘，雨則御蓋，凡所以慮患之具，莫不備至。畏之太甚，而養之太過，小不如意，則寒暑入之矣。是故善養身者，使之能逸而能勞。步趨動作，使其四體狃於寒暑之變，然後可以剛健强力，涉險而不傷，夫民亦然。今者治平之日久，天下之人驕惰脆弱，如婦人孺子不出于閨門，論戰鬭之事則縮頸而股慄，聞盜賊之名則掩耳而不願聽。而士大夫亦未嘗言兵，以爲生事擾民，漸不可長。此不亦畏之太甚而養之太過歟？且夫天下固有意外之患也，愚者見四方之無事，則以爲變故無自而有，此亦不然矣。今國家所以奉西北之虜者，歲以百萬計，奉之者有限，而求之者無厭，此其勢必至于戰。不先於我，則先於彼，不出於西，則出於北。所不可知者，有遲速遠近，而要以不能免也。苟不免於用兵，而使民於安樂無事之中，一旦

説著了

出身而蹈死地，則其爲患必有所不測。故曰：天下之民知安而不知危，能逸而不能勞。此臣所謂大患也。議者以爲無故而動民，則民將不安，而臣以爲此所以安民也。今天下屯聚之兵，驕豪而多怨，陵壓百姓而邀其上者何故？此其心以爲天下之知戰者，惟我而已。如使平民皆習於兵，彼知有所敵，則固已破其奸謀，而折其驕氣。利害之際，豈不亦甚明歟？

策別十八

厚貨財者，其別有二。一曰「省費用」。臣請得以小民之家推之。夫民方其窮困時，所望不過十金之資，計其衣食之費，妻子之奉，出入於十金之中，寬然而有餘。及其一旦稍稍畜聚，衣食既足，則心意之欲，日以漸廣，所入益衆，而所欲益以不給。不知罪其用之不節，而以爲求之未至也。是以欲富而愈貪，盍亦反其始而思之？夫嚮者豈能寒而不衣、饑而不食乎？今天下汲汲乎以財之不足爲病，何以異此。今天下之利，莫不盡取，山陵林麓莫不有禁，關有征，市有租，鹽鐵有榷，酒有課，茶有算，凡衰世苟且之法，莫不盡用矣。然天下之人，方且窮思竭慮，以廣求利之門。以爲費用。不可復省，臣有以知其不然也。天下有轉運使足矣，今江淮之間，又有發運，禄賜之厚，徒兵之衆，其爲費豈可勝計哉。蓋嘗聞之，里有畜馬者，患牧人欺之而盗其芻菽也，又使一人焉爲之廄長，廄長立而馬益癯。自是而推之，天下無益之費，不爲不多矣。臣以爲凡若此者，自毫釐以往，莫不有益。惟無輕其毫釐而積之，則天下庶乎息也。

策別十九

其二曰：「定軍制」。三代之制，不可復追矣。至於漢、唐，猶有可得而言者。夫兵無事而食，則不可使聚，聚則不可使無事而食。今夫有百頃之閒田，則足以牧馬千駟，而不知其費。聚千駟之馬，而輸百頃之芻，則其費百倍，此易曉也。昔漢之制，有踐更之卒，而無營田之兵，雖皆出於農夫，而方其爲兵也，不知農夫之事，是故郡縣無常屯之兵，而京師亦不過有南北軍、期門、羽林而已。邊境有事，諸侯有變，皆有虎符調發郡國之兵，至于事已而兵休，則渙然各復其故。是以其兵雖不知農，而天下不至于弊者，未嘗聚也。唐有天下，置十六衛府兵，天下之府八百餘所，而屯于關中者，至有五百，然皆無事則力耕而積穀，不惟以自贍養，而又有以廣縣官之儲。是以兵雖聚于京師，而天下亦不至於弊者，未嘗無事而食也。今天下之兵，不耕而聚于京畿三輔者，以數十萬計，皆仰給於縣官。有漢、唐之患，而無漢、唐之利，天下之財，近自淮甸，而遠至于吴、蜀，凡舟車所至，人力所及，莫不盡取以歸于京師。晏然無事，而賦斂之厚，至于不可復加，而三司之用，猶苦其不給。其弊皆起于不耕之兵聚于内，而食四方之貢賦。非特如此而已，又有循環往來屯戍于郡縣者。昔建國之初，所在分裂，擁兵而不服，太祖、太宗躬擐甲胄，力戰而取之；既降其君，而籍其疆土矣，然其故基餘孽猶有存者。上之人見天下之難合而恐其復發也，於是出禁兵以戍之，大自藩府，而小至于縣鎮，往往皆有京師之兵。由此觀之，則是天下之地，一尺一寸，皆天子自爲守也。而可以長久而不變乎？費莫大於養兵，養兵之費，莫大於征行，今出禁兵出戍郡縣，遠者或數千里，其月廪歲給之外，又日供其芻糧。三歲而一遷，往者紛紛，來者纍纍，雖不過數百爲輩，而要其歸，無以異於數十萬之兵三歲而一出征也。農夫之力，安得不竭？餽運之卒，安得不疲？且今天下未嘗有戰鬬之事，武夫悍卒，非有勞伐可以邀其上之人，然皆不得爲休息閑居無用之兵者，其意以爲天子出戍也。是故美衣豐食，開府庫，輦金帛，若有所負，一逆其意，則欲羣起而譟呼，此何爲者也。天下一家，且數十百年矣。民之戴君，至于海隅，無以異於畿甸，

好

亦不必舉疑四方之兵而專信禁兵也。曩者蜀之有妖賊，與近歲貝州之亂，未必非禁兵致之。臣愚以爲郡縣之土兵，可以漸訓而陰奪其權，則禁兵可以漸省而無用。天下武健，豈有常所哉？山川之所習，風氣之所咻，四方之民一也。昔者戰國嘗用之矣。蜀人之怯懦，吴人之短小，皆嘗以抗衡于上國。夫安得禁兵而用之。今之土兵，所以鈍弊劣弱而不振者，彼見郡縣皆有禁兵，而待之異等，是以自棄于賤隸役夫之間，而將吏亦莫之訓也。苟禁兵漸省，而以其資糧益優郡縣之土兵，則彼固以歡欣踴躍出于意外，戴上之恩而願效其力，又何遽不如禁兵耶？夫土兵日以多，禁兵日以少，天子扈從捍城之外，無所復用。如此，則内無屯聚仰給之費，而外無遷徙供億之勞，費之省者，又已過半矣。

策别二十

訓兵旅者，其别有三。一曰「蓄材用」。夫國之有材，譬如山澤之有猛獸，江河之有蛟龍，伏乎其中而威見乎其外，悚然有所不可狎者。至于鰍蚖之所蟠，牂豚之所牧，雖千仞之山，百尋之溪，而人易之。何則？其見于外者不可欺也。天下之大，不可謂無人。朝廷之尊，百官之富，不可謂無才。然以區區之二虜，舉數州之衆以臨中國，抗天子之威，犯天下之怒，而其氣未嘗少衰，其詞未嘗少挫，則是其心無所畏也。主憂則臣辱，主辱則臣死。今朝廷之上，不能無憂，而大臣恬然未嘗有拒絶之義，非不欲絶也，而未有以待之。則是朝廷無所恃也。緣邊之民，西顧而戰慄。牧馬之士，不敢彎弓而北嚮。吏士未戰而先期於敗，則是民輕其上也。外之蠻夷無所畏，内之朝廷無所恃，而民又自輕其上，此猶爲有人乎！天下未嘗無才，患所以求才之道不至。古之聖人，以無益之名而致天下之實，以可見之實而較天下之名。二者相爲用而不廢。不先其名，而唯實之求，則來者寡。來者寡，則不可以有所擇。今夫孫、吴之書，其讀之者，未必能戰也。多言之士，喜論兵者，未必能用也。進之以武舉，而試之以騎射，天下之奇才，未必至也。然將以求天下之實，則非此三者不可以致。往者西師之興，其先也，惟不以虚名多致天下之才而擇之以待用。故其兵興之際四顧惶惑而不知所措。於是設武舉，購方略，收勇悍之士，而開猖狂之言，不愛高爵重賞，以求之。當此之時，天下囂然，莫不自以爲知兵。來者日多，而其言益以無據，至于臨事，終不可用。執事之臣，亦遂厭之，故兵休之日，舉從而廢。今之論者，以爲武舉、方略之類，適足以開僥倖之門，而天下之實才，終不可以求得。夫既已用天下之虚名，而不較之以實，至其弊也，又舉而廢其名，使天下之士不復以其術進，亦已過矣。天下之實才，不可以求之於言語，又不可以較之於武力，獨見之於戰耳。戰不可得而試也，是故見之於治兵。子玉治兵於蔿，終日而畢，鞭七人，貫三人耳。蔿賈觀之，以爲剛而無禮，知其必敗。孫武始見，試以婦人，而猶足以取信於闔閭，使知其可用。故凡欲觀將帥之才否，莫如治兵。今夫新募之兵，驕而難令，勇悍而不知戰，此真足以觀天下之才也。武舉、方略之類以來之，新兵以試之。觀其顔色和易，則足以見其氣；約束堅明，則足以見其威；坐作進退，各得其所，則足以見其能。凡此者皆不可强也。故曰：先之以無益之虚名，而較之以可見之實。庶乎可得而用也。

策别二十二

其三曰「倡勇敢」。臣聞戰以勇爲主，以氣爲決。天子無皆勇之將，而將軍無皆勇之士，是故致勇有術。致勇莫先乎倡，倡莫善乎私。此二者，兵之微權，英雄豪傑之士，所以陰用而不言。人，固有暴猛獸而不操兵，出入於白刃而色不變者。有見虺蜴而却走，聞鍾鼓之聲而戰慄者。是勇怯之不齊至於此。然閭閻之小民，爭鬬戲笑，卒然之間，而或至於殺人。當其發也，其心翻然，其色勃然，若不可以已，雖天下之勇夫，無以過之。及退而思其身，顧其妻子，未始不惻然悔也。此非必勇者也。氣之所乘，則奪其性而忘其故。故古之善用兵者，用其翻然勃然於未悔之間。而其不善者，沮其翻然勃然之心，而開其自悔之意。則是不戰而先自敗也。故曰致勇有術。致勇莫先乎倡。均是人也，皆食其食，皆任其事，天下有急，有一人焉奮而爭先而致其死，則翻然者衆矣。弓矢相及，劍楯相交，勝負之勢，未有所決，而三軍之士屬目於一夫之先登，則勃然者相繼矣。天下之大，可以名劫也。三軍之衆，可以氣使也。諺曰：「一人善射，百夫決拾。」苟有以發之，及其翻然勃然之間而用其鋒，是之謂倡。倡莫善乎私。天下之人，怯者居其百，勇者居其一，是勇者難得也。捐其妻子，棄其身以蹈白刃，是勇者難能也。以難得之人，行難能之事，此必有難報之恩者矣。天子必有所私之將，將軍必有所私之士，視其勇者而陰厚之。人之有異材者，雖未有功，而其心莫不自異。自異而上不異之，則緩急不可以望其爲倡。故凡緩急而肯爲倡者，必其上之所異也。私者，天下之所惡也。然而爲己而私之，則私不可用。爲其賢於人而私之，則非私無以濟。蓋有無功而可賞，有罪而可赦者，凡所以媿其心而責其爲倡也。天下之禍，莫大於上作而下不應。方西戎之叛也，天子非不欲赫然誅之，而將帥之臣，謹守封略，外視内顧，莫有一人先奮而致命，而士卒亦循循焉莫肯盡力，不得已而出，爭先而歸，故西戎得以肆其猖狂，而吾無以應，則其勢不得不重賂而求和。其患起於天子無同憂患之臣，而將軍無心腹之士。西師之休，十有餘年矣，用法益密，而進人益艱，賢者不見異，勇者不見私，天下務爲奉法循令，要以如式而止，臣不知其緩急將誰爲之倡哉？

策斷二十三

古今大道，尤切宋事

古之亡天下者四，而天子無道不與焉。蓋有以諸侯强偪而至於亡者，周、唐是也。有以匹夫横行而至于亡者，秦是也。有以大臣執權而至于亡者，漢、魏是也。有以蠻夷内侵而至于亡者，二晉是也。昔者敵國之患，起於多求而不供。供者有倦而求者無厭，以有倦待無厭，而能久安於無事，天下未嘗有也。蓋嘗聞之，用兵有權，權之所在，其國乃勝。是故國無小大，兵無强弱，有小國弱兵而見畏於天下者，權在焉耳。千鈞之牛，制於三尺之童，弭耳而下之，曾不如狙猿之奮擲於山林，此其故何也？權在人也，傷哉 我欲則戰，不欲則守。戰則天下莫能支，守則天下莫能窺。昔者秦嘗用此矣。開關出兵以攻諸侯，則諸侯莫不願割地而求和。諸侯割地而求和於秦，秦人未嘗急於割地之利，若不得已而後應。故諸侯嘗欲和而秦嘗欲戰。如此則權固在秦矣。且秦非能强於天下之諸侯，秦惟能自必，而諸侯不能。是以天下百變，而卒歸於秦。諸侯之利，固在從也。朝聞陳軫之説而合爲從，暮聞張儀之計而散爲横。秦則不然。横人之欲爲横，從人之欲爲從，皆使其自擇而審處之。諸侯相顧，而終莫能自必，則權之在秦，不亦宜乎？嚮者寶元、慶曆之間，河西之役，可以見矣。其始也，不得已而後戰。其終也，逆探其意而與之和，又從而厚餽之，惟恐其一日復戰也。如此，則賊常欲戰而我常欲和，賊非能常戰也，特持其欲戰之形，以乘吾欲和之勢，屢用而屢得志，是以中國之大，而權不在焉。欲天下之安，則莫若使權在中國。欲權之在中國，則莫若先發而後罷。示之以不憚，形之以好戰，而後天下之權，有所歸矣。今夫庸人之論，則曰勿爲禍始。古之英雄之君，豈其樂禍而好殺。唐太宗既平天下，而又歲歲出師，以從事於夷狄，蓋晚而不倦。暴露於千里之外，親擊高麗者再焉。凡此者，

透入　千古之見

皆所以争先而處强也。當時羣臣不能深明其意，以爲敵國無釁而我則發之。夫爲國者，使人備己，則權在我，而使己備人，則權在人。當太宗之時，四夷狼顧以備中國，故中國之權重。苟不先之，則彼或以執其權矣，而我又鰓鰓焉惡戰而樂罷，使敵國知吾之所忌，而以是取必於吾。如此，則雖有天下，吾安得而爲之。唐之衰也，惟其厭兵而畏戰，一有敗衄，則兢兢焉縮首而去之，是故奸臣執其權以要天子。乃至憲宗，奮而不顧，雖小挫而不爲之沮。當此之時，天下之權在於朝廷。伐之則足以爲威，舍之則足以爲恩。臣故曰：先發而後罷，則權在我矣。

策斷二十四

臣聞用兵有可以逆爲數十年之計者，有朝不可以謀夕者。攻守之方，戰鬭之術，一日百變，猶以爲拙，若此者，朝不可以謀夕者也。古之欲謀人之國者，必有一定之計。句踐之取吴，秦之取諸侯，高祖之取項籍，皆得其至計而固執之。是故有利有不利，有進有退，百變而不同，而其一定之計未始易也。句踐之取吴，是驕之而已；秦之取諸侯，是散其從而已；高祖之取項籍，是間疎其君臣而已。（是是，好好）此其至計不可易者，雖百年可知也。今天下晏然未有用兵之形，而臣以爲必至于戰，則其攻守之方，戰鬭之術，固未可以豫論而臆斷也。然至于用兵之大計，所以固執而不變者，臣請得以豫言之。夫西戎、北胡，皆爲中國之患。而西戎之患小，北胡之患大。此天下之所明知也。管仲曰：「攻堅則瑕者堅，攻瑕則堅者瑕。」故二者，皆所以爲憂。而臣以爲兵之所加，宜先於西。故先論所以制御西戎之大略。今夫鄒與魯戰，則天下莫不以爲魯勝，大小之勢異也。然而勢有所激，則大者失其所以爲大，而小者忘其所以爲小，故有以鄒勝魯者矣。夫大有所短，小有所長，地廣而備多，備多而力分，小國聚而大國分，則强弱之勢，將有所反。大國之人，譬如千金之子，自重而多疑。小國之人，計窮而無所恃，則致死而不顧。是以小國常勇，而大國常怯。恃大而不戒，則輕戰而屢敗。知小而自畏，則深謀而必克。此又其理然也。夫民之所以守戰至死而不去者，以其君臣上下懽欣相得之際也。國大則君尊而上下不交，將軍貴而吏士不親，法令繁而民無所措其手足。若夫小國之民，截然其若一家也，有憂則相卹，有急則相赴。凡此數者，是小國之所長，而大國之所短也。大國而不用其所長，使小國常出於其所短，雖百戰而百屈，豈足怪哉！且夫大國，則固有所長矣，長於戰而不長於守。夫守者，出於不足而已。譬之於物，大而不用，則易以腐敗，故凡擊搏進取，所以用大也。孫武之法，十則圍之，五則攻之，倍則分之，敵則能戰之，少則能逃之，不若則能避之。自敵以上者，未嘗有不戰也。自敵以上而不戰，則是以有餘而用不足之計，固已失其所長矣。凡大國之所恃，吾能分兵，而彼不能分，吾能數出，而彼不能應。譬如千金之家，日出其財，以罔市利，而販夫小民終莫能與之競者，非智不若，其財少也。是故販夫小民，雖有桀黠之才，過人之智，而其勢不得不折而入於千金之家。何則？其所長者不可以與較也。西戎之于中國，可謂小國矣。嚮者惟不用其所長，是以聚兵連年而終莫能服。今欲用吾之所長，則莫若數出，數出莫若分兵。臣之所謂分兵者，非分屯之謂也，分其居者與行者而已。今河西之戍卒，惟患其多，而莫之適用，故其便莫若分兵。使其十一而行，則一歲可以十出；十二而行，則一歲可以五出。十一而十出，十二而五出，則是一人而歲一出也。吾一歲而一出，彼一歲而十被兵焉，則衆寡之不侔，勞逸之不敵，亦已明矣。夫用兵必出于敵人之所不能。我大而敵小，是故我能分而彼不能。此吴之所以肆楚，而隋之所以狃陳歟？夫御戎之術，不可以逆知其詳，而其大略，臣未見有過此者也。

策

禹之所以通水之法

自禹而下至于秦，千有餘年，濱河之民，班白而不識濡足之患。自漢而下至于今數千年，河之爲患，緜緜而不絶。豈聖人之功烈，至漢而熄哉？方戰國之用兵，國于河之壖者，三晉爲多。而魏文侯時白圭治水，最爲有功，而孟子譏其以鄰國爲壑。自是之後，或決以攻，或溝以守，新防交興，而故道旋失。然聖人之跡，尚可以訪之于耆老。秦不亟治而遺患於漢，漢之法又不足守。陸人不能舟，而没人未嘗見舟而便操之，親被其患，知之宜詳耳。當今莫若訪之海濱之老民，而興天下之水學。古者，將有決塞之事，必使通知經術之臣，計其利害，又使水工行視地勢，不得其工，不可以濟也。故夫三十餘年之間，而無一人能興水利者，其學亡也。《禹貢》之説，非其詳矣。然而高下之勢，先後之次，水之大小，與其蓄洩之宜，亦可以概見。孟子曰：「禹之治水也，水由地中行。」此禹之所以通其法也。愚竊以爲治河之要，宜推其理，而酌之以人情。河水湍悍雖亦其性，然非堤防激而作之，其勢不至如此。古者，河之側無居民，棄其地以爲水委。今也，堤之而廬民其上，所謂愛尺寸而忘千里也。故曰堤防省而水患衰，其理然也。

關隴游民私鑄錢與江淮漕卒爲盜之由

治其本，朝令而夕從，救其末，百世不改也。私鑄之弊，始於錢輕，使錢之直，若金之直，蹤賞之不爲也。

今秦蜀之中，又裂紙以爲幣，符信一加，化土芥以爲金玉，奈何其使民不奔而效之也。夫欒生而惡死者，天下之至情也。我且以死拘之，然猶相繼而赴於市者，饑寒驅其中，而無以自生也。曰：等以死耳，而或免焉。漕卒之㣲，生于窮乏而無告，家乎舟楫之上，長子孫乎江淮之間，布褐不完，藜藿不給，大冬積雪，水之至涸，而龜手爛足者，累歲不得代，不爲盜賊，無所逞志，若稍優其給而代其勞，宜亦衰息耳。夫見利而不動者，伯夷、叔齊之事也；窮困而不爲不義者，顔淵之事也。以伯夷、叔齊，顔淵之事而求之無知之民，亦已過矣。

坡仙集卷之七終

坡仙集卷之八

奏議

議學校貢舉狀

熙寧四年正月日，殿中丞直史館判官告院蘇軾狀奏，准勅講求學校貢舉利害，令臣等各具議狀聞奏者。右臣伏以得人之道，在於知人。知人之法，在於責實。使君相有知人之才，朝廷有責實之政。則胥史皁隸，未嘗無人，而況於學校貢舉乎，雖因今之法，臣以爲有餘。使君相無知人之才，朝廷無責實之政，則公卿侍從，常患無人，況學校貢舉乎，雖復古之制，臣以爲不足矣。

夫時有可否，物有廢興。方其所安，雖暴君不能廢。及其既厭，雖聖人不能復。故風俗之變，法制隨之。譬如江河之徙移，順其所欲行而治之，則易爲功，强其所不欲而復之，則難爲力。使三代聖人復生於今，其選舉養才，亦必有道矣。何必由學。且天下固嘗立學矣，慶曆之間，以爲太平可待，至於今日，惟有空名僅存。今陛下必欲求德行道藝之士，責九年大成之業，則將變今之禮，易今之俗，又當發民力以治宫室，斂民財以食游士，百里之内，置官立師，獄訟聽於是，軍旅謀於是。又當以時簡不率教者，屏之遠方，終身不齒，則無乃徒爲紛亂，以患苦天下耶？若乃無大變改，而望有益於時，則與慶曆之際何異。故臣以謂今之學校，特可因循舊制，使先王之舊物不廢於吾世，足矣。至於貢舉之法，行之百年，治亂盛衰，初不由此。陛下視祖宗之世貢舉之法，與今爲孰精？言語文章，與今爲孰優？所得文武長才，與今爲孰多？天下之事，與今爲孰辨？較此四者，而長短之議決矣。今議者所欲變改，不過數端。或曰鄉舉德行而略文章；或曰專取策論而罷詩賦；或欲舉唐室故事，兼採譽望，而罷封彌；或欲罷經生朴學，不用貼、墨，而攷大義。此數者皆知其一，不知其二者也。

臣請歷言之。夫欲興德行，在於君人者脩身以格物，審好惡以表俗，孟子所謂「君仁莫不仁，君義莫不義」，君之所向，天下趨焉。若欲設科立名以取之，則是教天下相率而爲僞也。上以孝取人，則勇者割股，怯者廬墓。上以廉取人，則弊車羸馬，惡衣菲食。凡可以中上意，無所不至矣。德行之弊，一至於此乎。自文章而言之，則策論爲有用，詩賦爲無益，自政事言之，則詩賦、策論均爲無用矣。雖知其無用，然自祖宗以來莫之廢者，以爲設法取士，不過如此也。可痛。豈獨吾祖宗，自古堯舜亦然。《書》曰：「敷奏以言，明試以功。」自古堯舜以來，進人何嘗不以言，試人何嘗不以功乎？議者必欲以策論定賢愚能否，臣請有以質之。近世士大夫文章華靡者，莫如楊億，使楊億尚在，則忠清鯁亮之士也，豈得以華靡少之。通經學古者，莫如孫復、石介，使孫復、石介尚在，則迂闊矯誕之士也，透甚，透甚 又可施之於政事之間乎？自唐至今，以詩賦爲名臣者，不可勝數，何負於天下，而必欲廢之！近世士人纂類經史，綴緝時務，謂之策括，待問條目，搜抉略盡，臨時剽竊，竄易首尾，以眩有司，有司莫能辨也。且其爲文也，無規矩準繩，故學之易成，無聲病對偶，故考之難精。以易學之士，付難考之吏，其弊有甚於詩賦者矣。至於人才，則有定分，施之有政，能否自彰，今進士日夜治經傳子史，貫穿馳騖，可謂博矣，至於臨政，曷嘗用其一二，顧視舊學，已爲虚器，而欲使此等分別注疏，麄識大義，而望其才能增長，亦已疎矣。特願陛下留意其遠者大者。必欲登俊良，黜庸回，總覽衆才，經略世務，則在陛下與二三大臣，下至諸路職司與良二千石耳，區區之法何預焉。

然臣竊有私憂過計者，昔王衍好老莊，天下皆師之，風俗凌夷，以至南渡。王縉好佛，捨人事而脩異教，大曆之政，至今爲笑。故孔子罕言命，則爲知者少也。子貢曰：「夫子之文章，可得而聞也，夫子之言性與天道，不可得而聞也。」夫性命之説，自子貢不得聞，而今之學者，恥不言性命，此可信也哉！今士大夫至以佛老爲聖人，鬻書於市者，非莊老之書不售也，使天下之士，能如莊周齊死生，一毁譽，輕富貴，安貧賤，則人主之名器爵禄，所以礪世摩鈍者，廢矣。陛下亦安用之，而況其實不能，而竊取其言以欺世者哉。臣願陛下明勑有司，試之以法言，取之以實學。博通經術者，雖朴不廢，稍涉浮誕者，雖工必黜。則風俗稍厚，學術近正，庶幾得忠實之士，不至蹈衰季之風，則天下幸甚。

熙寧四年奏書

某月日殿中丞直史館判官告院權開封府推官蘇軾，謹昧萬死，再拜上書皇帝陛下。臣近者不度愚賤，輒上封章言買燈事。自知瀆犯天威，罪在不赦，席藁私室，以待斧鉞之誅，而側聽逾旬，威命不至，問之府司，則買燈之事，尋已停罷。乃知陛下不惟赦之，又能聽之，驚喜過望，以至感泣。何者？改過不吝，從善如流，此堯舜禹湯之所勉强而力行，秦漢以來之所絶無而僅有。顧此買燈毫髪之失，豈能上累日月之明，而陛下翻然改命，曾不移刻，則所謂智出天下，而聽於至愚，威加四海，而屈於匹夫。臣今知陛下可與爲堯舜，可與爲湯武，可與富民而措刑，可與强兵而伏戎虜矣。有君如此，其忍負之。惟當披露腹心，捐棄肝腦，盡力所至，不知其他。乃者，臣知天下之事，有大於買燈者矣，而獨區區以此爲先者，蓋未信而諫，聖人不與交淺言深，君子所戒，是以試論其小者，而其大者固將有待而後言。今陛下果赦而不誅，則是既已許之矣，許而不言，臣則有罪，是以願終言之。臣之所欲言者三，願陛下結人心、厚風俗、存紀綱而已。

人莫不有所恃，人臣恃陛下之命，故能役使小民，恃陛下之法，故能勝服强暴。至於人主所恃者誰？《書》曰：「予臨兆民，凛乎若朽索之馭六馬。」言天下莫危於人主也。聚則爲君民，散則爲仇讎，聚散之間，不容毫釐。故天下歸往謂之王，人各有心謂之獨夫。由此觀之，人主之所恃者，人心而已。人心之於人主也，如木之有根，如燈之有膏，如魚之有水，如農夫之有田，如商賈之有財。木無根則槁，燈無膏則滅，魚無水則死，農無田則饑，商賈無財則貧，人主失人心則亡。此理之必然，不可逭之災也。其爲可畏，從古以然。苟非樂禍好亡，狂易喪志，則孰敢肆其胸臆，輕犯人心？昔子産焚《載書》以弭衆言，賂伯石以安巨室，以爲衆怒難犯，專欲難成。而孔子亦曰：「信，而後勞其民；未信，則以爲厲己也。」惟商鞅變法，不顧人言，至於其身，亦卒不免，負罪出走，而諸侯不納，車裂以狥，而秦人莫哀。君臣之間，豈願如此。宋襄公雖行仁義，失衆而亡。田常雖不義，得衆而强。是以君子未論行事之是非，先觀衆心之向背。謝安之用諸桓未必非，而勢有不可，則反爲危辱。自古及今，未有和易同衆而不安，剛果自用而不危者也。今陛下亦知人心之不悦矣。中外之人，無賢不肖，皆言祖宗以來，治財用者不過三司使副判官，經今百年，未嘗闕事。今者無故又創一司，號曰制置三司條例司。六七少年日夜講求於内，使者四十餘輩分行營幹於外，造端宏大，民實驚疑，創法新奇，吏皆惶惑。賢者則求其説而不可得，未免於憂，小人則以其意度朝廷，遂以爲謗。謂陛下以萬乘之主而言利，謂執政以天子之宰而治財，商賈不行，物價騰踊。近自淮甸，遠及川蜀，喧傳萬口，論説百端。或言京師正店，議置監官，夔路深山，當行酒禁，拘收僧尼常住，減刻兵吏廪禄，如此等類，不可勝言。

而甚者至以爲欲復肉刑，斯言一出，民且狼顧。陛下與二三大臣，亦聞其語矣。然而莫之顧者，徒曰我無其事，又無其意，何恤於人言。夫人言雖未必皆然，而疑似則有以致謗。人必貪財也，而後人疑其盜，人必好色也，而後人疑其淫。何者？未置此司，則無其謗，豈去歲之人皆忠厚，而今歲之人皆虚浮？孔子曰：「工欲善其事，必先利其器。」又曰：「必也正名乎。」今陛下操其器而諱其事，有其名而辭其意，雖家置一喙以自解，市列千金以購人，人必不信，謗亦不止。大制置三司條例司，求利之名也。六七少年與使者四十餘輩，求利之器也。驅鷹犬而赴林藪，語人曰，我非獵也，不如放鷹犬而獸自馴。操網罟而入江湖，語人曰，我非漁也，不如捐網罟而人自信。故臣以爲消讒慝以召和氣，復人心而安國本，則莫若罷制置三司條例司。

夫陛下之所以創此司者，不過以興利除害也。使罷之而利不興，害不除，則勿罷。罷之而天下悦，人心安，興利除害，無所不可，則何苦而不罷。陛下欲去積弊而立法，必使宰相熟議而後行，事若不由中書，則是亂世之法，聖君賢相，夫豈其然。必若立法不免由中書，熟議不免使宰相，此司之設，無乃冗長而無名？智者所圖，貴於無迹。漢之文、景，《紀》無可書之事，唐之房、杜，《傳》無可載之功，而天下之言治者與文、景，言賢者與房、杜。蓋事已立而迹不見，功已成而人不知。故曰：善用兵者，無赫赫之功。豈惟用兵，事莫不然。今所圖者，萬分未獲其一也，而迹之布於天下，已若泥中之鬭獸，亦可謂拙謀矣。且遣使縱横，本非令典。漢武遣繡衣直指，桓帝遣八使，皆以守宰狼籍，盜賊公行，出於無術，行此下策。宋文帝元嘉之政，比於文、景，當時責成郡縣，未嘗遣使。至孝武，以爲郡縣遲緩，始命臺使督之，以至蕭齊，此弊不革。故景陵王子良上疏，極言其事，以爲此等朝辭禁門，情態即異，暮宿村縣，威福便行，驅迫郵傳，折辱守宰，公私勞擾，民不聊生。唐開元中，宇文融奏置勸農判官使裴寬等二十九人，並攝御史，分行天下，招攜户口，檢責漏田。時張説、楊瑒、皇甫璟、楊相如皆以爲不便，而相繼罷黜。雖得户八十餘萬，皆州縣希旨，以主爲客，以少爲多。及使百官集議都省，而公卿以下，懼融威勢，不敢異辭。陛下讀之，觀其所行，爲是爲否？近者均税寬恤，冠蓋相望，朝廷亦旋覺其非，而天下至今以爲謗。曾未數歲，是非較然。臣恐後之視今，亦猶今之視昔。且其所遣，尤不適宜。事少而員多，人輕而權重。夫人輕而權重，則人多不服，或致侮慢以興争。事少而員多，則無以爲功，必須生事以塞責。陛下雖嚴賜約束，不許邀功，然人臣事君之常情，不從其令而從其意。今朝廷之意，好動而惡静，好同而惡異，指趣所在，誰敢不從。臣恐陛下赤子，自此無寧歲矣。

至於所行之事，行路皆知其難。何者？汴水濁流，自生民以來，不以種稻。秦人之歌曰：「涇水一石，其泥數斗。且溉且糞，長我禾黍。」何嘗言長我粳稻耶？今欲陂而清之，萬頃之稻，必用千頃之陂，一歲而淤，三歲而滿矣。陛下遂信其説，即使相視地形，萬一官吏苟且順從，真謂陛下有意興作，上糜帑廪，下奪農時，隄防一開，水失故道，雖食議者之肉，何補於民。且古陂廢堰，多爲側近冒耕，歲月既深，已同永業。苟欲興復，必盡追收，人心或摇，甚非善政。又有好訟之黨，多怨之人，妄言某處可作陂渠，規壞所怨田産，或指人舊業，以爲官陂，冒田之訟，必倍今日。臣不知朝廷本無一事，何苦而行此哉。

自古役人，必用鄉户，猶食之必用五穀，衣之必用絲麻，濟川之必用舟楫，行地之必用牛馬，雖其間或有以他物充代，然終非天下所可常行。今者徒聞江浙之間，數郡雇役，而欲措之天下，是猶見燕晉之棗栗，岷蜀之蹲鴟，而欲以廢五穀，豈不難哉。又欲官賣所在坊場，以充衙前雇直，雖有長役，更無酬勞，長役所得既微，自此必漸衰散，則州郡事體，憔悴可知。士大夫捐親戚，棄墳墓，以從官於四方者，用力之餘，亦欲取樂。此人之至情也，若雕弊太甚，厨傳蕭然，則似危邦之陋風，恐非太平之盛觀。陛下誠慮及此，必不肯爲。且今法令莫嚴於御軍，軍法莫嚴於逃竄，禁軍三犯，廂軍五犯，大率處死。然逃軍常半天下，不知雇人爲役，與

此道學所以不知人情也

廂軍何異。若有逃者，何以罪之，其勢必輕於逃軍，則其逃必甚於今日，爲其官長，不亦難乎？近者雖使鄉户頗得雇人，然至於所雇逃亡，鄉户猶任其責。今遂欲於兩稅之外，別立一科，謂之庸錢，以備官雇。則雇人之責，官所自任矣。又欲使坊郭等第之民與鄉户均役，品官形勢之家與齊民並事。其説曰：「《周禮》田不耕者出屋粟，宅不毛者有里布。而漢世宰相之子不免戍邊。」此其所以藉口也。古者官養民，今者民養官。給之以田而不耕，勸之以農而不力，於是有里布屋粟夫家之征。而民無所爲生，去爲商賈，事勢當耳，何名役之。且一歲之戍，不過三日，三日之雇，其直三百。今世三大户之役，自公卿以降，毋得免者，其費豈特三百而已。大抵事若可行，不必皆有故事。若民所不悦，俗所不安，縱有經典明文，無補於怨。若行此二者，必怨無疑。女户單丁，蓋天民之窮者也。古之王者，首務恤此。而今陛下首欲役之，此等苟非户將絶而未亡，則是家有丁而尚幼，若假之數歲，則必成丁而就役，老死而没官。富有四海，忍不加恤。

孟子曰：「始作俑者，其無後乎？」《春秋》書「作兵甲」「用田賦」，皆重其始爲民患也。青苗放錢，自昔有禁。今陛下始立成法，每歲常行，雖云不許抑配，而數世之後，暴君汚吏，陛下能保之歟？異日天下恨之，國史記之，曰：青苗錢自陛下始。豈不惜哉！東南買絹，本用見錢，陝西糧草，不許折兑，朝廷既有著令，職司又每舉行。然而買絹未嘗不折鹽，糧草未嘗不折鈔，乃知青苗不許抑配之説，亦是空文。只如治平之初，揀刺義勇，當時詔書慰諭，明言永不戍邊，著在簡書，有如盟約。于今幾日，議論已摇，或以代還東軍，或欲抵换弓手，約束難恃，豈不明哉。縱使此令決行，果不抑配，計其間願請之户，必皆孤貧不濟之人，家若自有贏餘，何至與官交易。此等鞭撻已急，則繼之逃亡，逃亡之餘，則均之鄰保。勢有必至，理有固然。且夫常平之爲法也，可謂至矣，所守者約，而所及者廣。借使萬家之邑，已有千斛，而穀貴之際，千斛在市，物價自平。一市之價既平，一邦之民自足，無専㪷乞匄之弊，無里正催驅之勞。今若變爲青苗，家貸一斛，則千户之外，孰救其饑？且常平官錢，常患其少，若盡數收糴，則無借貸，若留充借貸，則所糴幾何，乃知常平青苗，其勢不能兩立，壞彼成此，所喪愈多，虧官害民，雖悔何逮。臣竊計陛下欲考其實，必然問人，人知陛下方欲力行，必謂此法有利無害。以臣愚見，恐未可憑。何以明之？臣在陝西，見刺義勇，提舉諸縣，臣常親行，愁怨之民，哭聲振野。當時奉使還者，皆言民盡樂爲。希合取容，自古如此。不然，則山東之盜，二世何緣不覺，南詔之敗，明皇何緣不知。今雖未至於此，亦望陛下審聽而已。夫商賈之事，曲折難行，其買也先期而與錢，其賣也後期而取直，多方相濟，委曲相通，倍稱之息，由此而得。今官買是物，必先設官置吏，簿書廩禄，爲費已厚，非良不售，非賄不行，是以官買之價，比民必貴，及其賣也，弊復如前，商賈之利，何緣而得。朝廷不知慮此，乃捐五百萬緡以予之。此錢一出，恐不可復。縱使其間薄有所獲，而征商之額，所損必多。今有人爲其主牧牛羊，不告其主，而以一牛易五羊。一牛之失，則隱而不言，五羊之獲，則指爲勞績。陛下以爲壞常平而言青苗之功，虧商税而取均輸之利，何以異此？陛下天機洞照，聖略如神，此事至明，豈有不曉？必謂已行之事，不欲中變，恐天下以爲執德不一，用人不終，是以遲留歲月，庶幾萬一，臣竊以爲過矣。古之英主，無出漢高。酈生謀撓楚權，欲復六國，高祖曰善，趣刻印，又聞留侯之言，吐哺而罵曰，趣銷印。稱善未幾，繼之以罵，刻印、銷印，有同兒嬉。何嘗累高祖之知人，適足明聖人之無我。陛下以爲可而行之，知其不可而罷之，至聖至明，無以加此。議者必謂民可與樂成，難與慮始，故陛下堅執不顧，期於必行。此乃戰國貪功之人，行險僥倖之説，陛下若信而用之，則是狥高論而逆至情，持空名而邀實禍，未及樂成，而怨已起矣。臣之所願結人心者，此之謂也。士之進言者，爲不少矣，亦嘗有以國家之所以存亡、曆數之所以長短告陛下者乎？

夫國之長短，如人之壽夭，人之壽夭在元氣，國之長短在風俗。世有尫羸而壽考，亦有盛壯而暴亡。若元氣猶存，則尫羸而無害。及其已耗，則盛壯而愈危。是以善養生者，慎起居，節飲食，導引關節，吐故納新。不得已而用藥，則擇其品之上、性之良，可以久服而無害，則五臟和平而壽命長。不善養生者，薄節慎之功，遲吐納之効，厭上藥而用下品，伐真氣而助强陽，根本以空，僵仆無日。天下之勢，與此無殊。故臣願陛下愛惜風俗，如獲元氣。古之聖人，非不知深刻之法可以齊衆，勇悍之夫可以集事，忠厚近於迂闊，老成初若遲鈍。然終不肯以彼易此者，知其所得小而所喪大也。曹參，賢相也，曰慎無擾獄市。黄霸，循吏也，曰治道去泰甚。或譏謝安以清談廢事，安笑曰：秦用法吏，二世而亡。崔祐甫爲相，以道德寬大，推廣上意，故建中之政，其聲蕩然，天下想望，庶幾正觀。我仁祖之馭天下也，持法至寬，用人有敘，專務掩覆過失，未嘗輕改舊章。然考其用兵，則十出而九敗，以言乎府庫，則僅足而無餘。徒以德澤在人，風俗知義。是以升遐之日，天下如喪考妣，社稷長遠，終必賴之。則仁祖可謂知本矣。今議者不察，徒見其末年吏多因循，事不振舉，乃欲矯之以苛察，齊之以智能，招來新進勇鋭之人，以圖一切速成之效，且天時不齊，人誰無過，國君含垢，至察無徒。若陛下多方包容，則人材取次可用，必欲廣置耳目，務求瑕疵，則人不自安，各圖苟免，恐非朝廷之福也。

自古用人，必須歷試。諸難有卓異之器，必有已試之功，一則使其更變而知難，事不輕作，一則待其功高而望重，人自無辭。昔先主以黄忠爲後將軍，而諸葛亮憂其不可，以爲忠之名望，素非關、張之倫，若班爵遽同，則必不悦，其後關羽果以爲言。以黄忠豪勇之資，以先主君臣之契，尚須慮此，况其他乎？世嘗謂漢文不用賈生，臣竊謂不然。賈生固天下之奇才，所言亦一時之奇策。然請爲屬國以係單于，則是處士之大言，少年之鋭氣。昔高祖以三十萬衆，困於平城，當時將相羣臣，豈無賈生之比，三表五餌，人知其疎，而欲以困中行説，尤不可信矣。兵，凶器也，而易言之，正如趙括之輕秦，李信之易楚。使賈生常歷艱難，亦必自悔其説，不幸喪亡，非意所及。不然，文帝豈棄材之主，絳、灌豈蔽賢之士。至於晁錯，尤號刻薄，文帝之世，止於太子家令，景帝既立，以爲御史大夫，申屠賢相，發憤而死，及至七國發難，而錯之術亦窮矣。文、景優劣，於斯可見。大抵名器爵禄，人所奔趨，必使積勞而後遷，以明持久而難得，則人各安其分，不敢躁求。今若多開驟進之門，使有意外之得，公卿侍從，跬步可圖，其得者既不肯以僥倖自名，則其不得者必皆以沉淪爲歎。使天下常調，舉生妄心，恥不若人，何所不至，欲望風俗之厚，豈可得哉。選人之改京官，常須十年以上，薦更險阻，計析毫氂。其間一事聱牙，常至終身淪棄。今乃以一人之薦，舉而與之，猶恐未稱，章服隨至。使積勞久次而得者，何以厭服哉！夫常調之人，非守則令，員多缺少，久已患之，不可復開多門以待巧者。若巧者侵奪已甚，則拙者迫隘無聊，利害相形，不得不察。故近歲朴拙之人愈少，巧進之士益多。惟陛下重之、惜之、哀之、救之。如近日三司獻言，使天下郡選一人，催驅三司文字，許之先次指射以酬其勞，則數年之後，審官吏部，又有三百餘人得先占闕，常調待次，不其愈難。此外勾當發運均輸，按行農田水利，已振監司之體，各懷進用之心，轉對者望以稱旨而驟遷，奏課者求爲優等而速化，相勝以力，相高以言，而名實亂矣。臣之所願厚風俗者，此之謂也。

文帝心眼

古者建國，使内外相制，輕重相權。如周如唐，則外重而内輕。如秦如魏，則外輕而内重。内重之末，必有奸臣指鹿之患。外重之弊，必有大國問鼎之憂。聖人方盛而慮衰，常先立法以救弊。我國家租賦籍於計省，重兵聚於京師，以古揆今，則似内重。恭惟祖宗所以深計而預慮，固非小臣所能臆度而周知。然觀其委任臺諫之一端，則是聖人過防之至計。歷觀秦、漢以及五代，諫諍而死，蓋數百人，而自建隆以來，未嘗罪一言者，縱有薄責，旋即超陞，許以風聞，而無官長，風采所繫，不問尊卑，言及乘輿，則天子改容，事關廊廟，則宰相待罪。故仁宗之世，議者譏宰相但奉行臺諫風旨而已。聖人深意，流俗豈知。臺諫固未必皆賢，所言亦未必皆是，然須養其鋭氣而借之重權者，豈徒然哉，將以折奸臣之萌，而救内重之弊也。夫奸臣之始，以臺諫折之而有餘，及其既成，以干戈取之而不足。今法令嚴密，朝廷清明，所謂奸臣，萬無此理。然而養猫以去鼠，不可以無鼠而養不捕之猫。畜狗以防奸，不可以無奸而畜不吠之狗。陛下得不上念祖宗設此官之意，下爲子孫立萬一之防，朝廷紀綱，孰大於此？

臣自幼小所記，及聞長老之談，皆謂臺諫所言，常隨天下公議，公議所與，臺諫亦與之，公議所擊，臺諫亦擊之。及至英廟之初，始建稱親之議，本非人主大過，亦無禮典明文，徒以衆心未安，公議不允，當時臺諫，以死争之。今者物論沸騰，怨讟交至，公議所在，亦可知矣，而相顧不發，中外失望。夫彈劾積威之後，雖庸人亦可奮揚，風采消委之餘，雖豪傑有所不能振起。臣恐自兹以往，習慣成風，盡爲執政私人，以致人主孤立，紀綱一廢，何事不生。孔子曰：「鄙夫可與事君也歟，其未得之也，患不得之，既得之，患失之，苟患失之，無所不至矣。」臣始讀此書，疑其太過，以爲鄙夫之患失，不過備位而苟容。及觀李斯憂蒙恬之奪其權，則立二世以亡秦；盧杞憂懷光之數其惡，則誤德宗以再亂。其心本生於患失，而其禍乃至於喪邦。孔子之言，良不爲過。是以知爲國者，平居必有亡軀犯顔之士，則臨難庶幾有狥義守死之臣。若平居尚不能一言，則臨難何以責其死節。人臣苟皆如此，天下亦曰殆哉。君子和而不同，小人同而不和。和如和羹，同如濟水。孫寶有言：「周公大聖，召公大賢，猶不相悦，著於經典。」晉之王導，可謂元臣，每與客言，舉坐稱善，而王述不悦，以爲人非堯舜，安得每事盡善，導亦斂衽謝之。若使言無不同，意無不合，更唱迭和，何者非賢。萬一有小人居其間，則人主何緣得知覺。臣之所願存紀綱者，此之謂也。

臣非敢歷詆新政，苟爲異論，如近日裁減皇族恩例、刊定任子條式、脩完器械、閱習鼓旗，皆陛下神算之至明，乾剛之必斷，物議既允，臣敢有詞？至于所獻之三言，則非臣之私見，中外所病，其誰不知。昔禹戒舜曰：「無若丹朱傲，惟慢遊是好。」舜豈有是哉！周公戒成王曰：「毋若商王受之迷亂，酗於酒德。」成王豈有是哉！周昌以漢高爲桀、紂，劉毅以晉武爲桓、靈，當時人君，曾莫之罪，書之史册，以爲美談。使臣所獻三言，皆朝廷未嘗有此，則天下之幸，臣與有焉。若有萬一似之，則陛下安可不察。然而臣之爲計，可謂愚矣。以螻蟻之命，試雷霆之威，積其狂愚，豈可數赦，大則身首異處，破壞家門，小則削籍投荒，流離道路。雖然，陛下必不爲此，何哉？臣天賦至愚，篤於自信。向者與議學校貢舉，首違大臣本意，已期竄逐，敢意自全。而陛下獨然其言，曲賜召對，從容久之，至謂臣曰：「方今政令得失安在，雖朕過失，指陳可也。」臣即對曰：「陛下生知之性，天縱文武，不患不明，不患不勤，不患不斷，但患求治太速，進人太鋭，聽言太廣。」又俾具述所以然之狀。陛下頷之曰：「卿所獻三言，朕當熟思之。」臣之狂愚，非獨今日，陛下容之久矣。豈其容之於始而不赦之於終，恃此而言，所以不懼。臣之所懼者，譏刺既衆，怨仇實多，必將詆臣以深文，中臣以危法，使陛下雖欲赦臣而不得，豈不殆哉。死亡不辭，但恐天下以臣爲戒，無復言者，是以思之經月，夜以繼晝，表成復毁，至于再三。感陛下聽其一言，懷不能已，卒進其説，惟陛下憐其愚忠而卒赦之，不勝俯伏待罪憂恐之至。

又奏書

臣聞之，《書》曰：「與治同道，罔不興，與亂同事，罔不亡。」陛下自去歲以來，所行新政，皆不與治同道。

立條例司，遣青苗使，斂助役錢，行均輸法，四海騷動，行路怨咨。自宰相以下，皆知其非而不敢争。臣愚蠢不識忌諱，迺者上疏論之詳矣，而學術淺陋，不足以感動聖明。近者中外讙言，陛下已有悔悟意，道路相慶，如蒙大賚，實望陛下於旬日之間，渙發德音，洗蕩乖僻，追還使者，而罷條例司。今者側聽所爲，蓋不過使監司體量抑配而已，比之未悟，所較幾何。此孟子所謂知兄臂之不可紾，而姑勸以徐，知隣雞之不可攘，而月取其一。

夫自古存亡之所寄者，四人而已，一曰民，二曰軍，三曰吏，四曰士，此四人者，一失其心，足以生變。今陛下一舉而兼犯之。青苗、助役之法成，則農不安，均輸之令出，則商賈不行，而民始憂矣。併省諸軍，迫逐老病，至使戍兵之妻，與士卒雜處其間，貶殺軍分，有同降配，遷徙淮甸，僅若流放，年近五十，人人懷憂，而軍始怨矣。内則不取謀於元臣侍從，而專用新進小生，外則不責成於守令監司，而專用青苗使者，多置閑局，以擯老成，而吏始解體矣。今進士半天下，自二十以上，便不能誦記注義爲明經之學，若法令一行，則各懷廢棄之憂，而士始失望矣。昔秦禁挾書，而諸生皆抱其業以歸勝、廣，相與出力而亡秦者，豈有他哉，亦以失業而亡所歸也。民憂而軍怨，吏解體而士失望，禍亂之源，有大於此者乎？今未見也，一旦有急，則致命之士必寡矣。夫諂諛之人，苟務合意，不憚欺罔。故凡言百姓樂請青苗錢，樂出助役錢者，皆不可信。陛下以爲青苗抑配果可禁乎？不惟不可禁，迺不當禁也。何以言之？若此錢放而不收，則州縣官吏不免責罰。若此錢果不抑配，則願請之户，後必難收索。前有抑配之禁，後有失陷之罰，爲陛下官吏，不亦難乎！故臣以爲既行青苗錢，則不當禁抑配，其勢然也。人皆謂陛下聖明神武，必能徙義脩慝，以致太平，而近日之事，乃有文過遂非之風，此臣所以憤懣太息而不能已也。

昔賈充用事，天下憂恐，而庾純、任愷，戮力排之，及充出鎮秦涼，忠臣義士，莫不相慶。而馮紞之徒，更相告語曰：「賈公遠放，吾等失勢矣。」于是相與獻謀而充復留。則晉氏之亂，成於此矣。自古惟小人爲難去。何則？去一人而其黨破壞，是以爲之計謀遊説者衆也。今天下賢者，亦將以此觀陛下，爲進退之決，或再失望，則知幾之士，相率而逝矣。豈皆如臣等輩，偷安懷禄而不忍去哉。猖狂不遜，忤陛下多矣，不敢復望寬恩，俯伏引領，以待誅殛。

熙寧七年十一月論河北京東盗賊狀

太常博士直史館權知密州軍州事蘇軾狀奏：臣伏見河北、京東比年以來，蝗旱相仍，盗賊漸熾，今又不雨，自秋至冬，方數千里，麥不入土，竊料明年春夏之際，寇攘爲患，甚於今日。是以輒陳狂瞽，庶補萬一。謹按山東自上世以來，爲腹心根本之地，其與中原離合，常係社稷安危。昔秦并天下，首收三晉，則其餘强敵，相繼滅亡。漢高祖殺陳餘，走田横，則項氏不支。光武亦自漁陽、上谷發突騎，席卷以并天下。魏武帝破殺袁氏父子，收冀州，然後四方莫敢敵。宋武帝以英雄絶人之資，用武歷年，而不能并中原者，以不得河北也。隋文帝以庸夫穿窬之智，竊位數年而一海内者，以得河北也。故杜牧之論以爲山東之地，王者得之以爲王，霸者得之以爲霸，滑賊得之以爲亂。天下自唐天寶以後，奸臣僭峙於山東，更十一世，竭天下之力，終不能取，以至於亡。近世賀得倫挈魏博降後唐，而梁亡。周高祖自鄴都入京師，而漢亡。由此觀之，天下存亡之權，在河北無疑也。陛下即位以來，北方之民，流移相屬，天災譴告，亦甚於四方。至於京東，雖號無事，亦當常使其民安逸富强，緩急足以灌輸河北。缾竭則罍恥，脣亡則齒寒。而近年以來，公私匱乏，民不堪命。今流離饑饉，議者不過欲散賣常平之粟，勸誘蓄積之家。盗賊縱横，議者不過欲增開告賞之門，申嚴緝捕之法。皆未見其益也。常平之粟，累經振發，所存無幾矣，而饑寒之民，所在皆是，人得升合，官費丘山。蓄積之家，例皆困乏，貧者未蒙其利，富者先被其災。昔季康子患盜，問於孔子。對曰：「苟子之不欲，雖賞之不竊。」乃知上不盡利，則民有以爲生，苟有以爲生，亦何苦而爲盜。其間凶殘之黨，樂禍不悛，則須勑法以峻刑，誅一以警百。今中民以下，舉皆缺食，冒法而爲盜則死，畏法而不盜則饑，饑寒之與棄市，均是死亡，而賒死之與忍饑，禍有遲速，相率爲盜，正理之常。雖日殺百人，勢必不止。苟非陛下至明至聖至仁至慈，較得喪之孰多，權禍福之孰重，特於財利少有所捐，衣食之門一開，骨髓之恩皆徧，然後信賞必罰，以威克恩，不以僥倖廢刑，不以災傷撓法，如此而人心不革，盜賊不衰者，未之有也。謹條其事，畫一如左。

元豐元年十月奏書

尚書祠部員外郎直史館權知徐州軍州事臣蘇軾，謹昧萬死再拜上書皇帝陛下：臣以庸材，備員册府，出守兩郡，皆東方要地，私竊以爲守法令，治文書，赴期會，不足以報塞萬一。輒伏思念東方之要務，陛下之所宜知者，得其一二，草具以聞，而陛下擇焉。

臣前任密州，建言自古河北與中原離合，常係社稷存亡，而京東之地，所以灌輸河北，缾竭則罍恥，脣亡則齒寒，而其民喜爲盜賊，爲患最甚，因爲陛下畫所以待盜賊之策。及移守徐州，覽觀山川之形勢，察其風俗之所上，而考之於載籍，然後又知徐州爲南北之襟要，而京東諸郡安危所寄也。昔項羽入關，既燒咸陽，而東歸則都彭城。夫以羽之雄略，捨咸陽而取彭城，則彭城之險固形便，足以得志於諸侯者可知矣。臣觀其地，三面被山，獨其西平川数百里，西走梁、宋，使楚人開關而延敵，材官騶發，突騎雲縱，真若屋上建瓴水也。地宜宿麥，一熟而飽數歲。其城三面阻水，樓堞之下，以汴、泗爲池，獨其南可通車馬，而戲馬臺在焉。其高十仞，廣袤百步，若用武之世，屯千人其上，聚櫑水砲石，凡戰守之具，以與城相表裏，而積三年糧於城中，雖用十萬人，不易取也。其民皆長大，膽力絶人，喜爲剽掠，小不適意，則有飛揚跋扈之心，非止爲盜而已。漢高祖，沛人也；項羽，宿遷人也；劉裕，彭城人也；朱全忠，碭山人也：皆在今徐州數百里間耳。其人以此自負，凶桀之氣，積以成俗。魏太武以三十萬人攻彭城不能下。而王智興以卒伍庸材，恣睢於徐，朝廷亦不能討。豈非以其地形便利，人卒勇悍故耶？

州之東北七十餘里，即利國監，自古爲鐵官，商賈所聚，其民富樂，凡三十六冶，冶户皆大家，藏鏹巨萬，常爲盜賊所窺，而兵衛寡弱，臣中夜以思，使劇賊致死者十餘人，白晝入市，則守者皆棄而走耳。地既産精鐵，而民皆善鍛，散冶户之財，以嘯召無賴，則烏合之衆，數千人之仗，可以一夕具也。順流南下，辰發巳至，而徐有不守之憂矣。不幸而賊有過人之才，如吕布、劉備之徒，得徐而逞其志，則京東之安危，未可知也。近者河北轉運司奏乞禁止利國監鐵不許入河北，朝廷從之。昔楚人亡弓，不能忘楚。孔子猶小之，况天下一家，東北二冶，皆爲國興利，而奪彼與此，不已隘乎？自鐵不北行，冶户皆有失業之憂，詣臣而訴者數矣。臣欲因此以征冶户，爲利國監之捍屏。今三十六冶，冶各百餘人，採鑛伐炭，多饑寒亡命强力鷙忍之民也，臣欲使冶户每冶各擇有材力而忠謹者，保任十人，籍其名於官，授以鄐刃刀槊，教之擊刺，每月兩衙，集於知監之庭而閲試之，藏其刃於官，以待大盜，不得役使，犯者以違制論。冶户爲盜所擬久矣，民皆知之，使冶出十人以自衛，民所樂也，而官又爲除近日之禁，使鐵得北行，則冶户皆悦而聽命，奸猾破膽而不敢謀矣。徐城雖嶮固，而樓櫓敝惡，又城大而兵少，緩急不可守。今戰兵千人耳，臣欲乞移南京新招騎射兩指揮於徐。此固徐人也，嘗屯於徐，營壘材石既具矣，而遷於南京，異時轉運使分東西路，畏餽餉之勞，而移之西耳，今兩路爲一，其去來無所損益，而足以爲徐之重。城下數里，精石無窮，而奉化廂軍見缺數百人，臣願募石工以足之。聽不差出，使此數百人者常採石以甃城。數年之後，舉爲金湯之固，要使利國監不可窺，則徐無事，徐無事，則京東無虞矣。

沂州山谷重阻，爲逋逃淵藪，盜賊每入徐州界中，陛下若採臣言，不以臣爲不肖，願復三年守徐，且得兼領沂州兵甲巡檢公事，必有以自效。京東惡盜，多出逃軍。逃軍爲盜，民則望風畏之，何也？技精而法重也。技精則難敵，法重則致死，其勢然也。自陛下置將官，脩軍政，士皆精鋭而不免於逃者，臣嘗考其所由。蓋自近歲以來，部送罪人配軍者，皆不使役人，而使禁軍，軍士當部送者，受牒即行，往返常不下十日，道路之費，非取息錢不能辦，百姓畏法不敢貸，貸亦不可復得，惟所部將校，乃敢出息錢與之，歸而刻其糧賜，以故上下相持，軍政不脩，博弈飲酒，無所不至，窮苦無聊，則逃去爲盜。臣自至徐，即取不係省錢百餘千別儲之，當部送者，量遠近裁取，以三月刻納，不取其息，將吏有敢貸息錢者，痛以法治之。然後嚴軍政，禁酒博，比朞年，士皆飽煖，練熟技藝，等第爲諸郡之冠，陛下遣勑使按閱，所具見也。臣願下其法諸郡，推此行之，則軍政脩而逃者衰，亦去盜之一端也。然此皆其小者。其大者非臣之所當言，然默而不發，則又私自念遭值陛下英聖特達如此，若有所不盡，非忠臣之義，故昧死復言之。昔者以詩賦取士，今陛下以經術用人，名雖不同，然皆以文詞進耳。考其所得，多吴、楚、閩、蜀之人。至于京東、西，河北，河東，陝西五路，蓋自古豪傑之場，其人沈鷙勇悍，可任以事，然欲使治聲律，讀經義，以與吴、楚、閩、蜀之人争得失於毫釐之間，則彼有不仕而已，故其得人常少。夫惟忠孝禮義之士，雖不得志，不失爲君子，若德不足而才有餘者，困於無門，則無所不至矣。故臣願陛下特爲五路之士，别開仕進之門。

漢法：郡縣秀民，推擇爲吏，考行察廉，以次遷補，或至二千石，入爲公卿。古者不專以文詞取人，故得士爲多。黄霸起於卒吏，薛宣奮於書佐，朱邑選於嗇夫，邴吉出於獄吏，其餘名臣循吏，由此而進者，不可勝數。唐自中葉以後，方鎮皆選列校以掌牙兵。是時四方豪傑，不能以科舉自達者，皆争爲之，往往積功以取旄鉞。雖老奸臣盜，或出其中。而名卿賢將如高仙芝、封常清、李光弼、來瑱、李抱玉、段秀實之流，所得亦已多矣。王者之用人如江河，江河所趨，百川赴焉，蛟龍生之，及其去而之他，則魚鼈無所還其體，而鯢鰍爲之制。今世胥史牙校皆奴僕庸人者，無他，以陛下不用也。今欲用胥史牙校，而胥史行文書，治刑獄錢穀，其勢不可廢鞭撻，鞭撻一行，則豪傑不出於其間。故凡士之刑者不可用，用者不可刑。故臣願陛下採唐之舊，使五路監司郡守，共選士人以補牙職，皆取人材。心力有足過人，而不能從事於科舉者，禄之以今之庸錢，而課之鎮税場務督捕盜賊之類，朝廷察其尤異者，擢用數人。則豪傑英偉之士，漸出於此塗，而奸猾之黨，可得而籠取也。其條目委曲，臣未敢盡言，惟陛下留神省察。

昔晉武平吴之後，詔天下罷軍役，州郡悉去武備，惟山濤論其不可，及永寧之後，盜賊蜂起，郡國皆以無備不能制，今臣於無事之時，屢以盜賊爲言，其私憂過計，亦已甚矣。陛下縱能容之，必爲議者所笑，使天下無事而臣獲笑可也，不然，事至而圖之，則已晚矣。孰知不二十年而河北淪没哉

乞罷登萊榷鹽狀

朝奉郎前知登州軍州事蘇軾狀奏：右臣竊聞議者謂近歲京東榷鹽，既獲厚利，而無甚害，以謂可行。以臣觀之，蓋比之河北淮浙，用刑稀少，因以爲便。不知舊日京東販鹽小客，無以爲生，大半去爲盜賊。然非臣職事所當言者，故不敢以聞。

獨臣所領登州，計入海中三百里，地瘠民貧，商賈不至，所在鹽貨，只是居民喫用。今來既榷入官，官買價賤，比之竈户賣與百姓，三不及一，竈户失業，漸以逃亡，其害一也；居民咫尺大海，而令頓食貴鹽，深山

窮谷，遂至食淡，其害二也；商賈不來，鹽積不散，有入無出，所在官舍皆滿，至於露積，若行配賣，即與福建、江西之患無異，若不配賣，即一二年間舉爲糞土，坐棄官本，官吏被責，專副破家，其害三也。官無一毫之利，而民受三害，決可廢罷。竊聞萊州亦是元無客旅興販，事體與此同。欲乞朝廷相度，不用行臣所言，只乞出自聖意，先罷登萊兩州榷鹽，依舊令竈户賣與百姓，官收鹽税。其餘州軍，更委有司講利害施行。謹録奏聞，伏侯勅旨。

元豐八年十二月論給田募役狀

朝奉郎禮部郎中蘇軾狀奏：臣竊見先帝初行役法，取寬剩錢不得過二分，以備災傷，而有司奉行過當，通計天下乃十四五。然行之幾十六七年，常積而不用，至三千餘萬貫石。先帝聖意固自有在，而愚民無知，因謂朝廷以免役爲名，實欲重斂，斯言流聞，不可以示天下後世。臣謂此錢本出民力，理當還爲民用。不幸先帝升遐，所欲行者，民不知也。徒見其積，未見其散。此乃今日太皇太后陛下、皇帝陛下所當追探其意，還於役法中散之，以塞愚民無知之詞，以興長世無窮之利。

臣伏見熙寧中嘗行給田募役法，其法亦係官田，如退攤户絶没納之類。及用寬剩錢買民田，以募役人，大略如邊郡弓箭手。臣知密州，親行其法，先募弓手，民甚便之。曾未半年，此法復罷。臣聞之道路，本出先帝聖意，而左右大臣意在速成，且利寬剩錢以爲它用，故更相駁難，遂不果行。臣謂此法行之，蓋有五利。朝廷若依舊行免役法，則每募一名，省得一名雇錢，因積所省，益買益募，要之數年，雇錢無幾，則役錢可以大減。若行差役法，則每募一名，省得一名色役，色役既減，農民自寬，其利一也。應募之民，正與弓箭手無異，舉家衣食，出於官田，平時重犯法，緩急不逃亡，其利二也。今者穀賤傷農，農民賣田，常苦不售。若官與買，則田穀皆重，農可小紓，其利三也。錢積於官，常苦幣重，若散以買田，則貨幣稍均，其利四也。此法既行，民享其利，追悟先帝所以取寬剩錢者，凡以爲我用耳，疑謗消釋，恩德顯白，其利五也。獨有二弊，貪吏狡胥，與民爲奸，以瘠薄田中官，雇一浮浪人暫出應役，一年半歲，即棄而走，此一弊也。愚民寡慮，見利忘患，聞官中買田募役，即争以田中官，以身充役，業不離主，既初無所失，而驟得官錢，必争爲之，充役之後，永無休歇，患及子孫，此二弊也。但當設法以防二弊，而先帝之法，決不可廢。今日既欲盡罷寬剩錢，將來無繼，而繫官田地，數目不多，見在寬剩錢雖有三千萬貫石，而興兵以來，借支幾半。臣今擘畫，欲於内帑錢帛中，支還兵興以來所借錢斛，復完三千萬貫石，止於河北、河東、陝西被邊三路，行給田募役法，使五七年間役減大半，農民充富，以備緩急，此無窮之利也。今弓箭手有甲馬者，給田二頃半，以軀命賞官，且猶可募，則其餘色役，召募不難。臣謂良田二頃，可募一弓手，一頃可募一散從官，則三千萬貫石可以足用。謹具合行事件，畫一如左。

右所陳五利二弊，及合行事件一十二條，伏乞朝廷詳議施行。然議者必有二説，一謂召募不行，二謂欲留寬剩錢斛以備它用。臣請有以應之。富民之家以三十二畝田中分其利，役屬佃户，有同僕隸。今官以兩頃一頃良田，有税無租，而人不應募，豈有此理？又弓箭手已有成法，無可疑者。寬剩役錢，本非經賦常入，亦非國用所待而後足者。今付有司逐旋支費，終不能卓然立一大事，建無窮之利，如火鑠薪，日減日亡。若用買田募役，譬如私家變金銀爲田産，乃是長久萬全之策。深願朝廷及此錢未散，立此一事，數年之後，錢盡而事不立，深可痛惜。臣聞孝子者，善繼人之志，善述人之事，武王、周公所以見稱於萬世者，徒以能行文王之志也。昔蘇綽爲魏立征税之法，號爲煩重，已而歎曰：「此猶張弓也，後之君子，誰能解之？」其子威侍側，聞之，慨然以爲己任。及威侍隋文帝，爲民部尚書，奏減賦役，如綽之言，天下便之。威爲人臣，尚能成父之志，今給田募役，真先帝本意，陛下當優爲武王、周公之事，而況蘇威區區人臣之孝，何足道哉！臣荷先帝之遇，保全之恩，又蒙陛下非次拔擢，思慕感泣，不知所報，冒昧進計。伏惟哀憐裁幸，謹録奏聞，伏候勅旨。

繳楚建中户部侍郎詞頭狀

元祐元年七月二十九日，朝奉郎試中書舍人蘇軾狀奏：今月二十八日，准中書吏房送到詞頭一道，正議大夫充天章閣待制致仕楚建中可户部侍郎者。右臣竊惟七十致政，古今通議。非獨人臣有始終進退之分，亦在朝廷爲體義廉恥之風。若起之於既謝之年，待之以不次之任，即須國家有非常之政，而其人有絶俗之資，才望既隆，中外自服。近者起文彦博，天下屬目，四夷革心。豈有凡才之流，亦塵盛德之舉。如建中輩，決非其人。竊料除目一傳，必致羣言交上，幸其未布，可以追回。所有前件告詞，臣未敢撰。謹録奏聞，伏候勅旨。

乞不給散青苗錢斛狀

元祐元年八月四日，蘇軾狀奏：准中書録黄，先朝初散青苗，本爲利民，故當時指揮，並取人户情願，不得抑配。自後因提舉官速要見功，務求多散，諷督州縣，廢格詔書，名爲情愿，其實抑配。或舉縣勾集，或排門抄劄。亦有無賴子弟，謾昧尊長，錢不入家；亦有他人冒名詐請，莫知爲誰，及至追催，皆歸本户。朝廷深知其弊，故悉罷提舉官，不復立額，考校訪聞，人情安便。昨于四月二十六日，有勅令給常平錢斛，限二月或正月，只爲人户欲借請者及時得用。又令半留倉庫，半出給者，只爲所給不得輒過此數。至于取人户情願，亦不得抑配，一遵先朝本意。臣伏見熙寧以來，行青苗、免役二法，至今二十餘年，法日益弊，民日益貧，刑日益煩，盜日益熾，田日益賤，穀帛日益輕，細數其害，有不可勝言者。今廊廟大臣，皆異時痛心疾首，流涕太息，欲已其法而不可得者。況二聖恭己，惟善是從，免役之法，已盡革去，而青苗一事，乃獨因舊稍加損益，欲行紾臂徐徐月攘一雞之道。如人服藥，病日益增，體日益羸，飲食日益減，而終不言此藥不可服，但損其分劑，變其湯，使而服之，可乎？熙寧之法，本不許抑配，而其害至此，今雖復禁其抑配，其害故在也。農民之家，量入爲出，縮衣節口，雖貧亦足，若令分外得錢，則費用自廣，何所不至。況子弟欺謾父兄，人户冒名詐請，如詔書所云，似此之類，本非抑勒所致。又官吏無狀，于給散之際，必令酒務設鼓樂倡優，或關撲賣酒牌子，農民至有徒手而歸者，但每散青苗，即酒課暴增，此臣所親見而爲流涕者也。二十年間，因欠青苗至賣田宅雇妻女投水自縊者，不可勝數，朝廷忍復行之歟！所有上件録黄，臣未敢書名行下。謹録奏聞，伏候勅旨。

論每事降詔約束狀

元祐元年九月□日，翰林學士朝奉郎知制誥蘇軾狀奏：右臣聞之孔子曰：「天何言哉，四時行焉，百物生焉，天何言哉。」天子法天恭己，正南面，守法度，信賞罰而天下治，三代令王，莫不由此。若天下大事安危所係，心之精微，法令有不能盡，則天子乃言，在三代爲訓誥誓命，自漢以下爲制詔，皆所以鼓舞天下，不輕用也。若每行事立法之外，必以王言隨而丁寧之，則是朝廷自輕其法，以爲不丁寧則未必行也。言既屢出，雖復丁寧，人亦不信。今者十科之舉，乃朝廷政令之一耳，況已立法。或不如所舉，舉主從貢舉非其人律，犯正入己贓，舉主減三等坐之，若受賄徇私，罪名重者自從重，雖見爲執政，亦降官示罰。臣謂立法不爲不重，若以爲未足，又從而降詔，則是詔不勝降矣。臣請略舉今年朝廷所行薦舉之法，凡有七事：舉轉運、提刑，一也；舉館職，二也；舉通判，三也；舉學官，四也；舉重法縣令，五也；舉經明行脩，六也。與十科爲七。七事輕重略等。若十科當降詔，則六事不可不降。今後一事一詔，則褻慢王言，莫甚於此。若但取諫官之意，或降或否，則其義安在？臣願戒敕執政，但守法度，信賞罰，重惜王言，以待大事而發，則天下聳然，敢不敬應。所有前件降詔，臣不敢撰。

辯試館職策問劄子又一首

元祐二年正月十七日，蘇軾劄子奏：臣近以《試館職策問》爲臺諫所言，臣初不敢深辯，蓋以自辯而求去，是不欲去也。今者竊聞明詔已察其實，而臣四上章，四不允，臣子之義，身非己有，詞窮理盡，不敢求去，是以區區復一自言。

臣所撰《策問》，首引周公、太公之治齊、魯，後世皆不免衰亂者，以明子孫不能奉行，則雖大聖大賢之法，不免於有弊也。後引文帝、宣帝仁厚而事不廢，核實而政不苛者，以明臣子若奉行得其理，無觀望希合之心，則雖文帝、宣帝足以無弊也。中間又言六聖相受，爲治不同，同歸於仁；其所謂「媮」與「刻」者，專謂今之百官有司及監司守令，不識朝廷所以師法先帝之本意，或至於此也。文理甚明，粲若黑白，何嘗有毫髮疑似，議及先朝？非獨朝廷知臣無罪可放，臣亦自知無罪可謝也。然臣聞之古人曰：人之至信者，心目也。相親者，母子也。不惑者，聖賢也。然至於竊斧，而知心目之可亂，于投杼，而知母子之可疑，于拾煤而知聖賢之可惑。今臣言者不止三人，交章累上，不啻數十，而聖斷確然深明其無罪，則是過於心目之相信，母子之相親，聖賢之相知遠矣。德音一出，天下頌之，史册書之，自耳目所聞見，明智特達，洞照情僞，未有如陛下者。非獨微臣區區，欲以一死上報，凡天下之爲臣子者聞之，莫不欲碎首糜軀，效忠義於陛下也。不然者，亦非獨臣受曖昧之謗，凡天下之爲臣子者聞之，莫不以臣爲戒，崇尚忌諱，畏避形迹，觀望雷同以求苟免，豈朝廷之福哉！

臣自聞命以來，一食三歎，一夕九興，身口相謀，未知死所。然臣所撰《策問》，實亦有罪，若不盡言，是欺陛下也。臣聞聖人之治天下也，寬猛相資，君臣之間，可否相濟。若上之所可，不問其是非，下亦可之，上之所否，不問其曲直，下亦否之，則是晏子所謂「以水濟水，誰能食之」，孔子所謂「惟予言而莫予違足以喪邦」者也。臣昔于仁宗朝舉制科，所進策論及所答聖問，大抵皆勸仁宗勵精庶政，督察百官，果斷而力行也。及事神宗，蒙召對訪問，退而上書數萬言，大抵皆勸神宗忠恕仁厚，含垢納污，屈己以裕人也。臣之區區，不自量度，常欲希慕古賢，可否相濟，蓋如此也。伏觀二聖臨御以來，聖政日新，一出忠厚，大率多行仁宗故事，天下翕然，銜戴恩德，固無可議者。然臣私憂過計，常恐百官有司矯枉過直，或至於媮，而神宗勵精核實之政，漸致惰壞，深慮數年之後，馭吏之法漸寬，理財之政漸疎，備邊之計漸弛，則意外之憂，有不可勝言者。雖陛下廣開言路，無所諱忌，而臺諫所擊不過先朝之人，所非不過先朝之法，正是「以水濟水」，臣竊憂之。故輒用此意，撰上件《策問》，實以譏諷今之朝廷及宰相臺諫之流，欲陛下覽之，有以感動聖意，庶幾兼行二帝忠厚勵精之政也。臺諫若以此言臣，朝廷若以此罪臣，則斧鉞之誅，其甘如薺。今乃以爲譏諷先朝，則亦疎而不近矣。

且非獨此《策問》而已。今者不避煩瀆，盡陳本末。臣前歲自登州召還，始見故相司馬光，光即與臣論當今要務，條其所欲行者。臣即答言：「公所欲行諸事，皆上順天心，下合人望，無可疑者。惟役法一事，未可輕議。何則？差役、免役，各有利害。免役之害，掊斂民財，十室九空，錢聚於上，而下有錢荒之患；差役之害，民常在官，不得專力於農，而貪吏猾胥，得緣爲奸。此二害輕重，蓋略相等，今以彼易此，民未必樂。」光聞之愕然，曰：「若如君言，計將安出？」臣即答言：「法相因則事易成，事有漸則民不驚。昔三代之法，兵農爲一，至秦始分爲二。及唐中葉，盡變府兵爲長征之卒，自爾以來，民不知兵，兵不知農，農出穀帛以養兵，兵出性命以衛農，天下便之，雖聖人復起，不能易也。今免役之法，實大類此。公欲驟罷免役而行差役，正如罷長征而復民兵，蓋未易也。先帝本意，使民户率出錢，專力於農，雖有貪吏猾胥，無所施其虐。坊場河渡，官自出賣，而以其錢雇募衙前，民不知有倉庫綱運破家之禍，此萬世之利也，決不可變。獨有二弊：多以供他用實封；取寬剩役錢，争買坊場河渡，以長不實之價。此乃王安石、吕惠卿之陰謀，非先帝本意也。公若盡去二弊，而不變其法，則民悦而事易成。今寬剩役錢，名爲十分取二，通計天下，乃及十五，而其實一錢無用。公若盡去此五分，又使民得從其便，以布帛穀米折納役錢，而官亦以爲雇直，則錢荒之弊，亦可盡去。如此，而天下便之，則公又何求？若其未也，徐更議之，亦未晚也。」光聞臣言，大以爲不然。臣又與光言：「熙寧中嘗行給田募役法，其法以係官田及以寬剩役錢買民田以募役人，大略如邊郡弓箭手。臣時知甯州，推行其法，先募弓手，民甚便之。此本先帝聖意所建，推行未幾，爲左右異議而罷。今略計天下寬剩錢斛約三千萬貫石，兵興支用，僅耗其半，此本民力，當復爲民用。今内帑山積，公若力言於上，索還此錢，復完三千萬貫石，而推行先帝買田募役法於河北、河東、陝西三路，數年之後，三路役人可減大半，優裕民力，以待邊鄙緩急之用，此萬世之利，社稷之福也。」光尤以爲不可。

及去年二月六日勅下，始行光言，復差役法，時臣弟轍爲諫官，上疏具論，乞將見在寬剩役錢雇募役人，以一年爲期，令中外詳議，然後立法。又言衙前一役，可即用舊人，仍一依舊數，以坊場河渡錢總計，諸路通融支給。皆不蒙施行。及蒙差臣詳定役法，臣因得伸弟轍前議，先與本局官吏孫永、傅堯俞之流論難反復，次於西府及政事堂中與執政商議，皆不見從，遂上疏極言衙前可雇不可差，先帝此法可守不可變之意，因乞罷詳定役法。當此之時，臺諫相視，皆無一言決其是非。今者差役利害，未易一一遽言，而弓手不許雇人，天下之所同患也，朝廷知之，變法許雇，天下皆以爲便，而臺諫猶累疏力争。由此觀之，是其意專欲變熙寧之法，不復較量利害，參用所長也。臣爲中書舍人，刑部大理寺，列上熙寧以來不該赦降去官法凡數十條，盡欲删去。臣與執政屢争之，以謂先帝於此蓋有深意，不可盡改，因此得存留者甚多。臣每行監司守令告詞，皆以奉守先帝約束毋敢弛廢爲戒，文案具在，皆可復按。由此觀之，臣豈謗議先朝者哉！

所以一一屢陳者，非獨以自明，誠見士大夫好同惡異，泯然成俗，深恐陛下深居法宫之中，不得盡聞天下利害之實也。願因臣此言，警策在位，救其所偏，損所有餘，補所不足，天下幸甚。若以其狂妄不識忌諱，雖賜誅戮，死且不朽。

乞録用鄭俠王斿狀

元祐二年三月□日，蘇軾狀奏：臣聞國之興衰，繫于習俗，若風節不兢，則朝廷自卑，故古之賢君，必厲士氣，當務求難合自重之士，以養成禮義廉恥之風。臣等伏見英州别駕鄭俠，向以小官觸犯權要，冒死不顧以獻直言。而秘閣校理王安國，以布衣爲先皇帝所知，擢至館閣，召對便殿，而見安石爲相，若少加附會，可立至富貴，而安國挺然不屈，不獨納忠於先帝，亦嘗以苦言至計規戒其兄，竟坐與俠遊從，同時被罪。吕惠卿首興大獄，鄧綰、舒亶之徒，搆成其罪，必欲置此人於死，賴先帝仁聖，止加竄逐，曾未數年，逐惠卿而起安國。今來朝廷赦俠之罪，復其舊官，經今踰季，而俠終不赴吏部參選。考其始終出處之大節，合於古之君子殺身成仁，難進易退之義，朝廷若不少加優異，則臣等恐俠浩然江湖，往而不返，若溘先朝露，則有識必爲朝廷興失士之歎。至于安國，不幸短命，尤爲忠臣義士之所哀惜。臣等嘗識其少子旂，敏而篤學，直而好義，頗有安國之風，養成其才，必有可用。欲望聖慈召俠赴闕，及考察旂行實，與俠並賜録用，不獨旌直臣于九泉之下，亦所以作士氣于當代也。

坡仙集卷之八終

坡仙集卷之九

奏議

論擒獲鬼章稱賀太速劄子　大是

元祐二年八月二十七日，翰林學士朝奉郎知制誥兼侍讀蘇軾劄子奏：臣竊聞熙河經略司奏，生擒西蕃首領鬼章，宰相欲以明日稱賀。臣愚以謂偏師獨克，固亦可慶，然行於明日，臣謂太速。如聞本路出兵非一，見有一將方指青塘，此乃阿里骨巢穴，若更待三五日間，必續有奏報，賀亦未晚。今者俘獲醜虜，功誠不細，賞功勸後，固不應輕，然朝廷方欲緝治邊防，整肅驕慢，若捷奏朝至，舉朝夕賀，則邊臣聞之，自謂不世奇功，或恩禮太過，則將驕卒惰，後無以使。臣願朝廷鎮之以靜，示之以不可測。有見有見　昔謝安破符堅書至，安與客圍棋不輟，曰：「小兒輩已遂破賊。」安亦非矯情，蓋萬目觀望，事體應爾。至言，至言　所有明日稱賀，乞更詳酌指揮。

因擒鬼章論西羌夏人事宜劄子　大是

臣竊見近者熙河路奏生擒鬼章，百官稱賀，中外同慶。臣愚無知，竊謂安危之機，正在今日。若應之有道，處之有術，則安邊息民，必自是始。不然，將驕卒惰，以勝爲災，亦不足怪。故臣區區欲乞陳前後致寇之由，次論當今待敵之要，雖狂愚無取，亦臣子之常分。昔先帝用兵累年，雖中國靡弊，然夏人困折，亦幾於亡。横山之地，沿邊七八百里，不敢耕者至二百餘里。歲賜既罷，和市亦絶，虜中匹帛至五十餘千，其餘老弱轉徙，牛羊墮壞，所失蓋不可勝數，饑羸之餘，乃始欵塞。當時執政大臣謀之不深，因中國厭兵，遂納其使。每一使，賜予、貿易無慮得絹五萬餘匹，歸鬻之，其民匹五六千，民大悦。一使所獲，率不下二十萬緡，使五六至，而累年所罷歲賜，可以坐復。既使虜因吾資以德其民，且飽而思奮，又使其窺我厭兵欲和之意，以爲欲戰欲和，權皆在我，以故輕犯邊陲，利則進，否則復求和，無不可者。夫阿里骨、董氊之賊臣也。挾契丹公主以弑其君之二妻。董氊死，匿喪不發，逾年衆定，乃詐稱嗣子，僞書鬼章温溪心等名以請于朝。當時執政，若且令邊臣審問鬼章等以阿里骨當立不當立，若此等無詞，則是諸羌心服，既立之後，必能統一都部，吾又何求，若不服，則釁端自彼，爵命未下，曲不在吾。當時執政不深慮此，專以省事爲安，因其妄請，便授節鉞，阿里骨自知不當立，而憂鬼章之討也，故欲借力於西夏以自重，於是始有解仇結好之謀。而鬼章亦不平朝廷之以賊臣君我也，故怒而盗邊。夏人知諸羌之叛也，故起而和之。此臣所謂前後致寇之由，明主不可以不知者也。雖既往不咎，然可以爲方來之鑒。今者切聞朝廷降詔諸路，勑勵戰守，深明逆順曲直之理，此固當今之急務，乃詔書之中，亦許夏人之自新。臣切以謂開之太急，納之太速，曾未一戰，而厭兵欲和之意已見乎外，此復蹈前日之失矣。臣甚惜之。今聞鬼章之捷，或漸有欵塞之謀，必將爲恭狠相半之詞，而繼之以無厭之請。若朝廷復納其使，則是欲戰欲和，權皆在虜，有求必獲，不獲必叛。故臣願明主斷之於中，深詔大臣，密勑諸將，若夏人欵塞，當受其詞而却其使，然後明勑邊臣，以夏人受恩不貲，無故犯順，今雖欵塞，反復難保，若實改心向化，當且與邊臣商議，苟詞意未甚屈服，約束未甚堅明，則且却之，以示吾雖不逆其善意，亦不汲汲求和也。彼若心服而來，吾雖未納其使，必不于往返商議之間，遽復盜邊。若非心服，則吾雖蕩然開懷，待之如舊，能必其不叛乎？今歲涇原之入，豈吾待之不至邪？但使吾兵練士飽，斥候精明，虜無大獲，不過數年，必自折困，今雖小勞，後必堅定，此臣所謂當今待敵之要，亦明主不可以不知者也。今朝廷意在息民，不憚屈已，而臣獻言，乃欲艱難其請，不急於和，似與聖意異者。然古之聖賢欲行其意，必有以曲成之，未嘗直情而徑行也。將欲翕之，必固張之；將欲取之，必固予之。夫直情而徑行，未有獲其意者也。若權其利害，究其所至，則臣之愚計，于安邊息民，必久而固，與聖意初無小異。然臣竊度朝廷之間，似欲以畏事爲無事者。夫爲國不可以生事，亦不可以畏事，畏事之弊，與生事均。譬如無病而服藥，與有病而不服藥，皆可以殺人。乃者阿里骨之請，人人知其不當予，而朝廷予之，以求無事，然事之起，乃在於此，不幾于有病而不服藥乎？今又欲遽納夏人之使，則是病未除而藥先止，其與幾何。臣於侍從之中，受恩至深，其于委曲保全與衆獨異，故敢出位先事而言，不勝恐悚待罪之至。

乞詔邊吏無進取及論鬼章事宜劄子

大是

臣聞善用兵者，先服其心，次屈其力，則兵易解而功易成。若不服其心，惟力是恃，則戰勝而寇愈深，况不胜乎？功成而兵不解，况不成乎？頃者四方用兵累年，先帝之意，令在弔伐，而貪功生事之臣，惟務殺人争地，得尺寸之土，不問利害，先築城堡，置州縣，使四夷□□中國，以謂朝廷專欲得地，非盡滅我族類不止，是以併力致死，莫有服者。今日新獲鬼章，威震戎狄，邊臣賈勇，争欲立功，以爲河南之地，指顧可得。正使得之，不免築城堡，屯兵置吏，積粟而守之，則中國何時息肩乎？乃者王韶取熙河，全師獨克，使韶有遠慮，誅其叛者，乃以忠順，即用其豪酋而已，則今復何事。其所以兵連禍結，罷弊中國者，以郡縣其地故也。往者既不可悔，而來者又不以爲戒，今又欲取講武城，曰：「此要害地，不可不取。」方唐盛時，安西都護去長安萬里，若論要害，自此以西無不可取者，使諸羌知中國有進取不已之意，則寇愈深而兵不解，其禍豈可量哉！臣又竊聞朝論謂鬼章犯順，罪當誅死。然譬之鳥獸，不足深責，其子孫部族，猶足以陸梁于邊。全其首領，以累其心，以爲重質，庶獲其用，此實當今之良策。然臣竊料鬼章兇豪素貴，老病垂死，必不能甘于困辱，爲久生之計。鬼章若死，則其臣子專意復讎，必與阿里骨合，而比交于夏人，此正胡越同舟遇順風之勢，其交必堅。而温溪心介于阿里骨、夏人之間，地狹力弱，其勢必危。若見并而吾不能救，使二寇合三面以窺熙河，則其患未可以一二數也。如臣愚計，可詔邊臣與鬼章約，若能使其部族討阿里骨而納趙純忠者，當放汝生還，鬼章若從，則稍富貴之。使其信臣而喻至意焉，鬼章既有生還之望，不爲求死之計，其衆必從。以鬼章之衆與温溪心合而討阿里骨，其勢必克。既克而納純忠，雖放還鬼章，可以無患，此必然之勢也。西羌木與夏人世仇，而鬼章本與阿里骨不協，若許以生還，其衆必相攻。縱未能誅阿里骨，亦足以使二盜相疑而不合也。自古西羌之患，惟恐解仇結盟。若所在爲讎敵，正中國之利。臣出位言事，不勝恐悚待罪之至。取進止。

乞約鬼章討(阿)里骨劄子❶

臣近者竊見劉舜卿賀表，具言阿里骨罪狀，又竊聞舜卿乞削阿里骨官爵，又竊聞阿里骨上章請命，議者或欲許其自新。以臣愚慮，二者之説，皆未爲得。何者？阿里骨兇狡反覆，必無革面洗心之理，今聞其女已嫁梁乞逋之子，度其久遠，必須協力致死，共爲邊患。今來上章請命，蓋是部族新破，衆叛親離，恐吾乘勝致討，力未能支，故匿情忍詬，以就大事。若得休息數年，蓄力養鋭，假吾爵命，以威脅諸羌，誅不附己者，羽翼既成，西北相應，必爲中原之憂，非獨一方之病也。且夏賊逆天犯順，本因輕料朝廷，以爲必不能討己。今若便從阿里骨之請，則其所料，良不爲過。今聞温溪心等諸族已爲所質，勢未能動，而心倂斂氈在其肘腋，迹同而心異，若用臣前計，使邊臣與鬼章約，若能使其部族與温溪心、斂氈等合而討阿里骨，納趙純忠，即許以生還，此正所謂以夷狄攻夷狄，計無出此者。若朝廷便許阿里骨通和，即須推示赤心，待之如舊，不可復用計謀以圖此賊，數年之後，必自飛揚，此所謂養虎遺患者也。故臣願朝廷既不納其通和之請，又不削奪其官爵，存而勿論，置之度外，陰使邊臣以計圖之，似爲得策。臣屢瀆天聽，罪當誅死，取進止。

乞郡劄子

認真之人大抵多費老婆舌。傷哉！

元祐三年十月十七日，蘇軾劄子奏：臣近以左臂不仁，兩目昏暗，有失儀曠職之憂，堅乞一郡。伏蒙聖慈降詔不允，遣使存問，賜告養疾。恩禮之重，萬死莫酬。以臣子大義言之，病未及死，皆當勉强，雖有失儀

❶「阿」，據他本補。

曠職之罰，亦不當辭。然臣終未敢起就職事者，實亦有故。言之則觸忤權要，得罪不輕。不言則欺罔君父，誅罰尤大。故卒言之。臣聞之《易》曰：「君子安其身而後動。」又曰：「君不密，則失臣，臣不密，則失身。」以此知事君之義，雖以報國爲先，而報國之道，當以安身爲本。若上下相忌，身自不安，則危亡是憂，國何由報。恭惟陛下踐祚之始，收臣于九死之餘。半年之間，擢臣爲兩制之首。方將致命，豈敢告勞。特以臣拙于謀身，鋭于報國，致使臺諫列爲怨仇。臣與故相司馬光，雖賢愚不同，而交契最厚。光既大用，臣亦驟遷，在於人情，豈肯異論。但以光所建差役一事，臣實以爲未便，不免力争。而臺諫諸人，皆希合光意，以求進用，及光既殁，則又妄意陛下以爲主光之言，結黨横身，以排異議，有言不便，約共攻之。曾不知光至誠爲民，本不求人希合，而陛下虚心無我，亦豈有所主哉！其後又因刑部侍郎范百禄與門下侍郎韓維争議刑名，欲守祖宗故事，不敢以疑法殺人，而諫官吕陶又論維專權用事。臣本蜀人，與此兩人實是知舊。因此，韓氏之黨一例疾臣，指爲川黨。御史趙挺之，在元豐末通判德州，而著作黄庭堅方監本州德安鎮，挺之希合提舉官楊景棻，意欲於本鎮行市易法，而庭堅以謂鎮小民貧，不堪誅求，若行市易，必致星散，公文往來，士人傳笑。其後挺之以大臣薦，召試館職，臣實對衆言，挺之聚斂小人，學行無取，豈堪此選。又挺之妻父郭概爲西蜀提刑時，本路提舉官韓玠違法虐民，朝旨委概體量，而概附會隱庇，臣弟轍爲諫官，劾奏其事，玠、概並行黜責。以此挺之疾臣，尤出死力。臣二年之中，四遭口語，發策草麻，皆謂之誹謗。未出省榜，先言其失士。以至臣所薦士，例加誣衊，所言利害，不許相見。近日王覿言胡宗愈指臣爲黨，孫覺言丁隲云是臣親家。臣與此兩人有何干涉，而於意外巧構曲成，以積臣罪。欲使臣撓椎于十夫之手，而使陛下投杼于三至之言。中外之人，具曉此意，謂臣若不早去，必致傾危。臣非不知聖主天縱聰明，察臣無罪。但以臺諫氣焰，震動朝廷，上自執政大臣，次及侍從百官，外至監司守令，皆畏避其鋒，奉行其意，意所欲去，勢無復全。

天下知之，獨陛下深居法宫之中，無由知耳。臣竊觀三代以下，號稱明主，莫如漢宣帝、唐太宗。然宣帝殺蓋寬饒，太宗殺劉洎，皆信用讒言，死非其罪，至今哀之。宣帝初知蓋寬饒忠直不畏强禦，自候、司馬擢爲太中大夫、司隸校尉，不可謂不知之深矣。而蓋寬饒上書有云：「五帝官天下，三王家天下。」而當時讒人乃謂寬饒欲求禪位。宣帝不察，致使寬饒自剄北闕下。太宗信用劉洎，言無不從，嘗比之魏文正公，亦不可謂不知之深矣。而太宗征遼患癰，洎泣曰：「聖體不康，甚可憂懼。」而當時讒人，乃謂洎欲行伊、霍之事。太宗不察，賜洎自盡。二主非不明也。二臣之受知，非不深也。恃明主之深知，不避讒人積毁，以至身首異處，爲天下笑。今臣自度受知於陛下，不過如蓋寬饒之于漢宣帝，劉洎之于唐太宗也。而讒臣者，乃十倍于當時，雖陛下明哲寬仁，度越二主，然臣亦豈敢恃此不去，以卒蹈二臣之覆轍哉！且二臣之死，天下後世，皆言二主信讒邪而害忠良，以爲聖德之累。使此二臣者，識幾畏漸，先事求去，豈不身名俱泰，臣主兩全哉！臣縱不自愛，獨不念一旦得罪之後，使天下後世有以議吾君乎？昔先帝召臣上殿，訪問古今，勑臣今後遇事即言，其後臣屢論事，未蒙施行，乃復作爲詩文，寓物托諷，庶幾流傳上達，感悟聖意。而李定、舒亶、何正臣三人，因此言臣誹謗，遂得罪。然猶有近似者，以諷諫爲誹謗也。今臣草麻詞，有云「民亦勞止」，而趙挺之以爲誹謗先帝，則是以白爲黑，以西爲東，殊無近似者。臣以此知挺之嶮毒甚于李定、舒亶、何正臣，而臣之被讒甚于蓋寬饒、劉洎也。古人有言曰：「爲君難，爲臣不易。」臣欲依違苟且，雷同衆人，則内愧本心，上負明主。若不改其操，知無不言，則怨仇交攻，不死即廢。伏望聖慈念爲臣之不易，哀臣處此之至難，始終保全，措之不争之地，特賜指麾，檢會前奏，早賜施行。

可憐

辯舉王鞏劄子　妙

元祐三年十一月十五日，蘇軾劄子奏：臣近舉宗正寺丞王鞏節操方正，可備獻納科，竊聞臺諫官言鞏姦邪，及離間宗室，因謟事臣，以獲薦舉。奉聖旨，除鞏西京通判。謹按：鞏好學有文，强力敢言，不畏强禦，此其所長也。年壯氣盛，鋭於進取，好論人物，多致怨憎，此其所短也。頃者竄逐萬里，偶獲生還，而容貌如故，志氣益厲，此亦有過人者。故相司馬光深知之，待以國士，與之往返，論議不一。臣以爲所短不足以廢所長，故爲國收才，以備選用。去歲以來，吏民上書蓋數千人，朝廷委司馬光看詳，擇其可用者得十五人，又于十五人中獨稱奬二人，孔宗翰與鞏是也。鞏緣此得減二年磨勘，仍擢爲宗正寺丞。則臣之稱薦，與光之擢用，其事正同。若果是姦邪，臺諫當此時何不論奏。鞏上疏論宗室之疏遠者，不當稱皇叔、皇伯，雖未必中理，然不過欲尊君抑臣，務合古禮而已，何名爲離間哉！况鞏此議，執政多以爲非，獨司馬光深然之，故下禮部詳議。又兵部侍郎趙彦若，亦曾建言。若果是離間，光亦離間也，彦若亦離間也。方行下有司時，臺諫初無一言，及光没之後，乃有姦邪離間之説，則是鞏之邪正，係光之存亡，非公論也。鞏與臣世舊，幼小相知，從臣爲學，何名「謟事」？三者之論，了無一實。上賴聖明，不以此罪鞏，亦不以此責臣，止除外官，以厭塞言者之意。臣復何所辯論。但痛司馬光死未數月，而所賢之士變爲姦邪，又傷言者本欲中臣而累及鞏，誣罔之漸，懼者甚衆。是以冒昧一言，伏深戰越。

論周穜擅議配享自劾劄子二首　自是多了一番

元祐三年十二月二十一日，蘇軾劄子奏：臣先任中書舍人日，勑舉學官，曾舉江寧府右司理參軍周穜，蒙朝廷差充鄆州州學教授。近者竊聞穜上疏，言朝廷當以故相王安石配享神宗皇帝。謹按漢律，擅議宗廟者棄市。自高后至文、景、孝、宣，皆行此法，以尊宗廟，重朝廷，防微杜漸，蓋有深意。本朝自祖宗以來，惟擇元勳重望始終全德之人，以配食列聖。蓋自天子所不敢專，必命都省集議，其人非天下公議所屬，不在此選，既上，詔云恭依册告宗廟，然後敢行。其嚴如此，豈有既行之後，復請疏遠小臣，各出私意，以議所配？若置而不問，則宗廟不嚴而朝廷輕矣。今先帝配享已定用富弼，天下翕然以爲至當。穜復何人，敢建此議，意欲以此嘗試朝廷，漸進邪説，陰唱羣小，此孔子所謂「行險僥倖，居之不疑」者也。而臣忝備侍從，謬於知人，至引此人以汙學校，若又隱而不言，則罔上黨奸，其罪愈大。謹自劾以待罪，伏望聖慈特勑有司，議臣妄舉之罪，重賜責降，以儆在位。取進止。

又

臣近上言，以所舉學官周穜擅議先帝配享，欲以嘗試朝廷，漸進邪説，陰唱羣小，乞下有司議臣妄舉之罪，重行責降，以警在位，至今累日，未奉旨揮。切以爲國之本，在于明賞罰，辨邪正，二者不立，亂亡隨之。臣觀二聖嗣位以來，斥逐小人，如吕惠卿、李定、蔡確、張誠一、吴居厚、崔台符、楊汲、王孝先、何正臣、盧秉、蹇周輔、王子京、陸師閔、趙濟，中官李憲、宋用臣之流，或首開邊隙，使兵連禍結，或漁利榷財，爲國斂怨，或倡起大獄，以傾陷善良，而王安石實爲之首。夫君子之難致如麟鳳，色斯舉矣，翔而後集，小人之易進如蛆蠅，腥羶所聚，瞬息千萬，況可招而來之乎？朝廷近日稍寬此等，如李憲乞于近地居住，王安禮抗拒恩詔，蔡確乞放還其弟，皆即聽許。崔台符、王孝先之流，不旋踵進用。楊汲亦漸牽復。吕惠卿窺見此意，故敢乞

太甚了

居蘇州。此等皆民之大賊，國之巨蠹，得全首領，以爲至幸，豈可與尋常一眚之臣，計日累月，洗雪復用哉！今既稍寬之後，必漸用之。如此不已，則惠卿、蔡確之流，必有時而用，青苗、市易等法，必有時而復。周穜蟣蝨小臣，而敢爲大奸，愚弄朝廷，若無人然，不幸而有淮南王，當復誰憚乎？臣不敢遠引古人，但使執政之中，有如富弼、韓琦；臺諫之中，有如包拯、吕誨，或司馬光尚在，此鼠輩敢爾哉！臣數日以來，竊聞執政之議，多欲薄臣之責，而寬穜之罪，若果如此，則是使今後近臣輕引小人，而惠卿之流，有以卜朝廷之輕重。事關消長，憂及治亂。伏望特出宸斷，深詔有司議臣與穜之罪，不可輕恕。縱使朝廷察臣本無邪心，止是暗繆，亦乞借臣以立法，則臣上荷知遇，雖云得罪，實同被賞。若蒙寬貸，則是私臣之身，而廢天下之法。臣之愧恥，若撻于市，不勝憤懣。憂國之心，意切言惷，伏俟誅譴。

此事之可見者，公豈以爲先知乎

論邊將隱匿敗亡憲司體量不實劄子

元祐三年閏十二月四日，蘇軾劄子奏：臣近以目昏臂痛，堅乞一郡，蓋亦自知受性剛褊，黑白太明，難以處衆。伏蒙聖慈，降詔不許，兩遣使者存問慰安。天恩深厚，淪入骨髓。臣謂此恩，當以死報，不當更計身之安危，故復起就職，而職事清閑，未知死所，每因進讀之間，事有切於今日者，輒復盡言，庶補萬一。昨日所讀《寶訓》，有云：「淳化二年，上謂侍臣，諸州牧監馬多瘦死，蓋養飼失時，枉致病斃。近令取十數槽寘殿庭下，視其芻秣，教之養療，庶革此弊。」臣因進言馬所以病，蓋將吏不職，致圉人盜減芻粟，且不卹其饑飽勞逸故也。馬不能言，無由申訴，故太宗至仁，深哀憐之，寘之殿庭，親加督視。民之於馬，輕重不同，若官吏不得其人，人雖能言，上下隔絶，不能自訴，無異於馬。馬之饑瘦勞苦，則有斃踣奔逸之憂；民之困窮無聊，則有溝壑盜賊之患。然而四海之衆，非如養馬，可以寘之殿庭，惟當廣任忠賢，以爲耳目，若忠賢疎遠，諂佞在傍，則民之疾苦，無由上達。臣聞去歲夏賊犯鎮戎，所殺掠不可勝數，或云「至萬餘人」。而邊將乃奏云「野無所掠」。其後朝廷訪聞，委提刑司體量，而提刑孫路止奏十餘人，乞朝廷先賜放罪，然後體量實數。至今遷延二年，終未結絶聞奏。凡死事之家，官所當卹，若隱而不奏，則生死銜冤，何以使人？此豈小事，而路爲耳目之司，既不隨事奏聞朝廷，既行蒙蔽，又乞放罪，遷延侮玩，一至于此！臣謂此風漸不可長，馴致其患，何所不有，此臣之所深憂也。臣非不知陛下必已厭臣之多言，左右必已厭臣之多事，然受恩深重，不敢自同衆人，若以此獲罪，亦無所憾。

論行遣蔡確劄子

元祐四年四月十一日，龍圖閣學士朝奉郎新知杭州蘇軾劄子奏：臣近蒙聖恩，哀臣疾病，特許補外。臣竊自惟受恩深重，不敢以出入之故，便同衆人，有所聞見而不盡言。竊聞臣寮有繳進蔡確詩言涉謗讟者。臣與確元非知舊，實自惡其爲人。今來非敢爲確開説，但以所係國體至重，天下觀望二聖所爲，若行遣失當，所損不小，臣爲侍從，合具奏論。若朝廷薄確之罪，則天下必謂皇帝陛下見人毀謗聖母，不加忿疾，其于孝治，所害不淺。若深罪之，則議者亦或以謂太皇太后陛下聖量寬大，與天地等，而不能容受一小人謗怨之言，亦于仁政不爲無累。臣欲望皇帝陛下降敕令，有司置獄，追確根勘，然後太皇太后内出手詔云：「吾之不德，常欲聞謗以自儆。今若罪確，何以來天下異同之言。矧確嘗爲輔臣，當知臣子大義，今所繳進，未必真是確詩。其一切勿問，仍榜朝堂。」如此處置，則二聖仁孝之道，實爲兩得。天下有識，自然心服。臣不勝愛君憂國之心，出位僭言，謹伏誅殛。取進止。

乞將臺諫官章疏降付有司根治劄子

元祐四年四月十七日，蘇軾劄子奏：臣近以臂疾，堅乞一郡，已蒙聖恩差知杭州。臣初不知其他，但謂朝廷哀憐衰疾，許從私便。及出朝參，乃聞班列中紛然，皆言近日臺官論奏臣罪狀甚多，而陛下曲庇小臣，不肯降出，故許臣外補。臣本畏滿盈，力求閑退，既獲所欲，豈更區區自辯，但竊不平。數年以來，親見陛下以至公無私治天下，今乃以臣之故，使人上議聖明，以謂抑塞臺官，私庇近侍，其於君父，所損不小。此臣之所以不得不辯也。臣平生愚拙，罪戾固多，至于非義之事，自保必無。只因任中書舍人日，行呂惠卿等告詞，極數其凶慝，而弟轍爲諫官，深論蔡確等奸回。確與惠卿之黨，布列中外，共讎疾臣。近日復因臣言鄆州教授周穜，以小臣而爲大奸，故黨人共出死力，搆造言語，無所不至。使臣誠有之，則朝廷何惜竄逐，以示至公。若其無之，臣亦安能以皎然之身，而受此曖昧之謗也？人主之職，在于察毀譽，辨邪正。夫毀譽既難察，邪正亦不易辨，惟有坦然虛心而聽其言，顯然公行而考其實，則真妄自見，讒搆不行。若隱受其言，不考其實，獻言者既不蒙聽用，而被謗者亦不爲辨明，則小人習知其然，利在陰中，浸潤膚受，日進日深，則公卿百官，誰敢自保，懼者甚衆，豈惟小臣。此又臣非獨爲一身而言也。伏望聖慈，盡將臺諫官章疏降付有司，令盡理根治，依法施行，所貴天下曉然知臣有罪無罪，自有正法，不是陛下屈法庇臣，則臣雖死無所恨矣。夫君子之所重者，名節也。故有「捨生取義」「殺身成仁」「可殺不可辱」之語。而爵位利禄，蓋古者有志之士所謂鴻毛弊屣也。人臣知此，然後可與事君父，言忠孝矣。今陛下不肯降出臺官章疏，不過爲愛惜臣子，恐其萬一實有此事，不免降黜。而不念臣元無一事，空受誣衊，聖明在上，瘖嗚無告，重壞臣爵位，而輕壞臣名節，臣切痛之。意切言盡，伏候誅殛。

論高麗進奉狀

元祐四年十一月三日，蘇軾狀奏：臣伏見熙寧以來，高麗人屢入朝貢，至元豐之末，十六七年間，館待賜予之費，不可勝數。兩浙、淮南、京東三路築城造船，建立亭館，調發農工，侵漁商賈，所在騷然，公私告病。朝廷無絲毫之益，而夷虜獲不貲之利。使者所至，圖畫山川，購買書籍。議者以爲所得賜予，大半歸之契丹。雖虚實不可明，而契丹之强，足以禍福高麗；若不陰相計構，則高麗豈敢公然入朝中國？有識之士，以爲深憂。自二聖嗣位，高麗數年不至，淮、浙、京東吏民有息肩之喜，唯福建一路，多以海商爲業，其間凶險之人，猶敢交通引惹，以希厚利。臣稍聞其事，方欲覺察行遣。今月三日，准秀州差人押到泉州百姓徐戩，擅于海舶内載到高麗僧統義天手下侍者僧壽介、繼常、穎流，院子金保、裴善等五人，及賫到本國禮賓省牒云：「奉本國王旨，令壽介等賫義天祭文來祭奠杭州僧源闍梨。」臣已指揮本州送承天寺安下，選差職員二人，兵級十人，常切照管，不許出入接客，及選有行止經論僧伴話，量行供給，不令失所外，已具事宜畫一，奏禀朝旨去訖。又據高麗僧壽介有狀稱：「臨發日，奉國母指揮，令賫金塔二所，視延皇帝、太皇太后聖壽。」臣竊觀其意，蓋爲二聖嗣位數年，不敢輕來入貢，頓失厚利。欲復遣使，又未測聖意。故以祭奠源闍梨爲名，因獻金塔，欲以嘗試朝廷，測知所以待之之意輕重厚薄。不然者，豈有欲獻金塔爲壽，而不遣使奉表，止因祭奠亡僧，遂致國母之意？蓋疑中國不受，故爲此苟簡之禮以詒朝廷。若朝廷待之稍重，則貪心復啟，朝貢紛然，必爲無窮之患。待其已至，然後拒之，則又傷恩。恭惟聖明灼見情狀，廟堂之議，固有以處之。臣忝備侍從，出使一路，懷有所見，不敢不盡，以備採擇。謹具畫一如左。

一、福建狡商，專擅交通高麗，引惹牟利，如徐戩者甚衆。訪聞徐戩，先受高麗錢物，于杭州彫造夾注《華嚴經》，費用浩汗，印板既成，公然于海舶載去交納，却受本國厚賞，官私無一人知覺者。（哀哉）臣謂此風豈可滋長，若馴致其弊，敵國奸細，何所不至。兼今來引致高麗僧人，必是徐戩本謀。臣已枷送左司理院根勘，即當具案聞奏，乞法外重行，以戒一路奸民猾商。

一、高麗僧壽介有狀稱：「臨發日，國母令賫金塔祝壽。」臣以謂高麗因祭奠亡僧，遂致國母之意，苟簡無禮，莫斯爲甚。若朝廷受而不報，或報之輕，則夷虜得以爲詞。若受而厚報之，則是以重幣答其苟簡無禮之餽也。臣已一面令管勾職員退還其狀，云朝廷清嚴，守臣不敢專擅奏聞。臣料此僧勢不肯已，必云本國遣其來獻壽，今若不奏，歸國得罪不輕。臣欲于此僧狀後判云：「州司不奉朝旨，本國又無來文，難議投進。執狀歸國照。」（快哉）會如此處置，只是臣一面指揮，非朝廷拒絕其獻，頗似穩便。（[redacted]忠）如以爲可，乞賜指揮施行。

乞賑濟浙西七州狀

元祐四年十一月初四日，兩浙西路兵馬鈐轄龍圖閣學士朝奉郎蘇軾狀奏：勘會浙西七州軍，冬春積水，不種早稻，及五六月水退，方插晚秧，又遭乾旱，早晚俱損，高下並傷，民之艱食，無甚今歲。見今米㪷九十足錢，小民方冬已有饑者。兩浙水鄉，種麥絕少，來歲之熟，指秋爲期，而熟不熟又未可知。深恐來年春夏之交，必有饑饉盜賊之憂。本司除已與提、轉商量多方擘畫准備外，有合申奏事件，謹具畫一如左。

乞開杭州西湖狀

妙甚。有才有識，真仁真忠

元祐五年四月二十九日，蘇軾狀奏：右臣聞天下所在陂湖河渠之利，廢興成毀，皆若有數。惟聖人在上，則興利除害，易成而難廢。昔西漢之末，翟方進爲丞相，始決壞汝南鴻隙陂，父老怨之，歌曰：「壞陂誰？翟子威。飯我豆羹芋魁。反乎覆，陂當復。誰言者？兩黄鵠。」蓋民心之所欲，而託之天，以爲有神下告我也。孫皓時，吴郡上言，臨平湖自漢末草穢壅塞，今忽開通，長老相傳，此湖開，天下平，皓以爲已瑞，已而晉武帝平吴。由此觀之，陂湖河渠之類，久廢復開，事關興運。雖天道難知，而民心所欲，天必從之。杭州之有西湖，如人之有眉目，蓋不可廢也。唐長慶中，白居易爲刺史。方是時，湖溉田千餘頃。及錢氏有國，置撩湖兵士千人，日夜開浚。自國初以來，稍廢不治，水涸草生，漸成葑田。熙寧中，臣通判本州，則湖之葑合，蓋十二三耳。至今纔十六七年之間，遂堙塞其半。父老皆言十年以來，水淺葑横，如雲翳空，倏忽便滿，更二十年，無西湖矣。使杭州而無西湖，如人去其眉目，豈復爲人乎？臣愚無知，竊謂西湖有不可廢者五。天禧中，故相王欽若始奏以西湖爲放生池，禁捕魚鳥，爲人主祈福。自是以來，每歲四月八日，郡人數萬會于湖上。所活羽毛鱗介以百萬數，皆西北向稽首，仰祝千萬歲壽。若一旦堙塞，使蛟龍魚鱉同爲涸轍之鮒，臣子坐觀，亦何心哉！此西湖之不可廢者，一也。杭之爲州，本江海故地，水泉鹹苦，居民零落，自唐李泌始引湖水作六井，然後民足於水，井邑日富，百萬生聚，待此而後食。今湖狹水淺，六井漸壞，若二十年之後，盡爲葑田，則舉城之人，復飲鹹苦，其勢必自耗散。此西湖之不可廢者，二也。白居易作《西湖石函記》云：「放水溉田，每減一寸，可溉十五頃；每一伏時可溉五十頃。若蓄洩及時，則濱河千頃，可無凶歲。」

權妙

權巧甚

今雖不及千頃，而下湖數十里間，茭菱穀米，所獲不貲。此西湖之不可廢者，三也。西湖深闊，則運河可以取足于湖水。若湖水不足，則必取足于江潮。潮之所過，泥沙渾濁，一石五斗。不出三歲，輒調兵夫十餘萬功開浚，而河行市井中蓋十餘里，吏卒騷擾，泥水狼籍，爲居民莫大之患。此西湖之不可廢者，四也。天下酒稅之盛，未有如杭者也，歲課二十餘萬緡。而水泉之用，仰給於湖，若湖漸淺狹，水不應溝，則當勞人遠取山泉，歲不下二十萬功。此西湖之不可廢者，五也。臣以侍從，出膺寵寄，目覩西湖有必廢之漸，有五不可廢之憂，豈得苟安歲月，不任其責。輒已差官打量湖上葑田，計二十五萬餘丈，度用夫二十餘萬功。近者伏蒙皇帝陛下、太皇太后陛下以本路饑饉，特寬轉運司上供額斛五十餘萬石，出糶常平米亦數十萬石，約敕諸路，不取五穀力勝稅錢，東南之民，所活不可勝計。今又特賜本路度牒三百，而杭獨得百道。臣謹以聖意增價召入中，米減價出賣以濟饑民，而增減耗折之餘，尚得錢米約共一萬餘貫石。臣輒以此錢米募民開湖，度可得十萬功。自今月二十八日興功，農民父老，縱觀太息，以謂二聖既捐利與民，活此一方，而又以其餘棄，興久廢無窮之利，使數千人得食其力以度此凶歲，蓋有泣下者，臣伏見民情如此，而錢米有限，所募未廣，葑合之地，尚存大半，若來者不嗣，則前功復棄，深可痛惜。若更得度牒百道，則一舉募民除去浄盡，不復遺患矣。伏望皇帝陛下、太皇太后陛下少賜詳覽，察臣所論西湖五不可廢之狀，利害較然，特出聖斷，別賜臣度牒五十道，仍敕轉運、提刑司，於前來所賜諸州度牒二百道內，契勘賑濟支用不盡者，更撥五十道價錢與臣，通成一百道。使臣得盡力畢志，半年之間，目見西湖復唐之舊，環三十里，際山爲岸，則農民父老，與羽毛鱗介，同詠聖澤，無有窮已。

乞擢用劉季孫狀

誰肯

元祐五年十一月日，蘇軾狀奏：右臣自少聞趙元昊寇，延州危急，環慶將官劉平以孤軍來援，奸臣不救，平遂戰没，竟罵賊不食而死。平有數子，皆才用絶人，不幸早世。今臣所與同僚路分都監左藏副使劉季孫，則平之少子。篤志力學，博通史傳，工詩能文，輕利重義，雖文臣中亦未易得。而其練達武經，講習邊政，乃其家學，至于奮不顧身，臨難守節，以臣度之，必不減平。今平諸子獨有季孫在，而年已五十有八，雖備位將領，未盡其用。伏望朝廷特賜採察，權置邊庭要害之地，觀其設施，别加陞進。不獨爲忠義之勸，亦以廣文武之用。如蒙朝廷擢用，後犯入已贓，及不如所舉，臣甘伏朝典。

杭州召還乞郡狀

可憐，可痛

元祐六年五月十九日，龍圖閣學士左朝奉郎前知杭州蘇軾狀奏：右臣近奉詔書及聖旨劄子，不允臣辭免翰林學士承旨恩命及乞郡事。臣已第三次奏乞除臣揚、越、陳、蔡一郡去訖。竊慮區區之誠，未能遽回天意，須至盡露本心，重于聖聽，皇恐死罪！皇恐死罪！臣昔于治平中，自鳳翔職官得替入朝，首被英宗皇帝知遇，欲驟用臣。當時宰相韓琦以臣年少資淺，未經試用，故且與館職。亦會臣丁父憂去官。及服闋入覲，便蒙神宗皇帝召對，面賜獎激，許臣職外言事。自惟羈旅之臣，未應得此，豈非以英宗皇帝知臣有素故耶？是時王安石新得政，變易法度，臣若少加附會，進用可必。自惟遠人，蒙二帝非常之知，不忍欺天負心，欲具論安石所爲不可施行狀，以裨萬一。然未測聖意待臣深淺，因上元有旨買燈四千椀，有司無狀，虧減市價，臣即上書論奏，先帝大喜，即時施行。臣以此卜知先帝聖明，能受盡言，上疏六千餘言，極論新法不便。後復因考試進士，擬對御試策進上，并言安石不知人，不可大用。先帝雖未聽從，然亦嘉臣愚直，初不譴問。而安石大怒，其黨無不切齒，争欲傾臣。御史知雜謝景温，首出死力，彈奏臣丁憂歸鄉日，舟中曾販私鹽。遂下諸路體量追捕當時梢工篙手等，考掠取證，但以實無其事，其鍛鍊不成而止。臣緣此懼禍乞出，連三任外補。而先帝眷臣不衰，時因賀謝表章，即對左右稱道。黨人疑臣復用，而李定、何正臣、舒亶三人，構造飛語，醞釀百端，必欲致臣于死。先帝初亦不聽，而此三人執奏不已，故臣得罪下獄。定等選差悍吏皇遵，將帶吏卒，就湖州追攝，如捕寇賊。臣即與妻子訣别，留書與弟轍，處置後事，自期必死。過揚子江，便欲自投江中，而吏卒監守不果。到獄，即欲不食求死，而先帝遣使就獄，有所約敕，故獄吏不敢别加非横。臣亦覺知先帝無意殺臣，故復留殘喘，得至今日。及竄責黄州，每有表疏，先帝復對左右稱道，哀憐獎激，意欲復用，而左右固争，以爲不可。臣雖在遠，亦具聞之。古人有言，聚蚊成雷，積羽沈舟，言寡不勝衆也。以先帝知臣特達如此，而臣終不免于患難者，以左右疾臣者衆也。及陛下即位，起臣于貶所，不及一年，備位禁林，遭遇之異，古今無此。臣每自惟昆蟲草木之微，無以仰報天地生成之德，惟有獨立不倚，知無不言，可以少報萬一。始衙前差顧利害，與孫永、傅堯俞、韓維争議，因亦與司馬光異論。光初不以此怒臣，而臺諫諸人，逆探光意，遂與臣爲仇。臣又素疾程頤之奸，未嘗假以色詞，故頤之黨人，無不側目。自朝廷廢黜大奸數人，而其餘黨猶在要近，陰爲之地，特未發爾。小臣周穜，乃敢上疏乞用王安石配享，以嘗試朝廷。料穜草芥之微，敢建此議，必有陰主其事者。是以上書逆折其奸鋒，乞重賜行遣，以破小人之謀。因此，黨人尤加忿疾。其後，又于經筵極論黄河不可回奪利害，且上疏争之，遂大失執政意。積此數事，恐别致患禍。又緣臂痛日昏，所以累章力求補外。竊伏思念自忝禁近三年之間，臺諫言臣者數四，只因發策草麻，羅織語言，以爲謗訕，本無疑似，白加誣執。其間曖昧譖愬，陛下察其無實而不降出者，又不知其幾何矣，若非二聖仁明，洞照肝膈，則臣爲黨人所傾，首領不保，豈敢望如先帝之赦臣乎？自出知杭州二年，粗免人言，中間法外刺配顔章、顔益二人，蓋攻積弊，事不獲已。陛下亦已赦臣，而言者不赦，論奏不已。其意豈爲顔章等哉？以此知黨人之意，未嘗一日不在傾臣，洗垢求瑕，止得此事。今者忽蒙聖恩召還擢用，又除臣弟轍爲執政，此二事，皆非大臣本意。竊計黨人必大猜忌，磨厲以須，勢必如此。聞命悸恐，以福爲災，即日上章，辭免乞郡。行至中路，果聞弟轍爲臺諫所攻，般出廨宇待罪。又蒙陛下委曲，照見情狀，方獲保全。臣之剛褊，衆所共知，黨人嫌忌，甚於弟轍。豈敢以衰病之餘，復犯其鋒，雖自知無罪可言，而今之言者，豈問是非曲直。竊謂人主之待臣子，不過公道以相知，黨人之報怨嫌，必爲巧發而陰中。臣豈敢恃二聖公道之知，而傲黨人陰中之禍。所以不避煩瀆，自陳入仕以來進退本末，欲陛下知臣危言危行，獨立不回，以犯衆怒者，所從來遠矣。又欲陛下知臣平生冒涉患難危險如此，今餘年無幾，不免有遠禍全身之意，

可憐

可憐

再三辭遜，實非矯飾。柳下惠有言：「直道而事人，焉往而不三黜。」臣若貪得患失，隨世俛仰，改其常度，則陛下亦安所用。臣若守其初心，始終不變，則羣小側目，必無安理。雖蒙二聖深知，亦恐終不勝衆。所以反覆計慮，莫若求去。非不懷戀天地父母之恩，而衰老之餘，恥復與羣小計較短長曲直，爲世間高人長者所笑。伏望聖慈，察臣至誠，特賜指揮執政檢會累奏，只作親嫌回避，早除一郡。所有今來奏狀，乞留中不出，以保全臣子，臣不勝大願。若朝廷不以臣不才，猶欲驅使，或除一重難邊郡，臣不敢辭避，報國之心，死而後已。惟不願在禁近，使黨人猜疑，別加陰中也。干犯天威，謹俟斧鑕。臣不任祈天請命戰恐殞越之至。謹録奏聞，伏候勑旨。

貼黄：臣受聖知最深，故敢披露肝肺，盡言無隱。以致當途怨怒，愈爲身災。君臣不密，《周易》所

戒，故親書奏狀。眼昏字大，又涉不恭，進退維谷，伏望聖慈寬赦，臣不勝戰恐之至。

辭免撰趙瞻神道碑狀

元祐六年七月日，翰林學士承旨左朝奉郎知制誥兼侍讀蘇軾狀奏：准敕，差撰故中散大夫同知樞密院趙瞻神道碑并書者。右臣平生不爲人撰行狀、埋銘、墓碑，士大夫所共知。近日撰《司馬光行狀》，蓋爲光曾爲亡母程氏撰埋銘。又爲范鎮撰墓誌，蓋爲鎮與先臣洵平生交契至深，不可不撰。及奉詔撰司馬光、富弼等墓碑，不敢固辭，然終非本意。況臣危病廢學，文辭鄙陋，不稱人子所以欲顯揚其親之意。伏望聖慈別擇能者，特許辭免。

再乞郡劄子

元祐六年七月六日，蘇軾劄子奏：臣聞朝廷以安静爲福，人臣以和睦爲忠。若喜怒愛憎，互相攻擊，則其初爲朋黨之患，而其末乃治亂之機，甚可懼也。臣自被命入覲，屢以血懇，頻干一郡，非獨顧衰命爲保全之計，實深爲朝廷求安静之理。而事有難盡言者，臣與賈易本無嫌怨，只因臣素疾程頤之奸，形於言色，此臣剛褊之罪也。而賈易，頤之死黨，專欲與頤報怨。因頤教誘孔文仲，令以其私意論事，爲文仲所奏。頤既得罪，易亦坐去。而易乃于謝表中誣臣弟轍漏泄密命，緣此再貶知廣德軍，故怨臣兄弟最深。臣多難早衰，無心進取，豈復有意記憶小怨。而易志在必報，未嘗一日忘臣。其後召爲臺官，又論臣不合刺配杭州凶人顔章等，以此，見易於臣不報不已。今既擢貳風憲，付以事權，升沈進退，在其口吻，臣之綿劣，豈勞排擊。觀其意趣，不久必須言臣，并及弟轍。轍既備位執政，進退之間，事關國體。則易必須扇結黨與，再三論奏，煩瀆聖聽，朝廷無由安静。皆臣愚惷，不早迴避所致。若不早賜施行，使臣終不免被人言而去。則臣雖自顧無罪，而於二聖眷待奬譽之意，則似不終。竊惟天地父母之愛，亦必悔之。伏乞檢會前奏，速除一郡，此疏即乞留中，庶以保全臣子。取進止。

辯題詩劄子

元祐六年八月初八日，蘇軾劄子奏：臣今月七日，見臣弟轍與臣言，趙君錫、賈易言臣於元豐八年五月一日題詩揚州僧寺，有欣幸先帝上僊之意。臣今省憶此詩，自有因依，合具陳述。臣於是歲三月六日，在南京聞先帝遺詔，舉哀掛服了當，迤邐往常州。是時新經大變，臣子之心，孰不憂懼。至五月初間，因往揚州竹西寺，見百姓父老十數人，相與道旁語笑。其間一人以兩手加額，云：「見説好箇少帝官家。」其言雖鄙俗不典，然臣實喜聞百姓謳歌吾君之子出于至誠。又是時，臣初得請歸耕常州，蓋將老焉，而淮浙間所在豐熟，因作詩云：「此生已覺都無事，今歲仍逢大有年。山寺歸來聞好語，野花啼鳥亦欣然。」蓋喜聞此語，故竊記之於詩，書之當途僧舍壁上。臣若稍有不善之意，豈敢復書壁上以示人乎？又其時去先帝上仙，已及兩月，決非「山寺歸來」始聞之語，事理明白，無人不知。而君錫等輒敢挾情，公然誣罔。伏乞付外施行，稍正國法。所貴今後臣子，不爲仇人無故加以惡逆之罪。取進止。大好作詩

乞賜光梵寺額狀

元祐七年二月日，龍圖閣學士左朝奉郎知潁州蘇軾狀奏：臣伏見本州潁上縣白馬村，有梵僧佛陀波利真身塔院舍，約四五十間，元無敕額。父老相傳佛陀波利本西域僧，唐儀鳳中遊五臺，禮文殊師利，見老人

令復還西域，取佛頂尊勝陀羅尼經。佛陀波利用其言，往返數萬里，以永淳中取經而還，至今流布，而佛陀波利於潁上亡没，里俗相與漆塑其身，造塔供養，時有光景，頗著靈驗，不敢具述。臣于諸處見唐人所立《尊勝石幢刊記》本末，與所聞父老之言頗合。今年正月，大雪過度，農民凍餒無所，祈禱境内諸廟未應。聞父老以佛陀波利爲言，臣即遣人賫香禱請，登時開霽，人情翕然歸向，詣臣陳狀，願得敷奏，乞一勅額，庶幾永遠不致廢壞。須至奏乞者。右謹具如前，欲望聖慈曲從民欲，特賜本院一勅額，如蒙開允，以光梵爲額。謹録奏聞，伏候勅旨。

薦宗室令時狀

元祐七年五月初五日，蘇軾狀奏：右臣聞之《詩》曰：「懷德維寧，宗子維城。」宗室之有人，邦家之光，社稷之衛也。周之盛時，其卿士皆周、召、毛、原，非王之伯叔父，則其子弟也。逮至兩漢，間、平之德，歆、向之文，天下以爲口實。而唐之宗室，武略如道宗、孝恭，文章如白與賀者，不可以一二數；而以功名至宰相者，有九人焉。自建隆以來，累聖執謙，不私其親，幹國治民，不及宗子，雖有文武異才，終身不試。神宗皇帝實始慨然，欲出其英髦，與天下共之，故增立教養選舉之法。行之二十年，出入中外。漸就器使，而未見有卓然顯聞稱先帝意者。豈無其人？蓋朝廷未有以大聳勸之耳。臣伏見承議郎簽書潁州節度判官廳公事令時，事親篤孝，内行純備，博學經史，手不釋卷，吏事通敏，文采俊麗，志節端亮，議論英發，體兼衆器，無適不宜。臣嘗見其所著述，筆力雅健，博貫子史，蓋清廟之瑚璉，明堂之杞梓也。使其生于幽遠，猶當擢用，而况近託肺腑，已蒙試用者乎？伏望聖慈特賜考察，召致館閣，養其高才，而遂其遠業，以風動宗室，勸示海内，成先帝之意，不以臣人微言輕而廢其請也。若後不如所舉，臣甘伏朝典。

論積欠六事并乞檢會應召四事一處行下狀

真仁人

元祐七年五月十六日，龍圖閣學士左朝奉郎知楊州蘇軾狀奏：臣聞之孔子曰：「善人教民七年，亦可以即戎矣。」夫民既富而教，然後可以即戎，古之所謂善人者，其不及聖人遠甚。今二聖臨御，八年于兹，仁孝慈儉，可謂至矣。而帑廩日益困，農民日益貧，商賈不行，水旱相繼，以上聖之資，而無善人之效，臣竊痛之。所至訪問耆老有識之士，陰求其所以，皆曰：，方今民荷寬政，無它疾苦，但爲積欠所壓，如負千鈞而行，免于僵仆則幸矣，何暇舉首奮臂，以營求于一飽之外哉。今大姓富家，昔日號爲無比户者，皆爲市易所破，十無一二矣。其餘自小民以上，大率皆有積欠。監司督守令，守令督吏卒，文符日至其門，鞭笞日加其身，雖有白圭、猗頓，亦化爲蓽門圭竇矣。自祖宗已來，每有赦令，必曰凡欠官物，無侵欺盜用，及雖有侵盜而本家及伍保人無家業者，並與除放。祖宗非不知官物失陷，奸民幸免之弊，特以民既乏竭，無以爲生，雖加鞭撻，終無所得，緩之則爲奸吏之所蠶食，急之則爲盜賊之所憑藉，故舉而放之，則天下悦服，雖有水旱盜賊，民不思亂，此爲捐虚名而收實利也。自二聖臨御以來，每以施捨已責爲先務，登極赦令，每次郊赦，或隨事指揮，皆從寬厚。凡今所催欠負，十有六七，皆聖恩所貸矣。而官吏刻薄，與聖意異，舞文巧詆，使不該放。監司以催欠爲職業，守令上爲監司之所迫，下爲胥吏之所使，大率縣有監催千百家，則縣中胥徒舉欣欣然，日有所得，若一旦除放，則此等皆寂寥無獲矣。自非有力之家，納賂請賕，誰肯舉行恩貸，而積欠之人，皆鄰于寒餓，何賂之有。其間貧困掃地，無可蠶食者，則縣胥教令通指平人，或云衷私擅買，抵當物業，或雖非衷私，而云買不當價，似此之類，蔓延追擾，自甲及乙，自乙及丙，無有窮已。每限皆空身到官，或三五限得一二百錢，謂之破限。官之所得至微，而胥徒所取，蓋無虚日，俗謂此等爲縣胥食邑户。嗟乎，聖人在上，使民不得爲陛下赤子，而皆爲奸吏食邑户，此何道也！商賈販賣，例無現錢，若用現錢，則無利息，須今年索去年所賣，明年索今年所賒，然後計算得行，彼此通濟。今富户先已殘破，中民又有積欠，誰敢賒賣物貨，則商賈自然不行，此酒税課利所以日虧，城市房廊所以日空也。諸路連年水旱，上下共知，而轉運司窘于財用，例不肯放税，縱放亦不盡實。雖無明文指揮，而以喜怒風曉官吏，孰敢違者。所以逐縣例皆拖欠兩税，較其所欠，與依實檢放無異，于官了無所益，而民有追擾鞭笞之苦。近日詔旨，凡積欠皆分爲十料催納，通計五年而足。聖恩隆厚，何以加此。而有司以謂有旨，倚閣者方得依十料指揮，餘皆併催。縱使盡依十料，吏卒乞覓，必不肯分料少取。人户既未納足，則追擾常在，縱分百料，與一料同。臣頃知杭州，又知潁州，今知揚州，親見兩浙、京西、淮南三路之民，皆爲積欠所壓，日就窮蹙，死亡過半。而欠籍不除，以至虧欠兩税，走陷課利，農末皆病，公私並困。以此推之，天下大率皆然矣。臣自潁移揚州，過濠、壽、楚、泗等州，所至麻麥如雲。臣每屏去吏卒，親入村落，訪問父老，皆有憂色。云：「豐年不如凶年。天災流行，民雖乏食，縮衣節口，猶可以生。若豐年舉催積欠，胥徒在門，枷棒在身，則人户求死不得。」言訖，淚下。臣亦不覺流涕。又所至城邑，多有流民。官吏皆云：「以夏麥既熟，舉催積欠，故流民不敢歸鄉。」臣聞之孔子曰：「苛政猛於虎。」昔常不信其言，以今觀之，殆有甚者。水旱殺人，百倍於虎，而人畏催欠，乃甚于水旱。臣竊度之，每州催欠吏卒不下五百人，以天下言之，是常有二十餘萬虎狼，散在民間，百姓何由安生，朝廷仁政何由得成乎？臣自到任以來，日以檢察本州積欠爲事。内已有條貫除放，而官吏不肯舉行者，臣即指揮本州一面除放去訖。其於理合放而於條未有明文者，即且令本州權住催理，聽候指揮。其於理合放而於條有礙者，臣亦未敢住催。各具利害，奏取聖旨。

痛切，可誦

論綱梢欠折利害狀

大識見

元祐七年七月二十七日，蘇軾狀奏：臣聞唐代宗時，劉晏爲江淮轉運使，始於揚州造轉運船，每船載一千石，十船爲一綱，揚州差軍將押赴河陰，每造一船，破錢一千貫，而實費不及五百貫。或譏其枉費。晏曰：「大國不可以小道理。凡所創置，須謀經久。船場既興，執事者非一，須有餘剩衣食，養活衆人，利用不窘，則官物牢固。」乃於揚子縣置十船場，差專知官十人。不數年間，皆致富贍。凡五十餘年，船場既無破敗，餽運亦不闕絶。至咸通末，有杜侍御者，始以一千石船，分造五百石船二隻，船始敗壞。而吴堯卿者，爲揚子院官，始勘會每船合用物料，實數估給，其錢無復寬剩，專知官十家即時凍餒，而船場遂破，餽運不繼，不久遂有黄巢之亂。劉晏以千貫造船，破五百貫爲干繫人欺隱之資，以今之君子寡見淺聞者論之，可謂疏繆之極矣。然晏運四十萬石，當用船四百隻，五年而一更造，是歲造八十隻也。每隻剩破五百貫。是歲失四萬貫也。而吴堯卿不過爲朝廷歲寬四萬貫耳，得失至微，而餽運不繼，以貽天下之大禍。臣以此知天下之大計，未嘗不成於大度之士，而敗于寒陋之小人也。臣竊見嘉祐中，張方平爲三司使，上論京師軍儲云：「今之京師，古所謂陳留，四通八達之地，非如雍、洛有山河之險足恃也，特恃重兵以立國耳，兵恃食，食恃漕運，漕運一虧，朝廷無所措手足。」因畫十四策，内一項云：「糧綱到京，每歲少欠不下六七萬石，皆以折會償填，發運司不復抱認，非祖宗之舊也。」臣以此知嘉祐以前，歲運六百萬石，而以欠折六七萬石爲多。訪聞去歲，止運四百五十餘萬石。而欠折之多，約至三十餘萬石。運法之壞，一至於此。又臣到任未幾，而所斷糧綱欠折干繫人，徒流不可勝数。衣糧罄于折會，船車盡於折賣，質妻鬻子，饑瘦伶俜，取爲乞丐，散爲盜賊。

竊計京師及緣河諸郡，例皆如此。朝廷之大計，生民之大病，如臣等輩，豈可坐觀而不救耶？

乞賻贈劉季孫狀 義士

元祐七年十月日，龍圖閣學士左朝奉郎守兵部尚書蘇軾狀奏：臣等竊聞仁宗朝趙元昊寇，延州危急，環慶將官劉平以孤軍來援，衆寡不敵，奸臣不救，平遂戰歿，竟罵賊不食而死。詔贈侍中，賜大第，官其諸子慶孫、貽孫、宜孫、昌孫、孝孫、保孫、季孫等七人。諸子頗有異材，而皆不壽，卒無顯者。家事狼狽，賜第易主。獨季孫仕至文思副使，年至六十，篤志好學，博通史傳，工詩能文，輕利重義，練達軍政，至于忠義勇烈，識者以爲有平之風。性好異書古今石刻，仕宦四十餘年，所得禄賜，盡於藏書之費。近蒙朝廷擢知隰州，今年五月卒于官所。家無甔石，妻子寒餓，行路傷嗟。今者寄食晉州，旅櫬無歸。臣等實與季孫相知，既哀其才氣如此，死未半年，而妻子流落，又哀其父平以忠義死事，聲迹相接，四十年間，而子孫淪替，不蒙收録，豈朝廷之意哉？今執政侍從多知季孫者，如加訪問，必得其實。欲望朝廷特詔有司，優與賻贈，以振其妻子朝夕饑寒之憂，亦使人知忠義死事之子孫，雖跨歷歲月，朝廷猶賜存卹，於獎勸之道，不惟小補。季孫之子三班借職璨，見在京師，乞早賜指揮。

坡仙集卷之九終

坡仙集卷之十

奏議

論高麗買書利害劄子

元祐八年二月初一日，端明殿學士兼翰林侍讀學士左朝奉郎禮部尚書蘇軾劄子奏：臣近准都省批送下國子監狀：「准館伴高麗人使所牒稱，人使要買國子監文字，請詳批印造，供赴當所交割本監。」臣伏見高麗人使，每一次入貢，朝廷及淮浙兩路賜予餽送燕勞之費約十餘萬貫，而修飾亭館，騷動行市，調發人船之費不在焉。除官吏得少餽遺外，了無絲毫之利，而有五害，所得貢獻，皆是玩好無用之物，而所費皆是帑廩之實，民之膏血，此一害也。所至差借人馬什物，攪擾行市，修飾亭館，民費自倍，此二害也。高麗所得賜予，若不分遺契丹，則契丹安肯聽其來貢，顯是借寇兵而資盜糧，此三害也。高麗名爲慕義來貢，其實爲利，度其本心，終必爲北虜用。何也？虜足以制其死命，而我不能故也。今使者所至，圖畫山川形勝，窺測虛實，豈復有善意哉？此四害也。慶曆中，契丹欲渝盟，先以增置塘泊爲中國之曲，今乃招來其與國，使頻歲入貢，其曲甚於塘泊。幸今契丹恭順，不敢生事，萬一異日有桀黠之虜，以此藉口，不知朝廷何以答之？此五害也。臣心知此五害，所以熙寧中通判杭州日，因其餽送書中不稱本朝正朔，却退其物。待其改書稱用年號，然後受之，仍催促進發，不令住滯。及近歲出知杭州，却其所進金塔，不爲奏聞。及畫一處置沿途接待事件，不令過當。仍奏乞編配役商猾僧，并乞依祖宗《編敕》，杭、明州並不許發船往高麗，違者徒二年，没入財貨充賞。并乞删除元豐八年九月内創立「許舶客專擅附帶外夷入貢及商販」一條。已上事，並蒙朝廷一一施行。皆是臣素意欲稍稍裁節其事，庶幾漸次不來，爲朝廷消久遠之害。今既備員禮曹，乃是職事。近者因見館伴中書舍人陳軒等申乞盡數差勒相國寺行鋪人館舖設，以待人使買賣，不惟移市動衆，奉小國之陪臣，有損國體，兼亦抑勒在京行鋪，以資吏人廣行乞取，弊害不小。所以具申都省，乞不施行。其乖方作弊官吏，竝不蒙都省略取問。今來只因陳軒等不待申請，直牒國子監收買諸般文字，内有《策府元龜》、歷代史及勅式。國子監知其不便，申稟都省送下禮部看詳。臣謹按：《漢書》，東平王宇來朝，上疏求諸子及《太史公書》，當時大臣以謂：「諸侯朝聘，考文章，正法度，非理不言。今東平王幸得來朝，不思制節謹度，以防遺失，而求諸書，非朝聘之義也。諸子書或反經術，非聖人，或明鬼神，信物怪；《太史公書》有戰國縱横權譎之謀。漢興之初，謀臣奇策，天官災異，地形阨塞，皆不宜在諸侯王家，不可予。」詔從之。臣竊以謂東平王骨肉至親，特以備位藩臣，猶不得賜，而況海外之裔夷，契丹之與國乎？臣聞河北榷場，禁出文書，其法甚嚴，徒以契丹故也。今高麗與契丹何異？若高麗可與，即榷場之法亦可廢。兼竊聞昔年高麗使乞賜《太平御覽》，先帝詔令館伴以東平王故事爲詞，却之。近日復乞，詔又以先帝遺旨不與。今歷代史、《策府元龜》及《北史》，竊以謂前次本不當與，若便以爲例，即上乖先帝遺旨，下與今來不賜《御覽》聖旨異同，深爲不便，故申都省止是乞賜詳酌指揮，未過當，便蒙行遣吏人上簿書罪！臣竊謂無罪可書，雖上簿薄責，至爲末事，於臣又無私毫之損。臣非爲此奏論，所惜者，無厭之虜，事事曲從，官吏苟循其意，雖動衆害物，不以爲罪；稍有裁節之意，便行詰責，今後無人敢逆其請。使意得志滿，其來愈數，其患愈深。所以須至極論，仍具今來合處置數事如後：

貼黄：臣前在杭州，不受高麗所進金塔，雖曾密奏聞，元只作臣私意拒絶。兼自來館伴虜使，若有所求請，不可應付，或其事體大，即候拒訖密奏。今陳軒等事事曲從，便爲申請，若不施行，即顯是朝廷不許，使虜使悦己而怨朝廷，甚非館伴之體。

貼黄：臣謹按《春秋》：晉盟主也，鄭小國也。而晉之執政韓起欲買玉環於鄭商人，子産終不與，曰：「大國之求，若無禮以節之，是鄙我也。」又：晉平公使其臣范昭觀政於齊，昭請齊景公之觴爲壽，晏子不與，又欲奏成周之樂，太師不許。昭歸謂晉侯曰：「齊未可伐也。臣欲亂其禮，而晏子知之；欲亂其樂，而太師知之。」今高麗使，契丹之黨，而我之陪臣也。乃敢于朝廷求買違禁物，傳寫鄭衛曲子譜，褻慢甚矣。安知非黠虜欲設此事以嘗探朝廷深淺難易乎？而陳軒等事事爲請，恐失其意，臣竊惑之。又據軒等語録云：高麗使言海商擅往契丹，本國王捉送上國，乞更賜約束，恐不穩便。而軒乃答云：「風訊不順飄過。」乃是與閩中狡商巧説詞理，許令過界。切緣私往北界，條禁至重，海外陪臣，猶知遵禀，而軒乃爲歸咎于風，以薄其罪，豈不乖戾倒置之甚乎？臣忝備侍從，事關利害，不得不奏。

上圓丘合祭六議劄子

元祐八年三月日。端明殿學士兼翰林侍讀學士左朝奉郎守禮部尚書蘇軾劄子奏：臣竊惟議者欲變祖宗之舊，圓丘祀天而不祀地，不過以謂冬至祀天于南郊，陽時陽位也，夏至祀地于北郊，陰時陰位也，以類求神，則陽時陽位，不可以求陰也。是大不然。冬至南郊，既祀上帝，則天地百神莫不從也。古者秋分夕月於西郊，亦可謂陰位矣，至于從祀上帝，則以冬至而祀月于南郊，議者不以爲疑，今皇地祇亦從上帝而合祭于圜丘，獨以爲不可，則過矣。《書》曰：「肆類于上帝，禋于六宗，望于山川，徧于羣神。」舜之受禪也，自上帝六宗山川羣神，莫不畢告，而獨不告地祇，豈有此理哉？武王克商，庚戌，柴望。柴，祭上帝也。望，祭山川也。一日之間，自上帝而及山川，必無南北郊之别也。而獨略地祇，豈有此理哉？臣以知古者祀上帝則并祀地祇矣。何以明之？《詩》之序曰：「昊天有成命，郊祀天地也。」此乃合祭天地，經之明文，而説者乃以比之豐年秋冬報也，曰：「秋冬各報，而皆歌《豐年》，則天地各祀，而皆歌《昊天有成命》也。」是大不然。《豐年》之詩曰：「豐年多黍多稌，亦有高廩，萬億及秭，爲酒爲醴，烝畀祖妣，以洽百禮，降福孔皆。」歌于秋可也，歌于冬亦可也。《昊天有成命》之詩曰：「昊天有成命，二后受之，成王不敢康，夙夜基命宥密。於緝熙，單厥心，肆其靖之。」終篇言天而不及地。頌，所以告神明也，未有歌其所不祭，祭其所不歌也。今祭地于北郊，歌天而不歌地，豈有此理也？臣以此知周之世，祀上帝則地祇在焉。歌天而不歌地，所以尊上帝。故其序曰：「郊祀天地也。」《春秋》書：「不郊，猶三望。」《左氏傳》曰：「望，郊之細也。」説者曰：「三望，泰山、河、海。」或曰：「淮、海也。」又或曰：「分野之星及山川也。」魯，諸侯也，故郊之細，及其分野山川而已。」周有天下，則郊之細，獨不及五嶽四瀆乎？嶽、瀆猶得從祀，而地祇獨不得合祭乎？議者乃謂合祭天地，始於王莽，臣竊謂禮當論其是非，不當以人廢。光武皇帝，親誅莽者也，尚采用元始合祭故事。謹按《後漢書・郊祀志》：「建武二年，初制郊兆于洛陽。爲圓壇八陛，中又爲重壇，天地位其上，皆南鄉，西上。」此則漢世合祭天地之明驗也。又按《水經注》：伊水東北至洛陽縣圓丘東，大魏郊天之所，準漢故事，爲圓壇八陛，中又爲重壇，天地位其上。此則魏世合祭天地之明驗也。唐睿宗將有事於南郊，賈曾議曰：「有虞氏禘黄帝而郊嚳，夏后氏禘黄帝而郊鯀，郊之與廟，皆有禘，禘於廟，則祖宗合食於太祖，禘於郊，則地祇羣望皆合於圓丘。以始祖配享，蓋有事祭，非常祀也。《三輔故事》：祭於圓丘，上帝后土位皆南面。」則漢嘗合祭矣，時褚無量、郭山惲等皆以曾言爲然。明皇天寶元年二月勑曰：「凡所祠享，必在躬親，朕不親祭，禮將有闕，其皇地祇宜如南郊合祭。」是月二十日，合祭天地于南郊，自後有事于圓丘，皆合祭。此則唐世合祭天地之明驗也。今議者欲冬至祀天，夏至祀地，蓋以爲用周禮也。臣請言周禮與今禮之别。古者一歲祀天者三，明堂饗帝者一，四時迎氣者五，祭地者二，饗宗廟者四，凡此十五者，皆天子親祭也。而又朝日夕月四望山川社稷五祀及羣小祀之類，亦皆親祭，此周禮也。太祖皇帝受天眷命，肇造宋室，建隆初郊先饗宗廟，竝祀天地。自真宗以來，三歲一郊，必先有事景靈，徧饗太廟，乃祀天地。此國朝之禮也。夫周之禮，祭如彼其多，而歲行之不以爲難，今之禮，親祭如此其少，而三歲一行，不以爲易，其故何也？古者天子出入，儀物不繁，丘衛甚簡，用財有節，而宗廟在大門之内，朝諸侯，出爵賞，必于太廟，不止時祭而已，天子所治，不過王畿千里，唯以齊祭禮樂爲政事，能守此，則天下服矣，是故歲歲行之，率以爲常。至于後世，海内爲一，四方萬里，皆聽命於上，機務之繁，億萬倍于古，日力有不能給。自秦漢以來，天子儀物，日以滋多，有加無損，以至于今，非復如古之簡易也。今所行皆非周禮。三年一郊，非周禮也。先郊二日而告原廟，一日而祭太廟，非周禮也。郊而肆赦，非周禮也。優賞諸軍，非周禮也。自后妃以下至文武官，皆得廕補親屬，非周禮也。自宰相宗室以下至百官皆有賜賚，非周禮也。此皆不改，而獨於地祇，則曰周禮不當祭於圓丘，此何義也？議者必曰：「今之寒暑，與古無異，而宣王薄伐玁狁，六月出師，則夏至之日，何爲不可祭乎？」臣將應之曰：「舜一歲而巡四嶽，五月方暑，而南至衡山，十一月方寒，而北至常山，亦今之寒暑也，後世人主能行之乎？周所以十二歲一巡者，唯不能如舜也。夫周已不能行舜之禮，而謂今可以行周之禮乎？天之寒暑雖同，而禮之繁簡則異。是以有虞氏之禮，夏商有所不能行，夏商之禮，周有所不能用。時不同故也。宣王以六月出師，驅逐玁狁，蓋非得已。且吉父爲將，王不親行也。今欲定一代之禮，爲三歲常行之法，豈可以六月出師爲比乎？」議者必又曰：「夏至不能行禮，則遣官攝祭祀，亦有故事。」此非臣之所知也。《周禮・大宗伯》：「若王不與則攝位。」鄭氏注曰：「王有故，則代行其祭事。」賈公彦疏曰：「有故，謂王有疾及哀慘皆是也。」然則攝事非安吉之禮也。後世人主不能歲歲親祭，故命有司行事，其所從來久矣，若親郊之歲，遣官攝事，是無故而用有故之禮也。議者必又曰：「省去繁文末節，則一歲可以再郊。」臣將應之曰：「古者以親郊爲常理，故無繁文。今世以親郊爲大禮，則繁文有不能省也。若帷城幔屋，盛夏則有風雨之虞，陛下自宮、入廟、出郊，冠通天，乘大輅，日中而舍，百官衛兵，暴露於道，鎧甲具裝，人馬喘汗，皆非夏至所能堪也。王者父事天，母事地，不可偏也。事天則備，事地則簡，是於父母有隆殺也。豈得以爲繁文末節而一切欲省去乎？國家養兵，異於前世，自唐之時，未有軍賞，猶不能歲歲親祠，天子出郊，兵衛不可簡省，大輅一動，必有賞給。今三年一郊，傾竭帑藏，猶恐不足，郊賚之外，豈可復加？若一年再賞，國力將何以給；分而與之，人情豈不失望？」議者必又曰：「三年一祀天，又三年一祭地。」此又非臣之所知也。三年一郊，已爲疏闊，若獨祭地而不祭天，是因事地而愈疏於事天。自古未有六年一祀天者，如此則典禮愈壞，欲復古而背古益遠，神祇必不顧饗，非所以爲禮也。議者必又曰：「當郊之歲，以十月神州之祭，易夏至方澤之祀，則可以免方暑舉事之患。」此又非臣之所知也。夫所以議此者，爲欲舉從周禮也。今以十月易夏至，以神州代方澤，不知此周禮之經耶，抑變禮之權耶？若變禮從權而可，則合祭圜丘，何獨不可。十月親祭地，十一月親祭天，先地後天，古無是禮。而一歲再郊，軍國勞費之患，尚未免也。議者必又曰：「當郊之歲，以夏至祀地祇于方澤，上不親郊而通爟火，天子於禁中望祀。」此又非臣之所知也。《書》之望秩，《周禮》之四望，《春秋》之三望，皆謂山川在境内而不在四郊者，故遠望而祭也。今所在之處，俛則見地，而云望祭，是爲京師不見地乎？此六議者，合祭可不之決也。漢之郊禮，尤與古戾，唐亦不能如古，本朝祖宗欽崇祭祀，儒臣禮官，講求損益，非不知圜丘方澤皆親祭之爲是也，蓋以時不可行，是故參酌古今，上合典禮，下合時宜，較其所得，已多於漢、唐矣。天地宗廟之祭，皆當歲徧，今不能歲徧，是故徧於三年當郊之歲。又不能于一歲之中，再舉大禮，是故徧于三日。此皆因時制宜，雖聖人復起，不能易也。今竝祀不失親祭，而北郊則必不能親往，二者孰爲重乎？若一年再郊，而遣官攝事，是長不親事地也。三年間郊，當行郊天之歲，而暑雨不可親行，遣官攝事，則是天地皆不親祭也。伏望陛下詳覽臣章，則知合祭天地，乃是古今正禮，本非權宜。不獨初郊之歲，所當施行，實爲無窮不刊之典。願陛下謹守太祖建隆、神宗熙寧之禮，無更改易郊祀廟饗，以敉寧上下神祇。仍乞下臣此章，付有司集議，如有異論，即須畫一，解破臣所陳六議，使皆屈伏，上合周禮，下不爲當今軍國之患。

乞改居喪婚娶條狀

元祐八年三月日，蘇軾狀奏：臣伏見元祐五年秋頒條貫，諸民庶之家，祖父母、父母老疾，無人供侍，子孫居喪者，聽尊長自陳，驗實婚娶。右臣伏以人子居父母喪，不得嫁娶，人倫之正，王道之本也。近世始立女居父喪及夫喪而貧乏不能自存，竝聽百日外嫁娶之法。既已害禮傷教矣，然猶或可以從權而冒行者，以女弱不能自立，恐有流落不虞之患也。今又使男子爲之，此何義也哉！男年至于可娶，雖無兼侍，亦足以養父母矣。今使之釋喪而婚會，是直使民以色廢禮耳，豈不過甚矣哉。《春秋》禮經，記禮之變，必曰自某人始。使秉直筆者，書曰，男子居父母喪得娶妻，自元祐始，豈不爲當世之病乎？

乞校正陸贄奏議上進劄子

元祐八年五月七日，蘇軾同吕希哲、吴安詩、豐稷、趙彦若、范祖禹、顧臨劄子奏：臣等猥以空疎，備員講讀，聖明天縱，學問日新，臣等才有限而道無窮，必欲言而口不逮，以此自愧，莫知所爲。竊謂人臣之納忠，譬如醫者之用藥，藥雖進于醫手，方多傳于古人。若已經効于世間，不必皆從于己出。伏見唐宰相陸贄，才本王佐，學爲帝師。論深切于事情，言不離于道德。智如子房，而文則過；辯如賈誼，而術不疎。上以格君心之非，下以通天下之志。但其不幸，仕不遇時。德宗以苛刻爲能，而贄諫之以忠厚。德宗以猜疑爲術，而贄勸之以推誠。德宗好用兵，而贄以消兵爲先。德宗好聚財，而贄以財散爲急。至于用人聽言之法，治邊馭將之方，罪己以收人心，改過以應天道，去小人以除民患，惜名器以待有功，如此之流，未易悉數，可謂進苦口之藥石，鍼害身之膏肓。使德宗盡用其言，則貞觀可得而復。臣等每退自西閣，即私相告言，以陛下聖明，必喜贄議論，但使聖賢之相契，即如臣主之同時。昔馮唐論頗、牧之賢，則漢文爲之太息；魏相條鼂、董之對，則孝宣以致中興。若陛下能自得師，莫若近取諸贄。夫六經三史、諸子百家，非無可觀，皆足爲治。但聖言幽遠，末學支離，譬如山海之崇深，難以一二而推擇。如贄之論，開卷了然。聚古今之精英，實治亂之龜鑑。臣等欲取其奏議，稍加校正，繕寫進呈。願陛下置之座隅，如見贄面，反覆熟讀，如與贄言。必能發聖性之高明，成治功於歲月。臣等不勝區區之意。取進止。

辯黄慶基彈劾劄子

元祐八年五月十九日，蘇軾劄子奏：臣自少年從仕以來，以剛褊疾惡，盡言孤立，爲累朝人主所知，然亦以此見疾于羣小，其來久矣。自熙寧、元豐間，爲李定、舒亶輩所讒，及元祐以來，朱光庭、趙挺之、賈易之流，皆以誹謗之罪誣臣。前後相傳，專用此術，朝廷上下，所共明知。然小人非此無以深入臣罪，故其計須至出此。今者又聞臺官黄慶基復祖述李定、朱光庭、賈易等舊説，亦以此誣臣，并言臣有妄用潁州官錢，失人尹真死罪，及强買姓曹人田等。雖知朝廷已察其奸，罷黜其人矣，然其間有關臣子之大節者，於義不可不辨。謹具畫一如左：

一、臣先任中書舍人日，適值朝廷竄逐大奸數人，所行告詞，皆是元降詞頭，所述罪狀，非臣私意所敢增損。内吕惠卿自前執政責授散官安置，誅罰至重。當時蒙朝旨節録臺諫所言惠卿罪惡降下，既是詞頭所有，則臣安敢減落。然臣子之意，以爲事涉先朝，不無所忌，故特於告詞内分别解説，令天下曉然，知是惠卿之奸，而非先朝盛德之累。至于竄逐之意，則已見于先朝。其略曰：「先皇帝求賢若不及，從善如轉圜。始以帝堯之心，姑試伯鯀；終然孔子之聖，不信宰予。發其宿奸，謫之輔郡；尚疑改過，稍畀重權。復陳罔上之言，繼有碭山之貶。反覆教戒，惡心不悛；躁輕矯誣，德音猶在。」臣之愚意，以謂古今如鯀爲堯之大臣，而不害堯之仁，宰予爲孔子高弟，而不害孔子之聖。又況再加貶黜，深惡其人，皆先朝本意，則臣區區之忠，蓋自謂無負矣。今慶基乃反指以爲誹謗指斥，不亦矯誣之甚乎？其餘所言李之純、蘇頌、劉誼、唐義問等告詞，皆是慶基文致附會，以成臣罪。只如其間有「勞來安集」四字，便云是厲王之亂。若一一似此羅織人言，則天下之人，更不敢開口動筆矣。孔子作《孝經》曰：「如臨深淵，如履薄冰。」此幽王之詩也。不知孔子誹謗指斥何人乎？此風萌於朱光庭，盛於趙挺之，而極於賈易。今慶基復宗師之，臣恐陰中之害，漸不可長，非獨爲臣而言也。

謝宣諭劄子

元祐八年五月二十四日，蘇軾劄子奏：臣伏准今月二十二日弟門下侍郎轍奉宣聖旨，緣近來衆人正相捃拾，令臣且須省事者。天慈深厚，如訓子孫。委曲保全，如愛支體。感恩之涕，不覺自零。伏念臣才短數奇，性疎少慮，半生犯患，垂老困讒，非二聖之深知，雖百死而何贖。伏見東漢孔融，才疎意廣，負氣不屈，是以遭路粹之冤。西晉嵇康，才多識寡，好善闇人，是以遇鍾會之禍。當時爲之扼腕，千古爲之流涕。臣本無二子之長，而兼有昔人之短。若非陛下至公而行之以恕，至仁而照之以明，察消長之往來，辯利害于疑似，則臣已下從二子遊久矣，豈復有今日哉？謹當奉以周旋，不敢失墜，便須刻骨，豈獨書紳。庶全螻蟻之軀，以報丘山之德。臣無任感天荷聖激切屏營之至。謹奏。

朝辭赴定州論事狀

元祐八年九月二十六日，端明殿學士兼翰林侍讀學士左朝奉郎新知定州蘇軾狀奏：右臣聞天下治亂，出于下情之通塞。至治之極，至于小民，皆能自通。大亂之極，至于近臣，不能自達。《易》曰：「天地交泰。」其詞曰：「上下交而其志同。」又曰：「天地不交，否。」其詞曰：「上下不交，而天下無邦。」夫無邦者，亡國之謂也。上下不交，則雖有朝廷君臣，而亡國之形已具矣，可不畏哉！臣不敢復引衰世昏主之事，只如唐明皇，中興刑措之君也，而天寶之末，小人在位，下情不通，則鮮于仲通以二十萬人全軍陷没于瀘南，明皇不知，驅致其事，至安禄山反，兵已過河，而明皇猶以爲忠臣。此無他，下情不通，耳目壅蔽，則其漸至于此也。臣在經筵，數論此事，陛下爲政九年，除執政臺諫外，未嘗與羣臣接，然天下不以爲非者，以謂垂簾之際不得不爾也。今者祥除之後，聽政之初，當以通下情，除壅蔽爲急務。臣雖不肖，蒙陛下擢爲河北西路安撫使，沿邊重地，此爲首冠，臣當悉心論奏，陛下亦當垂意聽納。祖宗之法，邊帥當上殿面辭，而陛下獨以本任闕官，迎接人衆爲詞，降旨拒臣，不令上殿，此何義也？臣若伺候上殿，不過更宿十日。本任闕官，自有轉運使權攝，無所闕事。迎接人衆，不過更支十日糧，有何不可？而使聽政之初，將帥不得一面天顔而去，有識之士，皆謂陛下厭聞人言，意輕邊事，其兆見於此矣。臣備位講讀，日侍帷幄，前後五年，可謂親近。方當戍邊，不得一見而行。況疎遠小臣，欲求自通，亦難矣。《易》曰：「天行健，君子以自强不息。」又曰：「帝出乎震，相見乎離。」夫聖人作而萬物覩，今陛下聽政之初，不行乘乾出震見離之道，廢祖宗臨遣將帥故事，而襲行垂簾不得已之政，此朝廷有識所以驚疑而憂慮也。臣不得上殿，於臣之私，别無利害，而於聽政之始，天下屬目之際，所損聖德不小。臣已于今月二十七日出門，非敢求登對，然臣始者本俟上殿，欲少效愚忠，今來不敢以不得對之故，便廢此言，惟陛下察臣誠心，少加采納。古之聖人，將有爲也，必先處晦而觀明，處静而觀動，則萬物之情，畢陳于前。不過數年，自然知利害之真，識邪正之實，然後應物而作，故作無不成。臣敢以小事譬之。夫操舟者常患不見水道之曲折，而水濱之立觀者常見之。何則？操舟者身寄于動，而立觀者常静故也。奕碁者勝負之形，雖國工有所不盡，而袖手旁觀者常盡之。何則？奕者有意于争，而旁觀者無心故也。若人主静而無心，天下其孰能欺之？漢景帝即位之初，首用鼂錯，更易法令，黜削諸侯，遂成七國之變。景帝往來兩宮間，寒心者數月，終身不敢復言兵。武帝即位未幾，遂欲用兵鞭撻四夷，兵連禍結，三十餘年，然後下哀痛詔，封宰相爲富民侯。臣以此知古者英睿之君，勇于立事，未有不悔者也。景帝之悔速，故變而復安，武帝之悔遲，故幾至于亂。雖遲速安危小異，然比之常静無心，終始不悔如孝文帝者，不可同年而語矣。今陛下聖智絶人，春秋鼎盛。臣願虚心循理，一切未有所爲，默觀庶事之利害與羣臣之邪正，以三年爲期。俟得利害之真，邪正之實，然後應物而作。使既作之後，天下無恨，陛下亦無悔，上下同享太平之利。則雖盡南山之竹，不足以紀聖功，兼三宗之壽，不足以報聖德。由此觀之，陛下之有爲，惟憂太早，不患稍遲。亦已明矣。臣又聞爲政如用藥，方今天下雖未大治，實無大病。古人云：「有病不治，常得中醫。」雖未能盡除小疾，然賢於誤服惡藥。覬萬一之利而得不救之禍者遠矣。臣恐急進好利之臣，輒勸陛下輕有改變，故輒進此説，敢望陛下深信古語，且守中醫安穩萬全之策，勿爲惡藥所誤，實社稷宗廟之利，天下幸甚。

代滕甫論西夏狀

臣素無學術，老不讀書，每欲披竭愚忠，上補聖明萬一，而肝肺枯涸，卒無可言。近者因病求醫，偶悟一事，推之有政，似可施行，惟陛下財幸。臣近患積聚，醫云：據病當下，一日而愈。若不下，半月而愈。然中年以後，一下一衰，積衰之患，終身之憂也。臣私計之，終不以一日之快，而易終身之憂。遂用其言，以善藥磨治半月而愈。初不傷氣，體力益完。因悟近日臣僚獻言欲用兵西方，皆是醫人欲下一日而愈者也。其勢亦未必不成，然終非臣子深愛君父欲出萬全之道也。以陛下聖明，將賢士勇，何往不克，而臣尚以爲非萬全者。俗言彭祖觀井，自繫大木之上，以車輪覆井，而後敢觀。此言雖鄙而切于事。陛下愛民憂國，非特如彭祖之愛身。而兵者凶器，動有存亡，其陷人可畏，有甚于井。故臣願陛下之用兵，如彭祖之觀井，然後爲得也。臣竊觀自古用兵者莫如曹操，其破滅袁氏，最有意思。請試爲陛下論之。袁紹以十倍之衆，大敗于官渡，僅以身免。而操斂兵不追者，何也？所以緩紹而亂其國也。紹歸國益驕，忠賢就戮，嫡庶並争，不及八年，而袁氏無遺種矣。向使操急之，紹既未可以一舉蕩滅，若懼而修政，用田豐而立袁譚，則成敗未可知也。

其後北征烏丸，討袁尚、袁熙，尚、熙走遼東，或勸操遂平之。操曰：「彼素畏尚等。吾今急之則合，緩之則自相圖。其勢然也。」遂引兵還。曰：「吾方使公孫康斬送其首。」已而果然。若操者，可謂巧於滅國矣。滅國，大事也。不可以速。譬如小兒之毁齒，以漸摇撼之，則齒脱而小兒不知。若不以漸，一拔而得齒，則毁齒可以殺兒。故臣願陛下之取西夏，如曹操之取袁氏也。方元昊强時，謀臣猛將，盡其智力，十年而不敢近。今者主弱臣强，其國内亂。陛下使偏師一出，斬名王，虜僞公主，築蘭、會等州，此真千載一時，天以賊授陛下之秋也。兵法有之：同舟而遇風，則胡越相救如左右手。今乃合而爲一，堅壁清野以抗王師，如左右手。今秉常雖爲母族所篡，以意度之，其世家大族，亦未肯俯首連臂爲此族用也。今乃合而爲一，堅壁清野以抗王師，如左右手。此同舟遇風之勢也，法當緩之。今天威已震，臣願陛下選用大臣宿將素爲賊所畏服者，使兼帥五路。聚重兵境上，號稱百萬，蒐乘補卒，牛酒日至。金鼓之聲，聞於數百里間，外爲必討之勢，而實不出境。多出金幣，遣間使辯士離壞其黨與。且下令曰：「尺土吾不愛，一民吾不有也。其有能以地與衆降者，即以封之。有敢攘其地、掠其人者，皆斬。」不出一年，必有權均力敵内自相疑者。人情不遠，各欲求全，及王師之未出，争爲先降，以邀重賞。陛下因而分裂之，即用其酋豪，命以爵秩，棊布錯峙，務使相仇，如漢封呼韓邪通西域故事。不過於要害處築一城，屯數千人，置一將以護諸部，可使數百年面内保境，不煩城守餽運，豈非萬全之至計哉？臣願陛下斷之于中，深慮而遠計之。夫爲人臣計與爲人主計不同。人臣非攘地效首虜無以爲功，爲陛下計，惟天下安、社稷固耳。陛下神聖冠古，動容舉意，皆是功德。但能措泰山之安，與天地等壽，則竹帛不可勝紀，而堯、舜、禹、湯不足過也。議者不知出此，争欲急于功名，履危犯難，以勞聖慮，臣竊不取。古人有言：「省功不如省事，省事不如清心。」劉洎諫唐太宗曰：「皇天以不言爲貴，聖人以不言爲德。老子稱大辯若訥，莊子言至道無文。且多記則損心，多語則損氣，心氣内損，形神外勞，初雖不覺，後必爲累。須爲社稷自愛。」人臣愛君，未有如洎之深切者也。臣竊慕之，雖謫守在外，不當妄言，然自念舊臣，譬之老馬，雖筋力已衰，不堪致遠，而經涉嶮阻，粗識道路，惟陛下哀愍其愚而憐其意。不勝幸甚。

代李琮論京東盜賊狀元豐

右臣伏見自來河北、京東，常苦盜賊，而京東尤甚。不獨穿窬胠篋椎埋發塚之奸，至有飛揚跋扈割據僭擬之志。近者李逢徒黨，青、徐妖賊，皆在京東。凶愚之民，殆已成俗。自昔大盜之發，必有釁端。今朝廷清明，四方無虞，而此等常有不軌之意者，殆土地風氣習俗使然，不可不察也。漢高帝，沛人；項羽，宿遷人；劉裕，彭城人；黄巢，宛朐人；朱全忠，碭山人。其餘歷代豪傑出于京東者，不可勝數。故凶愚之人，常以此藉口，而其才力心膽，實亦過人。加以近年改更貢舉條制，掃除腐爛，專取學術，其秀民善士，既以改業，而其朴魯强捍難化之流，抱其無用之書，各懷不逞之意。朝廷雖勑有司別立字號，以收三路舉人，而此等自以世傳朴學，無由復踐場屋，老死田里，不入彀中，私出怨言，幸災伺隙。臣每慮及此，即爲寒心。楊雄有言：「御得其道，則天下狙詐咸作使；御失其道，則天下狙詐咸作敵。」而班固亦論劇孟、郭解之流，皆有絕異之姿，而惜其「不入于道德，苟放縱于末流」。故許子將謂曹操曰：「子，治朝之能臣，亂世之奸雄。」使韓、彭不遇漢高，亦與盜賊何異。臣竊嘗爲朝廷計，以謂窮其黨而去之，不如因其材而用之。何者？其黨不可勝去，而其材自有可用。昔漢武嘗遣繡衣直指督捕盜賊，所至以軍典從事，斬二千石以下，可謂急矣。而盜賊不爲少衰者，其黨固不可盡也。若朝廷因其材而用之，則盜賊自消，而豪傑之士可得而使。請以唐事明之，自天寶以後，河北諸鎮相繼僭亂，雖憲宗英武，亦不能平。觀其主帥，皆卒伍庸材，而能於六七十年間與朝廷相抗者，徒以好亂樂禍之人，背公死黨之士，相與出力而輔之也。至穆宗之初，劉總入朝，而河北始平。總知河北之亂，權在此輩，於是盡籍軍中宿將名豪如朱克融之流薦於朝，冀厚與爵位，使北方之人，羨慕回進，革其亂心。而宰相崔植、杜元穎，皆庸人無遠慮，以爲河北既平，天下無事。克融輩久留京師，終不録用，饑寒無告，怨忿思亂。會張洪靖赴鎮，遂遣還幽州，而克融等作亂，復失河朔。今陛下鑑唐室既往之咎，當收京東、河北豪傑之心。臣伏見近日沂州百姓程棐，告獲妖賊郭進等。竊聞棐之弟岳，乃是李逢之黨，配在桂州，豪俠武健，又過於棐。京東州郡如棐、岳者，不可勝數。此等棄而不用即作賊，收而用之即捉賊。其理甚明。臣願陛下精選青、鄆兩帥，京東、京西職司，及徐、沂、兖、單、濰、密、淄、齊、曹、濮知州，諭以意。使陰求部内豪猾之士，或有武力，或多權謀，或通知術數而曉兵，或家富於財而好施，如此之類，皆召而勸獎，使以告捕自效。籍其姓名以聞于朝，所獲盜賊，量輕重酬賞。若獲真盜大奸，隨即録用。若只是尋常劫賊，即累其人數，酬以一官。使此輩歆艷其利，以爲進身之資。但能拔擢數人，則一路自然競勸。貢舉之外，別設此科。則向之遺材，皆爲我用。縱有奸雄嘯聚，亦自無徒。但每州搜羅得一二十人，即耳目徧地，盜賊無容足之處矣。歷觀自古奇偉之士，如周處、戴淵之流，皆出于羣盜，改惡修善，不害爲賢。而況以捉賊出身，有何不可。若朝廷隨材試用，異日攘夷狄，立功名，未必不由此塗出也。

乞允文彦博等辭避免拜劄子

臣近奉聖旨，撰賜文彦博、吕公著今後入朝免拜詔書，今又准内降旨麾，撰不允彦博辭避免拜批答。臣謹按《禮經》：「八十拜君命，一座再至。」所謂「拜君命」者，傳命而拜，非朝見也，然且不免。周天子賜齊桓公胙曰：「伯父耋老，無下拜。」公曰：「天威不違顔咫尺。」下拜登受。所謂「無下拜」者，拜于堂上，非不拜也，然且不敢。鍾繇以足疾乘車就坐，疑若不拜，然亦無明文。君前乘車，豈足爲法。而馬燧延英不拜，蓋是臨時優禮，無今後遂不復拜之文。祖宗舊例，如吕端之流，以老病進對，亦止于臨時傳宣不拜。今來彦博、公著，今後免拜指麾，自是朝廷優賢貴老，度越古今，無可議者。但臣是有司，合守典禮，兼恐彦博、公著終不敢當。以臣愚見，不若允其所請。若聖恩優憫老臣，眷眷不已，遇其朝見，間或傳宣不拜，足以爲非常之恩。臣忝備侍從，懷有所見，不敢不盡。所有不允批答，臣未敢撰。

内制

賜太師文彦博乞致仕不允批答二首

朕修身以承六聖，虚己以聽四輔。而法度未定，陰陽未和，民未樂生，吏未稱職。中夜以思，方食而嘆。雖不敢以事諉元老，實望其以身率百官。卿猶未即于安，孰敢不盡其力。此聖母冲人之本意，而天下有識之所望也。昔唐太宗以干戈之事，尚能起李靖于既老；而穆宗、文宗以燕安之際，不能用裴度于未病。治亂之效，於斯可見。朕意如此，卿其少安。

又

卿出入四世，師表萬民。無羨于功名，而有厭于富貴。其所以忘身狥國、捨逸就勞者，豈有求而然哉。凡以先帝之恩，生民之故也。卿之在朝，如玉在山，如珠在淵。光景不陳，而艸木自遂。去就之際，損益非輕。昔西伯善養老，而太公自至。魯穆公無人子思之側，而長者去之。卿自爲謀則善矣，獨不爲朝廷惜乎？藥餌有間，時遊廟堂。家居之樂，何以異此。

賜宰相吕公著乞退不允批答

用賢之功，必要之久遠。日計不足，歲計有餘。朕之用卿，期於百姓之既富；卿之自信，亦豈一日而成功。常暘之災，天以警朕。夙夜祇懼，與卿同之。朕若歸過於股肱，何以答天戒；卿若釋政而安逸，何以塞民言。各思其憂，少安厥位。

賜太師平章軍國重事文彦博宰相吕公著自今後入朝凡有禮拜宜竝特與免拜詔

勑彦博。朕聞几杖以優賢，著之典禮；耋老無下拜，書於《春秋》。魏太傅鍾繇，以足疾乘車就坐，自爾三公有疾，以爲故事。而唐司徒馬燧，亦以老病自力，對於延英，詔使毋拜。今吾耆老大臣，四朝之舊，德隆而望重，任大而憂深者，惟卿與公著而已。方資其蓍龜之告，豈責以筋力之禮。今後入朝，凡有拜禮，宜竝特免。卿其專有爲之報，略無益之儀，毋或固辭，以稱朕意。

賜太師文彦博辭免不拜恩命允批答

朕優禮師傅，達德齒之尊，以亟拜爲可略，古之道也。卿謹嚴朝廷，明君臣之分，以不拜爲未安，禮之節也。道竝行而不悖，義有重而難移。勉徇所陳，不忘嘉歎。

賜宰相呂公著乞罷相位不許斷來章批答二首

孔子曰：「苟有用我者，朞月而已可也，三年有成。」夫以聖人，猶待三年而後成功，況其下者。今卿助我爲治，自以爲既成矣乎，其未也？譬如玉人雕琢玉，中道而易之，豈復成器哉！

又

古者君臣之間，率常千載一遇。今聖母在位，正身虛己，仰成輔弼。雖疎遠小臣，猶欲畢命自效，而卿乃以小疾求去，縱無意于功名，獨不惜此時乎？勉卒乃事，使百姓富足，四夷乂安。然後謝事歸老，豈不臣主俱榮哉！

生擒西蕃鬼章奏告永裕陵祝文

大獮獲禽，必有指蹤之自；豐年高廩，孰知耘耔之勞。憬彼西戎，古稱右臂。自嘉祐末，木征擾邊。至熙寧中，董氊方命。於赫聖考，恭行天誅。非貪尺寸之彊，蓋爲民除蟊蠈。遂建長久之策，不以賊遺子孫。而西蕃大首領鬼章，首犯南川，北連拓拔，中命諸將，擇利而行；旋聞偏師，無往不克。吏士用命，争酬未報之恩；聖靈在天，難逃不漏之網。已於八月戊戌，生獲鬼章。頡利成擒，初無渭水之恥；郅支授首，聊報谷吉之寃。謹當推本聖心，益修戎略。務在服近而來遠，期于偃革以息民。仰冀威神，曲垂昭鑒。

賜太師文彦博上第一表乞致仕不允批答

省表具之。卿之求去蓋數矣，言不爲不切，而朕終莫之從；朕之留卿亦至矣，禮不爲不盡，而卿終莫之亮。君臣之際，情不相喻，朕甚疑之。夫樂丘園而厭軒冕，亦古人之一節，而非聖賢之高致；尊耆老以重朝廷，蓋天下之大計，而非沖人之私欲。與其使朕屈公議以從卿，曷若卿少貶其私意以徇天下乎？

賜文彦博第二表乞致仕不允批答

覽表具之。卿之所以欲去者二：疲于朝會，勞於應物，一也；功成身退，欲享其樂，二也。而吾之所以必留者三：卿以傑人之資，開物成務，世不可闕，一也；弼亮四朝，更涉變故，謀無遺策，二也；名冠天下，進退之間，爲國休戚，三也。吾方盡養老之道，殺禮以優賢，廟堂之上，猶有足樂。則夫卿之欲去者可回，而吾之必留者，蓋不可易也。

賜太師文彦博乞致仕不許斷來章批答二首

覽表具之。爲君難，爲臣不易。非吾推誠無疑，不能起卿於安佚；非卿忘身狥國，不能從我於艱難。召用之初，中外相應。搢紳莫不競勸，父老至于涕流。中道而歸，其義安在？宜思一身之樂，輕于社稷，毋使庶人之議，及于朝廷。

又

省表具之。君子安身崇德，如山嶽之鎮；開物成務，如江河之流。若山嶽之鎮，動摇不安，江河之流，行止自便，則物將交病，人亦何觀。朕之望卿，無以異此。宜守不移之志，以成可大之功。

賜太師文彦博乞致仕不許詔三首

勑彦博：論道則忘年，卿不可以年既高而爲請；稱德則鄙力，卿不可以力不足而爲詞。斷之于中。義有不易。豈以屢請之故，而廢將成之功。體君至懷，以慰公議。

又

勑彦博：卿自去歲以來，數苦小疾，尚能勉留，以輔不逮。近者神明所相，體力自康，視聽不衰，步趨加健，乃欲求去邪？今御戎之策，未有定議，京東西、河朔薦饑，公私枵然。方與二三臣圖之，卿未可以即安也。

又

勑彦博：卿歷相三宗，名聞四夷。位極一品，書考四十。自載籍以來，未之聞也。固當以國爲家，以天下爲身，以安社稷爲悦，而不當以居丘園爲樂也。朕方待卿而爲政，請老之言，所未欲聞。

賜宰相吕公著上第一表乞致仕不允批答

省表具之。古者世臣，譬之喬木。粤自拱把，至于棟梁。傑然羣材之中，夫豈一日之力。卿擢自仁祖，迨兹四朝；光輔朕躬，允有一德。不獨卿無心而事自定，抑亦民既信而功易成。方今布在朝廷，豈無豪傑之士。猶當養以歲月，待其德望之隆。卿雖欲歸，勢未可去。宜安厥位，以副朕心。

賜宰相吕公著上第二表乞致仕不許批答

覽表具之。卿三世將相，一時蓍龜。不求備以取人，則房喬之比；其經遠而無兢，有謝安之風。用能寧輯我家，靖共爾位。政在元老，人無異詞。胡爲厭事而求歸，不復爲國之長慮。方今官冗財匱，歲艱民貧。天步難安，國是未定。若方勤于朴斲，而遽易于工師。人其謂何，勢必不可。告老之請，吾未欲聞。

除吕大防特授太中大夫守尚書左僕射兼門下侍郎加上柱國食邑實封餘如故制

門下：朕聞天子有道：其德不可得而名；輔相有德，其才不可得而見。故漢之文、景紀無可書之事，唐之房、杜傳無可載之勳。當時安榮，後世稱頌。予欲清心而省事，不求智名與勇功。天維顯思，將啓承平之運；民亦勞止，願聞休息之期。眷予元臣，咸有一德；咨爾百辟，明聽朕言。中大夫守中書侍郎柱國汲郡開國公食邑二千二百户食實封三百户賜紫金魚袋吕大防，造道淳深，受才宏毅。果藝以達，有孔門三子之風；直大而方，得坤爻六二之動。久踐右闥，蔚爲名臣。宜升左輔之崇，兼綜東臺之務。加賦進秩，寵數益隆。得位興時，憂責彌重。於戲！若古有訓，無競維人。崔公建中之風，以除吏八百而致；裴垍元和之政，以薦士三十而能。惟公乃心，何遠之有。可特授大中大夫守尚書左僕射兼門下侍郎加上柱國食邑七百户食實封三百户。

除范純仁特授大中大夫守尚書右僕射兼中書侍郎進封高平郡開國侯加食邑實封餘如故制

門下：朕惟朝廷之盛衰，常以輔相爲輕重。若根本强固，則精神折衝。故薦吕臣奉己而不在民，則晉文無復憂色；汲長孺直諫而守死節，則淮南爲之寢謀。朕思得其人，付之以政。使天下聞風而心服，則人主無爲而日尊。咨爾在廷，咸聽朕命。中大夫同知樞密院事上柱國高平縣開國伯食邑九百户食實封二百户賜紫金魚袋范純仁，器遠任重，才周識明。進如孟子之敬王，退若蕭生之憂國。朕覽觀仁祖之遺迹，永懷慶曆之元臣。强諫不忘，喜臧孫之有後；戎公是似，命召虎以來宣。雖兵政之與聞，疑遠猷之未究。坐論西省，進貳文昌；增秩益封，兼隆異數。於戲！時難得而易失，民難安而易危。予欲守在四夷，以汝爲偃兵之姚、宋；予欲藏于百姓，以汝爲思民之蕭、曹。勉思古人，以稱朕意。可特授太中大夫守尚書右僕射兼中書侍郎進封高平郡開國公加食邑七百户實封三百户，勳如故。

賜新除守尚書右僕射兼中書侍郎范純仁上第一表辭免恩命不允批答

覽表具之。夫有烏獲之力，然後可以付千鈞；有和、扁之功，然後可以寄生死。故宰相之任，非所以寵人臣也。無其德而當之爲不智，有其材而辭之爲不仁。若卿之才德，亦可謂稱矣。往思其憂，以稱天下之望。

賜范純仁上第二表辭免恩命不許批答

覽表具之。吾聞之乃烈考曰：「君子先天下之憂而憂，後天下之樂而樂。」雖聖人復起，不易斯言。卿將書之紳，銘之盤盂，以爲一言而可以終身行之者歟？則今兹爰立之命，乃所以委重投艱而已，又何辭乎！

賜新除守尚書左僕射兼門下侍郎吕大防上第二表辭免恩命不許斷來章批答

省表具之。卿有夷狄盗賊之虞；倉廩禮樂之歎，陰陽風雨之憂。此三者，誠當今之大計，朕之所以中夜不寐，輟食太息者，正爲此也。孟子曰：「責難於君謂之恭。」夫既以責其君，而不以身任之者，非仁人也。願卿慨然當古人之重，略世俗之謙。務踐斯言，憂此三者。

除苗授特授武泰軍節度使殿前副都指揮使勳封食實封如故制

門下：出總元戎，作先聲于士氣；入爲環尹，寓軍政於國容。將伸閫外之威，以迪師中之吉。咨于爾衆，朕得其人。侍衛親軍步軍副都指揮使威武軍節度觀察留後持節福州諸軍事福州刺史上柱國濟南郡開國公食邑二千八百户食實封三百户苗授，早以異材，見稱武略。被服忠義，有烈丈夫之風；砥礪廉隅，得士君子之概。薦揚邊圉，益著勞能。拔自衆人，既蒙先帝之遇；遂拜大將，無復一軍之驚。祗扈殿巖，肅將齊鉞。予欲少長有禮，而兵可用；汝其夙夜在公，而令必行。於戲！愛克厥威罔功，兹爲深戒；師衆以順爲武，古有成言。惟懋乃衷，毋忘朕訓。

中太一宫真室殿爲太皇太后消災集福罷散天皇九曜道場朱表

臣言仁者必壽，信惟天地之心；孝無不通，宜從臣子之欲。虔遵道範，仰扣真廷。庶同海宇之誠，上集慈闈之福。天威咫尺，求聰明於我民；聖壽萬年，定子孫於下地。更推博施，普及函生。

賜太師平章軍國重事文彦博上第一表乞致仕不許批答

覽表具之。昔師尚父九十，秉旄杖鉞，猶未告老。此諸葛元遜所以屈張昭也。而衛武公百年，猶箴儆於國曰：「無以我老耋而捨我。」此左史倚相所以誨申公也。今卿壽考康寧，而退托衰病，自引求去，獨不念天下之士有如彼二子者議其後乎？姑安厥官，以答公論。

賜太師文彦博上第二表乞致仕不允批答

覽表具之。朕聞之，成王之政，周公在前，召公在後，畢公在左，史佚在右。四子挾而維之，目見正色，耳聞正言。一日即位，天下曠然。未聞四子者以老而求退，亦未聞成王以老而聽其去也。朕雖不德，猶庶幾成王之治。卿雖老矣，獨不能以四子之心爲心乎？勉卒輔朕，無愧前人。

賜龍圖閣學士河東路經略司兼知太原府曾布乞除一閑慢州郡不允詔

勑曾布：將不久任，難以責成。謀不素定，難以應猝。卿屢試而用，所臨有聲。而況二年于兹，諸將所服。事既即敘，人誰易卿。夫擣虚攻瑕，兵家常勢；知難避整，夷狄亦然。卿若有以待之，彼將望而去矣。

勉卒乃事，毋忘朕言。

除皇伯祖宗晟特起復制

門下：曾、閔之哀，喪不貳事；漢、唐之舊，禮有奪情。矧予藩屏之親，實兼臣子之重。雖閨門以恩掩義，而公侯以國爲家。伯臣司宗，職不可曠；要經服事，古有成言。非予爾私，其聽朕命。皇伯祖彰化軍節度涇州管内觀察處置等使檢校司空開府儀同三司持節涇州諸軍事涇州刺史判大宗正事上柱國高密郡王食邑七千八百户食實封二千四百户宗晟，天資純茂，德履方嚴。襲餘慶於祖宗，蹈格言於師保。典司屬籍，克有令名。郢客卒業於浮丘，辟彊受知於先帝。允釐厥位，無愧昔人。屬此閔凶，纍然毁瘠。嗟日月之逾邁，重職業之久虚。宜復寵名，式從權制。於戲！出居官次，非王事不談；退適倚廬，讀喪祭之禮。則忠孝兩得，人無間言；功名益隆，親有顯譽。勉服朕訓，光昭前聞。

賜皇伯祖宗晟辭免起復恩命不允詔

勑宗晟：卿以强起就位，爲未便安。而朕以徇私忘公，爲未盡美。《書》云：「孝乎，惟孝友于兄弟，施于有政，是亦爲政。」夫聖人以孝弟爲從政，而卿以從政爲非孝，非所聞也。勉從朕命，勿復固辭。

賜光禄大夫守吏部尚書兼侍讀蘇頌上表乞致仕不許詔

勑蘇頌：吾聞有志之士，以身御道而遺名；有道之君，使人樂用而忘老。今卿不安其位，豈吾有愧於古哉？夫難進之士，年僅及而輒退；則已試之才，吾莫得而盡用矣。激揚多士，方資崔、毛之德；講誦舊聞，未卒褚、馬之業。事非小補，卿其少安。

賜光禄大夫守吏部尚書兼侍讀蘇頌上第二表陳乞致仕不允詔

勑蘇頌：夫天以多士寧王國，而祖宗以成德遺後人。方使壽考康强，以究其用。而朕乃以引年而聽其去，可乎？矧卿銓綜之精，談咲而辦。勉思職事，以稱朕心。

外制

劉霆知陳留縣

勑具官劉霆：縣劇而難治，故有可艱於用人。地近而易知，故才者樂於自用。臨政以簡，決獄以明，御吏以嚴，去盜以武。能此四者，孰不汝知。可。

太常少卿趙瞻可户部侍郎

勑：理財正辭，禁民爲非曰義。先生之論理財也，必繼之以正辭。名正而言順，則財可得而理，民可得而正。自項功利之臣，言政而不及化，言利而不及義。中外紛然，朕益厭之。具官趙瞻，明於吏事，輔以儒術。忠義之節，白首不衰。爰自秩宗，擢貳邦計。將使四方之人，知予以耆老舊德居此官者，蓋有盍徹之意焉。可。

范子淵知峽州

敕具官范子淵：汝以有限之財，興必不可成之役，驅無辜之民，置之必死之地。橫費之財，猶可以力補；而既死之民，不可以復生。此議者所以不汝置，而朕亦不得以赦原也。夷陵雖小，尚有民社。朕有愧於民，而於汝則厚矣。可。

宣德郎劉錫永父元年一百四歲可承事郎

敕劉元年：尚齒教民，三代之義。咨爾百年之故老，乃吾六世之遺民。自非吉人，莫享上壽。張蒼事秦柱下，而至漢孝景；思邈生隋開皇，而及唐永淳。古有其人，乃今親見。何愛一命，慰其子孫。可。

李周太僕少卿

敕具官李周：「僕臣正，厥后克正」見於《周書》；「思無邪，思馬斯臧。」形於《魯頌》。朕命此職，亦難其人。以爾秉心不回，臨事有守，通練世故，灼知民情，所以望爾者，豈特車工馬政而已哉。可。

王安石贈太傅

敕：朕式觀古初，灼見天命。將有非常之大事，必生希世之異人。使其名高一時，學貫千載。智足以達其道，辯足以行其言。瑰瑋之文足以藻飾萬物；卓絶之行足以風動四方。用能于期歲之間，靡然變天下之俗。具官王安石，少學孔、孟，晚師瞿、聃。網羅六藝之遺文，斷以己意；糠粃百家之陳迹，作新斯人。屬熙寧之有爲，冠羣賢而首用。信任之篤，古今所無。方需功業之成，遽起山林之興。浮雲何有，脱屣如遺。屢争席于漁樵，不亂羣于麋鹿。進退之美，雍容可觀。朕方臨御之初，哀疚罔極。乃眷三朝之老，邈在大江之南。究觀規模，想見風采。豈謂告終之問，在予諒闇之中。胡不百年，爲之一涕。於戲！死生用舍之際，孰能違天；贈賻哀榮之文，豈不在我。寵以師臣之位，蔚爲儒者之光。庶幾有知，服我休命。可。

李琮知吉州

敕李琮：汝以久遠無根之賦，使畏威懷賞之吏，均之于無辜之民。民以病告，聞之惕然。使吏覆視，皆如所聞。既正其事矣，而汝猶自言，若無罪然。朕惟更赦，不汝深咎。遷于一州，往深念之。廬陵之富，甲于江外。使民安汝，朕則汝安。可。

王彭知婺州孫昌齡知蘇州岑象求知果州

敕具官某：爲吏莫不欲威而明。威不可立也，惟公則威。明不可作也，惟虚則明。郡無大小，民無剛柔，事無繁簡，政無難易，惟公而虚，無適而不治。以爾用法之久，不失仁恕，折獄之多，滋識情僞。其悉乃心，施于有政。不侮鰥寡，毋擾獄市，稱朕意焉。可。

呂惠卿責授建寧軍節度副使本州安置不得簽書公事

敕：凶人在位，民不奠居；司寇失刑，士有異論。稍正滔天之罪，永爲垂世之規。具官呂惠卿，以斗筲之才，挾穿窬之智。諂事宰輔，同升廟堂。樂禍而貪功，好兵而喜殺。以聚斂爲仁義，以法律爲詩書。首建青苗，次行助役。均輸之政，自同商賈；手實之禍，下及雞豚。苟可蠹國以害民，率皆攘臂而稱首。先皇帝求賢若不及，從善如轉圜。始以帝堯之心，姑試伯鯀；終然孔子之聖，不信宰予。發其宿奸，謫之輔郡；尚疑改過，稍畀重權。復陳罔上之言，繼有碭山之貶。反覆教戒，惡心不悛；躁輕矯誣，德音猶在。始與知已，共爲欺君。喜則摩足以相懽，怒則反目以相噬。連起大獄，發其私書。黨與交攻，幾半天下。奸贓狼籍，横彼江東。至其復用之年，始倡西戎之隙。妄出新意，變亂舊章。力引狂生之謀，馴致永樂之禍。興言及此，流涕何追。迨予踐祚之初，首發安邊之詔。假我號令，成汝詐謀。不圖涣汗之文，止爲款賊之具。迷國不道，從古罕聞。尚寘兩觀之誅，薄示三危之竄。國有常典，朕不敢私。可。

趙禼摩勘轉朝議大夫

敕：趙克國、馮奉世，名臣也，而老於爲將；婁師德、郭元振，儒者也，而樂于守邊。蓋疆場未寧，則以外爲重；而忠義所激，不擇地而安。具官趙禼，少以異才，輔之博學。虚心大對，方觀鼂、董之文；推轂西陲，遂賡羊、陸之寄。恩威竝著，戎夏久安。論歲月以稍遷，姑從舊典；收功名于不世，勉及前人。可。

李之純户部侍郎

敕：保國猶保身，藥石不如養氣；御民猶御馬，鞭箠不如輕車。故興利以富民，不如省事而民自富；廣求而豐國，不如節用而國自豐。朕嘉與庶工，芵行此志。以爾具官李之純，屢試以事，號稱循良。雖爲有司，不吝出納。宜賡躐等之用，庶無虚受之譏。服我訓詞，以厭公議，可。

蘇頌刑部尚書

朕聞帝堯之世，伯夷以《三禮》折民；西漢之隆，仲舒以《春秋》決獄。是知有道之士，必以無訟爲功。乃者法病于煩，官失其守。盜賊多有，獄市紛然。敷求迪哲之人，以清流弊之末。具官蘇頌，温文而毅，直亮不回。仲由、冉求，果藝有從政之美；子産、叔向，愛直兼古人之遺。遭罹閔凶，亦既祥禫。特詔虚位，以待老成。與其遂曾、閔之私哀，顧懷墳墓；曷若蹈威、綽之前軌，顯揚君親。佇聞嘉猷，以對休命。可。

范百禄刑部侍郎

勑：朕哀敬五刑，期協中道。酷者志于殺，惟殺之務，則深而失情；恕者志于生，惟生之知，則玩而廢法。朕欲情法兩得，生殺必中。非俗吏之所能，思古人而永嘆。爰試以事，乃得其人，具官范百禄，少以異才，輔之篤學。昔奉大對，有守禮憂國之言；旋爲争臣，有責難愛君之意。必能參用經術，折中人情。民自以爲不冤，汝當務致此者；吾必也使無訟，朕亦將庶幾焉。可。

朱光庭左司諫王覿右司諫

勑：具官某等。惟善人能受盡言。故昔之諫者，常有不容之憂。然有志之士，猶且不顧。忠義所激，憂患可忘。今朕恭己無爲，虚心以聽。汝等所論，蓋無虚日。朕亦有拒而不聽，聽而不用者乎？各服新命，盡所欲言。言而不從，朕則有愧。知而不言，汝亦負朕。可不勉哉！可。

鮮于侁左諫議大夫梁燾右諫議大夫

敕：仲虺言湯之德曰：「改過不吝。」孔子論一言而喪邦曰：「惟予言而莫予違。」嗚呼！天下之治亂安危，有不出於此者乎？朕夙興夜寐，思聞其過。厥愆曰朕之愆，不啻不敢含怒，而況于左右輔弼之臣歟？具官鮮于侁，邦之老成，久試于外。金石之節，皓首不衰。具官梁燾，出入館殿，蓋二十年。守道篤志，無所阿附。皆吾争臣之選也。朕之于事，無必無我。可則行之，否則更之。使天下曉然，知朕樂聞其過。書之史册，足爲美談。若乃進則詭詞，退則焚艸。衰世之事，朕無取焉。可。

坡仙集卷之十終

坡仙集卷之十一

別集八十條

《孝宗文集贊序》曰：成一代之文章，必能立天下之大節，非其氣足以高天下者，未之能也。存之于身謂之氣，見之于事謂之節，以是成文，故能參天地之化，關盛衰之運。不然，則雕蟲篆刻，童子之事耳，烏足與論一代之文章哉！故贈太師，謚文忠。蘇軾，忠言讜論，立朝大節，一時廷臣，無出其右。放浪嶺海，文不少衰。力斡造化，元氣淋漓。窮理盡性，貫通天人。山川風雨，艸木華實，千彙萬狀，可喜可愕，有感于中，一寓于文。朕萬幾餘暇，紬繹詩書，他人之文，或得或失，至軾所著，讀之終日，亹亹忘倦，常置左右，以爲矜式。乃作贊曰：維古文章，言必己出。綴詞緝句，文之蟊賊。手抉雲漢，斡造化機。氣高天下，乃克爲之。猗嗟若人，冠冕百代。忠言讜論，不顧身害。凛凛大節，見於立朝。放浪嶺海，侶于漁樵。歲晚歸來，其文益偉。波瀾老成，無所附麗。昭晰無疑，優游有餘。跨唐越漢，自我師模。賈馬豪奇，韓柳雄健。前哲典刑，未足多羨。敬想高風，恨不同時。掩卷三嘆，播以聲詩。

乾道九季閏正月望，選德殿書賜蘇嶠誥詞：朕承絶學於百世之後，探微言於六藉之中。將興起於斯文，爰緬懷於故老。雖儀刑之莫覿，尚簡策之可求。揭爲儒者之宗，用錫帝師之寵。故禮部尚書端明殿學士贈資政殿學士謚文忠蘇軾，養其氣以剛大，尊所聞而高明。博觀載籍之傳，幾海涵而地負；遠追正始之作，殆玉振而金聲。知言自況於孟軻，論事肯卑於陸贄？方嘉祐全盛，嘗膺特起之招；至熙寧紛更，乃陳長治之策。歎異人之間出，驚讒口之中傷。放浪嶺海，而如在朝廷；斟酌古今，而若斡造化。不可奪者嶢然之節，莫之致者自然之名。經綸不究於生前，議論常公於身後。人傳元祐之學，家有眉山之書。朕三復遺編，久欽高躅。王佐之才可大用，恨不同時。君子之道闇而章，是以論世。儻九原之可作，庶千載以同風。惟而英爽之靈，服我袞衣之命。可特贈太師。餘如故。

先生臨錢塘郡日，先君以武學博士出爲徐州學官，待次姑蘇。公遣舟邀取至郡，留款數日，約同劉景文泛舟西湖。酒酣，顧視湖山，意頗懽適。且語及先君被遇裕陵之初，而嘆今日之除。似是左遷。久之，復謂景文曰：「如某今日餘生，亦皆裕陵之賜也。」景文請其說，云：某初逮繫御史獄，獄具奏上。是夕，昏鼓既畢，某方就寢，忽見二人排闥而入，投篋于地，即枕卧之。至四鼓，某睡中覺有撼體而連語云：「學士賀喜者。」某徐轉反問之，即曰：「安心熟寢。」乃挈篋而出。蓋初奏上，舒亶之徒力抵上前，必欲置之死地。而裕陵初無深罪之意，密遣小黃門至獄中視其起居狀。適某晝寢鼻息如雷，即馳以聞。裕陵顧謂左右曰：「朕知蘇軾胸中無事者。」於是即有黃州之命。則裕陵恕念臣子之心，何以補報萬一。後先君嘗以前事語張嘉父，嘉父云：「公自黃移汝州，謝表既上，裕陵覽之，顧謂侍臣曰：『蘇軾真奇才。』時有憾公者，復前奏曰：『觀軾表中猶有怨望之語。』裕陵徐謂之曰：『朕已灼知蘇軾衷心，實無他腸。』於是語塞。」

公在黃州，都下忽盛傳公病歿。裕陵以問蒲宗孟，宗孟奏曰：「日來外間似有此語，然亦未知的實。」裕陵將進食，因嘆息（聖天子）再三曰，才難，遂輟飯而起。

東坡既就逮御史府。一日，慈聖曹太后語上曰：「官家何事數日不懌？」對曰：「更張數事未就緒，有蘇軾者輒加謗訕，至形于文字。」太后曰：「得非軾轍乎？」上驚曰：「娘娘何以聞之？」曰：「吾嘗記仁宗皇帝策試制舉人，罷歸喜而言曰：『朕今日得二文士，謂軾、轍也。然吾老矣，慮不能用，將以遺後人。』」因泣問二人安在，上對以軾方繫獄。則又泣下，上亦感動，始有貸軾意。

仁宗朝，登進士科，復應制科，擢居異等。英宗朝，鳳翔簽判履任，欲以唐故事召入翰林，宰相限以近例，且召試秘閣。上曰：「未知其能否，故試之。如軾豈不能耶？」宰相猶難之。及試，又入優等，遂直史舘。神宗朝，以議變更科舉法，上得其議，善之。遂欲進用，以與王安石論新法不合，補外。王黨李定之徒，媒蘖不止，遂坐譏諷，赴獄，欲置之死，賴上獨庇之，得出，止責置齊安。因與近臣論人材，曰：「軾方古人孰比？」對曰：「唐李白。」上曰：「不然。白有軾之才，無軾之學。」上累有意復用，而言者力阻之。一日，特出手札，曰：『蘇軾黜居思咎，閱歲滋深，人材實難，不忍終棄。』遂量移臨汝。哲宗朝，起知登州、召爲南州舍人。不數月，遷西掖，登翰苑。紹聖以後，熙豐諸臣因元祐諸臣例遷謫。崇觀間，蔡京、蔡卞等用事，以黨籍禁其文辭，并墨跡而毀之。政和間，忽弛其禁，求軾墨跡，世人莫知其由，或傳徽宗親臨寶籙宮醮筵，一日啓醮，道士至醮壇，拜章伏地，久之方起。上詰其故，答曰：「適至上帝所，值奎宿奏事，良久方畢，始能上其章。」上嘆訝，問曰：「奎宿何神？所奏何事？」對曰：「所奏不可知，然此宿乃本朝蘇軾。」上大驚。不惟弛其禁，且欲玩其文詞、墨跡，一時士大夫從風而靡。光堯太上皇帝朝盡復軾官職，擢其孫符自小官至尚書。今上皇帝尤愛其才。乾道末，遂爲軾製文集敘贊，命有司與集同刊。因贈太師，謚文忠。又賜其曾孫嶠出身，擢爲臺諫侍從。嗚呼！揚雄之文，時人忽之，且欲覆醬瓿。揚雄亦自謂后世復有楊子雲當知我。今東坡詩文，洒蒙當代累朝神聖之知至此。

宋時杭州府治虚白堂前有紫薇花兩株，相傳白樂天所植。蘇子瞻守郡時，神宗嘗書樂天《紫薇花詩》以賜之。

元豐間，逮赴詔獄，長子邁偕行。公與之期，送食惟菜與肉，有不測，則撤二物而送魚，邁謹守。踰月，忽糧盡，出謀於陳留，委一親戚代送，而忘語其約。親戚偶送鮓，子瞻大駭，因書云：「余以事繫御史獄，獄吏稍見侵，自度不能堪，死獄中，不得一見吾子由。」乃作二詩，授獄卒梁成，以遺子由。獄吏不敢隱，遂以聞。神宗初無殺意，見詩益動心，自是遂從寬釋。二詩：「柏臺霜氣夜淒淒，風動琅璫月向低。夢繞雲山心似鹿，魂飛湯火命如雞。額中犀角真吾子，身後牛衣媿老妻。他日神遊定何所，桐鄉應在浙江西。聖主如天萬物春，小臣愚暗自亡身。百季未了須還債，十口無歸更累人。是處青山可藏骨，他時夜雨獨傷神。與君今世爲兄弟，更結來生未了因。」卓吾曰：「蘇公見知列聖如此，而不能一日容，可知奥之不如竈甚矣。」

公初赴制舉之召，是時同召試者甚多。相國韓公偶與客言曰：「二蘇在此，而諸人亦敢與之較試，何也？」於是不試而去者十八九。

國朝試科在八月中。黄門忽感寒疾，自料不能及矣。韓魏公知而奏曰：「今歲制科之士，惟蘇軾、蘇轍最有聲望。聞其弟轍偶病，如此人不得就試，甚非衆望，須展限以待之。」上許之。黄門病，魏公又數使問病。既痊安，方引試，凡比常例展二十日。自後試科竝在九月。相國吕微仲不知其故，因問制科何以至秋末，東坡乃爲吕言之。吕曰：「韓忠獻之賢如此哉！」

范蜀公鎮蜀，每對客，尊嚴静重，客亦不敢慢易。惟蘇子瞻掀髯鼓掌，旁若無人，然蜀公甚敬之。

王荆公居鍾山。一日，得東坡《寶相藏記》，展誦於風簷之下，喜見鬚眉，曰：「子瞻，人中龍也。然有一字未穩，『日勝日貧』不若『日勝日負』。」東坡聞之，拊掌大笑，以爲知言。

誰將家集過幽都，每被行人問大蘇。莫把文章動蠻貊，恐妨談笑卧江湖。此子由奉使契丹時寄子瞻詩也。《澠水燕談録》云：張芸叟奉使宿幽州館中，有題蘇子瞻老人行於壁間者，諸家書肆亦刻子瞻數十篇，謂之《大蘇集》。芸叟題其後曰：「誰傳佳句到幽都，逢著胡兒問大蘇。」此二句與子由詩類。

殿試中乙科，書謝諸公。文忠見之，以書語聖俞曰：「老夫當避此人，放出一頭地。」士聞者始譁不厭，久乃信服。

王定國《甲申雜記》云：天下之公論，雖仇怨不能奪也。李承之奉世知南京，嘗謂余曰：「昨在從班，李定資深鞫子瞻獄，雖同列不敢啓問。一日，於崇政殿門忽謂諸人曰：『蘇軾奇才也。』衆莫敢對。已而曰：『雖三十季所作文字詩句，引證經傳，隨問即答，無一字差舛，誠天下奇才。』因嘆息不已。」

老泉初攜東坡、潁濱謁張文定，時方習制科，業將應詔。文定與語，奇之，館于齋舍。翌日，文定忽出六題，令人持與東坡、潁濱，云：「請學士擬試。」文定密於壁間窺之。潁濱於一題有疑，指示東坡，坡不言，但舉筆倒敲几上，云：「《管子》註。」潁濱疑而未決，又指其次，東坡以筆勾去，謂無出處。文定次日見老泉云：「二令嗣皆天才。長者明敏尤可愛，然少者謹重，恐成就或過之。」所以二公皆受知文定，而潁濱感之尤深。

黄實自言平生有二事：元豐甲子，爲淮東提舉。除夜泊汴口，見蘇子瞻植杖立對岸，若有所俟。歸舟中，以揚州廚釀二尊，雍酥一奩遺之。後十五季，爲發運使。大暑泊清淮樓，見米元章衣犢鼻，自滌研於淮口。索篋中一無所有，獨得小龍團二餅，亟遣人送入。我平生稍慰者，有此二事也。

山谷與子瞻書云：頃于鄭掾處得賜教，不以汙下，難於獎拔，接引開納，勤勤懇懇，俯傴而忘其臂之勞。强駑馬於千里，不知其不勝任也。和詩詞氣高妙，無以爲喻，往聞執事，豈弟之聲？今食其實，獨恨未有親近之幸耳。

東坡初未識秦少游，少游知其將復過維揚，作坡筆語，題壁於一山寺中。東坡大驚，及見孫莘老，出少游詩詞數百篇讀之，乃嘆曰：「向書壁者豈此郎也！」

先生在海外，至贛上，寓居水南。過郡城，攜一藥囊，遇有疾者，必爲發藥，并疏方示之。每至寺觀，好事者及僧道之流，有欲得公墨妙者，必預探公行游之所，多設佳紙，尾書姓名氏，堆積案間，拱立以俟。公見即笑視，略無所問，縱筆揮染，隨紙付人。至日暮筆倦，或案紙尚多，即笑語之曰：「日暮矣，恐小書不能竟紙。或欲齋名及佛偈，幸見語也。」及歸，人人厭滿，忻躍而散。

《與孫叔静帖》云：眉山人有巢谷者，曾應進士武舉，皆無成，篤於風義，已七十餘矣。聞軾謫海南，徒步萬里來相勞慰。至新興病亡，官爲藁殯，録其遺物於官庫。谷有子在里中，軾已使人呼其子來迎喪，助其路費，但未到。旅殯無人照視，或毀壞暴露，願公愍其不幸。因巡檢至其所，特爲一言於彼守令，得稍修治其殯，常戒主者保護之，以須其子之至，則恩及存亡矣。

先生《像贊》曰：子瞻堂堂，出於峨眉，司馬班揚，金馬石渠，閲士如牆。上前論事，釋之馮唐，言路以爲階，而投諸雲夢之黄。東坡之酒，赤壁之篴，嬉笑怒罵，皆成文章。解羈而歸，紫微玉堂。子瞻之德，未變於初，而名之曰元祐之黨，放之珠厓儋耳。方其金馬石渠也，不自知其東坡赤壁也。及其東坡赤壁也，不自意其紫微玉堂也。及其紫微玉堂也，不自知其珠厓儋耳也。九州四海，知有東坡。東坡歸矣，民笑且歌。一丘一壑，則無如此道人何。山谷

又《像贊》云：「我游鈞天，帝之所都。是老先生，玉色敷腴。顧我而歎，憫世垢濁。笑謂侍仙，畀以靈藥。稽首竟歸，萬里天風。碧山巉然，月墮江空。」

坡之殁，士大夫及門人祭文甚多，惟李廌方叔文尤傳。如「道大不容，升高爲累。皇天后土，鑒平生忠義之心；名山大川，還千古英靈之氣。識與不識，誰不盡傷？聞所未聞，吾將安放。」

冰華居士錢濟明嘗跋施純叟藏先生帖後云：建中靖國元秊，先生以玉局，還自嶺海，四月自當塗寄十一詩，且約同程德孺至金山相候。既往迓之，遂決議爲毗陵之居。六月，自儀真避疾渡江，再見于奔牛埭。先生獨卧榻上，徐起謂某曰：「萬里生還，乃以後事相託。惟吾子由，自再貶及歸，不復一見而決，此痛難堪。」餘無言者。久之復曰：「某前在海外，了得《易》《書》《論語》三書，今盡以付子，願勿以示人。三十秊後，會有知者。」因取藏篋欲開，而失鑰匙。某曰：「某獲侍言，方自此始，何遽及是也。」即遷寓孫氏館，日往造見，見必移時，慨然追論往事，間出嶺海詩文相示，時發一笑，覺眉宇間秀爽之氣照映坐人。七月十三日，疾少間，曰：「今日有意，喜近筆硯，試爲濟明戲書數紙。」遂書《惠州江月》五詩。明日又得《跋桂酒頌》。自爾疾稍增，至十五日而終。

公《答王敏仲》云：某垂老投荒，無復生還之望。昨與長子邁決，已處置後事矣。今到海南，首當作棺，次當作墓，仍留手疏與諸子，死即葬于海外，庶幾延陵季子之義。生不挈棺，死不扶柩，此東坡家風也。卓吾曰：「東坡家風猶是字，卓吾家風真如此。」

《答程天侔》云：此間食無肉，病無藥，居無室，出無友，冬無炭，夏無寒泉，大率皆無耳。惟有一幸，無甚瘴也。尚有此身，付與造物者，聽其運轉，流行坎止，無不可。又云：病倦無與往還者，闔門面壁而已。新居在軍城南，極湫隘，粗有竹樹，煙雨濛晦，真蛋塢獠洞也。惠酒絶佳，舊惠州以海醞爲冠，此又遠過之。牢落中得一醉之適，非小補也。

與姪孫元老云：旅況牢落，不言可知。又海南連歲不熟，百物艱難。又泉、廣海舶絶不至，藥物醬酢等皆無，厄窮至此，委命而已。老人與過子相對，如苦行僧。

東坡歸陽羡時，流離顛躓之餘，絶禄已數年，受梁吉老十絹百絲之贐，可見非有餘者。李憲仲之子廌以四喪未舉見公，公盡舉以贈之，且贈以詩云：「推衣助孝子，一溉滋湯旱。誰能脱左驂？大事不可緩。」章季默三喪未葬，亦來見公，公亦助之，有「不辭毛粟施，行自丘山積」之句云。

吾謫海南，盡賣酒器以供衣食。獨有一荷葉杯，工製美妙，留以自娱。然又好書，苦遠不可致，得鄭會老，欲於海舶載書千餘卷見借，因讀淵明《贈羊長史詩》云：「愚生二季後，慨然念黄虞。得知千載事，上賴古人書。」故和之以見志。

建中靖國中，坡公自儋耳歸，卜居陽羡。陽羡士大夫猶畏（賓貨）而不敢與遊，獨士人邵民瞻來從學，坡公亦喜其人，時時相與策杖過長橋。邵爲坡買一宅，爲緡五百，坡傾囊僅能償之。卜吉入居，既得日矣，夜與邵步月至邨落，聞婦人哭極哀。坡徙倚聽之，曰：「異哉！豈有大難割之愛，觸于心歟？」遂與邵推扉而入，坡問嫗何爲？嫗曰：「吾有居屋，相傳百季，子不肖，舉以售人，吾今日遷百季舊居，一旦訣别，所以泣也。」坡爲之愴然。問其故居所在，即五百緡所得者。因再三慰撫之，曰：「嫗之故居，乃吾所售，不必深悲，當以還嫗。」即命取屋券，對嫗焚之，呼其子迎母而還，不索其直。坡自是遂還毗陵，不復買宅，借顧塘橋孫氏居暫住焉。是歲七月，坡竟殁于借居。卓吾子曰：「誰肯誰能，到此難説大話矣。」

今天下以四姓目文章大家，獨蘇公之作最爲便爽，而其所撰論策之類，於時爲最近，故操觚之士，鮮不習蘇公文者。蘇公才甚高，蓄甚博，出之甚達，而又甚易，凡三氏之奇盡於集，而蘇公之奇不盡於集。韻而詞則温韋讓壯，舌而諧謔則侯白遜雅，筆而簡牘題署則黄豫章遜雋，游戯而爲法書則顔平原、李北海之難

以此數等爲坡公獨優，亦未夢見在

弟，爲古木竹石則文洋州之畏友，逃而之佛則裴相國、楊學士之禪那。以是律三君子，有一乎否也。當蘇公之生存，雖荒州下邑，兒童婦女，莫不欲一識其面。而其言之傳，蓋北幽、朔而東三韓，西達羌、戎，南過雞林馬人之界。而其禁絶之者，乃在于廣厦細旃之上。角而與之左右，談説經術道埋之士。亟竄而亟欲殺之者，亦一時材謂貴臣。噫！可怪也！及公殁且久，而廣厦細旃之上，其惡漸移而爲好，學士大夫，至于今慕説之不衰。雖然，問其所以能盡公者，則自論策之外無幾也。以故取公季譜及傳志略存之，而復蒐公之小言與諸家之評隲，紀述瑣屑，亦一一附録，約爲十卷，名之曰《蘇長公外紀》。而置之山房之几，暇日抽一卷，佐一觴，其不賢於山腴海錯者幾希。弇州

在惠州有梅詞《西江月》，末云：「高情已逐曉雲空，不與梨花同夢。」蓋悼朝雲作。《苕溪漁隱》曰：王直方《詩話》載鼂以道云：「説之初見東坡此詞，便道此老須過海，爲古人不曾道到此。今坡公道人所不能到之妙，奪大地之巧，故宜謫罰也。」《高齋詩話》載王昌齡《梅詩》云：「落落莫莫路不分，夢中喚作梨花雲。」坡蓋用此事。夢雲又有榴花一事，柳子厚《海石榴詩》曰：「月寒空堦曙，幽夢綵雲生。」

東坡在掖垣，作吕吉甫謫辭，繼而吕復用，遂納告毁抹。在翰苑，作上清儲祥碑，繼而蔡元長復作，遂遭磨毁。非特此也，蘇叔黨云：「昔公爲《藏經記》傳于世，或以爲非。在惠州作《梅花詩》，至有以爲笑。此皆士大夫以文鳴者，信知識《古戰場》文者鮮矣。」子山嘗跋東坡遺稿云：「展卷得遺艸，流涕濕冠纓。斯文久衰弊，濁涇自爲清。科斗藏壁間，見者空歎驚。廢興自有時，詩書付西京。」

李廌，陽翟人。少以文字見子瞻，子瞻喜之。元祐初，知貢舉，廌適就試，意在必得廌以冠多士。及攷章援程文，大喜，以爲廌無疑，遂以爲魁。既拆號，悵然，出院，以詩送廌歸，曰：「平時謾識古戰場，過眼終

迷日五色。」廌自是學亦不進，家貧不甚自愛，嘗以書責子瞻不薦己，竟不第而死。

先生自惠移儋耳，秦七丈少游亦自郴陽移海康。渡海相遇，二公共語，恐下石者更啓後命。少游因出自作挽詞呈公，公撫其背曰：「某常憂逝，未盡此理，今復何言。某亦嘗自爲誌墓文，封付從者，不使過子知也。」遂相與嘯詠而別。初，少游謁公彭門，和詩有「更約後期游汗漫」，蓋讖於此云。

元豐七季，自黄量移汝海。五月，訪張文定公於瑞。七八月間，留連金陵，過陽羨。九月，抵宜興通真觀側。郭知訓提舉宅。間嘗與單秀才步田至黄土邨，主人以酒餉，曰：「此紅友也。」坡言：「此人知有紅友，不知有黄封，真快活人也。」田主有曹姓者，已鬻而造訟，有司察而斥之，坡公移牒以田歸焉。宜興長橋，元豐元季火。四季，邑宰褚理復立，枸目欣濟。東坡過之，爲書晉周孝侯斬蛟之橋，而刻石于道傍。崇寧禁錮，沈石水中，不知所在。卓吾曰：「必在龍宫深處矣。」

子瞻得罪時，有朝士賣一詩策，内有使墨君事者，遂下獄。李定、何正臣劾其事，以指斥論，謂蘇曰：「學士素有名節，何不與他招了。」蘇曰：「軾爲人臣，不敢萌此心。却未知何人造此意。」一日，禁中遣馮宗道按獄，止貶黄州團練副使。

丁丑二月十四日，白鶴峰新居成，自嘉祐寺遷入。詠淵明《時運詩》曰：「『斯晨斯夕，言息其廬』。似爲予發也。」長子邁與予别三季，攜諸孫萬里遠至。老朽憂患之餘，不能無忻然，乃次其韻：「我卜我居，居非一朝。龜不吾欺，食此江郊。廢井已塞，喬木干霄。昔我伊何，誰其裔苗。下有澄潭，可漱可濯。江山千里，供我遐矚。木固無脛，瓦豈有足。陶匠自至，笑歌相樂。我視此邦，如洙如沂。邦人勸矣，老我安歸。自我幽獨，倚門或麾。豈無親友，雲散莫追。旦暮丁丁，誰欸我廬。子孫遠至，笑語紛如。翦鬟垂結，覆此瓠壺。三季一夢，乃復見予。」予在都下，每謁范純夫，子孫環遶，投紙筆求作字。每調之曰：「訴旱乎？訴滂乎？」今皆在萬里外，欲復見此，豈可得哉！　有來請純夫書，因録此數紙寄之。丁丑閏三月五日。多難畏人，此詩甚勿示人也。

余游儋耳，見黎氏，爲余言東坡嘗從乞園蔬。出其臨别歸海北詩云：「我本儋耳民，寄生西蜀州。忽然跨海去，譬如事遠遊。平生生死夢，三者無劣優。知君不再見，欲去且少留。」其末云：「新釀甚佳求一具，謾寫此詩以折菜錢。」又登望海亭，柱間有大字，曰：「貪看白鳥横秋浦，不覺青林没暮潮。」及謁姜唐佐，唐佐不在，見其母，母迎笑，食余檳榔。余問母「識蘇公乎？」母曰：「識之，然無奈好吟詩」。公嘗杖問秀才何往，我言入郵落未還。有包燈心紙，公以手拭開，書滿紙，囑曰：「秀才歸示之。」今尚在，余索讀之，醉墨欹傾，曰：「張睢陽，生猶罵賊，嚼齒穿齦；顔平原，死不忘君，握拳透爪。」

元祐間，有旨修上清儲祥宫成，命翰林學士蘇軾作碑紀其事。紹聖元符間，黨禁興，遂毁其碑，命翰林學士蔡京别爲之。正如唐時仆韓退之平淮西碑，命叚文昌改作。後人有詩曰：「淮西功業冠吾唐，吏部文章日月光。千載斷碑人膾炙，不知世有叚文昌。」余於儲祥宫碑亦云。

子瞻在黄州，病赤眼，踰月不出，或疑有他疾，過客遂傳以爲死矣。有語范景仁於許昌者，景仁即舉袂大慟，召子弟具（古人也）金帛，遣人賙其家。子弟言此傳聞未審，當先以書問之。乃走僕以往，子瞻發書大笑。故後量移汝州，謝表有云：「疾病連季，人皆相傳爲已死。」未幾，復與數客飲江上，夜歸，江面際天，風露浩然，乃作歌辭，所謂「夜闌風静縠紋平。小舟從此逝，江海寄餘生」者，與客大歌數過而散。翌日，喧傳子瞻夜作此辭，掛冠服江邊，拏舟長嘯去矣。郡守徐君猷聞之，驚且懼，以爲州失罪人，急命駕往謁，則子瞻鼻鼾如雷，猶未興也。然此語卒傳至京師，雖裕陵亦聞而疑之。

東坡初入荆溪，有樂死之語。繼而拘疾稍革，徑山老惟琳來候。坡曰：「萬里嶺海不死，而歸宿田里，有不起之憂，非命也耶？」後二日，將屬纊，聞根先離，琳叩耳大聲曰：「端明勿忘西方。」坡言：「西方不無，但箇裡，著力不得」。語畢而終。卓吾子曰：『西方不無』，此便是疑信之間，決不是西方會上人矣。若真實信有西方，正好着力，如何説着力不得也。」

子瞻渡江，和介甫遊蔣山詩。介甫指「峰多巧障日，江遠欲浮天」，撫几嘆曰：「老夫一生作詩，無此兩句。」又誦子瞻荔枝一聯云：「海中仙人絳羅襦，紅綃中單白玉膚。」絶嘆以爲名言。

蘇文忠訃至京師，張耒時知潁州，聞文忠卒，爲舉哀行服，出俸錢於薦福寺修供。乃遭論列，謫房州別駕。李卓吾曰：「張耒至今生氣勃勃，真謫得好也。」

歐公論坡詩文落筆輒爲人傳誦，每篇出，歐公終日喜。一日，與子棐論文，因及坡公。乃歎曰：「汝記吾言，三十季後，世人更不道著我也。」崇寧間，海内外稱坡公詩文，不復有言歐公者。

元仁宗極敬趙孟頫，以孟頫比唐之太白，宋之子瞻，非但推趙，而於太白、子瞻亦尊重矣。

張安道與歐文忠素不相知，時安道守成都，蘇明允攜子瞻、子由自眉州走成都見安道。安道曰：「我何足爲公重？」乃作書辨裝，遣人送至京師謁文忠。文忠時在翰林，得明允、子瞻、子由著作，喜安道所薦得人。因謝安道曰：「後來文章當屬此人矣。」即極力推挽，故天下高此兩公。

修水深山間有小溪，里人題其渡曰「來蘇」。蓋子由貶高安監酒，而子瞻來訪，曾經其渡云。當時小人媒蘖，摧挫死地，至于所經過，而溪翁野叟反藉之以光榮。嗟乎！人心之公，不可泯如此，豈所謂「石壓筍斜出」者耶！

唐人以白太傅爲廣大教化主，蘇端明自言上可以陪玉皇大帝，下可以陪卑田院乞兒，然蘇稍露鋒鍔，不若太傅忘我忘物，胸中都無罣礙。卓吾子曰：「嗚呼！此其所以爲矮人也歟？是此批判也。坡公，是緩急人；太傅，是濟不得緩急人。坡公是憂人之憂，太傅是樂己之樂。」

先生道義文章，名滿天下，所謂「青天白日，奴隸亦知其清明」者也。心悅而誠服者，豈但中分魯國哉！士之不游蘇氏之門與嘗升其堂而畔之者可知也。當先生之棄海濱，其平生交游多諱之矣。而王周彥萬里致醫藥，以文字乞品目，此豈流俗人炙手求熱、救溺取名者耶！山谷

東坡詩不可指摘輕議，辭源如長河在江，飄沙卷沫，枯槎束薪，蘭舟繡鷁，皆隨流矣。珍泉幽澗，澄澤靈沼，可愛可喜，無一點塵滓，只是體不似江河。

英州小市，江水貫其中，舊架木作橋，每不過數年輒爲湍潦所壞，郡守建安何智甫始疊石爲之。方成而東坡還自海外，何求文以紀。坡作四言詩一首，凡五十六句，所謂「天壤之間，水居其多。人之往來，如鵜在河。」是季，予侍親居英，與僧希賜游南山，步過橋上，讀詩碑。希賜云：「真本藏於何氏，此有石刻，經黨何苦禁亦不存。」今以板刻之，乃希賜所書也。賜因言何公初請記，坡曰：「軾未到橋所，難以想像落筆。」何即命具酒食，拉坡偕往，故詩中云「我來與公，同載而出。讙呼填道，抱其馬足。」坡公作詩時建中靖國元季辛己，予聞希賜語時紹興十七季丁卯，相去四十六季。今追憶前事，乃紹熙五季甲寅，又四十七季矣。卓吾曰：「此一段是真痛哭。」

韓公《人物畫記》，其敘馬處云：「馬大者九匹，於馬之中又有上者下者焉，行者，牽者，奔涉者，陸者，翹者，顧者，鳴者，寢者，吼者，立者，齕者，飲者，溲者，陟者，降者，癢磨樹者，嘘者，嗅者，喜而相戲者，怒相踶齧者，秣者，騎者，驟者，走者，載服物者，載狐兔者，凡馬之事，二十有七焉。馬大小八十有三，而莫有同者

焉。」秦少游謂其敘事該而不煩，故倣之而作《羅漢記》。（可謂至煩矣）坡公《賦韓幹十四馬詩》云：「二馬並驅攢八蹄，二馬宛頸鬉尾齊。一馬任前雙舉後，一馬郤避長鳴嘶。老髯奚官騎且顧，前身作馬通馬語。後有八匹飲且行，微流赴吻若有聲。前者既濟出林鶴，後者欲涉鶴俛啄。最後一匹馬中龍，不嘶不動尾搖風。韓生畫馬真是馬，蘇子作詩如見畫。世無伯樂亦無韓，此詩此畫誰當看。」（真不煩矣）誦坡公此詩，蓋不待見畫也。杜老有《畫馬贊》云：「韓幹畫馬，毫端有神。驊騮老大，騕褭清新。」及「四蹄雷雹，一日天池。瞻彼駿骨，實惟龍媒」之句。坡公《九馬贊》言：「薛紹彭家藏曹將軍九馬圖，杜子美所爲作詩者也。」其詞云：「牧者萬歲，繪者惟霸。甫爲作誦，偉哉九馬。」讀此詩文數篇，真能使人方寸超然，意氣橫出。

坡集有全篇用事者，如賀人生子，自「鬱葱佳氣夜充閭，喜見徐卿第二雛」，至「我亦從來識英物，試看啼出定何如。」戲張子野買妾，自「錦里先生自笑狂，身長九尺鬢眉蒼」，至「平生謬作安昌客，略遣彭宣到後堂」，句句用事。

陳傳道嘗於彭門壁間見書一聯云「一鳩鳴午寂，雙燕話春愁」。後以語東坡，「世謂公作，然否」？坡笑曰：「此唐人得意句，僕安能道此？」

《曲洧舊聞》云：章質夫《水龍吟・詠楊花》，其命意用事，清灑可喜。東坡和之，若豪放不入律呂。徐而視之，聲韻諧婉，便覺質夫詞有織繡工夫。其詞云：「似花還似非花，也無人惜從教。抛墮街傍路，思量卻似，無情有思。縈損柔腸，困酣嬌眼，欲開還閉。夢隨風萬里，尋郎去處，又還被鶯呼起。不恨此花飛盡，恨西園，落紅難綴。曉來雨過，遺蹤何在？一池萍碎。春色三分，二分塵土，一分流水。細看來，不是楊花，點點是離人淚。」

昔之詠三良者，有王仲宣、曹子建、陶淵明、柳子厚，或曰心亦有所施，或曰殺身誠獨難，或曰君命安可違，或曰死没寧分張，唯東坡和陶云：「殺身故有道，大節要不虧。君爲社稷死，我則同其歸。顧命有治亂，臣子得從違。魏顆真孝子，三良安足希。」《苕溪漁隱》云：「余觀東坡《秦穆公墓》詩意，全與《和三良》詩意相反。詩云『昔公生不誅孟明』，豈有死之日而忍用其良，乃知三子徇公意，亦如齊之二子從田横。」卓吾曰：「妙絶議論。」

山谷曰：「東坡所作《卜算子》詞意高妙，非喫烟火食人語。」余嘗見臨江人王説夢得，謂此坡在惠州白鶴觀作。惠有温都監女，季十六，不肯嫁人。聞坡至甚喜，每夜聞坡諷詠，則徘徊窗外。坡從而物色之，曰：「吾當呼王郎與子爲姻。」未幾而坡過海，女遂卒，葬于沙灘側。故坡回惠爲賦此詞，借鴻以爲喻也。「揀盡寒枝不肯棲」，謂少擇偶不嫁。「『寂寞沙州冷』，蓋指葬所。説之言如此，其説得之廣人蒲仲通。漁隱謂『鴻雁未嘗棲宿樹枝』，惟在田葦間。然觀隋李元操《鳴雁行》曰『夕宿寒枝上，朝飛空井旁』。坡語豈無自耶！」卓吾曰：「焦弱侯欲去此條，余獨悲其能具隻眼，知坡公之爲神仙，知坡公之爲異人，知坡公之外舉世再無與兩，是以不得親近，寧死不願居人世也。」

東坡滿江紅詞碑刻徧傳海内，使競進之徒讀之可以解體，恬淡之士歌之可以娱生。其云：「蝸角虚名，蠅頭微利，算來著甚干忙。事皆前定，誰弱又誰强。且趁閒身未老，儘教我些子疎狂。百季裏，渾教是醉，三萬六千場。思量，能幾許？憂愁風雨，一半相妨。又何須抵死，校短論長。幸對清風朗月，苔茵滿、雲幕高張。江南好，千鍾美酒，一曲《滿庭芳》。」

丁晉公《海外詩》云「艸解忘憂憂底事，花名含咲咲何人」。坡詩曰：「花非識面常含咲，鳥不知名時自呼。」尤覺才力勝。

《書〈黄泥坂詞〉後》：余在黄州，大醉作此詞，小兒輩藏去藁，醒後不復見也。前夜與王直方、張文潛、鼂無咎夜坐。三客翻倒几案，搜索篋笥，偶得之，字半不可讀，以意尋究，乃得其全。文潛喜甚，手録一本以遺余，持先本去。明日得王晉卿書，云：「吾日夕購子書不厭，近又以三縑博兩紙。子有近書，當稍以遺我，毋多費我絹也。」乃用澄心堂紙、李承晏墨書此遺之。

元符三季十二月十九日，東坡生日，置酒赤壁磯下，倨高峰，俯鶻巢。酒酣，笛聲起于江上，客有郭、尤二生頗知音，謂坡曰：「笛聲有新意，非俗工也。」使人問之，則進士李委。聞坡生日，作一曲曰《鶴南飛》以獻。呼之使前，則青巾紫裘腰笛而已。既奏新笛，又快作數弄，嘹然有穿雲裂石之聲。坐客皆引滿醉倒。委袖出佳紙一幅，曰：「吾無求于公，得一絶句足矣。」坡笑而從之，曰：「山頭孤鶴向南飛，載我南遊到九疑。下界何人也吹笛？可憐時復犯龜兹。」

東坡在惠州，盡和淵明詩，魯直在黔南聞之，作偈曰：「子瞻謫海南，時宰欲殺之。飽喫惠州飯，細和淵明詩。彭澤千載人，東坡百世士。出處雖不同，氣味乃相似。」

子瞻一日在學士院，忽命左右取紙筆寫「平疇交遠風，良苗亦懷新」兩句。大書、小楷、行艸，凡寫七八紙，擲筆太息曰「好！好！」散其紙於左右給事者。

韋蘇州云：「落葉滿空山，何處尋行蹟。」坡用其韻，此絶唱不當和也。《羅漢贊》云：「空山無人，水流花開。」此八字，還許人再道否？又「明月易低人易散，歸來呼酒更重看」。又「當其下筆風雨快，筆所未到氣已吞」。又「醉中不覺度千山，夜聞梅香失醉眠。」

徐信言東坡北歸時，過其書齋書一帖云：「嘗見王平甫，自負其《甘露寺詩》「平地風烟飛白鳥，半山雲木卷蒼藤。」余應之曰：「精神全在卷字上，但恨飛字不稱耳。」平甫請余易，余遂易以「横」字。

東坡云：「春宵一刻值千金，花有清香月有陰。歌管樓臺聲寂寂，鞦韆院落夜沉沉。」介甫云：「金爐香燼漏聲殘，翦翦輕風陣陣寒。春色惱人眠不得，月移花影上闌干。」二詩流麗相似。

「天街小雨潤如酥，艸色遥看近卻無。最是一季春好處，絶勝烟柳滿皇都。」此退之《早春》詩也。「荷盡已無擎雨蓋，菊殘猶有傲霜枝。一季好處君須記，正是橙黄橘緑時。」此子瞻《初冬》詩也。

坡祭柳子玉文「郊寒島瘦，元輕白俗」，此語具眼。

子瞻作詩長於譬喻，如和子由詩云：「人生到處知何似，應似飛鴻踏雪泥。泥上偶然留指爪，鴻飛那復計東西。」

東坡暾字韻三首並妙絶，第二首尤奇，詩云：「羅浮山下梅花邨，玉雪爲骨冰爲魂。紛紛初疑月掛樹，耿耿獨與參横昏。先生索居江海上，悄如病鶴棲荒園。天香國艷肯相顧，知我酒熟詩清温。蓬萊宫中花鳥使，緑衣倒挂扶桑暾。抱叢窺我方醉卧，故遣啄木先敲門。麻姑過君急洒掃，鳥能歌舞花能言。酒醒人散山寂寂，惟有落蕊粘空尊。」注云：「嶺南珍禽有倒挂子，緑毛，紅啄，如鸚鵡而小，自東海來，非塵埃間物也。」

《游芙蓉城詩》元豐元季三月，余始識子高，問之信然，乃作此詩。詩云：「芙蓉城中花冥冥，誰其主者石與丁。珠廉玉案翡翠屏，雲舒霞卷千娉婷。中有一人長眉青，炯如微雲淡疎星，往來三世空鍊形，竟坐誤讀《黄庭經》。天門夜開飛爽靈，無復白日乘雲軿。俗緣千劫磨不盡，翠被冷落凄餘馨。因過緱山朝帝廷，夜聞笙簫弭節聽。飄然而來誰使令，皎如明月入牕儷。忽然而去不可尋，寒衾虚幌風泠泠。仙宫洞房本不扃，夢中同躡鳳皇翎。徑渡萬里如奔霆，玉樓浮空聳亭亭。天書雲篆誰所銘，遶樓飛步高竛竮。仙風鏘然韻流鈴，蘧蘧形開如酒醒，芳卿寄謝空丁寧。一朝覆水不及瓶，羅巾別泪空熒熒。春風花開秋葉零，世間羅綺紛羶腥。此生流浪隨滄溟，偶然相值兩浮萍。願君收視觀三庭，勿與嘉穀生蝗螟。從渠一念三千齡，下作人間尹與邢。」東坡此詩最爲流麗，故秦太虚與東坡簡云：「素紙一軸，敢冀醉後揮掃近文，并芙蓉城詩，時得把玩，以慰馳情。」

李白《潯陽紫極宫感秋》云：「何處聞秋聲，翛翛北牕竹。回薄萬古心，攬之不盈掬。」坡和云：「寄卧虚寂堂，月明浸疎竹。泠然洗我心，欲飲不可掬。」大率坡每題詠景物，只篇首四句便寫盡，如廬山開先《漱玉亭》首句云：「高巖下赤日，深谷來悲風。擘開青玉峽，飛出兩白龍。」《谷林堂》首句云：「深谷下窈窕，高林合扶疎。美哉新堂成，及此秋風初。」《行瓊儋間》首句云：「四州環一島，百洞蟠其中。我行西北隅，如渡月半弓。」《藤州江下起對月》首句云：「江月照我心，江水洗我肝。端如徑寸珠，墮此白玉盤。」又《棲賢三峽橋》有「清寒入山骨，艸木盡堅瘦」之句。

杭州有西湖，潁上亦有西湖，皆爲游賞之勝，而東坡連守二郡。其初得潁，有潁人在坐云：「内翰只消游湖中，便可以了郡事。」秦太虚因作一絶云：「十里荷花菡萏初，我公身至有西湖。欲行公事湖中了，見説官閒事亦無。」後東坡到潁，有《謝執政啓》亦云：「入參兩禁，每玷北扉之榮；出典二邦，迭爲西湖之長。」

潘子真《詩話》記禹玉元豐間以錢二萬、酒二壺餉吕夢得，夢得作啓謝之，有「白水真人，青州從事」之語。禹玉歎賞，爲其切題，後東坡得章質夫書，遺酒六瓶。書至而酒亡，因作詩寄之曰：「豈意青州六從事，化爲烏有一先生。」此二句更覺工。

不易其心而造其語，謂之换骨法；規摹其意而形容之，謂之奪胎法。白樂天云：「臨風杪秋樹，對酒長年身。醉貌如霜葉，雖紅不是春。」東坡云：「兒童悮喜朱顔在，一笑那知是酒紅。」此奪胎法也。

太白有「岸夾桃花錦浪生」，退之有「種桃到處惟開花，川原遠近蒸紅霞」，子瞻有「戲將桃核裹紅泥，石間散擲如風雨。坐令空山作錦繡，倚天照海光無數」。皆狀桃花之盛。

歐陽公《醉翁亭記》，東坡公《酒經》，皆以「也」字爲絶句。歐陽二十一「也」字，坡用十六「也」字。歐《記》人人能讀，至於《酒經》，知之者蓋無幾。坡《酒經》每一「也」字上，必押韻，其詞云：「南方之氓，以糯與粳，雜以卉藥而爲餅。嗅之香，嚼之辣，揣之枵然而輕，此餅之良者也。吾始取麪而起肥之，和之以美液，烝之使十裂，繩穿而風戾之，愈久而益悍，此麴之精者也。米五㪷以爲率，而五分之，爲三㪷者一，爲五升者四。三㪷者以釀，五升者以投，三投而止，尚有五升之贏也。始釀，以四兩之餅，而每投之以二兩之麴，皆澤以少水，足以散解而匀停也。釀者必甕按而井泓之，三日而井溢，此吾酒之萌也。酒之始萌也，甚烈而微苦，蓋三投而後平也。凡餅烈而麴和，投者必屢嘗而增損之，以舌爲權衡也。既溢之三日乃投，九日三投，通十有五日而後定也。既定，乃注以㪷水，凡水必熟而冷者。凡釀與投必寒之而後下，此炎州之令也。既水五日乃篘，得三㪷有半，此吾酒之正也。先篘半日，取所爲贏者爲粥，米一而水三之，揉以餅麴，凡四兩，二物并也。投之糟中，熟潤而再釀之，五日壓得㪷有半，此吾酒之少勁者也。勁、正合爲四㪷，又五日而飲，則和而力，嚴而不猛也。篘絶不旋踵而粥投之，少留則糟枯，中風而酒病也。釀酒久者酒醇而豐，速者反是。故吾酒三十日而成也。」此文如大牢八珍，咀嚼不嫌於致力，則真味愈雋永，然未易爲俊快者言也。

■■與李端叔云：「老夫嬾作文，但傳得東坡嶺外文，時一微吟，清風颯然，顧同味者難得耳。」

坡仙集卷之十一終

坡仙集卷之十二

別集一百八條

東坡在儋耳時，余三從兄諱延之自江陰擔簦萬里絶海往見，留一月。坡嘗誨以作文之法曰：「儋州雖數百家之聚，州人之所須，取之市而足，然不可徒得也，必有一物以攝之，然後爲己用。所謂一物者，『錢』是也，作文亦然。天下之事，散在經傳子史中，不可徒得，必得一物以攝之，然後爲己用。所謂一物者，『意』是也。不得『錢』不可以取物，不得『意』不可以用事，此作文之要也。」吾兄拜領其言而書諸紳。嘗以親製龜冠爲獻，坡受之，贈以詩云：「南海神龜三千歲，兆叶朋從生慶喜。智能周物不周身，未免人鑽七十二。誰能用爾作小冠，岣嶁耳孫䎶其製。君今此去寧復來，欲慰相思時整視。」今集中無此詩。余嘗見其親筆。後歸宜興，道由無錫，嘗至孫仲益家，時仲益季在髫齔，坡曰：「孺子習何藝。」孫曰：「學屬對。」坡曰：「衡門稚子璠璵器。」孫應聲曰：「翰苑仙人錦繡腸。」公撫其背曰：「真璠璵器也。」二事皆吾鄉人士所知，輒記於此。

東坡曰：「意盡而言止者，天下之至言也。」然而言止而意不盡，尤爲極致。

先生嘗謂劉景文與先子曰：「某平生無快意事，惟作文章，意之所到，則筆力曲折，無不盡意。自謂世間樂事無踰此者。」

先生一日與魯直、文潛諸人會飯。既食滑䭔兒血羹，客有須薄茶者，因就取所碾龍團遍啜坐人。或曰：「使龍團能言，當須稱屈。」先生撫掌，久之曰：「是亦可爲一題。」因援筆戲作律賦一首，以俾薦血羹龍團稱屈爲韻，山谷擊節稱詠不能已。已無藏本，聞關子開能誦，今亡矣。惜哉！

張子曰：「造化之妙，則糟粕煨燼，無非教也。」猶莊子云「瓦礫粃糠，無非道也。」例是而言，東坡深於文者也，故嬉笑怒罵皆成文章也，張旭深於書者也，故歌舞戲鬭皆艸書也。

洪文敏邁在禁林，當鎖院。一夕，艸六制畢，捫腹步庭中。一老吏竊語云：「當時大蘇學士亦不過如此。」文敏喜而問之，「汝及侍蘇學士乎？」曰：「某大父嘗爲吏，童時從入，是故見之。」文敏問蘇學士何如我，對曰：「蘇公速實不過公，但不撿書耳。」文敏大慚。

東坡《與王郎書》云：「少季爲學，每一書作數次讀。當如入海，百貨皆有，人不能兼收盡取，但得其所欲求者爾。故願學者每次作一意求之。如欲求古今興亡治亂，聖賢作用，且只作此意求之，勿生餘念。事迹文物之類，又别一次求。他皆放此。若學成八面受敵，與涉獵者，不可同日語。」朱子嘗取以示學者曰：「讀書當如是。」

欒城遺言：「讀書百遍，經義自見。」東坡《送安惇詩》云：「故書不厭百回讀，熟讀深思子自知。」荀子「誦數以貫之，思索以通之。」朱子曰：「誦數，即今人讀書遍數也。古人讀書，精勤如此。」又云：「看書如服藥，藥多力自行。」

今人梅花詩詞多用「參横」字，蓋出柳子厚《龍城録》所載趙師雄事。然此實妄書，或以爲劉無言所作。其語云「東方已白，月落參横」。且以冬半視之，黄昏時參已見，至丁夜則西没矣，安得將旦而横乎？秦少游詩「月落參横畫角哀，暗香消盡令人老」。承此誤也。唯東坡云「紛紛初疑月挂樹，耿耿獨與參横昏」。乃爲精當。老杜有「城擁朝來客，天横醉後參」之句，以全篇攷之，蓋初秋所作。

坡有「欲吐狂言喙三尺，怕君嗔我郤須吞」。及觀杜集亦有「臨風欲慟哭，聲出已復吞」。韋蘇州「高歌長安酒，中憤不可吞」。李卓吾曰：「浩歌長安酒，聲出不可吞。」

坡少季有詩云：「清吟雜夢寐，得句旋已忘。」晚謫惠州復有一聯云：「春江有佳句，我醉墮渺莽。」

坡《送李公擇》云：「有如長庚星，到曉爛不收。」《贈道潛》云：「故人各在天一角，相望落落如晨星。」任師中挽詞云：「相看夜半晨星没，可憐太白與殘月。」

東坡《題李秀才醉眠亭》詩云：「君且歸休我欲眠，人言此語出天然。醉中對客眠何害，須信陶潛未若賢。」山谷《題鼂无咎卧陶軒》亦云：「欲眠不遣客，佳處更難忘。」卓吾曰：「君且休矣我欲眠，未見此語非天然。醉中無與其眠者，客去同眠到曉天。」

韓退之詩云：「水作青羅帶，山爲碧玉簪。」柳子厚詩云：「海上羣山似劒鋩，秋來處處割愁腸。」陸道士云：「一公當時不相會，好作成一屬對。」坡爲之對曰：「繫悶豈無羅帶水，割愁還有劒鋩山。」

予素不解棊，因獨遊廬山白鶴觀。觀中人皆已闔户晝寢，獨聞棊聲於古松流泉之間，意欣然喜之。自爾欲學，然終不解也。兒子過乃粗能者，儋守張中從之戲，予亦偶坐，竟日不厭。詩曰：「五老峰前，白鶴遺址。長松蔭庭，風日清美。我時獨遊，不逢一士。誰爲棊者？户外屨二。不聞人聲，時聞落子。小兒近道，剥琢信指。勝固欣然，敗亦可喜。」

坡作《雪詩》云：「凍合玉樓寒起粟，光摇銀海眩生花。」後見王荆公，云：「道家以兩肩爲玉樓，目爲銀海，是使此事否？」坡退曰：「惟荆公知此出處。」

《跋李端叔詩卷》云：「蹔借好詩消永夜，每逢佳處輒參禪。」

南人以飲酒爲輭飽，北人以晝寢爲黑甜，故東坡云：「三杯輭飽後，一枕黑甜餘。」蓮子劈開須見薏，楸枰著盡更無棊。破衫却有重縫處，一飯何曾忘卻匙。趙彦邨詩注云：此吴歌格，借字寓意也。古詩有云：「圍棊燒敗襖，著子更依然。」劉禹錫《竹枝歌》云：「東邊日出西邊雨，道是無晴還有晴。」亦是此意。蓋用「晴」字隱「情」字也。

蘇公《百步洪詩》云：「長虹斗落生跳波，輕舟南下如投梭。水師絶叫鳧鴈起，亂石一線争蹉磨。有如兔走鷹隼落，駿馬下注千丈坡。斷絃離柱箭脱手，飛電過隙珠翻荷。」

東坡和劉貢父詩曰：「青派連淮上，黄樓冠海隅。此詩尤偉麗，夫子計魁梧。」按：後漢臧洪，體貌魁梧。注，音吾。故杜子美詩曰：「魁梧秉哲尊。」又考之漢史之贊張良曰：「余以爲其人計魁梧。」後曾文清詩亦曰「乃翁容貌計魁梧。」又《史記·張良世家》曰：「張良之智勇，以爲魁梧奇偉，反若婦人女子。」此意正祖趙人述孟嘗君之意。趙人聞孟嘗君之賢，出而觀之，皆曰始以薛公爲魁梧，然今觀之，眇小丈夫耳。然則「魁梧」二字，其來已遠。

錢塘强幼安爲余言，頃歲調官都下，始識博士唐庚，因論坡詩之妙，如《嶺外詩》敘虎飲水潭上，有蛟尾而食之，以十字説盡，云「潛鱗有饑蛟，掉尾取渴虎」，只著渴字，便見飲水意，且屬對親切。

東坡嘗語少子過曰：「秦少游、張文潛才識學問爲當世第一，無能優劣二人者。少游下筆精悍，心所默識而口不傳者，能以筆傳之。然而氣韻雄拔，疎通秀朗，當推文潛。二人皆辱與予游，同升而并黜。有自雷州來者，遞至少游所惠書詩累幅，近居蠻夷。得此，如在齊聞韶也。」

《與米元章》云：「兩日來，疾有增無減。兒子於何處得《寶月觀賦》，琅然誦之，老僕卧聽未半，蹶然而起。恨二十季相從，知元章不盡，若此賦，當過古人，不論今世也。天下豈盡如我輩瞶瞶耶！公不久當自有大名，不勞我輩説也。」

高致虚云：東坡言過温泉壁下，見詩云「直待衆生總無垢，我方清冷混常流」。問人云何遵作，因題一絶云：「石龍有口口無根，自在流泉誰吐吞。若信衆生本無垢，此泉何處覓寒温。」何遵緣此知名。後來京師，每有賓客，必出數篇，讀者無不絶倒。

蘇子瞻守杭時，毛澤民者爲法曹，公以衆人遇之。澤民與妓瓊芳者善，及秩滿辭去，作《分飛詞》以贈妓，云：「淚濕闌干花著露，愁到眉峰碧聚。此恨平分取，更無言語空相覷。細雨殘雲無意緒，寂寞朝朝暮暮。今夜山深處，斷魂分付潮回去。」子瞻一日宴客，妓歌此詞。問誰所作，妓以澤民對。公語坐客「郡僚有詞人而不及知，軾之罪也！」翌日，折簡追回，留連數日。每預文酒之會，澤民因此得名。《韻語陽秋》云：「東坡喜獎與後進，有一言之善則極口褒賞，使其有聞於世而後已。故受其獎拂者亦踴躍自勉，樂於進修，而終爲令器。」

劉季孫，平之子，家藏書數千卷。其《送孔宗翰知揚州》詩云：「詩書魯國真男子，歌吹揚州作貴人。」多稱其精當。爲杭州鈐轄，子瞻作守，深知之。後嘗以詩寄子瞻云：「四海共知霜鬢滿，重陽曾插菊花無？」子瞻大喜，在潁州和詩，所謂「一篇向人寫肝肺，四海知我霜鬢斑」，蓋記此也。

先生於人，有尺寸之長，雖非其徒，驟如獎借。如曇秀「吹將艸木作天香」，妙總「知有人家住翠微」，仲殊之曲，惠聰之琴，皆咨嗟嘆美，如恐不及。夫馬一駸驥坂則價十倍，士一登龍門則聲烜赫。嗚呼！惜公逝矣，而吾不及見也。

坡喜韋蘇州「寧知風雨夜，復此對牀眠」之句。故在鄭州寄子由云「寒燈相對話疇昔，夜雨何時聽蕭瑟」？又初秋子由與坡相從彭城，賦詩云：「逍遥堂後千章水，長送中宵風雨聲。悞喜對牀尋舊約，不知飄泊在彭城。」

今日局中早出，陰晦欲雪，而子由在户部晚出。忽記十秊前在彭城時，王定國來相過，留十餘日還南都。時子由爲宋幕，定國臨去，求家書。僕醉，不能作，獨以一絶與之曰：「王郎西去路漫漫，野店無人霜月寒。淚濕粉牋書不得，憑君送與卯君看。」卯君，子由小名也。今日情味，雖差勝彭城，然不若同歸林下，夜雨對牀，乃爲樂耳。

坡公《次魯直韻題李伯時畫王摩詰》詩云：「前身陶彭澤，後身韋蘇州。欲覓王右丞，還向五字求。詩人與畫手，蘭菊芳春秋。又恐兩皆是，分身來入流。」

湘中老人讀黄老，手挼紫蘽坐碧艸。春至不知湖水深，日暮忘却巴陵道。唐末有人見作是詩者辭氣殆似李謫仙。余都下見人携一紙文書，其兩首句云：「朝披夢澤雲，笠釣青茫茫。」此語非太白亦不能道。

或問昔人謂東坡不喜史記信然乎？愚曰：「東坡何嘗不喜《史記》也。觀其記李氏山房曰：『余猶見老儒先生，自言少時欲求《史記》不可得，幸而得之，親手自抄，日夜誦讀，惟恐不及。』又觀其《海上與友人書》曰：『到此抄得《漢書》一部，若再抄得《唐書》，便是貧兒暴富也。』夫《漢書》《唐書》猶抄録慶幸如此，況於《史記》耶？荆公嘗稱坡公《表忠觀碑》似《史記》。」

余讀淵明《閑情賦》，所謂《國風》好色而不淫，正使不及《周南》，與屈宋所陳何異。蕭統不知而譏之，此乃小兒强作解事者耶。李生曰：「即《周南》也，無不及處。」

東坡帥杭，一日與徐璹坐雙檜堂，指二檜吟曰：「二疎辭漢去」，以兄弟皆補外也。璹應聲曰：「大老入周來」，對偶親切。又善迎合，公大喜。

嘗聞東坡作《韓文公廟碑》，不能得一起頭。起行百十遭，忽得兩句云：「匹夫而爲百世師，一言而爲天下法。」遂掃將去。

熙寧六季正月，作詩云：「馬融既依梁，班固亦仕竇。效顰豈不欲，頑質謝鐫鏤。」又詩送劉述云：「君王有意誅驕虜，搥碎銅山鑄銅虎。聯翩三十七將軍，走馬歸來各開府。」

參寥嘗與客評詩，客曰：「世間故實小說，有可以入詩者，有不可以入詩者，唯東坡不揀擇，入手便用。如街談巷說，一經此老手，點瓦礫爲黄金，自有妙處。」參寥曰：「老坡牙頰間別有一副鑪鞴，他人豈可學耶？」卓吾曰：「嘴頭禪亦自快人。」

坡詩如武庫初開，矛戟森然，一一求之，不無利鈍，然天才宏放，直與日月争光。凡古人所不到處，發明殆盡，萬斛泉源，未爲過也。然頗恨方朔極諫，時雜滑稽，故罕醞藉。卓吾子曰：「時雜滑稽，正是其醞藉處。」

東坡如屈注天潢，倒連滄海，變眩百怪，終歸雄渾。

誥勑盛於六朝，其原肇自舜命九官，羲仲、和仲之詞，後《君奭》《君牙》《蔡仲之命》，其遺制也。此即口代天言。唐惟常楊元白，宋陶穀遂有依樣畫胡盧之誚。厥後王介甫最爲得體，而蘇子瞻尤號獨步，多訓飭戒勵之言，有訓誥之風。非如今之誥勑，所謂一箇八寸三頭巾，人人可戴者也。

春夜行蘄水中，過酒家飲酒醉，乘月至一溪橋上，解鞍少休，反覺已曉，亂山葱蘢，不謂人世也。書此詞於橋上云：「照野瀰瀰淺浪，横空曖曖微霄。障泥未解玉驄驕，我欲醉眠芳艸。可惜一溪明月，莫教踏碎瓊瑶。解鞍欹枕緑楊橋，杜宇數聲春曉。」

歐文忠守維揚日，於城西建平山堂，頗暢游觀之勝。劉原甫出守揚州，文忠嘗餞之作《西江月》詞。後東坡亦守是邦，登平山堂，感而和之云：「三過平山堂下，半生彈指聲中。十季不見老仙翁，壁上龍蛇飛動。

欲弔文章太守，仍歌楊柳春風。休言萬事轉頭空，未轉頭時皆夢。」

許彦周《詩話》曰：「季父仲山在揚州時，事東坡先生，聞其教人作詩曰：『熟讀《毛詩國風》與《離騷》，曲折盡在是矣。』」

子瞻嘗用孔稚圭鳴蛙事，如「水底笙簧蛙兩部，山中奴婢橘千頭」。以笙簧易鼓吹也。又曰「已遣亂蛙成兩部，更邀明月作三人」。

冰肌玉骨清無汗，水殿風來暗香滿。繡簾一點月窺人，欹枕斜横雲鬌亂。起來庭户悄無聲，時見疎星渡河漢。屈指西風幾時來，不道流年暗中换。世傳此詩爲花蘂夫人作，東坡嘗用此作《洞仙歌》曲，或謂東坡託花蘂以自解耳。

餘杭自是水仙窟，似聞吴興更清絶。湖中橘林新著霜，溪上苕花正浮雪。顧渚茶芽白於齒，梅溪木瓜紅勝頰。吴兒鱠縷薄欲飛，未去先説饞涎垂。亦知謝公到郡久，應怪杜牧尋春遲。余謂苕水出浮玉山，又云霅水，大率一水二名。總之，苕溪四水之一名耳，四水合爲一溪，曰苕、曰前、曰餘、曰霅，合而有聲，因曰霅云。

歲行盡矣，風雨淒然，紙牕竹屋，燈火青熒，時於此間得少佳趣。

王定國嶺外歸，出歌者勸酒，坡作《定風波》，序云「王定國歌兒曰柔奴，姓宇文氏，眉日娟麗，善應對，家世住京師。定國南遷歸，余問柔：『廣南風土應不好？』柔對曰：『此心安處，便是吾鄉。』因爲綴詞云：『常羡人間琢玉郎，天教分付點酥娘。自作清歌傳皓齒，風起雪飛炎海變清涼。萬里歸來秊愈少，微笑，時時猶帶嶺梅香。試問嶺南應不好，郤道此心安處是吾鄉』」

山谷見東坡《和淵明飲酒》詩，讀至「前山正可數，後騎且勿驅」。云此老未死。

子由作《棲賢堂記》，讀之便如在堂中，見水石陰森，艸木膠葛。僕當爲書之，刻石堂上，且欲與廬山結緣，他日入山，不爲生客也。

東坡在雪堂，一日讀杜牧之《阿房宫賦》，几數遍，每讀徹一徧，即再三咨嗟嘆息，至夜分猶不寐。有二老兵皆陜人，給事左右，坐久甚苦之。一人長歎，操西音曰：「知他有甚好處，夜久寒甚，不肯睡。」連作冤苦聲。其一曰：「也有兩句好。」西人皆作吼音，其人大怒曰：「你又理會得甚底。」對曰：「我愛他道『天下人不敢言而敢怒』。」叔黨卧而聞之，明日以告。東坡大笑曰：「這漢子也有鑒識。」

杏花飛簾散餘春，明月入户尋幽人。褰衣步月踏花影，炯如流水涵青蘋。花間置酒清香發，争挽長條落香雪。山城酒薄不堪飲，勸君且吸杯中月。洞簫聲斷月明中，惟憂月落酒杯空。明朝卷地春風惡，但見緑葉棲殘紅。《東坡詩話》云：僕在徐州，王子立、子敏皆館於官舍。蜀人張思厚來過，二王方秊少，吹洞簫，飲酒杏花下，予作此詩。明秊，余謫黄州，對月獨飲，嘗有詩云：「去秊花落在徐州，對月酣歌美清夜。今秊黄州見花發，小院閉門風露下。」蓋憶與二王飲時也。張思厚久已死，今秊子立復爲古人，哀哉！

「昵昵兒女語，恩怨相爾汝。劃然變軒昂，勇士赴敵場。」此退之《聽穎師琴》詩。歐陽文忠嘗問僕琴詩何者最佳，余以此答之。公言此詩最奇麗，然自是聽琵琶詩，非聽琴詩。余退而作《聽杭僧惟賢琴》詩云：「大絃春温和且平，小絃廉折亮以清。平生不識宫與角，但聽牛鳴盎中雉登木❶。門前剥啄誰扣門，山僧未閑君勿嗔。歸家且覓千斛水，净洗從前箏笛耳。」詩成欲寄公，而公薨，至今以爲恨。

東坡曰：「平疇交遠風，良苗亦懷新。」非耦耕植杖不能道此語，非老農不能識此語。

❶ 疑底本缺文。

海南有五色雀，常以兩絳者爲長，進止必隨，俗謂之鳳凰。云久旱而見輒雨，潦則反是。吾卜居儋耳城南，嘗一至庭下，今又見之黎子雲及其弟威家。雀既去，吾舉酒祝之曰：「若爲吾來者，當再集。」已而果然，乃爲賦詩。

嶺南氣候不常，吾嘗云「菊花開時乃重陽，涼天佳日即中秋。不須以日月爲斷。」今歲殘暑方退，既望之後，月出逾遲。余嘗夜起登合江樓，或與客遊豐湖西禪寺，扣羅浮道院，登逍遥堂，逮曉乃歸。杜子美云：「四更山吐月，殘夜水明樓。」此古今絶唱。因其句作五首，仍以「殘夜水明樓」爲韻，云：「一更山吐月，上塔挂微瀾。正是西湖上，湧金門外看。冰輪横海濶，香霧入樓寒。停鞭且莫上，照我酒杯殘。二更山吐月，幽人方獨夜。可憐人與月，夜夜江樓下。風枝久未停，露艸不可藉。歸來掩關卧，唧唧幽夜話。三更山吐月，棲鳥夜驚起。起尋夢中遊，清絶正如此。驅馳掃泉溜，俯仰迷空水。幸可飲我牛，不須遺洗耳。四更山吐月，皎皎爲誰明。幽人赴我約，坐待玉繩横。野橋兩斷板，山寺可微行。今夕定何夕，夢中遊化城。五更山吐月，窗白室幽幽。玉鈎還挂户，江練却明樓。星河淡欲曉，鼓角冷知秋。不眠翻五詠，清切變蠻謳。」

僕初入廬山作一絶，後又作兩絶，云：「青山若無素，偃蹇不相親。要識青山面，他季是故人。」又云：「自昔懷清賞，神遊杳靄間。如今不是夢，真箇是廬山。」是日，有以陳令舉《廬山記》見寄者，且行且讀，見其中云徐凝、李白之詩，不覺失笑。旋入開元寺，僧求詩，因作一絶云：「帝遣銀河一派垂，古來惟有謫仙詩。飛流濺沫知多少，不爲徐凝洗惡詩。」往來南北山十餘日，以爲絶勝，不可勝談，擇其尤莫如漱玉亭、三峽橋，故作此二詩。最後與總老遊西林，作一絶云：「横看成嶺側成峰，到處看山了不同。不識廬山真面目，只緣身在此山中。」余廬山詩，盡於此矣。

余與郭生游寒溪，郭生善作挽歌，酒酣，發聲，座爲悽然。郭生言恨無佳詞，因爲略改樂天《寒食》詩歌之，坐客有泣者。其詞曰：「烏啼鵶噪昏喬木，清明寒食誰家哭。風吹曠野紙錢飛，古墓纍纍春艸綠。棠梨花映白楊樹，盡是死生離別處。冥漠重泉哭不聞，蕭蕭暮雨人歸去。」每雜以散聲。

有明上人者，作詩甚難，求捷法於東坡，東坡作兩頌以與之，其一云：「字字覓奇險，節節累枝葉。咬嚼三十秊，轉更無交涉。」其一云：「衝口出常言，法度法前軌。人言非妙處，妙處在於是。」

東坡作《李白畫像》詩云：「天人幾何同一漚，謫仙非謫乃其游。揮斥八極隘九州，化爲二鳥鳴相酬。一鳴一息三千秋，靡之不得矧肯求。」又云：「大兒汾陽中令君，小兒天台坐忘身。」其事乃用白交汾陽於行伍中，竟脱白于禍。天台司馬紫微謂「白有仙風道骨，可與神遊八極之表」也。

東坡酷愛西湖，作詩云：「若把西湖比西子，淡粧濃抹總相宜。」又有詩曰：「雲山已作歌眉淺，山下碧流清似眼。」余謂此詩又是爲西子寫生也。要識西子，但看西湖，要識西湖，但看此詩。

慶曆中，歐陽公謫守滁州，瑯琊幽谷，山川奇麗，鳴泉飛瀑，聲若環珮，公臨聽忘歸。僧智山作亭其上，公刻石爲記，以遺州人。既去十秊，太常博士沈遵聞而往游，以琴寫其聲，爲《醉翁吟》，蓋宫聲三疊。後會公河朔，遵援琴作之，公歌以遺遵，并爲《醉翁引》以敘其事。然調不注聲，爲知琴者所惜。後三十餘秊，公薨，遵亦殁。有廬山道人崔閑，遵客也，妙於琴理，常恨此曲無詞，乃譜其聲，請於東坡居士以補其缺。然後聲詞皆備，遂爲琴中絶妙。好事者争傳其詞，曰：「琅然，清圓，誰彈，向空山。無言，惟有醉翁知其天。月明風露娟娟，人未眠。荷蕢過山前，曰有心哉此賢。第三疊泛聲同此。醉翁嘯咏，聲和流泉。醉翁去後，空有朝吟夜怨。山有時而童顛，水有時而同淵。思翁無歲秊，翁今爲飛仙。此意在人間，試聽徽外兩三絃。」方補詞，閑爲絃其聲，居士倚爲詞，頃刻而就，無所點竄。遵之子爲比丘，號本覺真禪師，居士書以與之云：二水同去，有不相入；二琴同手，有不相應。沈君信手彈琴而與泉合，居士縱筆作詞而與琴會，此必有真同者矣。」

子瞻《中秋日分天竺桂花與楊元素》詩云：「月缺霜濃細蘂乾，此花元屬桂堂仙。鷲峰子落驚前夜，蟾窟枝空記昔年。破裓山僧憐耿介，練裙溪女鬭清妍。願公採擷紉幽佩，莫遣孤芳老澗邊。」

子瞻有《和楊公濟梅花三絶》，亦皆西湖景，云：「春入西湖到處花，裙腰芳艸抱山斜。盈盈解佩臨湘浦，脉脉當壚傍酒家。」又「湖面初驚片片飛，尊前吹折最繁枝。何人會得春風意，怕見黄梅細雨時。」又「北客南來豈是家，醉看參月半横斜。他季欲識吴姬面，秉燭三更對此花。」更有紅梅、臘梅兩種，《紅梅》詩云：「怕愁貪睡獨開遲，自恐冰容不入時。故作小紅桃杏色，尚餘孤瘦雪霜姿。寒心未肯隨春態，酒暈無端上玉肌。詩老不知梅格在，更看緑葉與青枝。」其種來白閩、湘中，故有福州紅、潭州紅、邵武紅等號。臘又名緑萼梅，色黄白，酷似密脾，檀心爲上，磬口次之。花小香淡，以子種出，不經接者又次之。子瞻詩云：「萬松嶺上黄千葉，玉蘂檀心兩奇絶。」高子勉云：「少鎔燭淚裝應似，多爇龍涎臭不如。只恐春風有機事，夜來開破幾九書。」

瑞香有黄、紫二種，有紫瓣而緣金者。子瞻有《次曹子方龍山真覺院瑞香》詩云：「幽花結淺紫，來自孤雲岑。骨香不自知，色淺意殊深。移栽青蓮宇，遂冠薝蔔林。紉爲楚臣佩，散落天女襟。」云云。今馬塍種最多，大者名錦熏籠。

杜鵑花諸山皆有之，而宋時菩提寺南漪堂獨盛，子瞻詩云：「南漪杜鵑天下無，披香殿上紅氍毹。鶴林兵火真一夢，不歸閬苑歸西湖。」

牡丹，唐時杭州無此種。長慶開元寺僧惠澄自都下乍得一木，謂之洛花。白樂天攜酒賞之，張處士祐題詩云：「濃艶初開小藥欄，人人惆悵出長安。風流郤是錢塘守，不踏紅塵看牡丹。」至宋時漸多，而獨盛於吉祥寺。蘇子瞻通判杭州時有《牡丹記敘》一篇。

枇杷白者爲上，黄者次之，無核者名椒。子瞻《同劉景文真覺院賞枇杷》詩云「緑暗初迎夏，紅殘不及春。魏花非老伴，盧橘是鄉人」。其序云：「院有洛花，花時不暇往」，故有魏花非伴之句。

宋時梵天寺有月廊數百間，庭前多楊梅、盧橘。子瞻詩云：「夢遶吴山郤月廊，楊梅、盧橘覺猶香。」客有言閩廣荔枝，何物可對者，或對以西涼葡萄。予以爲未若吴越楊梅。正平詩云：「五月楊梅已滿林，初疑一顆價千金。味方河朔葡萄重，色比瀘南荔子深。」則古人亦有舉而方之者矣。

東坡海棠詩曰「只恐夜深花睡去，故燒高燭照紅粧。」事見《太真外傳》，曰：上皇登沈香亭，召太真妃。於時卯醉未醒，命力士使侍兒扶掖而至。妃子醉歆殘粧，髩亂釵横，不能再拜。上皇笑曰：「豈妃子醉，是海棠睡未足耳！」

王介甫梅詩云：「少陵爲爾牽詩興，可是無心賦海棠。」東坡《柯丘海棠》長篇云：「東風嫋嫋泛崇光，香霧霏霏月轉廊。只恐夜深花睡去，更燒高燭照紅粧。」先生嘗作大字如掌書此詩。

東坡梅詩「鮫綃翦碎玉簪輕，檀暈粧成雪月明。肯伴老人春一醉，懸知欲落更多情」。王十朋集諸家註，皆不解「檀暈」之義，今爲著之。宇文氏《粧臺記》紀婦女畫眉有「倒暈粧」，古樂府有「暈眉攏髩」之説，元微之《與白樂天書》「近昵婦人暈澹眉目，綰約頭髩」，《畫譜》有正暈牡丹、倒暈牡丹，《太平廣記》許老翁有銀泥裙、五暈羅，畫工七十二色有檀色，與張萱所畫婦女暈眉，所謂紫沙幕酷似，可以互證也。坡詩又云「剩看新翻眉倒暈」，又云「倒暈連眉秀嶺浮」。

禪宗頌古唐僧《古梅》詩云：「雪虐風饕水浸根，石邊尚有古苔痕。天公未肯隨寒主，又孽清香與返魂。」東坡《梅花詩》：「蕙死蘭枯菊已摧，返魂香入隴頭梅。」正用此事。

密雲龍茶極爲甘馨。宋廖正，一字明略，晚登蘇門，子瞻大奇之。時黃、秦、鼂、張號蘇門四學士，子瞻待之厚，每來必令侍妾朝雲取密雲龍。一日，又命取密雲龍，家人謂是四學士，窺之，乃明略也。山谷有裔雲龍，亦茶名。

杭州寶雲山産者名寶雲茶，下天竺香林洞者名香林茶，上天竺白雲峰者名白雲茶，坡詩云「白雲山下兩旗新」。又寶嚴院垂雲亭亦産茶。有僧怡然，以垂雲新茶見餉，坡報以大龍團，戲作云：「妙供來香積，珍烹具大官。揀牙分雀舌，賜茗出龍團。」云云。又嘗游山寺，飲釅茶七碗，戲書云：「示病維摩元不病，在家靈運已忘家。何須魏帝一丸藥，且盡盧仝七碗茶。」

答錢顗茶詩云：「我官于南今幾時，嘗盡溪茶與山茗。胸中似記古人面，口不能言心自省。雪花雨脚何足道，啜過始知真味永。縱復苦硬終可録，汲黯少戇寬饒猛。草茶無賴空有名，高香妖邪次顛獷。體輕雖復强浮沈，性滯偏工嘔酸冷。其間絶品豈不佳，張禹縱賢非骨鯁。葵花玉跨不易致，道路幽險隔雲嶺。誰知使者來自西，開緘磊落收百餅。嗅香嚼味本非別，透紙自覺光炯炯。粃糠團鳳及小龍，奴隸日注臣雙井。收藏愛惜待佳客，不敢包裹鑽權倖。此詩有味君勿傳，空使其人怒生癭。」

安定郡王以黃柑釀酒，謂之洞庭春色，色香味三絶，以餉其猶子德麟，以飲予爲詩。醉後信筆，頗有沓拖風氣，云：「去年洞庭秋，香霧嘗噀手。于今洞庭春，玉色凝非酒。賢王文字飲，醉筆蛟龍走。既醉念君醒，遠餉爲我壽。瓶開香浮坐，盞凸光照牖。方傾安仁醽，莫遣遠公嗅。要當名字奇，未可論升斗。應呼釣詩鉤，亦號掃愁箒。君知葡萄惡，正是嫫毋醜。須君灩海盃，澆我談天口。」

東坡云：陶潛詩「但恐多謬誤，君當恕醉人。」此未醉時説也，若已醉，何暇憂誤哉？然世人言醉時是醒時語，此最名言。張安道飲酒，初不言盞數，與劉潛、石曼卿但言當飲幾日而已。歐公盛季時能飲百盞，然常爲安道所困。聖俞亦能百許盞，然醉輒高叉手而語彌温謹，此亦知其所不足而勉之，非善飲者。善飲者，淡然與平時無少異。若僕者，又何其甚，飲一盞而醉，醉味與數君何異，亦無所羡矣。〔説大話〕

孔文舉云：「坐上客常滿，樽中酒不空，吾無事矣。」此語甚得酒中趣。及見淵明云：「偶有佳酒，無夕不傾，顧影獨盡，悠然復醉」，便覺文舉多事矣。〔何如公〕

子瞻在黄州作蜜酒，在惠州作桂酒。余嘗問其二子邁、過云，亦一試之而止，大抵氣味似屠酥酒。二子語及，亦自撫掌大笑。好事者借以爲詩，故世喜其名，要之酒非麴糵，何可以他物爲之，若不類酒，孰若以蜜漬木瓜、櫨、橙等爲之，自可口不必似酒也。凡酒用藥，未有不奪其味，況桂之烈乎？楚人所謂桂酒椒漿者，安知其爲美？但世俗所尚耳。

東坡云：「梅二聖俞長身秀眉，大耳紅頰，飲酒過百觴，輒正坐高拱，此其醉時已。」

宋時西湖多詩僧。熙寧間，有清順，字怡然；可久，字逸老，所居皆湖山勝處。而清順尤約介，不妄交人，無大故不入城市。士夫有以米粟饋者，受不過數斗，盎貯几上，日取二三合啖之，蔬筍之供，恒缺乏也。東坡一日游西湖僧舍，壁間見小詩云：「竹暗不通日，泉聲落如雨。春風自有期，桃李亂深塢。」問誰所作，或以清順對。即日求得之，聲名頓起。

思聰爲行童日，東坡倅杭州，令和參寥子昏字詩。聰立成，有「千點亂山横紫翠，一鈎新月掛黄昏」之句，東坡大稱賞。大觀、政和間，聰挾琴游梁，日登中貴人之門。久之，遂還俗爲御前使臣，方其將冠巾也。蘇叔黨因浙僧入都，送之詩云：「試誦《北山移》，爲我招琴聰。」詩至，已無及矣。

東坡初赴惠州，過峽山寺，不值主人，其詩云：「山僧本幽獨，乞食況未還。雲碓水自春，松門風爲關。」既至惠州，殘臘獨出，至栖禪寺，亦不逢一僧，其詩云：「江邊獨出行，詰曲背城市。平湖春艸合，步到栖禪寺。堂空不見人，施子浄掃地。」

子瞻佐郡日，與僧惠勤、惠思、清順、可久、惟肅、義詮爲方外之交。嘗同泛西湖，詩云：「三吴雨連月，湖水日夜添。尋僧去無路，潋潋雨拍簷。駕言徂北山，得與幽人兼。清風洗昏翳，晚景分濃纖。縹緲朱樓人，斜陽半疎簾。」云云。

惠勤、惠思者，皆居孤山。蘇子瞻倅郡，以臘日訪之，作詩云：「天欲雪，雲滿湖，樓臺明滅山有無。水清石出魚可數，林深無人鳥相呼。臘日不歸對妻孥，名尋道人實自娱。道人之居在何許？寶雲山前路盤紆。孤山孤絶誰肯廬？道人有道山不孤。紙窗竹屋深自暖，擁褐坐睡依團蒲。天寒路遠愁僕夫，整駕催歸及未晡。出山回望雲木合，但見野鶻盤浮屠。兹遊淡泊歡有餘，到家恍如夢蘧蘧。作詩火急追亡逋，清景一失後難摹。」

送参寥子《八聲甘州》詞云：「有情風萬里捲潮來，無情送潮歸。問錢塘江上，西河浦口，幾度斜暉？不用思量今古，俯仰昔人非。誰似東坡老，白首忘機。記取西湖西畔，正暮山好處，空翠烟霏。算時人相得，如我與君稀。約他秊東歸海道，願謝公雅志莫相違。西湖路，不應回首，爲我沾衣。」

風篁嶺，多蒼筤篠蕩，風韻淒清。至此，林壑深沈，迥出塵表。流淙活活。自龍井而下，四時不絶。嶺故叢薄荒密。元豐中，僧辨才淬治潔楚，名曰「風篁」。蘇子瞻訪辨才龍井，送至嶺上，左右驚曰：「遠公過虎溪矣。」辨才笑曰：「杜子有云，與子成二老，來往亦風流。」遂作亭嶺上，名曰「過溪」，亦曰「二老」。子瞻紀之，詩云：「日月轉雙轂，古今同一丘。惟此鶴骨老，凛然不知秋。去住兩無礙，人士争挽留。去如龍出水，雷雨捲潭湫。來如珠還浦，魚鼈争駢頭。此生暫寄寓，常恐名實浮。我比陶令媿，師爲遠公優。送我過虎溪，溪水當逆流。聊使此山人，永記二老游。」

仲殊嗜蜜，思聰嗜琴，東坡詩所謂「招得琴聰與蜜殊」者是也。仲殊善詞，而小調尤勝，如《訴衷情》《詠西湖》《詠夏景》，風流蕴藉，不減少秊。

坡和僧守詮詩云：「但聞烟外鍾，不見烟中寺。幽人行未已，艸露濕芒屨。唯應山頭月，夜夜照來去。」未嘗不喜其清絶。及讀詮詩云：「落日寒蟬鳴，獨歸林下寺。松扉竟未掩，片月隨行屨。時聞犬吠聲，更入青蘿去。」其幽深情遠，亦自有林下風味也。

三蘇自蜀來，張安道、歐陽永叔爲延譽於朝。一日，安道問明允云：「令嗣近日看甚文字？」明允答以「方再看《前漢書》。」安道曰：「文字尚看兩遍乎？」明允歸語子瞻曰：「此老未知耳。世間人尚有看三遍者。」安道嘗借人十七史，經目即還，云已盡閱。其天資强記，數行俱下，前輩宿儒少能及之。」

公嘗言觀書，夜常以三鼓爲率，雖大醉歸，亦必披展，至倦乃寢。自出詔獄之後，不復觀一字矣。某於錢塘從公學，一秊未嘗見公特觀一書也。然每有賦詠及著譔所用故實，雖日前爛熟事，必令秦與叔黨諸人檢視而後出。秦少章

文章至東漢始陵夷。晉宋間，句爲一段，字作一處，其源出於崔、蔡。史載文姬兩詩特爲俊偉，非獨爲婦人之奇，乃伯喈所不逮也。又俚俗語有可取者。處貧賤易，耐富貴難；安勞苦易，安閑散難；忍痛易，忍癢難。人能安閑散，耐富貴，忍癢，真有道之士也。二段所書，皆東坡醉墨，蘧家寶之甚久。後入御府，世無傳者。

唐子西云：「先生赴定武時，過京師，館于城外一園中。余時秊十八，謁之。問近觀甚書，予對以方讀

《晉書》。猝問其中有甚亭子名，予茫然失對。」

坡因子過讀南史，卧而聽之，語過曰：「王僧虔居建康禁中里馬糞巷，子孫質實謙和，時人稱馬糞諸王爲長者。東漢贊論李固云『視胡廣、趙戒如糞土』。糞之穢也，一經僧虔便爲佳號，而以比趙、胡，則糞有時而不幸。汝可不知乎？」

坡在嶺海間，最喜讀陶淵明、柳子厚集，謂之南遷二友。

坡云：「春秋之學自有妙用。若求繩約中，乃近法家者流；苛細繳繞，竟亦何用？惟丘明識其妙，然不盡談，欲使學者自求之。」

坡在海外，盛稱柳柳州詩。後有人得罪過海，見黎子雲云：「海外絶無書，吾家止有柳文，東坡遂借以研看，謂柳州詩在彭澤之下，韋蘇州之上。」

先生翰墨之妙，既經崇寧、大觀焚毁之餘，人間所藏，蓋一二數也。至宣和間，内府復加搜訪，一紙定直萬錢。而梁師成以三百千取吾族人《英州石橋銘》，譚稹以五萬錢輟沅元弼《月林堂》榜名三字，至於幽人釋子所藏，寸紙皆爲利誘，盡歸諸貴近。及大卷軸，輪積天上。丙午季，金人犯闕，輪運而往，疑南州無一字之餘也。而紹興之初，余於中貴任源家，其所藏幾二百軸，最佳者有徑寸字書《宸奎閣記》，行書《南遷乞乘舟表》與《酒子賦》。又於先生諸孫處見海外五賦，字皆如《醉翁亭記》而加老放。畢少董處見《自虜中還得責吕惠卿》詞，於王信仲家人鍼篋中，續仲永處見《海外祭妹德化縣君》文，與余世實東坡先生《無一錢詩》，醉艸十紙，龍蛇飛動，皆非前後石刻所見者。則德麟趙丈嘗跋公書後，有「翰墨稽天，發乎妙定」之語，爲不虚也。

黽丈無咎言蘇公少時，手抄經史皆一通。每一書成，輒變一體，卒之學成而已，乃知筆下變化皆自端楷中來。

東坡云：「遇天色明暖，筆硯和暢，便宜全艸書數紙，非獨以適吾意，亦使百季之後與我同病者有發之也。張長史懷素得艸書三昧，聖宋文物之盛，未有嗣之，惟君謨頗有法度，然而未放心，與東坡相上下耳。」

文與可云：「余學艸書凡十季，終未得古人用筆相傳之法。後因見道上鬬蛇，遂得其妙。乃知顛素之各有所悟，然後至於此耳。」東坡跋云：「留意於物，往往成趣。昔人好艸書者夜夢則見蛟蛇糾結，數季或晝日見之，艸書則工矣。而所見亦可患，與可之所見，豈真蛇耶？抑艸書之精也。予平生好與與可劇談大噱，此語恨不令與可聞之，令其捧腹絶倒也。」

將至曲江，船上灘欹側，撐篙者百指。篙聲、石聲犖然。四顧皆濤瀨，士無人色，而吾作字不少衰。何也？吾更變亦多矣。置筆而起，終不能作一事，何如且作字乎？

予在資善堂，與吴傳正爲世外之游。及將赴中山，傳正贈予易水供堂墨一丸而別，紹聖元季閏四月十五日。予赴英州，過韋城，而傳正之甥歐陽思仲在焉。相與談傳正高風，歎息久之。始予嘗作《洞庭春色賦》，傳正獨愛重之，求予親書其本。近又作《中山松醪賦》，不減前作，獨恨傳正未見。乃取李氏澄心堂紙，杭州程奕鼠鬚筆，傳正所贈易水供堂墨録本以授思仲，使而授傳正，且祝深藏之。

元祐二季正月十二日，蘇子瞻、李伯時爲柳仲遠作松石圖。仲遠取杜子美詩「松根胡僧憩寂寞，龐眉皓首無住著。偏袒右肩露雙脚，葉裡松子僧前落。」復求伯時畫此數句爲憩寂圖。子由題云：「東坡自作蒼蒼石，留取長松待伯時。只有兩人嫌未足，兼收前世杜陵詩。」因次其韻云：「東坡雖是湖州派，竹石風流各一時，前世畫師今姓李，不妨題作輞川詩。」文與可嘗云，老夫墨竹一派，近在徐州，吾竹雖不及，石似過之，此一卷公案，不可不令魯直下一句。魯直跋云：「或言子瞻不當[redacted]伯時爲前身畫師，流俗人不領，便是詩病。

伯時一丘一壑，不減古人，誰當作此癡。計子瞻此語是真相知。」

東坡居士極不惜書，然不可乞，有乞書者，正色詰責之，或終不與一字。元祐中，鎖試禮部，每來見過，案上紙不擇精麤書遍乃已。性好酒，然不能回五龠。已爛醉，不辭謝而就卧，鼻鼾如雷。少焉，蘇醒，落筆如風雨，雖謔弄皆有議味。真神仙中人也！

坡仙集卷之十二終

坡仙集卷之十三

别集一百十六條

東坡此書圓勁成就，所謂「怒猊抉石，渴驥奔泉」，恐不在會稽之筆，而在東坡之手矣。此數十行，又兼《董孝子碣》《禹廟詩》之妙處。士大夫多譏東坡用筆不合古法，彼蓋不知古法從何出爾。杜周云：「三尺安在哉？前王所是以爲律，後王所是以爲令。」予嘗以此論書，而東坡絶倒也。往時柳子厚、劉禹錫譏評韓退之《平淮西碑》，當時道聽塗説者亦多以爲然，今日觀之，果何如耶？或云：「東坡作『戈』多成病筆。又腕著而筆卧，故左秀而右枯。」此又見其管中窺豹，不識大體。殊不知西施捧心而顰，雖其病處乃自成妍。今人未解愛敬此書，遠付百季，公論自出，但恨封德彝輩無如許壽及見之耳。山谷

蘇翰林用宣城諸葛齊鋒筆作字，疎疎密密，隨意緩急，而字間妍媚百出。古來以文章名重天下，例不工書，所以子瞻翰墨，尤爲世人所重。今日市人持之以得善價，百餘季後，想見其風流餘韻，當萬金購藏耳。盧州李伯時近作子瞻按藤杖，坐盤石，極似其醉時意態。此紙妙天下，可乞伯時作一子瞻像，吾輩會聚時，開置席上，如見其人，亦一佳事也。山谷

東坡書隨大小真行，皆有娬媚可喜處。今俗子喜譏評東坡，彼蓋用翰林待書之繩墨尺度，是豈知書法之意哉！余謂東坡書，學問文章之氣，鬱鬱芊芊，發於筆墨之間，此所以它人終莫能及爾。山谷

東坡先生書，淛東西士大夫無不規摹，頗有用意精到，得其髣髴，至于老重下筆，沈著痛快，似顔魯公、李北海處，遂無一筆可尋。丹陽高述、齊安潘岐其人皆文藝，故其風聲氣俗見于筆墨間，坐作語言，想像其人，時作東坡簡筆，或能亂真，遇至鑒則亦敗矣。東坡書，彭城以前猶可僞，至黄州後，掣筆極有力，可望而知真贋也。山谷

余嘗論右軍父子以來，筆法超逸絶塵，唯顔魯公、楊少師二人。立論者十餘季間瞠若不識，子瞻獨謂爲然。士夫乃云：「蘇子瞻與黄魯直愛而不知其惡，豈其然乎？」此來作字，頗髣髴魯公筆勢，然終不似魯公，暗合孫吴耳。山谷

張友正，鄧公之季子。少喜學書，不出仕。有别業，價三百萬，盡鬻以買紙。筆蹟高簡，有晉宋人風味，尤工于艸書。故廬在甜水巷，一日棄去，從水櫃街僦小屋，與染工爲鄰。或問其故，答曰：「吾欲假其縑素學書耳。」於是與約，凡有欲染皂者，先假之，一端酬二百錢。如是日書數端。米元章書自得於天資，然自少至老，筆未嘗停。有以紙餉之者，不問多寡，入手即書，至盡乃已。元祐末，知雍丘縣蘇子瞻自揚州召還，乃具飯邀之。既至，則對設長案，各以精筆、佳墨、紙三百列其上，而置饌其傍。子瞻見之大笑，就坐，每酒一行，即伸紙共作字，以二小史磨墨，幾不能供。薄暮，酒行既終，紙亦盡，乃更相易攜去，俱自以爲平日書莫及也。友正既未嘗仕，其性介，不多與人通，故其書知之者少，但不逮元章。

東坡少日學《蘭亭》，故其書姿媚似徐季海。至酒酣放浪，意忘工拙，字特瘦勁，廼似柳誠懸。中歲喜學顔魯、公楊風子書，其合處不減李北海。至於筆圓而韻勝，挾以文章妙天下，忠義貫日月之氣，本朝善書，自當推爲第一，數百季後，必有知此論者。

余嘗論二王以來，書藝超軼絶塵，惟魯公、楊少師相望數百季。若親望見逸少，又知得手應心，乃輪扁

不傳之妙。晚識子瞻，評子瞻行書當在楊、顔間。子瞻極辭謝不敢。卓吾曰：「此其所以能楊、顔間也。」

《潭州石刻法帖》十卷，蓋錢希白所鐫，最爲善本。吾鄉程欽之待詔以元符三季帥桂林，東坡自儋耳移合浦，得觀其藏帖。每帖各題其末，第二卷云：「唐太宗作詩至多，亦有徐、庾風氣，而世不傳，獨於《初學記》時時見之。」第四卷云：「吴道子始見張僧繇畫，曰浪得名耳。已而坐卧其下，三日不能去。庾征西初不服逸少，有家雞野鶩之論。後乃謂伯英再生。」第八卷云：「希白作字自有江左風味，故《長沙法帖》比淳化待詔所摹爲勝，世俗不察，争訪閣本，誤矣。此逸少一卷尤妙。」按：痹亮及弟翼俱爲征西將軍，坡所引者，翼也。坡又有詩曰：「暮季郤得庾安西，自厭家雞題六紙。」此帖今藏予家。

王右軍本學衛夫人，其後遂妙天下，所謂風斯在下也。東坡字本出顔魯公，其後遂自名家，所謂青出於藍也。

東坡與子由論書云：「吾雖不善書，曉書莫如我，苟能通其意，常謂不學可。」故其子叔黨跋公書云：「吾先君子豈以書自名哉！特以其至大至剛之氣發於胸中而應之以手，故不見其有刻畫嫵媚之態。而端冕章甫，若有不可犯之色。少季喜二王書，晚乃喜顔平原，故時有二家風氣，俗子不知，妄謂學徐浩，陋矣。」

徐會稽之濁在跛偃，李北海之濁在欹斜。跛偃之弊流而誤吾坡公，欹斜之弊流而爲元章父子。

海岳以書學博士召對，上問本朝以書名世有數人，海岳各以其人對曰：「蔡京不得筆，蔡卞得筆而乏逸韻，蔡襄勒字，黄庭堅描字，蘇軾畫字。」上曰：「卿書何如？」曰：「臣書刷字。」

蘇文忠五帖，其獻蠔帖極言蠔之美，至令叔黨勿宣傳北方君子，恐求謫海南，以分其味。

味摩詰之詩，詩中有畫；觀摩詰之畫，畫中有詩。詩曰「藍溪白石山，玉川紅葉稀。山路元無雨，空翠濕人衣。」

黄筌畫飛鳥，頸足皆展。或曰：「飛鳥縮頸則展足，縮足則展頸，無兩展者。」驗之信然，乃知觀物不審，雖畫師且不能，況其大者乎？

蜀中杜處士好書畫，所寶以百數，有戴嵩牛一軸尤所愛，錦囊玉軸，常以自隨。一日曝書畫，有牧童見之，撫掌笑曰：「此畫鬬牛也。牛鬬，力在角，尾搐入兩股間，今乃掉尾而鬬，謬矣。」處士笑而然之。古語云：「耕當問奴，織當問婢」，不可改也。

《跋畫苑》云：「君厚《畫苑》，處不充篋笥，出不汗牛馬，明牕淨几，有坐卧之安，高堂素壁，無舒卷之勞，而人物禽魚之變態，山川草木之奇姿，粲然陳前，亦好事者之一適也。」

魯直跋《右軍所膾圖》云：「徐彦和送此本來，云是《王右軍斫膾圖》。予觀此榻上偃蹇者，定不解書蘭亭序也。右軍在會稽時，桓温求側理紙，庫中有五十萬盡付之。計此風神，必有嵒壑之姿耳。」東坡跋云：「謝安石人物爲江左第一，然其爲政殊未可逸少意，作書譏誚，殆欲痛哭，以紙五十萬與桓温何足道？此乃史官之陋，而魯直亦云爾何哉？」書生見五十萬紙，足了一世，舉以與人，真異事耳

《書鄭君乘絹紙》云：僕謫居黄州，鄭元輿君乘亦官于黄。一日，以此紙一軸求僕書，云：「有故人孟陽，酷好君書，屬予多爲求之。」仍出孟君書數紙。其人亦善用筆，落筆洒然，雖僕何以加之。鄭君言其意勤甚，殆不可不許。後數日，適會中秋，僕與客飲江亭，醉甚，乃作此數紙。時元豐四季也。明日視之，乃絹。然古者本謂絹紙，近世失之。

王直方《詩話》云：歐公《盤車圖》詩云：「古畫畫意不畫形，梅詩詠物無隱情。忘形得意知者寡，不若見詩如見畫。」東坡作《韓幹畫馬》詩云：「韓生畫馬真是馬，蘇子作詩如見畫。世無伯樂亦無韓，此詩此畫誰當看。」又云：「論畫求形似，見與兒童鄰。賦詩必此詩，定非知詩人。」又云：「少陵翰墨無形畫，韓幹丹

青不語詩。此畫此詩今已矣，人間駑驥謾爭馳。」余以爲若論詩畫，於此盡矣。

元祐間，黄、秦諸君子在館，暇日觀畫，山谷出李龍眠所作《賢已圖》，博奕摴蒲之儔咸列焉。博者六七人，方據一局，投迸盆中，五皆六，而一猶旋轉不已，一人俯盆疾呼，旁觀皆變色起立，纖濃態度，曲盡其妙。相與歎賞，以爲卓絶。適東坡從外來，睨之，曰：「李龍眠天下士，顧效閩人語邪？」衆賢怪，請其故。東坡曰：「四海語音，言六皆合口，惟閩音則張口。今盆中皆六，一猶未定，法當呼六，而疾呼者乃張口，何也？」龍眠聞之，亦咲而服。

坡有題所《畫鴈》詩云：「野鴈見人時，未起意先改。君從何處看，得此無人態。」

鄢陵王主簿長于花鳥，東坡有《書所畫折枝》詩，云：「瘦竹如幽人，幽花如處女。低昂枝上雀，摇蕩花間雨。雙翎決時起，衆葉紛自舉。可憐採花蜂，清蜜寄兩股。若人富天巧，春色入毫楮。懸知君能詩，寄聲求妙語。」

李世南，字唐臣，嘗與鼂无咎同試諸生。无咎有求横幅長篇，又有題扇詩，蓋長于山水也。東坡亦嘗題其《秋景平遠》云：「人間斤斧日創夷，果見龍蛇百尺姿。不是溪山曾獨往，何人解作掛猿枝？野水參差落漲痕，疎林欹倒出霜根。浩歌一棹歸何處，家在江南黄葉村。」

子瞻所作枯木枝幹虬屈無端倪，石皴亦奇怪，如其胸中蟠鬱也。作墨竹從地一直起至頂，或問「何不逐節分？」曰：「竹生時何嘗逐節生邪？」又作寒林，嘗以書告王定國曰：「予近畫得寒林，已入神品。」雖然，先生平日胸臆宏放如此。而蘭陵胡世將家收所畫蠏，瑣屑毛介，曲屈芒縷，無不備具。先生又自題郭祥正壁云：「枯腸得酒牙角出，肺肝槎牙生竹石。森然欲作不可回，寫向君家雪色壁。」則知先生非乘酣發真興，亦不爲也。

李頎，字粹老，不知何許人。少舉進士，當得官棄去，烏巾布裘爲道人，遍歷湖湘間。晚樂吴中山水，遂隱於臨安大滌洞天。往來苕溪之上，遇名人勝士必與周旋。素善丹青，而間作小詩。東坡倅錢塘日，粹老以幅絹作春山横軸，而書一詩其後，付樵者，令俟坡之出投之。坡展視詩畫，蓋已奇之矣。及問，樵者曰：「我負薪出市，始經公門，有一道人與我百錢，令我至此。」坡益驚異，即散問西湖名僧輩，云是粹老。久之，會于湖山僧居，坡因和其詩，云「詩句對君難出手，雲泉勸我早抽身」是也。粹老畫出筆力之妙，盡物之變，而秀潤簡遠，非若近世士人，略得形似，便復輕訾前人，自有超神之妙，出于法度之外者。然不能爲特作，世所有者絶少，得其小屏幅紙以爲寶玩也。

子瞻歸自道場山，遇大風雨，因憩耘老溪亭，命官奴秉燭捧硯，寫風雨竹一枝，題云：「更將掀舞勢，把燭畫風篠。美人爲破顔，恰似腰枝嫋。」

文與可畫竹，是竹之左氏也。子瞻卻類莊子。又有息齋李衎者，亦以竹名。所謂東坡之筆妙而不真，息齋之竹真而不妙者是也。梅道人始究極其變，流傳既久，真贋雜錯。

楊用修引東坡跋：「希白作字自有江左風味，故《長沙法帖》比淳化爲勝，世俗不察，争訪閣本，誤矣。」乃知潭帖勝淳化多矣。希白，錢易也。按：希白乃潭州僧耳。書家謂其有筆意而多率直，無縈迴縹緲之勢。楊以幼安爲管寧，以希白爲錢易，其孟浪殊可對也。

先生戲筆所作枯株竹石，雖出一時取適，而絶去古今畫格。薳家所藏枯木并拳石叢篠二紙，連手帖一幅，乃是在黄州與張質夫莊敏公者。帖云：「某近者百事廢懶，惟作墨木頗精，奉寄一紙，思我當一展觀也。」後又書云：「本只作墨木，餘興未已，更作竹石一紙同往，前者未有此體，吾欲使後人知之耳。」

蓮於揚州得先生手畫一樂工，復作樂語云：「桃園未必無杏，銀鑛終須有鉛。荇帶豈能攔浪，藕花卻解留連。」其後又作漢隸書「子瞻、禹功同觀」，真三絶也。

岷山之下，凶年以蹲鴟爲糧，不復疫癘，知此物之宜人也。《本艸》謂芋爲土芝，云「益氣充饑」。惠州富此物，然人食之者不免瘴。吴遠游曰：「此非芋之罪也。芋當去皮，濕紙包，煨之火，過熟。乃熟，噉之，則鬆而膩，乃能益氣充饑。今惠州人皆和皮水煮冷啖，堅頑少味，其發瘴固宜。」丙子除夜前兩日，夜饑甚，遠遊煨芋兩枚見啖，甚美，乃爲書此帖。

世南近于三山郡齋獲觀龍眠所作《奉節圖》，後題云：「景文老兄持節守大名，從迓吏以訪別。念非仁者不能以言爲贈，贈之以佛衣綾而不受，贈之以文縠而不受，戲作奉節圖，以見分手之拳拳。元祐坤成節日龍眠山中人李公麟書。」景文，即劉季孫也。東坡嘗薦之，後知隰州而殁。死之日，家無一錢，但有書三萬軸，畫數百幅。其家藏王子敬黄柑三百顆帖。坡嘗有詩與之云：「君家子敬十六字，氣壓鄴侯三萬籤。」一日語景文曰：「一則仲父，二則仲父，以何爲對？」劉云可對「千不如人，萬不如人。」坡爲絶倒。

曹公敗歸華容，路多泥濘，使老弱先行，踐之而過。曰：「劉備智過人，而見事遲。華容夾道皆葭葦，使縱火，則吾無遺類矣。」今赤壁少西，對岸即華容鎮。然岳州復有華容縣，竟不知孰是。今日李委秀才來相別，因以小舟載酒飲赤壁下。李善吹笛，酒酣作數弄。風起水湧，大魚皆出。上有栖鶻，坐念孟德、公瑾如昨日耳。適會范子豐兄弟來，遂書以與之。

蘇公云：「老杜自秦川，越成都，所歷輒作一詩，數千里山川在人目中，古今詩人殆無其比。」明皇遣吴道子畫蜀道山川，歸對大同殿，索其畫無有。曰：「在臣腹中，請疋素寫之。」半日都畢。後明皇幸蜀，經其地無不與畫冐合，固知道子之神奇也。

坡公雜帖云：「柳十九仲矩自共城來，持大官米作飯食我，且言百泉之奇勝，勸我卜鄰。此心飄然，已在太行之麓矣。」

蔣希魯家有楊文公與王魏公一帖，用半幅紙，有折痕，其略云：「昨夜進士蔣堂携所作文來，極可喜，不敢不布聞。」子瞻曰：「夜得一士，旦以告人，察其情若喜而不寐者。世言文公爲魏公客。公經國大謀，人所不知者，獨文公得與。觀此帖，不特見文公好賢下士之急，且得一士必亟告之。其補於公者亦多矣。」卓吾曰：「坡公此語，如其人！如其人！」

坡公謫惠州，道經南安，於寺壁作叢竹怪石。後韓平原當國，劄下本軍取之。守臣親監臨，以紙糊壁全堵，脱而龕之以獻。平原大喜，置之閲古堂中。後平原敗，籍其家，壁入秘書省之著作庭。辛卯之火焚右殿

坡公此歸，經韶州月華寺，值建法堂。僧乞題梁，公欣然援筆云：「天子萬秊，來作神主，斂時五福，敷錫庶民。地獄天宫，同爲浄土，有性無性，齊成佛道。」右梁題歲月字。一夕爲人盜去，左梁墨色如新，余嘗見之。

道山堂，而此庭無恙。

坡公於常州報恩寺僧堂新成題其壁殆遍。後黨禍作，遺蹟所在搜毁，寺僧以厚紙糊壁，塗之以漆，字賴以全。至紹興中，詔求墨跡。時僧死久矣，一老頭陀知之，以告郡守。除去漆紙，字畫宛然。高宗大喜，老頭陀遂蒙恩度僧牒。

余得蔡忠惠《安樂》《扶護》二帖，蘇文忠《久上人》一帖，黄文節《眉州畢大事》二帖，于柘湖何氏又得米海嶽古詩於長洲張鳳翼氏，最後得蘇文忠《送梅花帖》及趙文敏《騎從》《弭節》二帖於嘉禾項氏。後先用善

價購之，不敢作米顛據船狡獪也。千狐粹腋，知爲裘者苦心，子孫其善藏之，勿落俗子手。弇州

蘇長公書《烟江疊嶂歌》極醇古，妙在藏鋒而秀氣，又自不可遏。乃至大令辭、尚書、永興廟堂法，亦時時見之，豈定國、晉卿皆公所深愛，而晉卿畫又足以發之耶？ 時宣城道中展此卷，覺九派九子諸江山各出所有來争勝也。弇州

石室先生以書法畫竹，山谷道人以畫竹法作書，東坡居士則兼二法而爲風。枝雨葉，則偃蹇欹斜；疎稜勁節，則亭亭直上。

蘇書《歸去來詞》頗似李北海，流便縱逸，而小乏遒氣，當是三錢雞毛筆所書耳。

張敉秀才於天池亂石中搜得東坡《和陶》詩石刻，榻以見貽。余觀此書，不拘拘就繩墨，而古雅之氣流動行押間，可重也。

元微之《連昌宫詞》，人以爲勝《長恨曲》，非虚調也。坡公作行艸書此，極有姿態，蓋自真本。

坡老言：詩至杜工部，書至顏魯公，畫至吴道子，天下之能事畢矣。能事畢而衰生焉，故吾于詩而得曹、劉也，書而得鍾、索也，畫而得顧、陸也。謂其能事未盡畢也。噫！此未易道也。

坡臨帖如雙雕並搏，各有摩天之勢，比之自運，尤覺不凡。

銅將軍，鐵綽板，唱東坡大江東，固也。然其詞跌宕感慨，有王處仲撾鼓意氣，傍若無人者。黄魯直書莽莽，亦自愛其足相發磊塊。時閲之，以當阮公數斗酒。

《缺月桂疎桐》一帖，山谷書蒼老鬱怒，大是奇筆。坡公此詞亦佳，詞尾「寂莫沙洲冷」與篇指相應，不必妄換崔信餘詩句。

余有此幀乃石室先生竹，而東坡先生題語，真足三絶。清晝焚香展閲，覺眉睫間有潯陽紫極宫色，九咽

皆作清冷氣，誓當與此君偕老。以上俱弇州。

寫生之句取其形似，故詞多迂弱。趙昌畫黄葵，坡題詩云：「檀心紫成暈，翠葉森有芒。」蓋佳語矣。

余蓄墨數百挺，暇日輒出品試之，終無佳者，其間不過一二可人意，以此知世間佳物自是難得。茶欲其白，墨欲其黑，方求黑時嫌漆白，方求白時嫌雪黑，自是人不會事也。

吾蓄墨多矣，其間數丸云是庭珪造，雖形色異衆，然歲久亂真者多。有人蓄此墨再世，一日遇重病，醫者麗安時愈之，不取一錢，獨求此墨。已而轉遺余，求書數幅。安時，蘄水人。

東坡云：「未知一生當著幾兩屐。吾有嘉墨七十枚，而猶求取不已，不近愚邪？」石昌言蓄李廷珪墨，不許人磨，或戲之云：「子不磨墨，墨將磨子。」今昌言墓木拱矣，而墨故無恙。李公擇見墨輒奪，卿相間，抄取殆遍。近有人從渠許來，云懸墨滿堂，此亦通人之一蔽也。余嘗有詩戲之云：「非人磨墨墨磨人。」此語殆可淒然云。

凡烟皆黑，何獨油烟爲墨則白？蓋松烟取遠，油烟取近，故爲焰所灼而白耳。予近取油烟，才積便掃以爲墨，皆黑，殆過于松煤，但調不得法，不爲佳墨，然非烟之罪也。

世人論墨，多貴其黑而不取其光。光而不黑，固爲棄物；黑而不光，索然無神采，亦復無用。要使其光，沾而不浮，湛湛如小兒目睛，乃爲佳也。懷民遺僕二枚，其陽云：「清烟煤法墨」，其陰云：「道卿既黑而光」，殆如前所云者。書以報之。

茶欲其白，常患其黑，墨則反是。然墨磨隔宿則色暗，茶碾過日則香減，頗相似也。茶以新爲貴，墨以古爲佳，又相反也。茶可於口，墨可於目。蔡君謨老病不能飲，則烹而玩之。吕行甫好藏墨而不能書，則時磨而小啜之。此又可以發來者一笑也。

司馬温公與蘇子瞻論茶墨俱香云：「茶與墨二者正相反，茶欲白，墨欲黑，茶欲重，墨欲輕，茶欲新，墨欲陳。」蘇曰：「上茶、妙墨俱香，是其德同也；皆堅，是其操同也。譬如賢人君子，黔皙美惡之不同，其德操一也。」公嘆以爲然。

《書嶺南紙付過》云：「硯細而不退墨，紙滑而字易燥，皆尤物也。吾平生無嗜好，獨好佳筆墨，既得罪謫嶺南，凡養生具十無八九，佳紙筆行且盡，至用此等，將何以自娱？爲之慨然，書付子過。」

大室常和，其墨精緻，極善用膠。余嘗就和得數餅，銘曰：「『紫霄峰造』者」，歲久，磨處真可截紙。子遇不爲五百季後名，而減膠售俗，如江南徐熙作落墨花，而子崇嗣取悦俗眼作没骨花，敗其家法也。」

余嘗於章序臣家見一墨，背列李承晏、李惟益、張谷、潘谷四人名氏。序臣云：「是王量提學所製。患無佳墨，取四家斷碎者再和膠成之，自謂勝絶。此其見遺者。」因謂序臣曰：「此亦好奇之過也。余聞之，製墨之妙正在和膠。今之造佳墨者，非不擇精烟，而不能佳絶者，膠法謬也。如不善爲文，而取五經之語以己意合而成章，望其高古，終不能佳也。」

宣和初，有潘衡者賣墨江西，自言嘗爲子瞻造墨海上，得其秘法，故人争趨之。余在許昌，問其季子過，過大笑曰：「先人在儋耳無聊，衡適來見，因使之别室爲煤，中夜遺火，幾焚廬。翌日，煨燼中得煤數兩，而無膠法，取牛皮膠以意自和之，不能爲挺，磊塊僅如指者數十，公亦絶倒。衡因謝去。」蓋别後自得法，借子瞻以行也。天下事，名實相蒙類如此。子瞻乃以善墨聞邪。衡今在錢塘竟以子瞻故售墨價數倍於前，然衡墨自佳，可與九華朱覲上下也。

紫蟾蜍，端溪石也。無眼，正紫色，腹有古篆「玉溪生山房」五字。藏于吴興陶定安世家，云是李義山遺研。其腹疵垢，真數百季物也。其蓋有東坡小楷書銘云：「蟾蜍爬沙到月窟，隱避光明入岩骨。琢磨黝頳出尤物，雕龍淵懿湏澥渤。」安世屢欲易余東坡醉草，未許，而以拱璧易向叔堅矣，即以進御，世人不復見也。《書孫叔静諸葛筆》云：「久在海外，舊所賫皆腐敗，至用雞毛筆。拒手獰劣，如魏元忠所謂騎窮相驢脚摇鐙者。」今日忽於孫叔静處用諸葛筆，驚歎曰：「此筆乃爾蘊藉耶！」

今日於叔静家飲官法酒，烹團茶，燒牙香，用諸葛筆，皆北歸善事。

定國吴研作風字樣，收水處微損，以漆固之。子瞻作《清虚居士真贊》，取以爲潤筆。子瞻今去國萬里，然與研俱乎？紹聖乙亥春，予至廣陵，吴説以筆工得子瞻書吴研銘，覽之悵然。平生交游，十季升沈，惟子瞻爲耐久。何日復相從，以硯墨紙筆爲適也。王鞏定國書。

去國八季，歸見中原士大夫皆用散毫作無骨字。買筆於市，皆散軟一律，惟廣陵吴説獨守舊法。王定國謂往還中無耐久者，吴説筆工而獨耐久，吾甚嘉之。建中靖國元季五月二十日東坡居士書。卓吾曰：「筆工亦能耐久乎？耐久朋歸筆工矣。」

硯之發墨者必費筆，不費筆則退墨，二德難兼，非獨硯也。大字難結密，小字常局促，真書患不放，艸書苦無法，茶苦患不美，酒惡患不辣，萬事無不然，可一大笑也。

《書許敬宗硯》云：「都官郎中杜叔元君懿，有古風字硯，工與石皆出妙美。相傳是許敬宗硯，初不甚信。其後杭人有網得一銅匣于浙江中者，有『鑄成許敬宗』字，與硯適相宜，有容兩足處，無毫髮差，乃知真敬宗物也。君懿嘗語余：『吾家無一物，死，當以此硯作潤筆，求君誌吾墓也。』君懿死，其子沂歸硯請誌。而余不作墓誌久矣，辭之。沂乃以硯求之於余友人孫莘老，莘老笑曰：『敬宗在，正堪喙以伺狗耳，何以其硯爲。』余哀此硯之不幸，一爲敬宗所辱四百季矣，而垢穢不磨。方敬宗爲姦時，研豈知之也哉！以爲非其罪，故乞之於孫莘老，爲一洗之。匣今在唐氏，唐氏甚惜之，求之不可得。硯之美既不在匣，而上有敬宗姓名，蓋不必蓄也。」卓吾曰：「以敬宗之故及其硯，又以惡硯之故并及硯匣，世人之作惡一至此哉！即此作惡一念，其惡尤浮于敬宗而自不知，可不哀，與他人何足道？以坡公聰明，亦隨俗作惡，可惜也。」

《書唐林夫惠硯》云：「行至泗州，見蔡景繁附唐林夫書信，與余端硯一枚，張遇墨半螺。硯極佳，但小而凸，磨墨不甚便。作硯者意待數百季後，硯平乃便墨耳。一硯猶須作數百季計，而作事乃不爲明日計，可不謂大惑邪？」

秦少章云，郭功甫嘗過杭州，出詩一軸以示東坡，而自吟誦不輟。因謂坡曰：「祥正此詩幾分？」坡曰：「十分，七分來是讀，三分來是詩。」

南岳李岩老好睡，衆人食罷下碁，岩老輒就枕。閱數局，乃一展轉，云：「我始一局，公幾局矣？」東坡曰：「岩老常用四脚碁盤，只着一色黑子。昔與邊韶敵手，今被陳摶僥先。」

章子厚與蘇子瞻少爲莫逆交。子厚坦腹卧，適子瞻自外來，子厚摩其腹以問曰：「公道此中何所有？」子瞻曰：「都是謀反底家事。」子厚大笑。

劉貢父問子瞻：「『老身倦馬河堤永，踏盡黄榆緑槐影』是閣下詩乎？」子瞻曰：「然。」貢父曰：「是日影？是月影？」子瞻曰：「『竹影金鎖碎』又何嘗説日月也？」二公大笑。

坡公在維揚，一日設客，米元章在坐。酒半，元章忽起自贊曰：「世人皆以芾爲顛，願質之子瞻。」公笑曰：「吾從衆。」

《談録》云：韓康公絳謝事後，自穎入京。以上元至十六日私第會從官九人，皆門生故吏，一時名德，如傅欽之、胡寬夫、錢穆父、蘇東坡、劉貢文、顧子敦皆在坐。出家妓十餘人。中讌，有新寵魯生者舞罷爲游蜂所螫，公意不喜。久之呼出，以白團扇從東坡乞詩。坡書一絶：「窗揺細浪魚吹日，手弄黄花凉透衣。不覺春風吹酒醒，空過明月伴人歸。」上句記其姓，下句記其事，康公大喜。坡曰：「但恐他姬厮賴，故云耳。」

東坡嘗約劉器之同參玉版。器之每倦山行，聞玉版，欣然從之。至簾泉寺，燒笋而食。器之覺笋味勝，問此何名？東坡曰：「玉版。此老僧善説法，令人得禪悦之味。」器之方悟其戲。

胡苕溪云：東坡在御史獄，獄吏問云：「《檜詩》『根到九泉無曲處，世間惟有蟄龍知』有無譏諷？」東坡答云：「『天下蒼生望霖雨，不知龍向此中蟠』此龍是也。」獄吏爲之一笑。

石塔長老遣侍者投牒解院，東坡問長老欲何往？對曰：「歸西湖舊廬。」東坡即將僚佐同至石塔，擊鼓聚衆，袖中出疏，使黿无咎讀之，其詞曰：「大士未曾出世，誰作金毛之聲？衆生各有開堂，何關石塔之事。去作無相，住亦隨緣。戒公長老，開不二門，施無盡藏，念西湖之久别，亦是偶然，爲東坡而少留，無不可者。一時稽首，重聽白槌，渡口船回，依舊雲山之色。秋來雨過，一新鍾鼓之聲。」以文爲戲，一時咸慕其風。

陳慥季常，公弼之子，自稱龍丘先生，又稱方山子。好賓客，喜畜聲妓，然其妻柳氏絶兇妒，故東坡詩云：「龍丘居士亦可憐，談空説有夜不眠。忽聞河東獅子吼，拄杖落手心茫然。」

靈隱寺僧了然戀妓李秀奴者日久，衣鉢蕩盡，秀奴絶之。一夕，了然乘醉復往，秀奴弗納，怒而擊之，隨手而斃。子瞻治郡，送獄院推勘，見僧臂上有刺字云：「但願生同極樂國，免教今世苦相思。」子瞻見招結，舉筆判《踏莎行》詞云：「這個秃奴，修行忒煞，雲山頂上空持戒。只因迷戀玉樓人，鶉衣百結渾無奈。毒手傷人，花容粉碎。色空空色今何在？臂間刺道苦相思，這回還了相思債。」判訖，押赴市曹處斬。

一日退朝食罷，捫腹徐行，顧謂侍兒曰：「汝輩且道是中何物？」一婢遽曰：「都是文章。」又一曰：「滿腹機械。」至朝雲乃曰：「學士一肚皮不合時宜。」坡始捧腹大笑。

坡在惠州，天下傳其已死。後七年北歸，時章丞相方貶雷州，東坡見南昌太守葉祖洽。葉問曰：「世傳端明已歸道山，今尚爾游戲人間耶？」坡笑曰：「途中遇章子厚，乃回反耳。」

東坡以吕微仲豐碩，每戲之曰：「公真有大臣體，此《坤》六二所謂直方大也。」及拜相，東坡當制，遂爲詞曰：「果藝以達，有孔門三子之風；直大而方，得《坤》爻六二之動。」一日謁微仲，微仲方寢，久不出。已而見於便坐，有菖蒲盆畜緑毛龜，東坡即云：「此龜易得，（起謾得好）若六眼龜則難得。」微仲因問六眼龜，東坡曰：「昔唐莊宗同光中，林邑國進六眼龜。時伶人敬新磨在殿下進口號曰：『不要鬧，不要鬧，聽取這龜兒口號，六隻眼兒分明，睡一覺抵别人三覺。』」

韓子華玉汝兄弟相繼命相。未幾，持國又拜門下侍郎，甚有爰立之望。其家搆堂，欲榜曰三相。俄持國罷政，遂請老。東坡聞之曰：「既不成三相堂，可即名二相公廟。」

坡自元祐初起知登州，未幾，以禮部員外郎召。到途中遇當時獄官，獄官甚是慚惶，東坡戲之曰：「有蛇螫殺人，爲冥府所追，議法當死。蛇前訴曰：『誠有罪，然亦有功。』冥曰：『何功？』蛇曰：『某有黄可治病，所活已數人矣。』獄吏推驗不誣，遂得免。良久，牽一牛至，獄吏曰：『此牛觸殺人，亦當死。』牛曰：『我亦有黄，可治病，亦活數人矣。』良久，亦得免。久之，獄吏牽一人至，曰：『此人嘗殺人，今當還命。』其人倉皇亦言有黄，冥官大怒曰：『蛇黄、牛黄皆入藥，汝爲人黄，何説？』其人窘甚，曰：『某别無黄，但有些慚惶耳。』」

知湖州日，嘗與客遊道場山，屏退從者而入。有僧憑門熟睡，坡戲云：「髠闍上困。」有客即答曰：「何不用釘頂上釘。」

坡在黄，即坡之下種稻，爲田五十畝，自牧一牛。一日牛病，呼牛醫療之，云不識證狀。王夫人曰：「此牛發豆斑，療法當以青蒿作粥啖之。」如言而效。後舉似章子厚云：「我自謫居後，便作老農，更無樂事，豈知老妻猶能接黑牡丹也。」子厚曰：「我更欲留君與語，恐人又謂從牛醫兒來，姑且去。」遂大笑而别。

牛

錢穆父一日折簡召坡食皛飯，坡至，乃設飯一盂，蘿蔔一楪，白湯一盞，蓋以三白爲皛也。後數日，坡復召穆父食毳飯，穆父意坡必有毛物相苦。比至，日晏並不設食，穆父餒甚。坡笑曰：「湯也毛，飯也毛，蘿蔔也毛，非飯毳而何？」穆文捧腹曰：「固知君必報東門之役，然慮不及此。」坡始命進食，抵暮别去。

子瞻與姜至之同坐，姜先舉令云：「坐中各要一物藥名。」因指子瞻曰：「君藥名也。」問其故，曰：「子蘇子。」子瞻應聲曰：「君亦藥名也。若非半夏，定是厚朴。」姜詰其故，子瞻曰：「非半夏、厚朴，何以曰姜制之？」

一日與温公論事，坡偶不合，曰：「相公此論，故爲鼈厮踢。」温公不解，曰：「鼈安能厮踢？」坡曰：「是之謂鼈厮踢。」

荆公《字説》成，坡戲曰：「以竹鞭馬爲篤，不知以竹鞭犬有何可笑？」荆公曰：「鳩字從九從鳥，亦有證據乎？」坡云：「《詩》曰『鳲鳩在桑，其子七兮』，和爺和娘，恰似九個。」公知其謔而不較也。

子瞻任鳳翔府節度判官，章子厚爲商令，同試永興軍進士劉厚父爲帥，皆以國士遇之，二人相得歡甚。一日，同遊南山諸寺。寺有山魈爲祟，客不敢宿，子厚獨宿。山魈不敢出。仙游潭下臨絶壁，岸甚狹，横木如橋，子厚平步過之，用索繫樹，躡之上下，神色不動。以漆墨濡筆，大書石壁曰：「章惇、蘇軾來游。」子瞻拊其背曰：「子厚必能殺人。」子厚曰：「何也？」子瞻曰：「能自拚命者，能殺人也。」子厚大笑。

魯直謂東坡曰：「昔王右軍字，爲換鵝書。韓宗儒每得公一帖，即於殿帥姚麟許换羊肉十數斤，可名公書爲換羊書矣。」一日，坡在翰苑，以聖節撰著紛冗，宗儒日作數簡，以圖報書，使人立庭下，督索甚急。公笑語之曰：「傳語本官今日斷屠！」

余飲少輒醉，卧則鼻鼾如雷，傍舍爲厭而不知也。一日醉卧，有魚頭鬼身者自海中來，告余曰：「廣利王請端明。」余被褐履草黄冠而去。亦不知身步入水中，但聞風雷聲暴如觸石。有頃，豁然明白，及其所詣水精宫殿相照耀也。其上則麗日夜光，文犀尺璧，南金火齊，眩目不可仰視。琥珀珊瑚，不知多少。少間，廣利王出。余對以海上逐客，重煩邀命，廣利且歡且喜。頃南溟夫人亦造，王令出素絞綃丈餘，與予題詩。予乃賦曰：「天地雖虚廓，淮海爲最大。聖主皆祀事，位尊河伯拜。祝融爲異號，恍惚聚百怪。三氣變流光，萬里風雲快。靈旗摇紅梅，赤虬噴滂湃。家近玉皇樓，彤光照無界。若得明月珠，可以償我債。」寫竟，進廣利，諸仙咸稱妙。獨廣利傍一簪冠水族謂之鼈相公，進言「蘇軾不避忌諱。祝融字犯王諱。」王乃大怒。余退而歎曰：「到處被鼈相公厮壞。」

劉貢父觴客，子瞻有事先起，劉調曰：「幸早裏且從容。」子瞻曰：「奈這事須當歸。」各以三果一藥爲對。

真皇既封，訪天下隱者，得杞人楊朴。上問：「臨行有人作詩送卿否？」朴言：「微臣之妻有一首，云『更休落魄躭盃酒，再莫猖狂愛詠詩。今日捉將官裏去，這回斷送老頭皮。』」上大笑，即放還。余在湖州，坐作詩追赴詔獄。妻子見余出門，皆哭。余無以語之，但顧曰：「子獨不能如楊朴處士妻，作一詩送我乎？」

老妻不覺失笑。余乃去。

山谷嘗和東坡《春菜》詩云：「公如端爲苦筍歸，明日春衫誠可脱。」坡得詩，戲語坐客曰：「吾固不愛做官，魯直遂欲以苦筍硬差致仕。」聞者絶倒。

元豐六年十一月二十七日，天欲明，夢數吏人持紙一幅，其上題云：「請祭春牛文。」余取筆疾書其上云：「三陽既至，庶草將興，爰出十牛，以戒農事。衣被丹青之好，本出泥塗，成毁須臾之間，誰爲喜愠？」吏微笑曰：「此兩句當有怒者。」傍一吏云：「不妨，不妨，此是喚醒他。」

自海還，過惠州。州牧故人出效迎，問海南風土人情。余謂風土極善，人情不惡。其初離昌化時，有十數父老皆攜酒饌，直至水次，送某登舟，執手泣涕而别，曰：「此回與内翰相别，後不知甚時相見？」

坡嘗飲一豪家，侍姬十餘，皆有姿技。獨豪所鍾愛者名媚兒，容質雖麗，而軀幹甚偉。豪命乞詩於公，公戲云：「舞袖蹁躚，影摇千尺龍蛇動；歌喉宛轉，聲撼半天風雨寒。」妓頳然不悦而去。「影摇千尺龍蛇動，聲撼半天風雨寒」，石曼卿松詩也。

東坡自錢塘被召，林子中作郡守，有會。坐中管妓出牒，鄭容求落籍，高瑩求從良。子中呈東坡，東坡索筆爲《減字木蘭花》書牒後云：「鄭莊好客，容我樓前先墮幘。落筆生風，籍籍聲名不負公。高山白早，瑩骨冰肌那解老？從此南徐，良夜清風月滿湖。」時用「鄭容落籍，高瑩從良」八字於句端也。

東坡嘗舉「坡」字問荆公何義，公曰：「坡者，土之皮。」曰：「然則滑者，水之骨乎？」荆公曰：「然也。」

東坡喜食燒猪，佛印住金山時，每燒猪以待其至。一日爲人竊食，坡戲作云：「遠公沽酒飲陶潛，佛印燒猪待子瞻。採得百花成蜜後，不知辛苦爲誰甜。」在黄岡時，嘗戲作「黄州好猪肉，價錢如糞土。富者不肯喫，貧者不解煮。慢着火，少着水，火候足時。他自美。每日起來打一碗，飽得自家君莫管。」《雲山散録》載黄昇日食鹿肉二斤，自晨煮至日影下。西門曰：「火候足矣。」同此。

在黄州日，嘗赴何秀才會。食油果甚酥，因問此爲何名，主人對以無名。坡又問爲甚酥，坐客曰：「是可以爲名矣。」潘長官以坡不能飲，特爲設醴。坡笑曰：「此必錯煮水也。」他日，忽思油果，作詩求之，云：「野飲花前百事無，腰間唯繫一葫蘆。已傾潘郎錯煮水，更覓君家爲甚酥。」李端叔嘗爲余言，東坡云「街談市語皆可入詩。」

先生在黄，每有燕集，醉墨淋漓。有李琪者，小慧，頗知書札，未嘗獲賜。公移汝，將祖行，酒酣，奉觴再拜，乞書。公顧視久之，令琪磨硯，墨濃，取筆大書「東坡七歲黄州住，何事無言及李琪？」即擲筆袖手，與客笑談。坐客相謂「語似凡易，又不終篇，何也？」至將徹具，琪復拜請，坡大笑曰：「幾忘出場。」繼書云：「恰似西川杜工部，海棠雖好不留詩。」一座擊節，盡歡而散。

徐黄州之子叔廣嘗出先生醉墨一軸，字畫欹傾，龍蛇飛動。乃是張無盡過黄州，而黄州有四侍人，適張夫人攜其一，往壻家爲浴兒之會，無盡因戲語云：「厥有美妾，良由令妻。」公即續之爲小賦，云：「道得徽章鄭趙，往稱孫姜閻齊。浴兒於玉潤之家，一夔足矣。侍坐於冰清之寓，三英粲兮。」既暮而還，乃閻姬也，最爲徐所寵。公復書絶句云：「玉筍纖纖揭繡簾，一心偷看緑羅尖。使君三尺毹頭帽，須信從來只有簷。」

先生在東坡，每有勝集，酒後戲書以娱客。獨畢少董所藏一帖，醉墨瀾翻，而語特有味，云：「今日與數客飲酒，而純臣適至。秋熱未已，而酒白色，此何等酒也？入腹無贓，任見大王。既與純臣飲，無以侑酒。西鄰耕牛適病足，乃以爲禽。飲既醉，遂從東坡之東直出，至春草亭而歸，時已三鼓矣。所謂春草亭，乃在郡城之外。是與客飲私酒，宰耕牛，醉酒踰城，犯夜而歸。又不知純臣者是何人也。」

劉貢父舍人滑稽辨捷，晚年雖得大風惡疾，鼻孔子揭了，而乘機决發，亦不能忍。一日，擁爐於慧林僧寮，謂坡曰：「吾之隣人有一子，使之代掌小廨。不逾歲，誤質盜物，資本耗盡。其子負媿，引罪而請曰：『某拙於運財，今請從師讀書，勉赴科舉，庶幾可成，以復前業。』其父大喜，擇日具酒肴遣之。既別而囑曰：『吾老矣，子今去我游學，儻或僥倖，改換門户，吾之幸也。然切有一事不可不記，或有交友與汝唱和，須子細看，莫更和郤賊詩。』」蓋譏先生前逮詔獄，如王晉卿、周開祖之徒，皆以和計爲累耳。貢父語始絶口，先生即謂之曰：「某聞昔夫子自衛反魯，會有召夫子食者，既出，羣弟子相與語曰：『魯，吾父母之邦也。我曹久從夫子，今幸俱還，能乘夫子他出，相從尋訪親舊，因之閲市否？』衆忻然許之。始過闤闠，未及縱觀而稠人中望見夫子巍然來矣。於是由、夏之徒奔踔越逸，無一留者。獨顔子拘謹，不能遽爲闊步，顧市中石塔可以隱蔽，即屏伏其旁，以俟夫子之過。已而羣弟子因共日之爲『避孔子塔』云。」蓋譏貢父風疾之劇，終不免鼻孔子揭也。

東坡元祐時登禁林，以高才狎侮諸公卿，率有標目，獨於司馬温公不敢有所重輕。一日，相與共論免役差役利害，偶不合，及歸舍，方卸巾弛帶，乃連呼曰：「司馬牛！　司馬牛！」

出守錢塘，來别潞公，公曰：「願君至杭少作詩，恐爲不相喜者誣謗。」再三言之，臨别上馬，笑曰：「若『還興』也，便有『箋云』。」時有吴處厚者，取蔡安州詩作注，蔡安州遂遇禍，故有「箋云」之戲。

某謫監黄州市征，有一舉子惠簡求免税，書札稍如法，乃言「舟中無貨可税，但奉大人指揮，令往荆南府取先考靈柩耳。」同官皆絶倒。

大通禪師操律高潔，人非齋沐，不敢登堂。東坡挾妓謁之，大通愠形於色，乃作《南柯子》一首，令妓齊歌之。大通亦爲解，頤公曰：「今日參破老禪矣。」其詞云：「師唱誰家曲？　宗風嗣阿誰？　借君拍板與門搥，我也逢場作戲，莫相疑。溪女方偷眼，山僧莫睫眉。却愁彌勒下生遲，不見老婆三五，少年時。」

子瞻通判杭州，權領郡事。新太守將至，有營妓投牒乞從良，子瞻判曰：「五日京兆，判狀不難，九尾野狐，從良任便。」又有周妓，色藝超絶，爲一郡之魁，聞判亦來投牒，欲援例脱籍。子瞻惜其去，不許，判云：「慕《周南》之化，此意可嘉；空冀北之羣，所請不允。」其善謔如此。

坡仙集卷之十三終

坡仙集卷之十四

別集九十六條

東坡在儋耳，因試筆自書云：「吾始至南海，環視天水無際，悽然傷之，曰：『何時得出此島耶？』已而思之：天地在積水中，九州在大瀛海中，中國在少海中，有生孰不在島者？覆盆水於地，芥浮於水，蟻附於芥，茫然不知所濟。少焉水涸，蟻即徑去，見其類，出涕曰：『幾不復與子相見。』豈知俯仰之間，有方軌八達之路乎！念此可以一笑。戊寅九月十二與客飲，薄酒小醉，信筆書此紙。」

東坡與客論食次，取紙一幅，書以示客云：「爛蒸同州羊羔，灌以杏酪，食之以匕不以箸。南都麥心麪，作槐芽温淘。糁襄邑抹猪，炊芡城香粳，薦以烝子鵞。吴興庖人斫松江鱠，既飽，以廬山康王谷簾泉，烹曾坑鬭品。少焉，解衣仰卧，使人誦東坡先生《赤壁前後賦》，亦足以一笑也。」

東坡性不忍事，嘗云：「如食中有蠅，吐出乃已。」鼂美叔每以爲言。坡云：「某被昭陵擢在賢科，一時魁舊往往爲知己，上賜對便殿，有所開陳，悉蒙嘉納，已而章疏屢上，雖甚剴切，亦終不怒。使某不言，誰當言者。爾之所慮，不過恐朝廷殺我耳。」因浩歎者久之，曰：「朝廷若果見殺我，微命亦何足惜，只是有一事，殺了我後好了你。」遂相與大笑而起。

章子厚初生時，父母欲不舉，已納水盆中，爲人救止，故子瞻與子原詩有「方丈仙人出淼茫，高情猶愛水雲鄉」之語。

曇秀來惠州見東坡，將去，坡曰：「山中人見公還，必求土物，何以應之？」秀曰：「鵞城清風，鶴嶺明月，人人送與。」坡曰：「不如將幾紙字去，每人與一紙，但向道：此是言《法華》書裏頭有災福。」

王君善書符，行天心正一法，爲里人療疾驅邪。僕嘗傳呪法，當以授王君。其辭曰：「汝是已死我，我是未死汝。汝若不吾祟，吾亦不汝苦。」

元祐六年八月十五日，與柳展如飲酒一杯，作字數紙，書李太白詩云：「遺我鳥跡書，飄然落岩間。其字乃上古，讀之了不閑。」李白尚氣，乃自招不識字，可一大笑。不如韓愈崛强，云：「我寧屈曲自世間，安能隨汝巢神仙。」也

参寥子言：「老杜詩云：『楚江巫峽半雲雨，清簟疎簾看奕碁。』此句可畫，但恐畫不就耳。」僕言：「公禪人，亦復能此語耶。」寥云：「譬如不事口腹人，見江瑶柱，豈免一朶頤？」

王荆公作《字説》，行之天下。東坡在館，因見而及之，曰：「丞相賾微窅，窮制作，某不敢知，獨恐每每牽附，學者承風，有不勝其鑿者，如『犇麤』二字言之，牛之體壯於鹿，鹿之行速於牛，今積三爲字，而其義皆反之，何也？」荆公無以答。

承平時，國家與遼歡盟，文禁甚寬。輅客者往來，率以談謔詩文相娱樂。元祐間，東坡實膺是選，遼使素聞其名，思以奇困之。其國有一對曰，三光日月星，凡以數言者必犯其上一字，於是偏國中無能屬者。有以請於坡，坡唯唯，謂其介曰：「我能而君不能，亦非所以全大國之體。『四詩風雅頌』，天生對也。盍先以此復之。」介如言；方共歎愕。坡徐曰：「某亦有一對，曰『四德元亨利』。」使睢盱欲起辯，坡曰：「而謂我忘

其一耶？謹闕而言！兩朝兄弟邦，卿爲外臣，此固仁祖之廟諱。」使臣出，意大駭服。既又有所談，輒爲坡逆敓，使自媿弗如。及白溝往反，齚舌不敢復言他。

東坡示參寥云：「桃符仰視艾人而罵曰：『汝何等草芥，輒居我上？』艾人俯而應曰：『汝已半截入土，猶爭高下。』桃符怒，往復紛紛不已。門神解之曰：『吾輩不肖，傍人門户，何暇爭閑氣？』」請妙總大士看此一轉語。

有村校書，年已七十，方買妾饌客。東坡杖藜相過，村校書大喜。其妾時年三十，起爲壽而乞詩。公乃戲爲之，曰：「侍者方當而立歲，先生已是古稀年。」滑稽類此。

公常令門人輩作人物不易賦。或作一聯云：「伏其几而升其堂，曾非孔子；襲其書而戴其帽，未是蘇公。」蓋元祐初士大夫皆效東坡頂高桶帽，謂之子瞻樣，故云。

洗兒戲作云：「人皆養子望聰明，我被聰明悞一生。唯願孩兒愚且魯，無災無難到公卿。」

《簾曝偶談》：東坡一帖云：「王十六秀才遺拍板一串，意余有歌人，不知其無也。然亦有用，陪傅大士唱《金剛經》耳。字畫奇逸，如欲飛動。魯直以小楷書其下：「此拍板以遺朝雲，使歌公《滿庭芳》，亦不惡也。然朝雲今爲惠州土矣。」《惠州志》有朝雲墓，守墓者百餘家，至今清明奠饋如祀先祖。

杜幾先以紙求書，云：「大小不得過此。」其意不問工拙，但恐太費紙耳。嚴子陵若見，當復有賣菜之語，無以酧其失言，當乾没此紙也。

宗人鎔貧甚，吾無以濟之。昔季嘗見李駙馬瑋以五百千購王夷甫帖，吾書不下夷甫，書此遺生，不得五百千，勿以予人。然事在五百季外，價如是不亦鈍乎？吾一坐六十小劫，五百季何足道哉！

跋《山谷艸書》云：「曇秀來海上見東坡，出黔安居士艸書一軸，問此書如何？坡云：『張融有言「不恨臣無二王法，恨二王無臣法。」』吾於黔安亦云，它日黔安當捧腹軒渠也。」

跋南唐《㓷耳圖》云：「王晉卿嘗暴得耳聾，意不能堪，求方於僕。僕答之云：『君是將種，斷頭穴胸當無所惜，兩耳堪作底用，割舍不得，限三日疾去。不去，割取我耳。』」晉卿洒然而悟。三日，病良已，以頌示僕，云：「老婆心急頻相勸，性難只得三日限。我耳已校君不割，且喜兩家總平善」。今見定國所藏《挑耳圖》，云得之晉卿，聊識此。

坡有妹敏慧多辯，其額廣而如凸，坡嘗戲曰：「蓮步未離香閣下，梅妝先露畫屏前。」妹即應云：「欲扣齒牙無覓處，忽聞毛裏有聲傳。」公多須髯，遂戲答之。時年十歲也。

先生元祐間出帥錢塘，視事之初，都商稅務押到匿稅人南劍州鄉貢進士吳味道，以二巨罨作公名銜，封至京師蘇侍郎宅。公即呼味道前訊，問其罨中果何物。味道恐蹙而前，曰：「味道今秋忝昌鄉薦，鄉人集錢爲赴省之贐，以百千就置建陽小紗，得二百端，因許道路所經場務盡行抽稅，則至都下不存其半。心竊計之，當今負天下重名而愛獎士類，唯內翰與侍郎耳。總有敗露，必能情貸。味道遂假先生台銜，緘封而來，不探知先生已臨鎮此邦，罪實難逃。幸先生恕之。」公熟視笑，呼掌牋奏書吏，令去舊封，換題細銜，附至東京竹竿巷蘇侍郎宅。并手書子由書一紙付示，謂味道曰：「先輩這回將上天去也無妨。來年高中，過當卹惠顧也。」味道悚謝再三。次年果登第。還，具牋啟謝殷勤。公甚喜，爲延欵數日而去。

先生臨錢塘日，有陳訴負綾絹錢二萬不償者，公呼至詢之，云某家以制扇爲業，適父死，而又自今春已來連雨天寒，所製不售，非故負之也。公熟視久之，曰：「姑取汝所製扇來，吾當爲汝發市也。」須臾扇至，公取白團夾絹二十扇，就判筆作書草聖及枯木竹石，頃刻而盡，即以付之，曰：「出外速償所負也。」其人抱扇泣謝而出。始踰府門，而好事者争以千錢取一扇，所持立盡。後至而不得者，懊恨不勝去，遂盡償所逋，一郡稱嗟。

黄州東南三十里爲沙湖，亦曰螺螄店。余將買田其間，因往相田。得疾，聞麻橋人龐安時善醫而聾。安時雖聾，而穎悟過人。以指畫字，不盡數字，輒了人深意。余戲之曰：「余以手爲口，君以眼爲耳，皆一時異人也。」疾愈，與之同游清泉寺。在蘄水郭門外二里許有王逸少洗筆泉，水極甘，下臨蘭溪，水西流。余作歌云：「山下蘭芽短浸溪，松間沙路浄無泥。蕭蕭暮雨子規啼，誰道人生難再少？君看流水尚能西！休將白髮唱黄雞。」是日極飲而歸。

東坡倅杭州，不勝杯酌。部使者知公有才望，朝夕聚首，疲於應接，乃號杭倅爲酒食地獄。其後袁轂倅杭，適郡將不協，諸司緣此相疏，袁語所親曰：「酒食地獄正值獄空。」傳以爲笑。

程頤在經筵，以禮法自持，每進講，色甚莊，繼以諷諫。蘇軾謂其不近人情，深嫉之。值國忌行香，頤令供素饌，軾詰之曰：「正叔不好佛，胡爲食素？」頤曰：「禮居喪不飲酒食肉。忌日，喪之餘也。」軾令具肉食，曰：「爲劉氏左袒。」於是范純夫輩食素，秦、黄輩食肉。一日，明堂降赦，臣寮稱賀訖，兩省官欲往奠司馬光。頤言曰：「子於是日哭，則不歌。」軾曰：「即不言歌，則不哭，今賀赦了，卻往吊喪，於禮無害。」（胡説）軾遂以鄙語戲頤，（大不是）衆皆大笑。軾每誚頤曰：「不知何時（是）打破這箇敬字。」至形諸奏狀云：「臣素疾程頤之奸，（恶矣）未嘗假以辭色。」於是頤門人右司諫賈易、左正言朱光庭等積不能平，劾軾學士院試館職策題，乞正其罪。詔特放罪。御史中丞傳堯俞、王岩叟各上疏論軾，吕陶言：「蘇軾所撰策題，蓋設此問以觀其答，非謂仁宗不如漢文，神考不如漢宣也。今士大夫皆曰程頤與朱光庭友而親，蘇軾常戲薄程頤，光庭爲程頤報怨也。臺諫當狥至公，不可假借事權以報私隙。」右司諫王覿言：「軾命辭失輕重，其事小，不足考。若悉考同異，深究嫌疑，則兩岐遂分，使士大夫有朋黨之名，大患也。」太后然之。范純仁亦言：「軾無罪。」遂置不問。

宋柳耆卿、蘇長公各以填詞名，而二家不同。東坡一日問一優人曰：「我詞何如柳學士？」優曰：「學士那比得相公。」坡驚曰：「如何？」優曰：「公詞須用丈二將軍，銅琵琶、鐵綽板唱相公的『大江東去』。柳學士却着十七八女郎唱『楊柳外曉風殘月』。」坡爲之撫掌大笑。優人之言便具褒彈。

今人好和《歸去來詞》，予最敬鼂以道所言。其《答李持國書》云：「足下愛淵明所賦《歸去來辭》，遂同東坡先生和之，僕所未喻也。建中靖國間，東坡和《歸去來》，初至京師，其門下賓客從而和者數人，皆自謂得意，陶淵明紛然一日滿人目前矣。參寥忽以所和篇示余，率同賦，予謝之，曰：『童子無居位，先生無並行，與吾師共推東坡一人於淵明間可也。』參寥即索其文，袖之出，吴音曰：『罪過。』」

蘇子瞻自黄徙汝，過金陵，荆公野服乘驢謁于舟次。子瞻迎揖，曰：「軾今日敢以野服見大丞相。」公因招游蔣山，坐方丈飲茶，指案上大研，曰：「可集古詩聯句賦此。」子瞻應聲曰：「巧匠斵出骨。」公沈思良久而起，曰：「且趁晴色窮攬蔣山之勝。」田承君與一二客從，後言曰：「荆公尋常好以此困人，今日反爲蘇公所困矣。」

蘇長公奉祠西太乙，見王介甫舊題六言詩曰：「楊柳鳴蜩緑暗，荷花落日紅酣。三十六陂春水，白頭想見江南。」注目久之，曰：「此老野狐精也。」

吕惠卿之謫，詞頭始下，劉貢父當草制。東坡呼曰：「貢父平生作劊子，今日纔殺人也。」貢父引疾謁告。東坡一揮而就，傳寫都下，爲之紙貴。

東坡一日會客，坐客舉令，欲以兩卦名證一故事。一人云：「孟嘗門下三千客，大有同人。」一人云：「光武兵渡滹沱河，既濟未濟。」一人云：「劉寬婢羹汙朝衣，家人小過。」最後東坡云：「牛僧孺父子犯罪，大畜小畜。」蓋指荊公父子也。衆皆絶倒。

司馬公薨，程正叔以臆説斂之，正如封角狀。東坡嫉其怪妄，因怒詆曰：「此豈信物一角附上閻羅大王者耶！」

子瞻云：惠州市肆寥落，日殺一羊，不敢與在官者争。買時囑屠，買其脊骨，骨間亦有微肉，熟煮熱酒漉，隨意用酒，薄點鹽，炙微焦食之，終日摘剔牙綮間，如蟹螯逸味。率三五日一餔。吾子由三年堂庖所飽，芻豢滅齒而不得骨，豈復知此味乎？

東坡既謫黄州，復以先知徐州日不覺察妖賊事取勘，已而有旨放罪，乃上表謝。神宗讀至「無官可削，撫已知危」，笑語曰：「畏喫棒耶。」

《與李公擇》云：「僕行年五十始知作活，大要是慳耳。而文之以美名謂之儉素，然吾儕爲之，自謂長策，不敢獨用，因獻之左右，往京師尤宜用此策也。」

在惠州與參寥書：「自省事以來，亦麄爲知道者，但道心數起，數爲世樂所移奪，恐是諸佛知其難化，故以萬里之行相調伏耳。」卓吾子曰：「吁！孰知其正難調伏也哉！」

歐陽季默嘗問東坡「魯直詩何處是好」，東坡不答，但極口稱重。季默云：「如『卧聽踈踈還密密，曉看整整復斜斜』豈是佳邪？」坡云：「正是佳處。」

「客心如萌芽，忽與春風動。又隨落花飛，去作江南夢。我家無梧桐，安可久留鳳。鳳棲在桂林，烏哺不得共。無忘桂枝榮，舉酒一以送。」右宛陵先生梅聖俞詩。先君與聖俞游時，余與子由年甚少，聖俞極稱之。家有老人泉，聖俞作詩曰：「泉上有老人，隱見不可常。蘇子居其間，飲水樂未央。泉中若有魚，與子同徜徉。歲月不知老，家有雛鳳凰。百鳥戢羽翼，不敢呈文章。去爲仲尼歎，出爲盛時翔。方今天子聖，無滯彼泉傍。」聖俞没，今四十年矣。南遷過合浦，見其門人歐陽晦夫，出所爲送行詩。晦夫年六十六，予尚少一歲，鬚鬢皆皓然，固窮亦略相似。於是執手大笑曰：「聖俞之所爲鳳者例皆如是哉！」天下皆言聖俞以詩窮，吾二人者，又窮於聖俞，可不大笑乎？

宋初置通判分知州之權，謂之監州。錢昆者，性嗜蟹，常求外補，曰：「但知有蟹，無監州處則可。」此語風味似晉人。《歸田録》及《捫虱新語》皆載其事。東坡云：「欲問君王乞符竹，但憂無蟹有監州。」昆去東坡未遠，即用其事。

魏文帝言中國珍果甚多，蒲桃當其末夏，涉秋尚有餘暑，醉酒宿酲，掩露而食，甘而不飴，脆而不酸，冷而不寒，味厚汁多，除煩解倦。釀以爲酒，甘於麯蘗，善醉而易醒，道之固以流涎咽溢，況親食之耶！南方有橘，醋正裂人牙，時有甜耳，他方之果，寧有匹者。東坡《橄欖詩》「待得餘甘回齒頰，已輸崖蜜十分甜。」俗諺傳南人説橄欖回味清甘，北人云「待他回味時，我棗兒已甜半日矣。」坡詩蓋用此意。今觀魏文帝以蒲桃壓橘，亦相類，可入笑林也。

東坡嘗言退之詩，云：「長安衆富兒，盤饌羅羶葷。不解文字飲，惟解醉紅裙。」至云「豔姬踏筵舞，清眸射劍戟。」則知此老箇中興復不淺矣。文潛戲答曰：「愛文字飲，人與俗子同科。」

子瞻在黄州，參寥子自錢唐訪之。酒中子瞻令官妓馬娉娉乞詩於參寥。參寥口占云：「多謝尊前窈窕娘，好將幽夢惱襄王。禪心不作粘泥絮，一任春風上下狂。」子瞻喜，曰：「予嘗見柳絮落泥中，謂可入詩料，不意此老收得。」

佛印禪師，法名了元，僥州人。公久與之遊，時住持潤州金山寺。公赴杭過潤，爲留數月。一日，值師掛牌，與弟子入室。公便服入方丈見之。師云：「内翰何來？此間無坐處。」公戲云：「暫借和尚四大，用作禪牀。」師曰：「山僧有一轉語，内翰言下即答，當從所請。如稍涉擬議，所繫玉帶願留以鎮山門。」公許之，便解玉帶置几上。師云：「山僧四大本無，五緼非有，内翰欲於何處坐？」公擬議未即答。師急呼侍者云：「收此玉帶，永鎮山門。」公笑而與之，師遂取衲裙相報。因有二絶，公次韻答之，云：「病骨難堪玉帶圍，鈍根仍落箭鋒機。欲教乞食歌姬院，故與雲山舊衲衣。」《北夢瑣言》云：「裴休嘗披毳衲，於歌姬院持鉢乞食也。」又云：「此帶閲人如傳舍，流傳到我亦悠哉。錦袍錯落真相稱，乞與佯狂老萬回。」《傳燈録》云：「萬回法雲公者，虢州人也。姓張氏，唐貞觀六年五月五日生。八歲時，言其兄戍安西，歸持信朝往夕返萬餘里，故號萬回。唐武后賜以錦袍玉帶。」

俗物不成話

專人遠來，辱手書，并示近詩，如獲一笑之樂，數日喜慰忘味也。某到貶所半年，百凡粗遣，更不能細説。大略祇似靈隱、天竺和尚退院後，卻住一箇小村院子，折足鐺中，罨糙米飯喫，便過一生也。得其餘瘴癘病人，北方何嘗不病；是病皆死得人，何必瘴氣。但苦無醫藥。京師國醫手裏死漢尤多。參寥聞此一笑，當不復憂我也。故人相知者，即以此語之，餘人不足與道也。

東坡有歌舞妓數人，每留賓客飲酒，必云有數箇搽粉虞侯欲出來祇應也。

子瞻在黄州及嶺表，每旦起，不招客相與語，則必出而訪客。所與游亦不盡擇，各隨其人高下。談諧放蕩，不復爲畛畦。有不能談者，則强之使説鬼。或辭無有，則曰姑妄言之，於是聞者無不絶倒。

司馬温公在洛下，與諸故老時游集，相約酒行菓實食品皆不得過五，謂之真率會。子瞻在黄州，與鄰里往還。子瞻既絶俸，而往還者亦多貧，復殺而爲三，自言有三養：一曰安分以養福，二曰寬胃以養氣，三曰省費以養財。

子瞻守杭日，春時每遇休暇，必約客湖上。早食于山水佳處。飯畢，每客一舟，令隊長一人，各領數妓，任其所適。晡後，鳴鑼集之，復會望湖樓，或竹閣，極歡而罷。至一二鼓，夜市猶未散，列燭以歸，城中士女夾道雲集而觀之。故其詩云：「游舫已粧吴榜穩，舞衫初試越羅新。」又云：「映山黄帽螭頭舫，夾道青烟雀尾爐。」誠熙世樂事也。

有美堂在鳳山之頂，左江右湖，舉陳目下。子瞻九日泛湖，而魯少卿會客堂上，妓樂合作。子瞻從湖中望之，戲以詩云：「指點雲間數點紅，笙歌正擁紫髯翁。誰知愛酒龍山客，卻在漁舟一葉中。」又云：「西閣珠簾捲落暉，水沈煙斷珮聲微。遥知通德淒涼甚，擁髻無言怨未歸。」通德乃趙飛燕女史，後爲伶玄妾。魯公使事已完，不回朝，家有美妾，故子瞻譏之。一日，子瞻會客堂上，妓樂合作，周長官邠同數僧泛湖，戲以詩，子瞻因和二首，「靄靄君詩似嶺雲，從來不許醉紅裙。不知野屐穿山翠，惟見輕撓破浪紋。頗憶呼盧袁彦道？難邀罵坐灌將軍。晚風落日元無主，不惜清涼與子分。」又云：「載酒無人過子雲，掩關晝卧客書裙。歌喉不共聽珠貫，醉面何因作纈紋。僧侶且陪香火社，詩壇欲斂鸛鵞軍。憑君遍遶湖邊寺，漲渌晴來已十分。」

白樂天爲河南尹日，有《答舒員外》云：「員外游香山寺，數日不歸，兼辱尺書，大誇勝事。時正值坐衙慮囚之際，走筆題長句以贈，曰：『黄菊繁時好客到，碧雲合處佳人來。酡顔一笑夭桃綻，清吟秋聲寒玉哀。軒騎逶迤棹容與，留連三日不能回。白頭老尹府中坐，早衙纔退暮衙催。』」謝希深、歐陽永叔官洛陽，同遊嵩山歸，暮抵龍門香山，雪作，留守錢文僖公遺吏以廚傳歌妓至，且勞之曰：「山行良勞，當少留龍門賞雪，無遽歸也。」王定國訪坡公於彭城，一日，棹小舟與顔長道攜盼、英、卿三子游泗水，南下百步洪，吹笛飲酒，乘月而來。坡時以事不得往，夜着羽衣，佇立黄樓上，相視而笑，以爲李太白死，世間無此樂三百餘年矣。定國既去，逾月，復與參寥師泛舟洪下，追憶曩游，作詩曰：「輕舟弄水買一笑，醉中蕩漿肩相摩。歸來笛聲滿山谷，明月正照金叵羅。」味此三游之勝，今者寧復有之？

坡南遷，獨侍兒王朝雲請從。坡佳之作詩，有序云：「世謂白樂天，有鬻駱馬，放楊枝詞，佳其至老病不忍去也。然夢得詩云「春盡絮飛留不得，隨風好處落誰家。」樂天亦曰「病與樂天相伴住，春隨樊素一時歸」。則樊素竟去也。余有數妾，四五年間相繼别去，獨朝雲隨余南遷，因讀樂天詩，戲作此贈之。云：「不學楊枝别樂天，且同通得伴伶玄。阿奴絡秀方同老，天女維摩總解禪。經卷藥鑪新活計，舞衫歌扇舊姻緣。丹成逐我三山去，不作巫陽雲雨僊。」蓋紹聖元年十一月也。三年七月而朝雲卒，悲夫！

朝雲，錢塘名妓。子瞻宦錢塘，絶愛幸之，納爲常侍。朝雲初不識字，既事子瞻，遂學書，麤有楷法。後從泗上比丘尼義冲學佛。子瞻貶惠州，家妓多散去，獨朝雲依依嶺外，後病且死，誦《金剛經》四句偈而絶。子瞻乃作《詠梅・西江月》，以寓意。「玉骨那愁瘴霧，冰肌自有仙風。海仙時過探芳叢，倒掛緑毛么鳳，素面翻嫌粉涴，洗粧不褪唇紅。高情已逐曉雲空，不與梨花同夢。」

卓吾曰：「嘻笑怒駡既是文章，則風流戲謔總成嘉話矣。然則吹篪舞劍皆我畫笥，雀噪蛙鳴全部鼓吹。坡公得之，是以大妙。奇正相生，如環無端，顛倒豪傑，莫知端倪，不亦宜歟！然無坡公之心而效其嚬，無坡公之人而學其步，而自謂曰我能嘻笑怒駡也，我能風流戲謔也，又奚可。古今風流，宋有子瞻，唐有太白，晉有東山，本無幾也。必如三子始可稱人龍，始可稱國士，始可稱萬夫之雄。用之則爲虎，措國家於磐石；不用則爲祥麟，爲威鳳。天下後世但有悲傷感歎悔不與之同時者耳，孰謂風流容易耶！」

歌者哀絢，乃天寶之李龜年也。宣政間，供奉九重，嘗爲吾言東坡公昔與客游金山。適中秋夕，天宇四垂，一碧無際，加江流澒湧，月色如畫，遂共登金山山頂之妙高臺，命綯歌其《水調歌頭》，曰：「明月幾時有，把酒問青天。」歌罷，公爲起舞。

千載如見

《漁隱》云：「元祐文章，世稱蘇黃，然二公争名，互相譏誚。東坡謂『魯直詩文如蝤蛑、江瑶柱，格韻高絶，盤餐盡廢，然不可多食，多食則發風動氣』。山谷亦曰：『蓋有文章妙一世，而詩句不逮古人者。』此指東坡而言也。殊不知蘇、黃二公同時實相引重，黃推蘇尤謹，而蘇亦奬成之甚力。黃云東坡文章妙一世，蘇云讀魯直詩如見魯仲連、李太白，不敢復論鄙事。且互相推許如此，且詩文比之蝤蛑、江瑶柱，豈不謂佳乎？」

陽孝本，字行先，居虔州城西。一圃甚幽邃，學博行高。東坡謫惠州，過而愛之，爲留月餘，號曰「玉岩居士」，仍作真贊。居士平生不娶，坡每來謁，直造其室。嘗戲以「元德秀」呼之。居士曰：「某乃陽城之裔」。故坡詩曰：「衆謂元德秀，自稱陽道州。」皆謂無妻也。

世南仕閩中，於忠定李丞相家見東坡公一帖，云：「某頓首，秋暑不審起居佳否？某與兒子八月二十九日離廉，九月六日到鬱林，七日遂行。初約留書歐陽晦夫處，忽聞秦少游凶問，留書不可不言，欲言又恐不的，故不忍下筆。今行至白州，見容守之猶子陸齋郎云：少游過容，留多日，飲酒賦詩如平常。容守遣般家二卒送歸衡州，至藤，傷暑困卧，至八月十二日啓手足於江亭上。徐守甚照管其喪，仍遣人報范承務。范自梧州赴其喪，此二卒申知陸守者止於如此，其他莫知其詳也。然其死則的矣！哀哉！痛哉！何復可言！當今文人第一流豈可復得。此人在，必大用於世，不用，必有所論著以曉後人。前此所著，已足不朽，然未盡也。哀哉！哀哉！其子甚奇俊，有父風。惟此一事，差慰吾輩意。某不過旬日到藤，可以知其詳，續奉報次。」觀此，足以見坡公矣。

東坡帥定武，諸館職餞於惠濟。坡舉白浮歐陽叔弼、陳伯修二校理、常希古少尹，曰：「三君但飲此酒，酒醽當言所罰。」三君飲竟，東坡曰：「三君爲主司而失李方叔，兹可罰也。」三君無以爲言，慚謝而已。張文潛舍人在坐，輒舉白浮東坡，曰：「先生亦當飲此。」東坡曰：「何也？」文潛曰：「先生昔知舉而遺之，與三君之罰均也。」舉坐大笑。

眉山人巢谷學古兵法，遊西邊，與河州將韓存寶善。存寶坐罪犯，谷逃江淮間，會赦乃出。蘇軾、蘇轍謫嶺海，谷往訪轍，又欲往海南訪軾，至新州病死。轍聞，哭之失聲，曰：「谷於朋友之義無愧高恭，惜不遇襄子，而前遇存寶，後遇予兄弟也。」

子瞻嘗得西南夷人蠻布弓衣，其文織梅聖俞《春雪》詩。在集中非絕唱，以其名重天下，即一篇一詠，傳布夷狄，異域之人貴重如此。子瞻以余深知聖俞，因以見遺。余舊蓄一琴，乃寶曆三年雷會所作，距今二百五十年矣。其聲清越，如金石之韻。遂以此布更爲琴囊，因記其事。六一居士。

李廌少時有好名急進之弊，獻書公車者三，多觸聞罷，然其志不已，復多游巨公之門。東坡嘗誨之曰：「如子之才，自當不没，要當循分，不可躁求，王公之門何必時曳裾也。」

歐陽公初薦蘇明允，便欲朝廷不次用之。時富公、韓公當國，韓公以爲當然，獨富公持之不可，曰：「姑少待之。」故止得試銜初等官，明允不甚滿意。再除，方得編修，因革禮書。元祐間，富紹庭欲從子瞻求爲富公神道碑，久而不敢發，其後不得已言之，一請便諾。人亦以此多子瞻也。

偶讀國史，見杜羔一事頗與朱康叔相類。杜羔有至性，其父河北一尉而卒。母非嫡，經亂不知所之。會堂兄兼爲澤潞判官，嘗鞫獄於堂下，有老婦辨對，見羔形貌，竊語人曰：「此年少狀類吾夫。」訊之，乃羔母也。自此迎侍而歸。又往覓先人之墓，邑中故老已盡，不知所在。館於佛寺，日夜悲泣。忽視柱煤煙之下，見數行字，拂而視之，乃父遺迹，云：「我子孫若求吾墓，當於某村家問之。」羔哭而往，果有父老年八十餘，指其丘隴，因得歸葬。羔以幼穉失父，依其兄，後官至工部尚書，致仕。此出唐李肇《國史補》。因書以遺康叔。

蘇公謫居黄州，始自稱東坡居士。詳考其意，蓋專慕白樂天而然。白公有《東坡種花》二詩，云：「持錢買花樹，城東城上裁。」又云：「東坡向春暮，樹木今何如。」又有《步東坡》詩，云：「朝上東坡步，夕上東坡步。東坡何所愛？愛此新成樹。」又有《別東坡花樹》詩，云：「何處殷勤重回首？東坡桃李種新成。」皆爲忠州刺史時所作也。蘇公在黄，正與白公忠州相似，因憶蘇詩，如《贈寫真李道士》云：「他時要指集賢人，知是香山老居士。」《贈善相程傑》云：「我似樂天君記取，華顛賞遍洛陽春。」《送程懿叔》云：「我甚似樂天，但無素與蠻。」《入侍邇英》云：「定似香山老居士，世緣終淺道根深。」而跋：「白樂天自江州司馬除忠州刺史，旋以主客郎中知制誥，遂拜中書舍人。某雖不敢自比，然謫居黄，起知文登，召爲儀曹，遂忝侍從。出處老少，大略相似，庶幾復享晚節閒適之樂。」《去杭》云：「出處依稀似樂天，敢將衰朽較前賢。」序曰：「平生自覺出處老少粗似樂天。則公之所以景仰者，不止一再言之。」又云：「淵明形神似我，樂天心相似我。」

王荆公平生不喜坐，非睡即行。居鍾山，每飯已，必跨驢一至山中。或西庵，或定林，或中道捨驢，徧過野人家。亦或未至山復還，然要必須出，未嘗輟也。作《字説》時，用意良苦，常寘石蓮百許枚案上，咀嚼以運其思。遇盡未益，師嚙其指，至流血不覺。蘇子瞻性亦然。初謫黄州，布衣芒屩，出入阡陌，多挾彈擊江水，與客爲娱。每數日必一泛舟江上，聽其所往，乘興或入旁郡界，經旬不返，爲守者極病之。晚貶嶺外，無一日不游山。

關中自元昊叛命，人貧役重，岐下歲以南山木栰自渭入河，經砥柱之險，衙前以破産者相繼也。公徧問老校，曰：「木栰之害本不至此，若河、渭未漲，操栰者以時進止，可無重費也。患其乘河、渭之暴，多方害之耳。」公即修衙規，使衙前得自擇水工，栰行無虞。乃言於府使，得係籍。自是衙前之害減半。

高麗入貢使者凌蔑州郡，押伴使臣皆本路筦庫，乘勢驕横，至與鈐轄亢禮。公使謂之曰：「遠夷慕化而來，理必恭順，今乃爾暴恣，非汝導之耶？不悛，當奏聞。」押伴爲之小戢。使者發幣於官吏，書稱甲子。公卻之曰：「高麗於本朝稱臣而不稟正朔，吾安敢受？」使者亟易書稱熙寧，時以爲得體。吏民畏愛，及罷去，猶謂之學士，而不言姓。

自杭徙知密州，時方行手實法，使民自疏財產以定户等，又使人得告其不實。司農寺又下諸路，不時施行者以違制論。公謂提舉常平官曰：「違制之坐，若自朝廷，誰敢不從？今出司農，是擅造律也，若何？」使者驚曰：「公姑徐之。」未幾，朝廷亦知手實之害，罷之。密人私以爲幸。

公以二學士知定州。定久不治，軍政尤弛，武衛卒驕惰不教，軍校蠶食廩賜，不敢呵問。公取其貪汙甚者配遠惡，然後繕修營房，禁止飲博。軍中衣食稍足，乃部勒以戰法，衆皆畏伏。然諸校多不自安者，有卒史復以贓訴其長，公曰：「此事吾自治則可，汝若得告，軍中亂矣。」亦決配之，衆乃定。會春大閱，公命舉舊典，元帥常服坐帳中，將吏戎服奔走執事。副總管王光祖自謂老將，恥之，稱疾不出。公召書吏作奏，將上，光祖震恐而出，訖事，無敢慢者。定人言：「自韓魏公去，不見此禮至今矣。」（此妙人也）北戎久和，邊兵不試，臨事有不可用之憂，惟治邊弓箭社兵與寇爲鄰，以戰射自衛。故相龐公因其故俗立隊伍，將校出入，賞罰緩急可使。歲久，法弛，復爲保甲所撓。公奏爲免保甲及兩税折變科配，長吏以時訓勞，不報。

公嘗與某宣德書云：「蒙遺人致金五兩、銀一百五十兩爲贐。軾自黄遷汝，亦蒙公厚餉。當時，隣于寒殍，尚且辭避。今忝近臣，尚有餘瀝，未即枯竭，豈可冒受？又恐數逆盛意，非朋友之義，輒已移杭州作公意捨之病坊，此蓋某在杭日所置，今已成倫次，歲收租米千斛，所活不貲，故用助買田以養夫民之窮者，此公家法，故推而行之，以資公之福壽，某亦與有榮焉。想必不訝。至於感佩之意，與收之囊中，了無異也。」

嘗讀蘇子美《六和塔》詩，有「治橋待金鯽，竟日欲遲留」之語。及倅錢塘，從塔後觀金魚，以爲奇物。投餌出之，不食而没，始悟「竟日遲留」之意。今去子美四十年，魚潛泳如故，可謂壽矣。弇州曰：「魚之壽，非以不食致然。數月不食，則腴腹盡消，頭恢尾削，塊然死矣。金魚有鯽有鯉，鯽食淤澱，鯉食螺蜆，若餅餌之類，則咸食之。然鯽稍耐久，以土性可伏故也。近者，西湖金魚惟玉泉最盛，大者長數尺，投餌則競集。」

東坡《游金山》詩云：「江山如此不歸山，江神見怪驚我頑。我謝江神豈得已，有田不歸如江水。」蓋與江神指水爲盟耳。《送程六表弟》云：「浮江泝蜀有成言，江水在此吾不食。」即此意。

文同，字與可，與子瞻爲中表兄弟。子瞻數上書論事，退而與賓客言，亦多以時事爲譏誚。與可極以爲不然，每苦口力戒之，子瞻不能聽也。出判餘杭，與可送行詩有「北客若來休問事，西湖雖好莫吟詩。」及黄州之謫，正坐杭州詩語。

坡嘗言：「人言盧杞是奸邪，我見鄭公但嫵媚，好作一對，請諸人將去作一篇詩。」

昔先友史經臣彦輔謂余，阮藉登廣武而歎曰：「時無英雄，豈謂沛公豎子乎？」余曰：「非也。傷時無劉項也。豎子者，指魏晉間人耳。今日讀李白《廣武古戰場》詩云：『沈湎呼豎子，狂言非至公。』乃知李白亦誤認嗣宗語也。嗣宗雖放蕩，本有意於世，以魏晉間多故，一放於酒耳。何至以沛公爲豎子乎？」

嫣然一笑竹籬間，桃李漫山總粗俗。自然富貴出天姿，不待金盤薦華屋。朱唇得酒暈生臉，翠袖卷紗紅映肉。林深霧暗曉光遲，日煖風輕春睡足。雨中有淚亦悽愴，月下無人更清淑。始知造物有深意，故遣佳人在空谷。元豐間，坡謫黃州，寓居定惠院。院之東小山上有海棠一株，每歲盛開，必爲攜客置酒，已五醉其下矣。故作此長篇。

元祐中，太母下詔云：「苟有利於社稷，予何愛於髮膚。」純夫云：「此太母聖語也。子瞻直書之。」

子瞻問歐公曰：「五代史可傳後乎？」公曰：「修於此，竊有善善惡惡之志焉。」曰：「韓通無傳，豈得爲善善惡惡？」公默然。通，周臣也。陳橋兵變，歸載永昌，擐甲誓師，出抗而死。

坡謂范蠡去越不復有爲。張孟談爲趙襄子滅智伯而去之，耕於負親之丘，可與蠡五湖同風。

孔子不取微生高，孟子不取於陵仲子，惡其不情也。淵明欲仕則仕不以求之爲嫌，欲隱則隱不以去之爲高，饑則扣門而乞食，飽則雞黍以迎客，古今賢之，貴其真也。

太史公言宰我與田常作亂，夷其族。使吾先師之門乃有叛臣，天下通祀者容叛臣其間，以爲千載不蠲之惑。而引李斯諫二世書，有「田常布惠施德，陰取齊國，殺宰予於庭」之言，以明其不叛，然不如司馬貞所辯爲長。《索隱》曰：「左氏無宰我與田常作亂之文，而有闞止以争寵爲陳恒所殺。止，字子我，與宰予字相涉，因誤」云。

坡言人不怕虎者，虎不禁得其人何。蓋人先見虎，即不怕虎，虎先爲人所見，即怕人。如小兒不怕虎者，由不識虎，心不動也。朱子言有一鄉人賣文字，中途遇虎，更無避處，曾聞人言虎識字，遂以文字與虎看，而虎自去。《青瑣高議》：鄆州有追虎碑。父老云：昔張侍郎守鄆，境内有虎害物。張令直吏執符追虎，不往且斬吏。別其家，痛飲而行，果見巨虎，致符於地，虎熟視，銜符隨吏至府。

余始赴中山，連日風埃，未嘗了了見太行也，頗以爲恨。今將適嶺表，過臨城道中，天氣肅然，西山草木皆可數。忽悟，笑曰：「余南遷其必返乎？此退之衡山之祥也。」作詩志之：「逐客何人著眼看，太行千里送征鞍。未應愚谷能留柳，可獨衡山解釋韓。」

秋色佳哉。想有以爲樂，人生唯寒食、重九，慎不可虛擲，四時之變，無如此節者。

坡有《送戴蒙赴成都玉局觀》云：「莫欺老病未歸身，玉局他年第幾人。」又有《過嶺》一篇云：「劍南西望七十里，乘興真爲玉局游。」後卒於提舉玉局觀。

前後惠詩皆未和，非敢懶也。子由近有書深戒作詩，其言切至，不忍違其憂愛之意，所以遂不作一字。吾兄近詩益工，孟德有言，老而能學，惟余與袁伯業。此事不獨今人不能，古人亦自少也。

坡公在館閣，因言語文章規切時政，仲公憂其及禍，貽書戒之曰：「天下論君之文，如孫臏之用兵，扁鵲之醫疾，固所指名者矣。雖無是非之言，猶有是非之疑，又況其有耶！」公得書聳然，竟如其慮。

纯夫元祐末與東坡數上疏論事，嘗約各草一疏。及東坡訪純夫，觀所作疏，遂書名於其末，云：「某不復自爲疏矣。」純夫再三求觀，竟不肯出，云：「無以易公者。」東坡別和純夫《月研詩》：「上書掛名豈待我，獨立自可當雷霆。」蓋紀實也。

王凌謂賈充曰：「汝非賈梁道之子耶？乃欲以國與人。」由此觀之，梁道之忠於魏也久矣。司馬景王既執凌而歸，過梁道廟，凌大呼曰：「我大魏之忠臣也。」及司馬景王病，見凌與梁道守而殺之，二人者可謂忠義貫於幽明矣。然梁道之靈獨不能已，子元之姦，至使首發成濟之事。余戲爲小詩云：「嵇紹似康爲有子，郗超叛鑒似無孫。如今更恨賈梁道，不殺公閭殺子元。」

衛端木叔籍其先貲放意所好，及病，無藥石之儲，死無瘞埋之地。禽滑釐笑其狂，而段干生以爲德過其祖。漢楊王孫家故富饒，厚自奉養，及病且死，令其子裸葬以反吾真。祁侯諫，弗聽。而班史以爲賢於秦始皇。淵明詩云：「客養千金軀，臨化消其寶。」其二人之類與？東坡曰：「寶不過軀，軀化則寶亡矣。人言淵明不知道，吾不信也。」

楚公子微服過宋，門者難之。其僕操箠而罵，曰：「隸也，不力。」門者出之。坡謂天下事有倒行而逆施者，以僕爲不愛公子則不可以爲事，公子之法亦不可也。

蘇黃門既南遷，還居許下，杜門不通賓客，深居宅南叢竹中，竹間搆小亭，有蜀人遠來，彌旬不得通。閽人使候之竹下，旬日一出，蜀人趨謁。黃門驚迓，慰勞甚懽，曰：「姑待我于此。」飄然而入，竟不復出。東坡聞之曰：「子由直欲踰垣閉門矣。」

東坡海南歸，人有問者，答曰：「此乃余骨相所招。少時入京師，有相者云：『一雙學士眼，半個配軍頭，異日文章雖當知名，然有遷徙不測之禍。』今日悉符其語矣。」

某年十三歲時，見東坡過先君，具言世有豪俠之士隱而不見於世者。吾鄉有隱君子，失其姓名，世居眉山之中。坡即葬時，會期已迫，而墓磚未足，謀之人，人皆曰當往見此君，則力可辦也。但多游獵不在，又所居山林夐絶，亦未易到，試往圖之。坡凡兩日始得至。又俟日暮伏於道左，乃見其從數騎歸，蓋華整少年郎也。既下馬，始通謁。少年易服出外，執禮無遠。坐詢所以，坡具以告。少年曰：「易事爾。已具飯，且宿於此。當令如期辦所須。」少頃，數青衣童跪進盤飧，皆是日所擊鮮也。進酒數大白，飲啖若無人。食兼數人，飲畢從容就榻。翌日，遣僕馬送坡下山，三日無耗。明日且下手破土，是夕至晚，磚猶無一口，坡甚嘆悔。至明日曉，視其墓地之側，則五萬口斬斬然羅列矣。衆皆驚嘆。事畢再往謁謝，卒不得見。送所直，亦不得入。嗚呼！豪哉！

大科始進，文字有合，則召試秘書省，出六論題於九經、諸子百家、十七史及其傳釋中爲目。而六論者，以五通爲過，以是學士大夫自非性天明洽、筆陣豪異則不能爲也。六論猶足完，獨以不記出處爲苦。昔坡公同其季子由入就御試，共白厥父明允，慮一有黜落。明允曰：「我能使汝皆得一和題一罵題可也。」繇是二人皆中。

吾昔少年時，所居書室前有竹栢雜花，叢生滿庭，衆鳥巢其上。武陽君惡殺生，兒童婢僕皆不得捕取鳥雀。數年間，皆巢於低枝，其鷇可俯而窺也。又有桐花鳳四五百翔集其間。此鳥難見而能馴擾，殊不畏人。閭里聞之，以爲異事。此無他，不忮之誠信於異類也。有野老言：「鳥雀去人太遠則子有蛇、鼠、狐狸、鴟鳶之憂。」人既不殺，則自近人者，欲免此害也。由是觀之，異時鳥雀巢不敢近人者，以人爲甚於蛇鼠也。

登州蓬萊閣上望海如鏡而與天相際。忽有如黑豆數點者，郡人云海舶至矣，不一炊久已至閣下。

坡仙集卷之十四終

坡仙集卷之十五

別集七十二條

予聞海市舊矣，父老云：「常出於春夏，今歲晚，不復見矣。」予到官五日而去，以不見爲恨，禱於海神廣德王之祠，明日見焉，乃作此詩：「東方雲海空復空，羣仙出没空明中。蕩摇浮世生萬象，豈有貝鼎藏珠宫。心知所見皆幻影，敢以耳目煩神工。歲寒水冷天地閉，爲我起蟄鞭魚龍。重樓翠阜出霜曉，異事驚倒百歲翁。人間所得容力取，世外無物誰爲雄。率然有請不我拒，信我人厄非天窮。潮陽太守南遷歸，喜見石廩堆祝融。自言正直動山鬼，豈知造物哀龍鍾。信眉一笑豈易得，神之報汝亦已豐。斜陽萬里孤鳥没，但見碧海摩青銅。新詩綺語亦安用，相與變滅隨東風。」

僕以元豐三年二月一日至黄州，時家在南都，獨與兒子邁來。郡中無一舊識，時時策杖至江上望，雲濤渺然，亦不知有文甫兄弟在江南也。居十餘日，有長髯者惠然見過，乃文甫之弟子辨。留語半日，云：「迫寒食，且歸東湖。」僕送之江上，微風細雨，葉舟横江而去。僕登夏燠尾高丘以望之，仿佛見之及武昌，步乃還。自後遂相往來，及今四周歲，相過殆百數。遂欲買田而老焉，然竟不遂。近忽量移臨汝，念將復去，而後期未可必。感物愴然，有不勝懷者。　畫

余謫居黄州，辨才、參寥遣人致問，且以《太虚題名》相示。時去中秋不十日，秋潦方漲，水面千里，月出

房心間，風露浩然。所居去江無十步，獨與兒子邁棹小舟至赤壁。西望武昌山谷，喬木蒼然，雲濤際天，因録以寄參寥。使以示辨才，有便至高郵，亦可録以寄太虚也。　畫

白樂天有《西省北院新作小軒東通騎省與李常侍飲》。時東坡爲中書舍人，歎本省不得來往，謂執政曰：「諸公應使簡要清通，何必樹離插棘。」蓋謂此也。

林文節作啟謝諸公，於蘇子由有一聯云：「父子以文章冠世，邁淵、雲、司馬之才；兄弟以方正決科，冠鼂、董、公孫之對。」言淵、雲、司馬皆蜀人。及紹聖中，行子由謫詞云：「父子兄弟，挾機權變詐，驚愚惑衆。」子由捧之泣曰：「某兄弟固無足言，先人何罪耶？」然而命辭似西漢詔令，有王言體。於蘇子瞻一詞，尤不草草。蘇見之曰：「林大亦能作文章耶？」其詞有云：「若譏朕過失，亦何所不容？乃代予言，詆誣聖考，乖父子之恩，害君臣之義，在於行路，猶不戴天；顧視士民，復何面目？」又曰：「雖汝軾文足以惑衆，辯足以飾非，然而自絶君親，又將誰懟？」

東坡在儋耳，謂子過曰：「吾嘗告汝，我決不爲海外人，近日頗覺有還中州氣象。」乃滌硯，索紙筆，焚香，曰：「果如吾言，寫吾平生所作八賦，當不脱誤一字。」既寫畢，讀之大喜曰：「吾歸無疑矣。」後數日，而廉州之命至。八賦墨跡始在師成家，或云入禁中矣。

《元城先生語録》云：子弟固欲其佳，然不佳者亦未必無用處。元豐二年，東坡下御史獄，天下之士痛之，環視而不敢捄。時張安道在南京，憤然上疏，欲附南京遞，府官不敢受，乃遣其子恕持至登聞鼓院投進。恕素愚懦，徘徊不敢投。後東坡出獄，見其副本，因吐舌色動。久之，問其故，東坡不答。後子由亦見之，云：「宜吾兄之吐舌也。此事正得張恕力。」或問其故，子由曰：「獨不見鄭崇之捄蓋寬饒乎？其疏有云：『上無許史之屬，下無金張之托。』此語正是激宣帝怒耳。且寬饒正以犯許史輩有此禍，今乃再訐之，是益其

怒也。」

子瞻在黄州，蜀人巢谷出聖散子方，自言得之於異人，凡傷寒，不問證候如何，一以是治之。子瞻奇之，爲作序，比之孫思邈三建散。疾之毫釐不可差，無甚於傷寒，用藥一失，則立死，安得不問證候？宣和後，此藥盛行，太學諸生信之尤篤，殺人無數，今始廢不用。巢谷本任俠好奇，從陝西將韓存寶出入兵間，不得志，客黄州，子瞻以故與之游。子瞻以谷奇俠而取其方，天下以子瞻文章而信其言，事本不相因，而趨名者至於忘性命而試其藥，人之惑蓋至是也！

載酒堂，即蘇長公寓儋耳游宴之地也。今有堂三楹，祀公像於中。元廉訪使伯琦周公隸書碑文一道列堂東隅，書法甚精。周遭有牆，相去百步有塘，寬百畝餘，水土深淺異處，蒲蓤蘆葦之屬最茂密。每春秋二祀，例率郡僚師儒會飲堂中，即漁此塘以爲樂，名濯勞會，故傳乳泉井、桄榔菴、茉莉軒，今日湮廢，遺趾尚存。

宋時西湖三賢堂兩處，皆有東坡。其一在孤山竹閣。三賢者，白樂天、林君復、蘇子瞻也。其一在龍井壽聖院。三賢者，趙閲道、僧辨才、蘇子瞻也。寶慶間，袁樵尹京移竹閣三賢祠於蘇堤，建亭館以沽官酒。或題詩云：「和靖、東坡、白樂天，三人秋菊薦寒泉。而今滿面生塵土，卻與袁樵趁酒錢。」

六一泉在孤山之南，子瞻銘序備矣。復於泉後作東坡庵以自寓，云泉屋。自南宋久廢，至國朝洪武初，教授徐一夔爲作疏云：「六一泉者，東坡先生會勤上人哭歐陽公處也。泉在孤山之址，勤上人之居在焉。先生爲著泉銘。其徒既作石屋覆泉，且刻泉銘於泉上。宋南渡後，廢勤舍爲延祥觀，元初又廢觀爲帝師祠，泉没於二氏之居幾三百年。元季兵燹，泉始呈露，但石屋已摧，而泉銘亦爲他僧舍异去。有僧曰行昇者，鉏荒滌垢，圖復舊觀，仍樹石屋，且求泉銘，還於舊處，欲建祠堂一區，如當時祠公與上人故事，而力有未逮，將持短疏，求之好施之家，與凡儒宗之美、釋門之老，助財成之，庶幾歐、蘇二公與上人之流風雅韻同不泯云。伏以睠兹勝地，實在名邦，勤上人于此幽棲，蘇長公因之數至。迹分緇素，同登歐子之門；誼重死生，會哭孤山之下。惟精誠有感通之理，故山嶽出迎勞之泉。名聿表於懷賢，忱式昭于薦菊。故淵源有永，幸與文派俱流；雖名號僅存，幾逐刦灰共化，欲存故迹，必建新祠。此舉非爲福田，實欲共成勝事。儒冠僧衲，請恢雅量以相成，山色湖光，行與高風而共遠，願言樂助，毋誚濫干。」

東坡子過、范敦夫子温皆出入梁師成之門，以父事之。然以其父名在籍中，亦不得官職。師成自謂東坡遺腹子，待叔黨（亦通）如親兄弟，諭宅庫云：「蘇學士使一萬貫以下不須覆，叔黨緣是多散金，卒喪其身。又有某人亦以父事師成。師成妻死，温與過當以母禮喪之，方疑忌某人。不得已衰絰而往，則某人先衰絰在帷下矣。」

東坡嘗謂劉壯輿曰：「《三國志注》中好事甚多，原道欲修之而不果，君不可辭也。」壯輿曰：「端明曷不爲之？」坡曰：「軾雖工於語言也，不是當行家。」

壯輿嘗摘歐公《五代史》之譌謬以示東坡，坡曰：「往歐公著此書初成，荆公謂余曰：『歐公修《五代史》而不修《三國志》，非也。子盍爲之。』余固辭不敢當。夫爲史者網羅數十百年之事以成一書，其間豈能無小得失？余所以不敢當荆公之託者，正畏如公之徒掇拾其後於今日耳。」

坡公曰：「洛陽古帝都，山川風氣，清明盛麗，居之可樂。平川廣衍，東西數百里，嵩山、少室、天壇、王屋，岡巒靡迤，四顧可挹。伊、洛、瀍、澗流出平地，故其山川之勝，泉流之潔，雖其閭閻之人與公侯共之。一畝之宫，上矚青山，下聽流水，奇花修竹，布列左右，而其貴家巨室園囿亭榭之盛，實甲天下。」

蘇子瞻謫儋州，人以儋與瞻字相近也。子由謫雷州，人以雷字下有田字也。黄魯直謫宜州，人以宜字類直字也。此章子厚駭謔之意。當時有術士曰：「儋字從立人，子瞻其尚能北歸乎？雷字雨在田上，承天之澤也，子由其未艾乎？宜似直字，有蓋棺之意，魯直其不返乎？」後子瞻北歸，至毘陵而卒。子由退老于潁，十餘年而終。魯直竟卒于宜。

東坡贊文與可梅竹石云：「梅寒而秀，竹瘦而壽，石文而醜，是爲三益之友。」

東坡於世家中得王定國，於宗室中得趙德麟，奬許不容口。定國坐坡累謫賓州，瘴烟窟裏，五年面如紅玉，尤爲坡所敬服。

春秋以來，用舍進退，未有如范蠡者。又曰子胥、大夫種、范蠡皆人傑，而揚雄曲士也。欲以區區之學疵瑕此三人，蓋兒童之見。又以爲范之賢，豈聚斂積實，何至耕於海上，父子力作以營千金，屢散而屢積，此何爲者哉！余謂范蠡既建奇功，遂棄去，自處以天下至鄙、至賤事，正是其神奇處，故三致千金，分散與貧交疏戚，後聽子孫修業而息之，遂至鉅萬。政以鄙賤之事，運之神奇，即鬼神不得窺其故，所以玩弄造化者豈無爲也哉！卓吾子曰：「即子瞻，此何爲者哉」五字，已是窺見老范心中故矣。然貨殖原非鄙賤事，太公百餘歲猶欲興周富齊也。天下亦無鄙賤事，子貢貨殖，乃爲聖門高弟，但看其人何如耳。子貢之所不足者，非貨殖也，不能會得夫子之一貫也。使其得一，當與曾子並列矣，敢以其貨殖而少之哉！然天下固有匹夫立致千金者，其人決非庸人明矣。非庸人，即是真奇人、真神人矣。而又何疑於老范乎？

得蜀公書，知佳健。家兄書云，每去輒留食，食倍於吾輩，此大慶也。頻得潞公手筆，皆詳悉精好。富公必時見之，聞其似四十許人，信否？君實固甚清安。得此數公無恙，差慰人意。

子瞻讀孟浩然詩，謂其韻高而才短，如造内法酒手，卻是上尊之規模，而無材料，有遺恨耳。

顏安國曰：「大丈夫暴骨邊庭，不猶愈於病死牖下。」此伏波之志也。伏波乃欲裹尸還葬，則是東坡所謂劉伶忘死未忘骸耳。諒爲烈士，骨暴不收可矣。

舊聞靖長官、賀水部皆唐末五代人，得道不死。章聖皇帝東封，謁於道左，其謁云：晉水部員外郎賀亢，再拜而去。上不知也。已而閼謁，見之大驚，物色求之，不可得矣。天聖初，又使其弟子喻澄者，詣闕進佛道像，直數千萬。張安道與澄游，具得其事。又有喬仝者，少得大風疾，幾死。賀使學道，今年八十，益壯盛。人無復見賀者，而仝數見之。元祐二年十二月，仝來京師十許日，予留之不可，曰：「賀以上元期我於蒙山。」又曰：「吾師嘗游密州，識君於常山道上，意若喜君者。」因作是詩以送之，且作五絕句以寄賀。詩云：「君年二十美且都，初得惡疾墮眉須。紅顏白髮驚妻孥，覽鏡自嫌欲棄軀。結茅窮山啖松腴，路逢逃秦博士盧。方瞳照野清而臞，再拜未起煩一呼。覺知此身了非吾，炯然蓮花出泥塗。隋師東游渡濰卻，濰、卻，密州二水名。山頭見我兩輪朱。豈知仙人混屠沽，爾來八十胷垂胡。上山如飛嗔人扶，東歸有約不敢渝。新年當參老仙儒，秋風西來下雙鳧。得棗如瓜分我無？」

《安期生詩引》曰：「安期生，世知其爲仙者也，然太史公曰：蒯通善齊人安期生，生嘗以策于項羽，羽不能用，羽欲封此兩人，兩人終不肯受，亡去。嗟乎！仙者非斯人而誰爲之。故意戰國之士，如魯連、虞卿，皆得道者與？」

子頊在京師，有鑿井得芝如小兒手以獻者。臂指皆具，膚理若生。予聞之隱者曰：「此肉芝也。」與子由烹而食之。

昔謝自然欲過海求師蓬萊，至海中，或謂自然：「蓬萊隔弱水三十萬里，不可到。天台有司馬子微，身居赤城，名在絳闕，可往從之。」自然乃還，受道於子微，白日仙去。子微著《坐忘論》七篇，《靈樞》一篇，年百餘。將終，謂弟子曰：「吾居玉霄峰，東望蓬萊，嘗有真靈降焉。今爲東海青童君所召。」乃蟬蜕而去。其後，李太白作《大鵬賦》云：「嘗見子微於江陵，謂余有仙風道骨，可與神游八極之表。」元豐七年冬，余過臨淮，而湛然先生梁公在焉。童顔清澈，如二三十許人，然人亦有自少見之者。善吹鐵笛，遼然有穿雲裂石之聲。乃作《水龍吟》一首，記子微、太白之事，倚其聲而歌之曰：「古來雲海茫茫，道山絳闕知何處，人間自有，赤城居士，龍蟠鳳舉。清净無爲，坐忘遺照，八篇奇語。向玉霄東望，蓬萊晻靄，有雲駕、參風馭。行盡九州四海，笑紛紛、落花飛絮。臨江一見，謫仙風彩，八表神遊，浩然相對，酒酣箕踞。待垂天賦就，騎鯨路穩，約同歸去。」

與方士論内外丹，喜曰：「白樂天作廬山草堂，蓋燒丹也。丹欲成而爐鼎敗，明日忠州除書到，乃知世間、出世間事不兩立也。僕有此志久矣，而終無成，亦以世間事未敗故也。今日真敗矣。《書》曰：『民之所欲，天必從之。』信而有徵。君輩爲我誌之。」

昨日，太守楊家采、通守張君規邀余出游安國寺，坐中論服氣養生之事。余云：「皆不足道，難在去慾。」張云：「蘇子卿齧雪吞氊，蹈背出血，無一語少屈，可謂了生死之際矣。然不免與胡婦生子窮海之上，而況洞房綺疏之下乎？乃知此事不易消除。」衆客皆大笑。余愛其語有理，故爲書之。

子瞻在黄州，術士多從之游。有僧相見數日不交一言，將去，懷中取藥兩貼，如蓮蕊而黑色，曰：「此燒煉藥也，有緩急服之。」後謫海島無恙，疑得此藥之力。

有道人過沈東老飲酒，用石榴皮寫絶句壁上，稱回山人。東老送出門，渡橋不知所往。或曰此吕洞賓也。僕見東老子偕道其事，爲和此詩。後復與偕遇錢塘，更爲書之。回山人詩云：「西隣已富憂不足，東老雖貧樂有餘。白酒釀來緣好客，黄金散盡爲收書。」東坡和云：「世俗那知貧是病，神仙可學道之餘。但知白酒留佳客，不問黄公覓素書。」又云：「淒涼雨露三年後，仿佛塵埃數字餘。至用榴皮緑底事，中書君豈不中書。」

元豐四年正月，余自齊安往岐亭，泛舟而還。過古黄州，獲一鏡，周尺有二寸，其背銘云：「漢有善銅出白陽，取爲鏡，清如明月，左龍右虎輔之。」其字如菽大，雜篆隸，甚精妙。白陽，疑南陽白水之陽也。其銅黑色，如漆，其背如刻玉。其明照人微小。舊聞古鏡皆然，此道家聚形之法也。

予兄子瞻，嘗從事扶風。開元寺多古畫，子瞻往往匹馬入寺看畫。有二老僧出揖曰：「小院在近，可一相訪？」子瞻欣然從之。僧曰：「貧道好藥術，有一方能以朱砂化淡金爲精金，當傳人，而患無可傳者。知公可傳，故欲一見。」子瞻曰：「吾不好此術，雖得之不能爲。」僧曰：「此方知而不可爲，公若不爲，正當傳矣。」是時陳希亮少卿守扶風，溺於黄白，嘗於此僧求方，不與。子瞻曰：「陳卿求而不與，何也？」僧曰：「貧道畏其得方不能不爲耳。貧道嘗以方授人矣，有爲之即死者，有遭喪者，有失官者，故不輕以授人。」即出一卷書，曰：「此中皆名方，其一則化金方也。如陳卿愼勿與。」子瞻許諾。歸視其方：「每淡金一兩，視其分數不足一分，以丹砂一錢益之，雜諸藥，入甘鍋中煆之，鎔即傾出，金砂俱不耗，但其色深淺斑斑相雜。當再烹之，色匀乃止。」後偶見陳卿，語及此。陳卿驚曰：「君何由得之？」子瞻具道僧不欲傳人之意，陳固請試之良驗。子瞻始悔，曰：「某不惜此方，惜負此僧耳。公愼爲之。」未幾，坐受隣郡公使酒，以贓敗去。子瞻疑其以金故，深恨。謫居黄州，陳公子慥在黄，子瞻問曰：「少卿昔竟爲此法否？」慥曰：「吾父既失官，至洛陽，無以買宅，遂大作此，然竟病指癰而没。」乃知僧言誠不妄也。後十餘年，余謫居筠州。有蜀僧儀介者，師事克文禪師。文所至輒修造，所費不貲，而莫知所從來。文秘其術，不以告人。介與省聰禪師善，密爲聰道。其方大類扶風開元僧所傳，然介未嘗以一錢私自利，故能保其術而無患。

《神翁外傳》云：內相蘇子瞻，初起知登州來求字，翁書「來、王、守」三字。又問學道之要，翁云：「閑好。」公見許道士，求解字。許曰：「經云『赤書玉字』，勑乃王命來，則王命將下矣。」果召爲內翰，復出守楊州。公疑閑好之言，再遣人求字，翁不書。後謫惠州，再遣子過求字，翁不見。子由謂「吾兄信其言而不能用也。」

公著《龍虎鉛汞論》寄子由，云：「已令造一禪榻，兩大案，明窗之下，日專欲治此。并已作乾烝餅百枚。自二月一日爲首，盡絶人事。饑則食此餅，不飲湯水，不啗他物，細嚼以致津液，或飲少酒而已。午後略睡，一更卧，三更乃起，坐以達旦。有日採日，有月採月，餘時非數息煉陰，則行吟所論龍虎訣爾。如此百日，或有所成。不讀書，不著文，且一時束起以待異日。不遊山水，除見道人外，不接客，不會飲，深恐易流之性，不能踐此言。故先作書以報，庶幾他日有慙於弟而不敢變也。此事大難，不知其果能不慙否？既以自堅，又欲以及弟。」

《上張安道養生訣》云：「近來頗留意養生，讀書延納方士多矣，其法數百，擇其簡而易行者，間或爲之，輒驗。乃知神仙長生不死，非虚語也。其效初亦不甚覺，但積累百餘日，功用不可量，比之服藥，其力百倍。久欲獻之左右，其妙處非言語文字所能形容，若信而行之，必有大益。」

海上道人傳心神守氣訣：「但向起時作，還於作處收。蛟龍莫放睡，雷雨直須休。要會無窮火，嘗觀未盡油。夜深人散後，惟有一燈留。」

《修丹贊》云：「飲食之精，草木之華，集我丹田。我丹所家，我丹伊何？鉛汞丹砂，客主相守，如巢養鶵，培以戊己，耕以赤蛇，化以丙丁，滋以河車。乃根乃株，乃實乃華。晝煉於日，赫然丹霞。夜浴於月，皓然素葩。金丹自成，曰思無邪。」此贊信筆直書，不加點定，殆是天成。

《春渚録》云：東坡與山谷同見清老，清語坡前身爲五祖戒和尚，故嶺外詩云：「父老争看烏角中，應緣曾現宰官身。溪邊古路三叉口，獨立斜陽數過人。」豈真戒禪師後身耶？而謂山谷前身一女子，我不能詳語，後日至涪陵，當有告者。山谷既坐黨人遷涪，夢一女子曰：「某前身誦《法華經》，志願後身作男子，得大智慧，爲時名人，今學士吾後身也。學士年來所患腋氣，緣某墓棺朽，蟻穴兩腋，故有此苦。此山後即吾墓，學士能啓而除其蟻，則腋氣平矣。」既覺而訪，如言修掩既畢，而腋氣遂除。

坡在惠州，其家以地遠無人致書爲憂，有道人卓契順者，慨然嘆曰：「惠州不在天上，行即到矣。」請書以行。佛印因致書云：「常讀退之《送李愿歸盤谷序》，愿不遇於主上者，猶能坐茂樹以終日。子瞻中大科，登金門，上玉堂，遠放寂寞之濱，權臣忌子瞻爲宰相耳。人生一世間，如白駒之過隙，三二十年功名富貴，轉盼成空，何不一筆勾斷，尋取自家本來面目。■■■■■縱未得到如來地，亦可以驂駕鸞鶴翱翔三島，爲不死人。子瞻胷中有萬卷書，下筆無一點塵，到這地位，不知性命所在，一生聰明，要做甚麽，三世諸佛，則是一箇有血性的漢子。子瞻若能脚下承當，把三二十年富貴功名賤如泥土，努力向前。珍重，珍重也。」

哲宗問左右：「蘇軾觀朝章者何服？」對曰：「道衣。」南行時帶一軸彌陀，曰：「此軾生西方公案也。」

元豐末年，得請歸耕陽羨，舟次瓜步，以書抵金山了元師曰：「不必出山，當學趙州三等接人。」（道理■）元得書，徑來。（好）東坡迎笑問之，以偈爲獻曰：「趙州當日少謙光，不出山門見趙王，争似金山無量相，大千都會一禪牀。」東坡拊掌稱善。■■之■

范蜀公不信佛説，大蘇嘗與論佛，詰其所以不信之説。范公云：「鎮平生，事非自所見者未嘗信。」蘇曰：「公亦安能然哉？設公有疾，令醫切脉，曰寒則服熱藥，曰熱則餌寒藥，公何嘗見脈而信之？」

蘇子瞻守杭日，有妓名琴操，頗通佛書，解言辭，子瞻喜之。一日游西湖，戲語琴操曰：「我作長老，汝試參禪。」琴操敬諾。子瞻問曰：「何謂湖中景？」對曰：「落霞與孤鶩齊飛，秋水共長天一色。」「何謂景中人？」對曰：「裙拖六幅湘江水，髻挽巫山一段雲。」「何謂人中意？」對曰：「隨他楊學士，鼈殺鮑參軍。」「如此究竟何如？」子瞻曰：「門前冷落車馬稀，老大嫁作商人婦。」琴操言下大悟，遂削髮爲尼。

子瞻嘗謂余曰：「釋氏之徒，諸佛教法所繫，不可以庶俗待之。或有事至庭下，則吾徒當以付囑流通爲念，與之闊略可也。」張商英

皎然禪師贈吴馮處士詩云：「世人不知心是道，只言道在他方妙。還如瞽者望長安，長安在東望西笑。」東坡代答曰：「寒時便懼熱時風，饑漢那知食藥功。莫怪禪師向西笑，禪師身在長安東。」人間有漏僊，兀兀三盃醉；世上無眼禪，昏昏一覺睡。雖然無交涉，其奈略相似。相似尚如此，何况真箇是。余奉使關西，見邸店壁上書此數句，愛而誦之，故海上作《濁醪有妙理賦》，曰：「嘗因既醉之適，方識此心之正。」

予過濟南龍山鎮監税，宋寶國出王氏《華嚴經解》相示。予問寶國：「《華嚴》有八十卷，今獨解其一，何也？」寶國曰：「王氏謂我此佛語深妙，其餘皆菩薩語爾。」予曰：「予取佛語數句置菩薩語中，復取菩薩語置佛語中，子能識其是非乎？」曰：「不能也。」非獨子不能，王氏亦不能。予昔在坡下，聞沂陽豬肉至美，遣人買之。使者醉，豬夜逸，買他豬以償，吾不知也。而與客食，皆大詫，以爲非他産所及。已而事敗，客皆大慚，今王氏之豬未敗爾。

東坡云：日者王實、王寧見訪。實，韓持國少傅之壻，因問持國安否？實、寧言持國謂人：「吾以癃

老，且將聲樂酒色娱年。不爾，無以度日。」東坡曰：「惟其殘年，正不當耳。君兄弟至親舊，願爲某傳一語於持國，可乎？」頃有一老人，未嘗參禪，而雅合禪理，死生之際，極爲了然。一日置酒，大會親友。酒闌，語衆曰：「老人即今且去。」因攝衣正坐，將奄奄焉。諸子惶遽呼號，曰：「大人今日乃爲世訣乎？願留一言爲教。」老人曰：「本欲無言，今爲汝懇，第一五更起。」諸子未喻。曰：「惟五更。可以勾當自家事，日出之後，欲勾當則不可矣。」諸子曰：「家中幸豐，何用蚤起？舉家諸事，皆是自家的事，豈有分别？」老人曰：「不然，所謂自家事者，是死時將得去者。吾平生治生，今日就化，可將何者去？」諸子頗悟。今持國果自以謂殘年，請二君言與持國，但言某請持國勾當自家事，與其勞心聲酒，不若爲可以死時將去者計也。

東坡自謂竄逐海上，去死地近，願學壽禪師，放生以證善果。敬將亡母蜀郡太君程氏遺留簪珥，盡買放生，以薦父母冥福。其子邁在側，見所買放生盈軒蔽地，或掉尾乞命，或悚翅哀鳴，亟請放之。旁有侍妾朝雲，見邁衣衾有蝡動，視之乃虱，遽以指爪隕其命。東坡曰：「聖人言，近取諸身，遠取諸物。汝今近取諸身以殺之，可乎？」妾曰：「奈齧我何？」東坡曰：「是汝氣體感召而生，不可罪也。今人殺害禽魚，豈禽魚齧人耶？」妾悟。自後罕茹腥物，多食蔬菜。東坡舅氏論之曰：「心即是佛，不在斷肉。」坡曰：「不可作如是言。小人、女子難感易流，幸其作如是相，有何不可？」

東坡舍利塔記略曰：「大雄氏真身舍利，乃戒定慧熏修所成。其滅後百年，周厲王時，東天竺國有阿育王，造寶塔八萬四千，貯釋迦文佛真身舍利，請邪舍尊者放光遺神，光所止處，布於天下。《禹貢》荒服之内凡十九所，而四明鄮山當其一。自晉迨今，歷千九十七年，爲阿育王寺。太康中，獵人劉薩訶病死，見梵僧，指往會稽舍利塔處懺悔，乃甦。因與僧惠連至會稽，竭誠徧禱。一夕，聞鍾聲隱隱響地中。又二宿，聲漸近。遲明，寶塔湧出地上。于是諸天花雨，萬姓歡欣。其塔高尺有四寸，廣七寸，體質殊異，莫辯其何物。

中懸小金磬，覆如蓋，徑可寸許，舍利綴於磬之中，圜轉不定。初見似水晶珠，其大如芡實。已如彈丸，已加大如瓜，如車輪，五色變幻，光彩射目，不可迫而視之。或見大如桐子，白色。或見如椒豆大，青色。或無所見。由晉、梁、唐宋，皆有銘刻。其事甚奇，姑摭其略云。」

坡参玉泉皓禪師，師問尊官高姓，坡曰：「姓秤，秤天下長老輕重。」師喝曰：「且道這一喝重多少？」坡無對。於是尊禮之。後過金山，坡題自己照容偈曰：「心似已灰之木，身如不繫之舟。問汝平生功業，黃州、惠州瓊州。」

余謫黃州，與陳慥季常往來。每過之，輒作汁字韻詩一篇。季常不禁殺，故以此諷之。季常既不復殺，而里中皆化之。至有不食肉者，皆云未死神已泣，此語使人凄然也。

轍有白髮近二十年，然止百餘莖，不增不減。虔州道人王正彦教令拔去，以真水火養之。從其言已，數月而白髮不出，更歲久不見，豈真不生耶？子瞻示我月中梳頭詩，言拔白之驗。

或爲予言，草木之長常在昧明間。早起伺之，乃見其拔起數寸，竹笋尤甚。夏秋之交，稻方含秀，黃昏月出，露珠起於其根，纍纍然忽自騰上，若推之者，或綴於莖心，或綴於葉端。稻乃秀實，驗之信然。此二事，與子由養生之説契。

元豐三年二月朔，予始來黃州，進士潘丙謂予曰：「異哉！公始受命，吾黄人未知也，先有神降於州郭氏第，曰二月朔蘇公將至，恨吾不及見也。已而，公果以是日至。」明年正月丙，又謂余曰，神復降於郭氏矣。予往觀之，則衣草木，爲婦人，而手把筯，使二童子扶之。以筯畫字曰：「妾壽陽人也，姓何，媚名，麗卿字也。自幼讀書屬文，爲伶人婦。唐垂拱中，壽陽刺史害吾夫，納吾爲侍妾。而其妻妒悍，殺妾於廁。妾雖死，不敢訴也。而天使見之，爲直其冤，且使我有所職於人間。世所謂紫姑神者。其類甚衆，然未有如妾之卓然者也。公少留，爲賦詩，且舞以娱公。」頃刻數十篇，妙思敏捷，雜以嘲笑。問神仙鬼佛變化之理，應答如響，出人意外。坐客撫掌。又作道調梁州，起舞中節，曲終再拜，以請曰：「公文名天下，何惜尺寸紙，不使世人知有妾乎？」予觀何氏，生見掠於酷吏，死怨於悍妒，而終不指刺史姓名，似有禮者。客至，逆知其平生，而終不顯言陰私，可謂智矣。又雅好詞賦，而恥無聞於世，皆可賢者。粗爲録其事，答其意焉。卓吾曰：「鬼猶好名，而謂人不好名，可乎？人不好名，不如鬼矣。」

建中靖國元年，陳無己以正字入館，未幾得疾。樓異世可時爲登封令，夜夢無己見别，行李遽甚，樓問是行何之？曰：「暫往杏園。」東坡、少游諸人在彼已久，樓起視事，而得寥寥報云：「無己逝矣。」

蘧謁冰華丈於所居烟雨堂偶誦人祭先生文，至「降鄒陽於十三世，天豈偶然？繼孟軻於五百年，吾無間也」之句，冰華笑曰：「此老夫所爲。」因請降鄒陽事，冰華云：「元祐初，劉貢甫夢至一官府，案間文軸甚多，偶取一軸展視，云在宋爲蘇軾，逆數而上十三世，云在西漢爲鄒陽。蓋如黄帝時爲火師，周朝爲柱下史、只一老聃也。」

雪川莫蒙養正崇寧間過余，言夜夢行西湖上，見一人野服，髽髻頎然而長，參從數人，軒軒然常在人前。路人或指而言曰：「此蘇翰林也。」養正少識之，亟趨前拜，且致恭曰：「蒙自爲兒時誦先生之文，願執巾侍不可得也，不知先生厭世仙去，今何所領而參從如是？」先生顧視久之，曰：「是太學生莫蒙否？」養正對曰：「然。」先生頷之曰：「某今爲紫府押衙。」語訖而覺。後偶得先生嶺外手書一紙，云：「夜登合江樓，夢韓魏公騎鶴相過，云受命與公同北歸中原，當不久也。已而果然。」小説載魏公爲紫府真人，則養正之夢不誣矣。

海南城東有兩井，相去咫尺而異味，號雙井。井源出山石罅中，東坡酌水異之，曰：「吾尋白龍不見，今家此水中乎？」同遊怪問其故，曰：「白龍當爲。」東坡出，俄見其脊尾如蝘，銀色蛇伏。忽水渾有氣浮水面，舉手如插玉笏，乃泳而去。太守張子修爲造庵井上，號思遠亭，泉號洞酌。崖有怪樹。

房琯嘗宰盧氏，與道士邢和璞出游，過夏口村，入廢佛寺，坐古松下。和璞使人鑿地，得甕中所藏婁師德與永禪師書。笑謂琯曰：「頗憶此耶！」琯因悵然悟前生之爲永師也。故人柳子玉寶此畫，云是唐本宋復古所臨者。元祐六年三月十九日，予自杭州還朝，宿吴松江，夢長老仲殊挾琴過予。彈之有異聲，就視，琴有破損，而有十三絃。予方嘆惜不已，殊曰：「雖損尚可修。」曰：「奈十三絃何？」殊不答，誦詩云：「度數形名本偶然，破琴今有十三絃。此生若遇邢和璞，方信秦箏是響泉。」予夢中了然，識其所謂。既覺而忘之，明日晝寢，復夢殊來理前語，再誦其詩，方驚覺，而殊適至，意其非夢也。問之，殊蓋不知。是歲六月，見子玉之子子文京師求得其畫，乃作詩并書所夢其上。子玉名瑾，善作詩及行草書。復古，名迪，畫山水草木，蓋妙絶一時。仲殊本書生，棄家學佛，通脱無所着，皆奇士也。破琴雖未修，中有琴意足。誰云十三絃，音節如佩玉。新琴空高張，絲聲不附木。宛然七絃箏，動與世好逐。陋矣房次律，因循墮流俗。懸知董庭蘭，不識無絃曲。

考淵明所記桃源事，止言先丗避秦亂來此，則漁人所見似是其子孫，非秦人不死者也。舊説南陽有菊水，水甘而芳，居民三十餘家，飲其水皆壽。蜀青城山老人村，有見五世孫者。道極險遠，生不識鹽醯，而溪中多枸杞，根如龍蛇，飲其水，故壽。近歲道稍通，漸能致五味，而壽衰矣。予在潁州，夢至一官府，人物與俗間無異，而山川清遠，有足樂者。顧視堂上，榜曰仇池，覺而念之。仇池，武都氏故地，楊難當所保，予何爲居之？明日以問客，客有趙令畤德麟者，曰：「公何問此？此乃福地。小有洞天之附庸也。」杜子美云：「萬古仇池穴，潛通小有天。神魚人不見，福地語真傳。近接西南境，長懷十九泉。何時一茅屋，送老白雲邊。」他日工部侍郎王欽臣仲至謂予曰：「吾嘗奉使過仇池，有九十九泉，萬山環之，可以避世如桃源也。」

昔吾先君先夫人僦宅於眉山之紗縠行。一日，二婢子熨帛，足蹈於地。眎之，深數尺，見大瓮，覆以烏木板，先夫人急命以土塞之。瓮中有物，如人咳聲，凡一年乃已，人以爲此有宿藏物欲出也。夫人之姪程之問者，聞之欲發其地。會吾家遷居，之問遂僦此宅，掘地丈餘，終不見瓮所在。其後某官於岐下，所居大柳下，雪方尺不積。雪晴，墳起數寸。某疑有古人藏丹藥處，欲發之。亡妻崇德君曰：「使吾先夫人必不發也。」某愧而止。

東坡居閶闔門外白家巷中。一夕，次子迨之婦歐陽文忠公孫棐之女。産後因病爲祟所憑，曰：「吾姓王氏，名静奴，滯魄在此居久矣。」公爲言佛氏破妄解脱之理以喻之，曰：「汝善去，明日昏時當用佛氏功德之法與汝。」婦輒合爪，曰：「感尚書去也。」婦良愈。明日昏時，爲自書功德疏一通，仍爲置酒肉香火遣送之。頃迨之幼乳媪忽云有賊，貌瘦而黑，衣以青。使人索之，無有也。乳媪俄而發狂，聲色俱怒，如卒伍輩，唱喏甚大。公往視之，輒厲聲曰：「某即瘦黑而衣青者也，非賊也，鬼也，欲此媪出，爲我作巫。」公曰：「寧使其死，出不可得。」曰：「學士不令渠出，奈何只求少功德，可乎？」公曰：「不可。」又曰：「求少酒食，可乎？」公曰：「不可。」又曰：「求少紙，可乎？」公曰：「不可。」又曰：「只求一杯水，可乎？」公曰：「與之。」媪飲畢，仆地而甦。然媪之乳，因此遂枯。公曰：頃在鳳翔，罷官來京師，道由華岳。忽隨行一兵遇祟甚狂，自褫其衣巾不已。公使人束縛之，而衣巾自墜。人皆曰：「此岳神之怒也。」公因謁祠曰：「某之去無祈，今之回無禱，特以道出祠下，不敢不謁而已。隨行一兵狂發遇祟，而居人曰神之怒也，未知其果然否？此一小人，如蟣虱耳，何足以煩神之威靈！縱此人有隱惡，則不可知，不然，以其懈怠失禮，或盜服御飲食等，小罪何足責也。竊謂岳鎮之重，所隸甚廣，其間强有力富貴者，蓋有公爲奸慝，神不敢於彼示其威靈，而乃加怒於一卒，可乎？某小官，一人病則一事闕，願恕之。非某愚直，諒神亦不聞此語也。」出廟，馬前一旋風突而出，震鼓天地，沙石驚飛。公曰：「神愈怒乎？吾弗畏也。」冒風即行，風愈大，人馬辟易，不可移足。或勸公曰：「禱謝之。」公曰：「禍福，天也。神怒即怒，吾行不止。」已而風止，竟無別事。卓吾曰：「所謂烈風弗迷者耶！神之試之，蓋可知也。」

坡作《虔州八境》詩云「山中木客解吟詩」，《十道四蕃志》記虔州上洛山有木客鬼，與人交甚信，未嘗言能詩也。後得《續法帖》，記《木客詩》云：「酒盡君莫沽，壺傾我當發，城市多囂塵，還山弄明月。」方知得句之因。徐鉉謂鄱陽山中有木客，白言秦時造阿房宫採木者。

先生稱劉景文博學能詩，凛凛有英氣，如三國陳元龍之流。元祐五年，守錢塘，景文爲東南將領佐。公開治西湖日，由萬松嶺以至新堤，故坡在潁川和景文詩有「萬松嶺上黄千葉，載酒年年踏松雪。劉郎去後誰復來，花下有人愁斷絶。」謂此。後坡薦景文，得隰州以殁也。景文晚歲常夢與晉文公神交，夢中酬唱甚多，家有編録。既至隰州，三日謁神祠，出東城，所曆之地及拜瞻神像，曉然夢中往還所在。一日，夢文公云：「已受帝旨，得景文爲代。」月餘，景文得疾，郡人有宿郊外者，見郡守嚴衛而入文公祠中，凌晨趨府公，已屬纊矣。

僕嘗夢見一人，云是杜子美，謂世多誤會予詩。《八陣圖》云：「江流石不轉，遺恨失吞吴。」我意本謂吴蜀脣齒之國不當相圖，晉之所以能取蜀者，以蜀有吞吴之意耳。子美死近四百年，猶不忘詩，區區自明何也？

昔在九江，與蘇伯固唱和，其略曰：「我夢扁舟浮震澤，雪浪横江千頃白。覺來滿目是廬山，倚天無數開青碧。」蓋實夢也。昨又夢伯固手持乳香嬰兒示余，余覺而思之，蓋南華賜物也，豈復與伯固相見於此耶？今得來書，已知在南華待數日矣。感歎不已。

錢塘西湖壽星寺老僧則廉言，先生作郡倅日，始與參寥子同登方丈，即顧謂參寥曰：「某生平未嘗至此，而眼界所視，皆若素所經歷者。自此上至懺堂，當有九十二級。」遣人數之，果如其言。即謂參寥子曰：「某前身，山中僧也，今日寺僧皆吾法屬耳。」後每至寺，即解衣盤礴，久而始去。則廉時爲僧雛侍側，每暑月，袒露竹陰間，細視公背有黑子若星斗狀，世人不得見也。即北山君謂顏魯公曰「誌金骨，記名仙籍」是也。

子由謫高安日，雲安夢同子由及聰迓五祖戒。既覺，語子由，而聰亦至。子由曰：「方與洞山說夢，子今亦來同說夢乎？」聰曰：「夜來夢吾三人迎戒和尚。」子由曰：「世間果有同夢者。」久之，坡書至，曰：「已至奉新，旦夕相見。」三人喜，出城迎坡。坡曰：「先妣方孕時，嘗夢一僧來託宿。」及謫英州，雲安遺書至，坡引紙大書，曰：「戒和尚。」又錯脫也。後監玉局觀，作偈答南華老曰：「惡業相纏四十年，常行八棒十三禪。卻着衲衣歸玉局，自疑身是五通僊。」

余道上見雲氣自山中來，如羣馬奔突，以手掇開籠，收其雲，盈籠中。歸家，開而放之，變化掣去。

東坡知楊州，一夕夢在山林間，忽見一虎來噬，公方驚怖，有一紫袍黃冠人以袖障公，叱虎使去。及旦，有道士投謁，曰：「昨夜不驚畏否？」公叱曰：「鼠子敢爾，本欲杖汝脊，吾豈不知子夜來術也！」道士慙懼而退。

老泉詩序云：「至酆都縣，將遊山都觀，見知縣李長官云：『固知君之將至也。此山有鹿甚老，而猛獸獵人終莫能害，將有客來遊，鹿輒夜鳴。故嘗以此候之而未嘗失。』余問而異之，賦詩紀事。」

東坡謂文與可既死，崔公度於建康城中忽見與可，曰：「吾聞人不妄語者舌可過鼻。」即吐其舌，三疊如餅，引至眉間。公度大驚，然則與可已得不妄語。菩薩道出廣長舌，普覆十方世界，如《金光明經》所云矣。

坡仙集卷之十五終

坡仙集卷之十六

五羊王宗稷編

年譜

仁宗皇帝景祐三年丙子。十二月十九日乙卯時，先生生，實仁宗即位之十一年也。按：先生送《沈逵》詩云：「嗟我與君皆丙子。」又按：《玉局文》云：「十二月十九日，東坡生日，置酒赤壁磯上。」又按：《志林》云：「退之以磨蝎爲身宫，而僕以磨蝎爲命宫。」若以磨蝎爲命推之，則爲卯時生。議者以先生十二月爲辛丑月，十九日爲癸亥日，丙子癸亥，水向東流，故才氣汗漫而澄清。子卯相刑，晚年多難。《東城志林》云：「韓退之詩『我生之辰，月宿南斗』。乃知退之以磨蝎爲身宫，僕以磨蝎爲命宫，平生多得謗譽，殆同病也。」

慶曆二年壬午，先生七歲。知讀書。按：先生《長短句集・洞仙歌・自序》云：「僕七歲時，見眉州老尼，姓朱，年九十餘，能知孟昶宫中事。」又考《冷齋夜話》載先生云：「某七八歲時，嘗夢游陝右。」

三年癸未，先生八歲。入小學。按：先生作《范文正公文集序》云：慶曆三年，某始入鄉校。士有自京師來，以魯人石守道《慶曆聖德詩》示鄉先生。某從旁竊觀，問先生十一人何人也？先生曰：「童子何用知之？」某曰：「此天人也耶，則不敢知。若亦人耳，何爲其不可？」

五年乙酉，先生年十歲。按：子由作先生墓誌云：公生十年，而先君宦學四方。太夫人親授以書，問古今成敗，輒能語其要。太夫人讀東漢史，至《范滂傳》，慨然太息。公侍側，曰：「某若爲滂，夫人亦許之否乎？」夫人曰：「汝能爲滂，吾顧不能爲滂母耶？」又按：《大全集》載東坡少時語云：秦少章言東坡十來歲，老蘇會令作《夏侯太初論》，有「人能碎千金之璧，不能無失聲於破釜，能搏猛虎，不能無變色於蜂蠆」之語。又按：趙德麟所編《侯鯖録》云：東坡年十歲，見老蘇誦歐公《謝宣召赴學士院仍謝賜對衣金帶及馬表》。老蘇令坡擬之，其間有「匪伊垂之，帶有餘；非敢後也，馬不進。」老蘇喜曰：「此子他日當自用之。」

七年丁亥，先生年十二。按：先生所作《天石硯銘》曰：「某年十二時，於所居紗縠行宅隙地中，與羣兒鑿池爲戲，得異石，鏗然扣之有聲。」

皇祐四年壬辰，先生年十七。按：《長短句・滿庭芳序》云：「余年十七，始與劉仲達往來於眉山。」

至和元年甲午，先生年十九。始娶眉山青神王方女。按：先生作《王氏墓誌》云：「生有十九歲而歸於某。」至治平二年而王氏卒。

二年乙未，先生年二十。游成都，謁張安道。按：先生作《樂全先生文集序》云：「某年二十，以諸生見公成都，一見待以國士。」有鼂美叔，是年求交先生。按：《送美叔》詩云：「我生二十無朋儔，當時四海一子由，君來扣門若有求。」卓吾子曰：「今人五六十歲尚不知要朋友，先生甫二十，才畢姻，便苦無朋儔，何太性急乎？」

嘉祐元年丙申，先生年二十一。舉進士。按：《鳳鳴驛記》云：「始余丙申歲舉進士，過扶風，求舍於館人，不可而出，次於逆旅。」

二年丁酉，先生二十二。赴試禮部。按：先生作《興國六祖畫贊》云：「余嘉祐初舉進士，館於興國浴室院。」時歐陽文忠公考試，得先生《刑賞忠厚之至論》，以爲異人，欲冠多士，疑曾子固所爲，子固文忠門下士也，乃寘第二。復以《春秋》對義居第一。及殿試，章衡牓中進士乙科。又按：先生作《太息一篇送秦少章歸京》云：「昔吾舉進士，試名於禮部。歐陽文忠公見吾文，且曰：『此吾輩人也，吾當避之。』」是年四月，丁太夫人武陽君程氏憂。按：司馬温公作《程夫人墓誌》云：「夫人以嘉祐二年四月癸丑終於鄉里。」

四年己亥，先生年二十四。服除。十二月，侍老蘇舟行適楚。按：先生《南行前集序》云：「己亥之歲，侍行適楚，舟中無事，雜然有觸於中，而發於詠歎。蓋家君之作與弟轍之文皆在焉，因謂之《南行集》。」

五年庚子，先生年二十五。授河南府福昌縣主簿。有《新渠》詩，其序云：「庚子正月，予過唐州，太守趙侯始復之陂，疏召余，爲《新渠》詩五章，以告於道路，致侯之意。」

六年辛丑，先生年二十六。應中制科，入第三等。有《應制科上兩制書》及《上富丞相書》。又有《謝應中制科啟》。授大理評事，鳳翔府僉判。按：先生有《感舊詩》，序云：「嘉祐中，予與子由奉制策，寓居懷遠驛。時年二十六，子由年二十三。」是年十二月，赴鳳翔任，與子由别。

七年壬寅，先生年二十七。宦於鳳翔。二月，有詔郡吏分往屬外決囚，作詩五百言寄子由。

八年癸卯，先生年二十八。官於鳳翔。作《思治論》。

英宗皇帝治平元年甲辰，先生年二十九。官於鳳翔。

二年乙巳，先生年三十。自鳳翔罷任。按：子由作先生墓誌銘云：「治平二年，罷還，判登聞鼓院。英宗皇帝在藩邸，聞先生名，欲以唐故事召入翰林。宰相限以近例，召試秘閣，皆入三等，得直史館。」是年，通義郡君王氏卒於京師。

三年丙午，先生年三十一。在京師，直史館。丁老蘇憂，扶護歸蜀。按：歐陽文忠公作老蘇墓誌云：「明允《太常因革禮書》一百卷，書成，方奏，未報而卒。」英宗皇帝聞而傷之，命有司具舟載其喪，歸葬於蜀。

四年丁未，先生年三十二。居服制，以八月壬辰葬老蘇於眉州。

神宗皇帝熙寧元年戊申，先生年三十三。免喪。按：《四菩薩閣記》云：「載四菩薩版以歸。既免喪，嘗與往來浮屠人勸某爲先君捨施，爲大閣以藏之，作記。乃熙寧元年十月。」

二年己酉，先生年三十四。還朝。監官告院。按：《烏臺詩話》云：熙寧二年，某在京授差遣，與王詵寫詩賦及《蓮華經》。

三年庚戌，先生年三十五。監官告院。有《送章子平》詩。其序云：「熙寧三年，子平自右司諫直集賢院出牧鄭州，賦詩餞之。」《烏臺詩話》云：舊例館閣補外，同舍餞送必分韻。是年，范景仁嘗舉先生充諫官。

四年辛亥，先生年三十六。任監官告院兼判尚書祠部。王荆公欲變科舉，上使兩制三館議之。先生獻三言，荆公之黨不悅，命[redacted]開封府推官。有《奏罷買燈疏》，御史知雜事誣奏先生過失，先生不辯，乞外任避之。除通判杭州。有赴任過揚州，與劉貢甫、孫巨源、劉竟老相聚數月，用逐人字作詩。十一月到任。有《初到杭州寄子由》兩絶。

五年壬子，先生年三十七。在杭州。是歲有《牡丹記》，其序云：「熙寧五年三月二十三日，余從太守沈公觀花於吉祥寺。」是年科場，先生監試。八月十七日，登望湖樓。是日榜出，有《送杭州進士》詩，序云：「熙寧五年，錢塘之士貢於禮部者九人。十月乙酉，宴於中和堂，作是詩以勉之。」十二日，運司差先生往湖州相度堤圩利害，與湖州太守孫莘老相見，有《贈莘老》七絶、《臘月游孤山訪惠勤、惠恩二僧》。

六年癸丑，先生年三十八。在杭州。有《八月十五觀湖》詩，寫於安濟亭上。及作《仁宗皇帝飛白記》，其畧云：「熙寧六年冬，以事至姑蘇，安簡王公子誨出所賜公端敏二字。」又有作《錢塘六井記》，其畧云：「熙寧五年，太守陳公述古至，問民之利病。明年春，六井畢修，故詳其語以告後人。」運司又差先生往潤州，道出秀州，錢安道送茶、和詩。

七年甲寅，先生年三十九。在杭州。正月，遊風水洞。推官李泌先行三日，留風水洞相待，有詩題壁。是年，納侍妾朝雲。墓誌云：「朝雲姓王氏，錢塘人。事先生二十有三年，來事先生方十二歲。」先生以子由在濟南，求爲東州守。按：子由《超然臺賦》序云：「子瞻通守餘杭，三年不得代，以轍之在濟南也，求爲東州守。既得請高密，五月乃有移知密州之命。」則通判杭已四載矣。按：先生《辛未別天竺觀音》詩序云：「余昔通守錢塘，移莅膠西，以九月二十日來別南北山道友。」又按：先生《記游松江》説云：「吾昔自杭移高密，與楊元素同舟，而陳令舉、張子野皆從余過李公擇於湖，遂與劉孝叔俱至松江。夜半月出，置酒垂虹亭上。子野年八十五，以歌詞聞於天下，作《定風波》令。」及道過常州，爲錢公輔作哀辭，及有《與段屯田》詩云：「龍鍾三十九，勞生已强半。歲暮日斜時，還爲昔人嘆。」是年又有《帥子屏風贊》，云：「潤州甘露寺有唐李衛公所留陸探微畫師子版，余自錢塘移守膠西，過而觀焉。」是年先生在潤州道上過除夜，有《潤州道上過除夜》兩絶。

八年乙卯，先生年四十。到密州任。有《上韓丞相論災傷書》。到任二十餘日，又論密州鹽税。又作《後杞菊賦》，其序云：「予仕宦十有九年，家日益貧，移守膠西，齋廚索然。」

九年丙辰，先生年四十一。在密州。作《刻秦篆記》云：「熙寧九年丙辰，蜀人蘇某來守高密。」是年中秋，歡飲達旦，作《水調歌頭・懷子由》及作《薄薄酒》二章。

十年丁巳，先生年四十二。在密州。就差知河中府，已而改知徐州。四月，赴徐州任。按：子由作先生墓誌云：「自密徙徐。」與子由相會於澶濮之間，相約赴彭城，留百餘日，宿於逍遥堂。子由有兩絶，先生和之。徐州水患大作，七月十七日河決澶州曹村，八月二十一日及徐州城下。先生治水有功，至十月五日，水漸退，城以全。朝廷降詔奬諭。作《河復》詩。

元豐元年戊午，先生年四十三。在徐州任。適值春旱。徐州城東二十里有石潭，置虎頭其中，可致雷雨，作起伏龍行。是年三月，始識王迥子高，■與仙人周瑶英遊，作《芙蓉城》詩。二月，有旨賜錢二千四百一十萬，起夫四千二十三人，及發常平錢米，改築徐州外小城，創木岸四。以奬諭勑記併刻諸石，爲《熙寧防河録》，云：「迺即徐州城之東門爲大樓，堊以黄土，名之曰黄樓，以土實勝水故也。」子由作《黄樓賦》，先生跋云：「元豐元年八月癸丑樓成，九月庚辰大合樂以落之。」又有《中秋月》三首，云：「六年逢此月，五年照離别。」先生注云：「中秋有月，凡六年矣。惟去歲與子由會於此。」

二年己未，先生年四十四。在徐州。正月己亥，同畢仲孫、舒焕八人游泗之上，登石室，使道士戴日祥鼓雷氏琴，先生有記。按：《玉局文》云：「僕在徐州，王子立、子敏皆館於官舍，而蜀人張師厚來過。二王方年少，吹洞簫，飲酒杏花下。三月，自徐州移知湖州。」按：先生作《張氏園亭記》云：「余自彭城移守吴興，由宋登舟，三宿而至。」是年四月二十九日到湖州任，王子立、子敏皆從。先生作《子立墓誌》云：「子立、子敏皆從余學於吴興，學道日進，東南之士稱之。」是歲，言事者以先生《湖州到任謝表》以爲謗，七月二十八日，中使皇甫遵道湖州追攝。按：《子立墓誌》云：「予得罪於吴興，親戚故人皆驚散，獨兩王子不去❶，送予出郊，曰：『死，生禍福，天也，公其如天何！』返取予家，致之南都。」又按：先生《上文潞公書》云：「某始就逮赴獄，有一子稍長，徒步相隨。其餘守舍，皆婦女幼稚。至宿州，御史符下，就家取書，州郡望風，遣吏發卒，圍舩搜取，長幼幾怖死。既去，婦女恚罵曰：『是好著書！書成何所得，而怖我如此！』悉取焚之。」十

❶ 焦本有旁批「真高徒」。

二月二十日聞太皇太后升遐，吏以某罪人，不許成服，欲哭則不可，欲泣則不敢，作挽詩二首。已而獄具，十二月二十九日謫授黄州團練副使，本州安置。是年子由聞先生下獄，上書乞以見任官職贖先生罪，謫筠州酒官。出獄，再次《寄子由二詩》韻，有「百日歸期恰及春」之句。先生自八月坐獄，至是踰百日矣。

三年庚申，先生年四十五。在黄州。自京師道出陳州，子由自南郡來陳相見，三日而別。乃正月十四日也。至十八日，蔡州道上遇雪，有《次子由韻》古詩二首。過新息縣，有《示鄉人任師中》一首。任伋，字師中，眉州人，嘗倅黄州，卜居新息，故先生以詩示之。至岐亭，訪故人陳慥季常，爲留五日，賦詩一首而去。乃以二月一日至黄州，寓居定惠院。按：先生《別王文甫子辯》云：「僕以元豐三年二月一日到黄州，家在南都，獨與兒子邁來。」是年五月，子由來齊安，先生有《曉至巴河迎子由》詩，乃與子由同游武昌西山寒溪寺。定惠有海棠一株，土人不知貴，先生作詩，有「也知造物有深意，故遣佳人在幽谷」之句。按：近日《黄州東坡圖》云：「先生寓居定惠未久，以是春遷臨皋亭。」先生復就臨皋亭立南堂。至八月，先生乳母任氏卒於臨皋亭，葬於黄岡。按：先生《上文潞公書》云：「到黄州，無所用心，覃思《易》《論語》，若有所得。」由是言之，先生到黄定居之後，即作《易傳》九卷、《論語》五卷矣。

四年辛酉，先生年四十六。在黄州，居臨皋亭。正月，往岐亭訪陳季常。路獲一鑑，有《鑑銘》云：「元豐四年正月，余自齊安往岐亭，泛舟而還。過古黄州，獲一鑑，周尺有二寸。」《東坡八首》序云：「予至黄二年，日以困匱，故人馬正卿哀予乏食❶，於郡請故營地，使躬耕其中。」今以《東坡圖》考之，辛酉方營東坡，次年壬戌始築雪堂，故《贈孔毅甫》詩云：「去年東坡拾瓦礫，今年刈草蓋雪堂」是也。

❶ 焦本有旁批「高人」。

五年壬戌，先生年四十七。在黄州，寓居臨皋亭。就東坡築雪堂，號「東坡居士」。自黄州城南至雪堂四百三十步。《雪堂問》云：「蘇子得廢圃於東坡之脇，號其正曰雪堂。以大雪中爲之，因繪雪於四壁之間，間無容隙。」其名起於此。先生又自書「東坡雪堂」四字扁之。堂前有細柳，有浚井，西有微泉，堂之下有大冶長老桃花茶、巢元修菜、何氏叢橘，種秔稌，蒔棗栗，有松期爲可斲，種麥以爲奇事。作陂塘，植黄桑，皆足以供先生之歲用，爲雪堂之勝景。又以《長短句・擬斜川》觀之：「元豐壬戌之春，予躬耕東坡，築雪堂以居。南挹四望亭之後，西控北山之微泉，慨然而嘆，此亦斜川之游也。」是年三月，先生以事至蘄水。有春夜行蘄水，過酒家飲酒，乘月至一橋上，曲肱少休，作《西江月》詞。又游蘄水清泉寺，作《浣溪沙》詞。又作《寒食》詩二首云：「自我來黄州，已見三寒食。」太守徐君猷分新火，先生有詩謝之云：「臨皋亭中一危坐，三見清明改新火。」七月遊赤壁，有《赤壁賦》。十月又遊，有《後赤壁賦》，云：「十月既望，蘇子步自雪堂，將歸於臨皋。」則壬戌之冬未遷，而先生以甲子六月過汝，則居雪堂止年餘耳。

六年癸亥，先生年四十八。在黄州。爲通判孟亨之跋《子由君子泉銘》。又有《記承天夜遊》，云：「元豐六年十月十二夜，解衣欲睡，月色入户，欣然起行，念無與樂者，遂步至承天寺，尋張懷民。懷民亦未睡，相與步於中庭。庭中如積水空明，水中藻荇交横，蓋竹柏影也。何夜無月？何處無竹柏？但少閒人如吾兩人耳。」又《夢中作祭春牛文》云：「元豐六年十二月二十七日，天欲明，夢數吏人持紙請祭春牛文，予取筆疾書其上。」

七年甲子，先生年四十九。在黄州。二月，與徐得之、參寥子，步自雪堂，至乾明寺。有《師中庵題名》文，有《記定惠寺海棠説》。四月，乃有量移汝州之命。則先生居黄五載矣。按：先生《長短句・滿庭芳》序云：「四月一日，余將自黄移汝，留别雪堂鄰里二三君子。李仲覽來，書以遺之。」詞中有「坐見黄州再閏」之句。按：《東坡圖》云：「郡人潘邠老及弟大觀俱以詩知名，從先生遊。先生去，以雪堂付之，邠老因居焉。」黄州送先生者，皆至慈湖，陳季常獨至九江。既到江州，因遊廬山，有《記遊廬山説》云：「僕初入廬山，山谷奇秀，平生所欲見，應接不暇，不欲作詩。已而山中僧俗皆曰：『蘇子瞻來矣。』不覺作一絶。入開先寺，主僧求詩，作《瀑布》一絶。往來十餘日，作《漱玉亭》《三峽橋》詩。與總老同游西林，有《贈總老》及《題西林壁》，皆絶句也。」又有《寫寶蓋頌與僊長老》，其序云：「圓通禪院，先君舊遊也。四月二十四日晚至，宿焉。明日，先君忌日，寫《寶蓋頌》以贈長老僊公。」蓋先生端午已在筠州，計程必作宫師忌日之後，即爲高安之行。按：《跋李志中文》云：「元豐七年，某舟行赴汝，乃自富州陸走高安，别家弟子由。」以《冷齋夜話》考之，子由在筠州，雲庵居洞山，聰禪師亦蜀人，居壽聖寺。一夕，三人同夢迎五祖戒和尚，拊手大笑曰：「世間果有同夢者，異哉！」久之，東坡書至，曰：「已至奉新，旦夕相見。」三人同出二十里建山寺，而東坡至。各追繹所夢，坡曰：「某年七八歲時，嘗夢某身是僧，往來陝右。」雲庵驚曰：「戒禪師，陝右人也。暮年棄五祖來游高安，終於大愚。」逆數蓋五十年，而坡時正年四十九。在筠州，爲留十日。七月，過金陵，有與葉致遠唱和詩。途中又有《送沈逵赴廣南》詩，云：「嗟我與君皆丙子，四十九年窮不死。」又云：「我方北渡脱重江，君復南行輕萬里。」逼歲到泗州，十二月十八日，浴雍熙塔下，作《如夢令》兩闋。又作《滿庭芳》與劉元達，序云：「余年十七，與仲達往來於眉山，四十九相逢於泗上，晦日同游南山，話舊感歎。」又有《謝黄師是除夜送酥酒》詩。先生上表乞於常州居住，其畧云：「今雖已至泗州，而貲用罄竭。見一面前去南京，聽候朝旨。」又考《騾馱驛試筆》云：「正月四日離泗州，」則是除夜在泗州明矣。

八年乙丑，先生年五十。按：《大全集·雜説·騾馱驛試筆》云：「今日離泗州，然吾方上書求居常州。」及到南京，有放歸陽羨之命，遂居常。五月内，復朝奉郎知登州。再過密州，到郡五日，以禮部郎召。

到省半月，除起居舍人。在登州，有《海市》詩，又有《别登州舉人》詩，有「休嫌五日怱怱守」之句。

哲宗皇帝元祐元年丙寅，先生年五十一。以七品服入侍延和，改賜銀緋，尋除中書舍人。按：《志林》云：「元祐元年，余爲中書舍人，復遷翰林學士知制誥。任中書舍人日，舉江寧府司理周穜充學官。及除内翰，又有舉魯直自代狀。」

二年丁卯，先生年五十二。爲翰林學士，復除侍讀。有作《典國寺六祖畫贊》。

三年戊辰，先生年五十三。任翰林學士。有《和子由元日省宿致齋》，「白髮蒼顔五十三」之句。是年省試，先生知貢舉。開院日，有《與李方叔》詩，序云：「僕與李廌方叔相知久矣。僕領貢舉事，李不得第，愧甚，作詩謝之。」又充館伴北使。按：先生《與陳傅道書》云：「某頃伴虜使，頗能誦某文。」

四年己巳，先生年五十四。任翰林學士。三月内，累章請郡，除龍圖閣學士、知杭州。按：子由作先生墓誌云：「宣仁心善先生，辯蔡持正之謗，出郊，遣内侍賜龍茶銀合，用前執政恩例。」先生以七月三日到杭州任，謝表云：「江山故國，所至如歸，父老遺民，與臣相問。」到任，有《謁文宣王廟祝文》，云：「昔自太史，通守是邦。今由禁林，出使浙右。」又有《謁諸廟祝文》。先生之帥杭也，替林子中，故先生《和子中》詩有「江邊遺愛啼斑白」之句。是歲，子由使契丹，先生有詩送之，有「單于若問君家世，莫道中朝第一人。」及先生出牧餘杭，子由代爲學士。

五年庚午，先生年五十五。在杭州任。有《論西湖狀》及《論高麗公案》。

六年辛未，先生年五十六。在杭州，被召。則在杭不過二載也。先生之被召也，林子中復來替先生，是以先生《與子中啟》有「適相先後」之説。既到京師，除翰林承旨，復侍邇英。按：子由所作《潁濱遺老傳》云：「先生召還，本除吏部尚書，復以臣故，改翰林承旨。臣之私意，元不遑安，乞寢臣新命，與兄同備從官。

不報。」《侯鯖録》云：先生元祐中再召入院作承旨，乃益舊擬作《衣帶馬表》，云：「枯羸之質，匪伊垂之帶有餘，斂退之心，非敢後也馬不進。」數月，以弟嫌請郡，復以舊職知潁州。按：先生《懷舊別子由》詩云：「元祐六年，予自杭州召還，寓居子由東府。數月復出，領汝陰，時予年五十六矣。」有《到潁未幾公帑已竭齋廚索然戲作數句》。《侯鯖録》云：元祐六年冬，汝陰久雪，人饑。一日天未明，先生簡召議事，曰：「某一夕不寐，念潁人之饑，欲出百餘千造炊餅救之。老妻謂某曰：『子昨過陳，見傅欽之，言僉判在陳，賑濟有功，不問其賑濟之法？』某遂相招令時面議。曰：「已備矣。今細民之困，不過食與火耳。義倉之積穀數千石，便可支散以救下民。作院有炭數萬秤，酒務有柴數十萬秤，依元價賣之，可濟中民。先生曰：「吾事濟矣。」遂草《放積欠賑濟奏》。又奏乞罷黄河夫萬人，開本州溝瀆。從之。

七年壬申，先生年五十七。在潁州。按：《侯鯖録》云：「元祐七年正月，東坡在汝陰，州堂前梅花大開，月色鮮霽。王夫人曰：『春月色勝如秋月色，秋月令人慘悽，春月令人和悦。何如召趙德麟輩來，飲此花下？』先生大喜，曰：『吾不知子亦能詩，此真詩家語耳。』遂召與飲。先生用是語作《減字木蘭花》，有『不似秋光，只與離人照斷腸』之句。已而改知揚州。」先生之在潁也，與趙德麟同治西湖。未幾，有維揚之命。三月十六日，湖成，德麟有詩見懷，先生次韻，又再和之。《冷齋夜話》云：東坡鎮維揚，幕下皆奇豪。一日，石塔長老求解院歸西湖，坡將僚佐，袖中出疏，使鼂無咎讀之，其詞有「爲東坡而少留」之句。已而，以兵部尚書召，復兼侍讀。是年南郊，先生爲鹵簿使，尋遷禮部尚書，遷端明侍讀學士。有《讀朱暉傳》《題文潛語後》，及作《醉翁操》。任兵部尚書日，有《薦趙德麟狀》。

八年癸酉，先生年五十八。任端明、侍讀二學士。是年，先生繼室同安郡君王氏卒於京師。按：先生作《西方阿彌陀贊》，序云：「蘇某之妻王氏，元祐八年八月一日卒於京師。」謹按：先生初娶通義郡君王氏，乃同安之常姊也。先生《祭王君錫丈人》云：「某始婚姻，公之猶子。允有令德，夭閼莫遂。惟公幼女，嗣執罍篚。」由是推之，通義爲同安之堂姊明矣。又有《八月二十七日建隆章浄館成》一絶，有「坐待宮人畫詔回」之句。復以二學士出知定州。《九月十四日東府雨中作示子由》云：「去年秋雨時，我在廣陵歸。今年中山去，白首歸無期。」蓋定州之除，在九月内。到定州任，則有《祭韓魏公文》。

紹聖元年甲戌，先生年五十九。知定州，就任，落兩職，追一官，知英州。有《辭宣聖文》。行至南康軍，再貶寧遠軍節度副使，惠州安置。過虔州，有《記真君籤説》，云：「八月二十一日過虔州，與王巖翁同謁祥符宮。」又有《初入贛州作》，又有《題天竺樂天石刻》，云：「余年幼時，先君自虔州歸，言天竺有樂天詩。今四十七年矣。」是年十月三日到惠州，寓居嘉祐寺。十二日，與幼子過同遊白水佛迹，浴於湯池。又按：《長短句・浣溪沙》序云：「紹聖元年十月十三日，與程鄉令侯晉叔、歸善簿譚汲游大雪寺，野飲松下，設松黄湯，作此闋。余家近釀酒，名萬家春。」時有虔州鶴田處士王原子直，不遠千里來訪，留七十日乃去。至十一月，有《戲贈朝雲》詩。又有《與吳秀才書》。吳乃子野之子，其書云：「過廣州，買得沈檀數斤。定居之後，杜門燒香，深念五十九歲之非矣。」

二年乙亥，先生年六十。在惠州。有《惠州上元夜》詩，云：「去年中山府，老病亦宵典。今年江海上，雲房寄山僧。」以歲月考之，去年甲戌上元，先生知定州，今歲乙亥寓嘉祐僧舍，故有「雲房寄山僧」之句。是年遷居于合江亭。以先生《別王子直》語觀之，紹聖二年十月三日始至惠州，寓於嘉祐寺。明年遷于合江之行館，得江樓豁徹之觀，忘幽谷窈窕之趣。三月四日，同太守詹範器之等同遊白水山。又有《與陳季常書》，云「到惠州將半年矣。」

三年丙子，先生年六十一。在惠州。有《和陶淵明移居》詩，云：「余去歲三月自水東嘉祐寺遷去合江樓，迨今一年，得歸善後隙地數畝，父老云古白鶴觀基也。意欣然居之。」營白鶴新居始於是矣。當年，惠州修東西新橋，先生助以犀帶，而子由亦以史夫人頃入內所賜金錢數千爲助。及橋成日，先生有詩落之。又有曇秀道人來訪先生，而先生題其詩卷云：「予在廣陵，曇秀作詩，予和之。後五年，曇秀來惠州見予。」時吴遠遊、陸道士亦客于先生，歲暮以無酒爲嘆。七月，朝雲卒，先生有悼朝雲詩及墓誌。又於惠州栖禪寺大聖塔葬處作六如亭覆之。

四年丁丑，先生年六十二。在惠州。按：先生《與張天和長官書》云：「賤累閏月初可到。」又云：「承問賤累，正月末已到贛上矣，閏月上旬可到此也。」又按：先生丙子年《與毛澤民書》云：「長子授韶州仁化令，中冬當挈家至此。某買得數畝地，在白鶴峰上。已令斫木陶瓦，作屋二十間。」以此考之，先生長子自冬挈家至閏二月方到惠州。五月，先生謫授瓊州别駕，昌化軍安置。則五十九歲惠州客，至是六十二歲，又過海也。按《志林》云：余在惠州，忽被命謫儋耳。太守方子容自攜告身來吊余，曰：「此故前定，吾妻沈事僧伽甚誠，一夕夢和尚來辭云：『當與蘇子瞻同行，後七十二日有命。』今適七十二日矣。豈非前定乎？」遂寄家惠州，獨與幼子過渡海。按：先生《和淵明移居》詩序云：「丁丑歲，余謫海南，子由亦謫雷州。五月十一日，相遇於藤，同行至雷。六月十一日，相别渡海。」時余病痔呻吟，子由亦終夕不寐，因誦淵明詩，勸余止酒，乃和元韻，因以贈别，庶幾真止矣。又《與楊濟父》云：「獨與幼子過南來，餘皆留惠州。生事狼狽勞苦萬狀，然胸中亦自有翛然處也。今日到海岸，地名遞角場，明日順風即過瓊矣。」卓吾子曰：「此數語，坡公自畫過海圖也，傷哉！痛哉！」到儋州，有《儋州謝表》。按：子由（高士）作先生墓誌云：「紹聖四年，先生安置昌化。初僦官屋以庇風雨，有司猶謂不可。則買地築室，昌化士人畚土運甓以助之，爲屋三間。」又按：先生又有《與程文父推官書》云：「初至，僦官屋數椽，近復遭迫逐，不免買地結茆。」又按：先生《與程儒書》云：「近與兒子結茆數椽居之，勞費不貲矣。賴十數學者〔高徒〕助作，躬泥水之役。」又云：「新居在軍城南，極湫隘。」然則先生居在軍城南，隣於天慶觀。先生《天慶觀乳泉賦》云：「吾索居儋耳，卜築城南，隣於司命之宮。」是也。又有《桄榔庵銘》云：「東坡居士謫居儋耳，無地可居，偃息桄榔林中，摘葉書銘，以記其處。」

元符元年戊寅，先生年六十三。在儋州。九月四日遊天慶觀，有《信道法智説》。是年，吴子野〔高人〕來訪先生，先生以詩贈之，其序云：「去歲與子野遊逍遥堂，因往山西，叩羅浮道院，宿于西堂。今歲索居儋耳，子野復來相見。」又有《記筮卦》云：「戊寅十月五日，久不得子由書，憂不去心，以《周易》筮之，得《涣》六三。」又有《記藷説》云：「海南以藷爲糧，幾米之十六。今歲藷菜不熟，以客舶方至，市有米也。」

二年己卯，先生年六十四。在儋州。時久旱無雨，陰翳未快，至上元夜，老書生數人相過，曰：「良月佳夜，先生能一出乎？」先生欣然從之。步城西，入僧舍，歷小巷，民夷雜揉，屠沽紛然，歸舍已三鼓矣。歸録其事，爲《己卯夜書》。是歲閏九月，有瓊州進士姜君弼、唐佐〔高徒〕來儋耳，從先生學。有《與姜唐簡》云：「已取天慶觀乳泉，潑建茶之精者，念非君莫與共之。」

三年庚辰，先生年六十五。在儋州。上元日，《和戊寅違字韻》詩題後云：「戊寅上元，余在儋耳，過子夜出守舍，作違字韻詩。今庚辰上元，已再期矣。家在惠州白鶴峰下，過子并婦從余來此。」五月，大赦，量移廉州安置。先生在儋，食芋飲水，作《書傳》以推明上古之絶學。嘗與軍使張中同訪黎子雲，欲醵錢作屋，名曰載酒堂。又嘗上巳日，尋諸生皆出，獨與老符秀才飲。又嘗用過韻與諸生冬至飲酒，有「愁顔解符老，壽耳闕吴公」之句。注云：「符、吴皆坐客。」必老符秀才與吴子野也。又嘗以詩紀「春夢婆」。《侯鯖》云：東坡老人在昌化，嘗負大瓢行歌田畝間，所歌者皆《哨遍》也。饁婦年七十，云：「内翰昔日富貴，一場春夢矣。」里人因呼此媪爲「春夢婆」。一日被酒獨行，遍至子雲諸黎之舍，作詩云「符老風流可奈何，朱顔減盡鬢絲多。投梭每困東隣女，換扇惟逢春夢婆。」凡此數者，皆先生海外逸事。六月，過瓊州，作《惠通泉記》。遂渡海，有《烏喙》詩，序云：「余來儋耳，得犬曰烏喙（高犬）。予遷合浦，過澄邁，泅而濟，戲作是詩。」渡海到廉州，有謝表。又有《與鄭靖老書》，云：「到廉，廉守云公已行矣。《志林》未成，草得《書傳》十三卷。某留此過中秋，或至月末乃行。作木柹下水，歷容、藤至梧，與邁約，般家至梧相會。」是歲，又有移永州之命。按：先生《謝提舉成都府玉局觀表》云：「先自昌化貶所移廉州，又自廉州移舒州節度副使，永州居住。行至英州，復朝奉郎，提舉成都府玉局觀，任便居住。」經由廣州，有《將至廣州用過字韻寄迨邁二子》詩。時朱行中舍人知廣州。又吴子野、何崇道、穎堂通三長老、黄明達、李公弼、林子中自番禺追餞至清遠峽，同遊廣陵寺，乃元符三年十一月十五日。自此舟行清遠，見顧秀才，談惠州之美。過英州，拜玉局之除。過韶州，有《次韻狄守李倅》詩。是年過嶺，作詩二首寄子由，有「七年來往我何堪」之語。蓋先生甲戌謫惠州，已而過海，至是爲七年矣。次年正月五日過南安軍，計先生渡嶺必是歲除。

建中靖國元年辛巳，先生年六十六。慶嶺北歸，作《南華長老題名記》。按：題中載《石鍾山記》云：「建中靖國元年正月五日，自南陵還，過南安軍，舊法掾吴君示舊所作《石鍾山銘》，爲題其末。」乃知先生首正過南安也。正月到虔州，有《與錢濟明書》，云：「某已到虔州，二月十間方離此。」及發虔州，過吉州永和鎮清都觀，有謝道士自言丙子生，求詩，爲賦一首，及爲作贊，并寫「清都臺」三字。中途又爲南安軍作學記，寫海外所作《天慶觀乳泉賦》。四月，舟行至豫章、彭蠡之間，遇成國程夫人忌日，迺寫《圓通偈》，云：「行當施廬山有道者。」又有《與胡仁修書》，云：「旦夕到儀真，暫令邁一至常。」五月，行至真州，瘴毒大作，病暴下，中止於常州。按：先生《寄朱行中》詩中「至今不貪寶，凛然照塵寰」之句。先生注云：「前一日夢中作此詩寄行中，覺而記之，自不曉。」按：近日曾端伯《百家詩選》志朱行中事迹云：「東坡《夢中寄朱行中》一篇，南遷絶筆也。」嗟乎！先生之文如萬斛泉源，而乃止於《夢中寄行中》之作，惜哉！六月，上表請老，以本官致仕。七月丁亥，卒於常州，實七月二十八日也。是爲徽宗登極之元年辛巳云。按：子由作先生墓誌云：先生七月被病，卒於毘陵。吴越之民相與哭於市，其君子相與吊於家。訃聞於四方，無賢愚皆咨嗟出涕。太學之士數百人，相率飯僧惠林佛舍。」嗚呼！先生文章爲百世之師，而忠義尤爲天下大閑，加之好賢樂善常若不及，是宜訃聞之日，士民惜哲人之萎，朝野嗟一鑑之逝，皆出於自然，不可强而致也。以次年閏六月葬於汝州郟城縣釣臺鄉上瑞里。

年譜後語

東坡守膠西時，熙寧乙卯也。仕宦十九年，家日益貧。元豐己未，於吴興被逮赴獄，黄州安置，寓居定惠寺，遷臨皋亭，就亭立南堂。辛酉，在黄二年，以困匱，故人馬正卿爲請故營地，使躬耕其中，所謂東坡者也。明年，始就東坡，築雪堂以居。紹聖甲戌，寧遠軍之謫，惠州安置。寓居嘉祐寺，就寺立思無邪齋。明年，遷于合江之行館。又明年，得歸。善後隙地數畝，營白鶴新居。丁丑，新居成。未幾，謫瓊州，于昌化軍安置。初僦官屋，爲有司迫逐，乃買地城南，結茆數椽，鄰天慶觀，極湫隘。嘗偃息桄榔林中，摘葉書銘以記其處。在儋四年，食芋飲水，其窮甚矣。元符庚辰，得赦北歸。明年爲建中靖國辛巳七月丁亥，卒于毘陵。

坡公涉世多難如此，徐、杭、汝、潁牧守之樂，中書翰林侍從之榮，定州方面之貴，所得幾何？而四十五年間，南北奔走風波瘴癘之鄉，饑餓勞苦，曾不得一廛環堵爲終老地。是故，余讀王宗稷所爲先生年譜，深感于心，因述方氏所記，并《春渚紀聞》，以補年譜之遺云。燕石齋

本傳

安石用事，上欲用軾修中書條例，安石曰：「軾與臣所學皆異，别試以事可也。」上又欲用軾起居注，安石曰：「軾非是可獎之人。」乃寘軾官告院。四年，安石欲變更科舉，使兩制、三館議之，上得蘇軾議，乃止。即日召見問政，軾曰：「臣竊意陛下求治太急，聽言太廣，進人太鋭，願陛下安静以待物之來，然後應之。」上竦然。初策進士，舉子希合，争言祖宗法制非是。軾爲考官，退擬答以進。安石愈恨軾，乃乞外，通判杭州，自杭徙密。密有盗未獲，安撫司遣使臣領悍卒入境捕盗。卒凶暴，反以禁物誣民，强入人家，争鬭至殺，民訴于軾。軾投其書不視，曰：「必不至此。」悍卒聞之，頗用自安，不知軾已使人招出戮之矣。自密徙徐。時河決曹邨，匯于城下，富民争出避水。軾曰：「吾在是，水決不至壞城。」驅使復入。而自杖策入武衛營，呼其卒長，告之曰：「事急矣！雖禁卒且爲我盡力。」卒長應曰：「太守不避塗潦，吾儕小人，敢不效命。」乃率其徒，短衣徒跣，持畚鍤以出，築東南長隄，首起戲馬臺，尾屬於城。民乃安。徙知湖州，以表謝上。言事者摘其語以爲謗，逮赴御史獄。初，軾既補外，見事有不便者，頗托事以諷。御史舒亶言蘇軾作爲歌詩，譏切時事。陛下發錢以業貧民，則曰「嬴得兒童語音好，一年强半在城中」；陛下明法以課試羣吏，則曰「讀書萬卷不讀律，致君堯舜終無術」；陛下典水利，則曰「東海若知明主意，應教斥鹵變桑田」；陛下謹鹽禁，則曰「豈是聞韶解忘味，爾來三月食無鹽」。宰臣王珪亦言蘇軾不臣，因舉軾《咏檜詩》曰「根到九泉無曲處，世間

唯有蟄龍知」，陛下飛龍在天，而軾求之地下之蟄龍，其不臣如此。上曰：「彼自詠檜，何預朕事」（聖主）、張方平、范鎮上書救之。直舍人院王安禮乘間進曰：「自古大度之君，不以語言讁人，願陛下無竟其獄。」上曰：「朕固不深譴，特欲申言者路耳。」遂以黃州團練副使安置。軾幅巾芒屩，與田父野老時時相從。築室東坡，自號「東坡居士」。五年，神宗語宰相王珪、蔡確曰：「國史至重，可命蘇軾成之。」珪有難色。神宗曰：「軾不可，姑用曾鞏。」鞏進《太祖總論》，神宗竟不允，遂手札移軾汝州。軾未至汝，上書自言有田在常，願得移居。奏入，報可。過金陵，見王安石，曰：「大兵大獄，乃漢、唐滅亡之兆。公獨無一言可乎？」曰：「二事皆惠卿啟之，安石身在外，又安敢言？」軾曰：「在朝則言，在外則不言，此事君之常禮耳。上之待公本非常禮，公所以事上豈可以常禮自處耶？」安石乃厲聲曰：「某須說。」又曰：「人須知行一不義、殺一不辜，得天下弗爲乃可。」軾戲答曰：「今之君子，争減半年磨勘，雖殺人亦爲之矣。」至常，以哲宗即位，復朝奉郎知登州，召爲禮部郎中。軾舊善門下侍郎司馬光及知樞密院章惇，惇每以謔侮困光，光苦之。軾見惇，曰：「司馬君實時望甚重，昔許靖以虚名見鄙於蜀先主。法正曰：『靖之浮譽，播流四海，若不加禮，必以賤賢爲累。』先主納之。夫許靖且不可慢，況居實乎？」元祐二年，遷中書舍人。時光方議改免役爲差役。差役行於祖宗之世，法久多弊，編户充役，不習官府，吏虐使之，多以破産，而狹鄉之民或有不得休息者。先帝知其然，故爲免役，使民以户高下出錢，而無執役之苦。行法者不循上意，於顧役實費之外，取錢過多，民遂以病。光知免役之害，而不知其利，欲一切以差役代之。方差官置局，軾與其選，獨以實告。嘗見光政事堂，條陳不可狀。光忿然不樂，軾曰：「昔韓魏公刺陝西義勇，公爲諫官，争之甚力，魏公不樂，公亦不顧。軾昔聞公道其詳。豈今日作相，不許軾盡言耶？」尋除翰林學士。二年，復除侍讀。嘗召入對便殿，宣仁后問曰：「卿前爲何官？」曰：「臣爲常州團練副使。」「今爲何官？」曰：「臣今待罪翰林學士。」后曰：「何以至此？」曰：「遭遇太皇太后、皇帝陛下。」曰：「非也。」「豈大臣論薦乎？」曰：「亦非。」軾驚曰：「臣雖無狀，不敢由他途以進。」后曰：「此先帝意也。先帝每誦卿文章，必嘆曰：『奇才！奇才！』但未及進用卿耳。」軾不覺失聲，宣仁后與哲宗亦泣，左右皆感涕。已而，命坐賜茶，徹御前金蓮燭，送歸院。三年，權知禮部貢舉。嘗侍上讀祖宗寶訓，因及時事，嘗軸者恨之。四年，復出知杭州。杭本近海，水泉鹹苦，唐刺史李泌始引西湖水作六井，民足於水，故井邑日富。及白居易，復浚西湖，放水入運河，自河入田，所溉至千頃。自唐及錢氏，歲輒開治，故湖水足用。至宋廢而不理，湖中葑積爲田一十五萬餘丈，而水無幾矣。運河失湖水之利，則取給於江潮。潮渾濁多淤，河行闤闠中，三年一淘，爲市井大患，而六井亦幾廢。軾始至，浚茅山、鹽橋二河，以茅山一河專受江潮，鹽橋一河專受湖水。復造堰閘，以爲湖水蓄洩之限，然後潮不入市。且以餘力復完六井，民稍獲其利矣。又閒至湖上，周視良久，曰：「今欲去葑田，將安所寘之？湖南北三十里，環湖往來，終日不達。若取葑田積爲長堤，以通南北，則葑田去而行者便矣。」又吴人種菱，春輒芟除，不遺寸艸。葑田若去，募人種菱，收其利以備修湖可也。乃取救荒之餘，得錢數萬貫，糧數萬石。復請於朝，得百僧度牒以募役者。堤成植芙蓉其上，望之如雲錦。杭人名之曰蘇公堤焉。軾二十年再涖此州，有德於其人，以故家有畫像，飲食必祝。六年，召入爲翰林承旨。復侍邇英。時三黨之論起矣。御史復攻軾，軾懼，乃復請外出守潁州。七年，徙揚州。未閱歲，以兵部尚書召還。尋遷禮部，復兼二學士。至是，又復乞一郡自効。八年，知定州。紹聖元年，軾坐爲中書舍人日，艸呂惠卿降官制云「均輸之政，自同於商賈；手實之禍，下及於雞豚」。先皇帝始以帝堯之仁，姑試伯鯀，終焉孔子之聖，不信宰予」。言者誣以謗訕，復謫知英州，安置惠州。軾以少子過自隨，居三年，復以瓊州别駕安置昌化。軾初至，僦官屋以居，有司猶謂不可，乃買地築室，昌化士人畚土運甓以助軾。元符三年，大赦北還。將居許，病暑暴下，乃止於常。建中靖國元年六月，軾病遂不起，葬於汝州郟城縣。軾初好賈誼、陸贄書，既而讀《莊子》，喟然嘆息曰：「吾昔有見於中，口未能言，今見莊子，得吾心矣。」嘗自謂「作文如行雲流水，初無定質，但常行於所當行，止於所不可不止。」故雖嬉笑怒罵之辭，皆可書而誦也。洵晚歲讀《易》，作《易傳》未究，疾革命軾述其志，卒以成書。復作《論語説》。最後居海南，作《書傳》。既成三書，撫之歎曰：「今世要未能信，後有君子，當知我矣。」高宗即位，贈資政殿學士，以其孫符爲禮部尚書。又以其文寘左右。初，畢仲游舉進士，召試學士院，蘇軾異其文，擢爲第一。仲游因貽書與軾曰：「言語不累，不特口出者爲是，其形於詩歌賦頌，託於碑銘，著於序記者，皆是也。今知畏於口而未畏於文，是其所是，則見是者喜；非其所非，則蒙非者怨。喜者未能濟君之謀，而怨者或已敗君之事矣。官非諫官，職非御史，而非是人所非，是殆猶抱石而救溺也。」仲游，士安之孫。仁宗初讀軾、轍制策，退而喜曰：「朕今日爲子孫得兩宰相矣。」或謂「軾稍自韜戢，雖不獲柄用，亦當免禍。」嗟夫！假令軾以是而易其所爲，尚得爲軾哉！

坡仙集卷之十六終